Kräfteverteilung

	Agr. Ruoff	1. Pz.
1. 8.	4 J.D. 2 Geb.D. 1 rum.Geb.D. 3 rum.K.D.	3 Pz.D. 2 J.D. mot. 2 J.D. 2 Jg. D. 1 slow. D.
18. 8.	4 J.D. 2 Geb.D. 2 Jg. D. 1 J.D.mot. 1 slow. D. 3 rum.K.D.	3 Pz.D. 1 J.D.mot. 2 J.D. 1 rum.Geb.D.
hinzu ab 2. 9. (Krim)	1 J.D. 5 rum. D.	1 J.D.

Zymljanskaja

XXXXVIII. Pz.

Kotelnikowo

Remontnoje

LII.

Hgr. B

Hgr. A ab 31.7.

tarskaja

Kalmücken-

Chilgir

Elista 12.8.

Ulan Erge

Utta

? 28.

Wolga

Astrachan

16. m.

Jashkul

V.A.

Divnoje

achta

Jpatovo

Kalaus

Steppe

ab 28.8

Manits

16. m.

Petrowskoje

oschilowsk

Pz.

1. Pz.

Budennovsk

Wladin.

Kaspisches Meer

nomysk

13. Pz.

Kuma

LII.

Atschi.

ssk

Georgiewsk

Terekli
Mekteb

Kisljar

ab 188 17

1 Pz

XXXX.
Pz.

Pjatigorsk

XXXX.Pz.

Prochladny

Mosdok 30.8.

Jsherskaja

44.

ulan

Baksan

III. Pz.
25 10.

Naltschik

Malgobek

Terek

Tscherviennoje

rus 5630

Terek

9.

Grossny

58.

Alagir

Ordshonikidse

Machatsch
Kala

37. ?

Kasbek
5040

Ossetische Heerstr.

Kutais

2000

3000

2000

5000

3000

Grusinische Heerstr.

**Nordgr.
Transkauk. Front**
8 Sch. D.
21 Sch. Br.
7 Pz. Br.
5 Pz. Btl.
2–3 K. D.

Jn Heeres-Res.: 8 Sch. D., 2 Sch.Br., 1 Pz.Br.

n. Baku 350 Km

Tiflis

KALTENEGGER
GEBIRGSJÄGER IM KAUKASUS

ROLAND KALTENEGGER

GEBIRGSJÄGER IM KAUKASUS

Die Operation „Edelweiß" 1942/43

Leopold Stocker Verlag
Graz – Stuttgart

Umschlaggestaltung: Atelier Geyer, Graz
Umschlagfoto: Militär- und Gebirgstruppen-Archiv Kaltenegger
Vor- und Nachsatz: Militär- und Gebirgstruppen-Archiv Kaltenegger

Abbildungsnachweis:
Zum überwiegenden Teil aus dem Militär- und Gebirgstruppen-Archiv Kaltenegger
sowie vom Bundesarchiv, ferner von Brandner, Gämmerler, Kainz, Lanz, Moll, Richter
und Schwarz.

Die Deutsche Bibliothek – CIP-Einheitsaufnahme

Kaltenegger, Roland:
Gebirgsjäger im Kaukasus: die Operation „Edelweiß" 1942/43 / Roland Kaltenegger. –
Graz ; Stuttgart : Stocker, 1997
ISBN 3-7020-0766-0

ISBN 3-7020-0766-0
Printed in Austria
Druck und Bindung: Wiener Verlag, Himberg

INHALT

Die „Adolf-Hitler-Spitze"

> „Die Weltgeschichte schreitet unerbittlich weiter und zertritt die Völker, die sich in Uneinigkeit selbst zerfleischen."
>
> General Erich Ludendorff
> (Meine Kriegserinnerungen)

Das Wetter war menschenfeindlich. Dennoch erreichte am 21. August 1942 eine kombinierte Klettermannschaft der 1. und 4. Gebirgs-Division mit letzter Kraft den sturmumbrausten Westgipfel des Elbrus und hißte dort um 11.00 Uhr vormittags in 5633 Meter Höhe die deutsche Reichskriegsflagge.

Die Besteigung des höchsten Berges des Kaukasus war ein rein alpines Unternehmen ohne jeden taktischen Wert für die Deutsche Wehrmacht. Gleichwohl fieberte der Kommandeur der 1. Gebirgs-Division, Generalmajor Hubert Lanz, der als passionierter Jäger in den rückwärtigen Gebieten gern auf Treibjagd ging, dem Ausgang dieser militärischen Aktion voller Ungeduld entgegen. Er hatte – als Meister propagandistischer Selbstdarstellung – längst eine entsprechende Formulierung für dieses bevorstehende denkwürdige Ereignis parat. Als er dann endlich nach Tagen und Stunden des nervenaufreibenden Wartens und Ausharrens die Meldung von der Eroberung des Elbrus erhielt, gab er als Divisions-Kommandeur noch am selben Tage einen euphorisch klingenden Tagesbefehl heraus (siehe Seite 9).

Um seinem Führer und Obersten Befehlshaber zu schmeicheln, sollte der Elbrus nach den sichtlich nationalsozialistisch orientierten Wunschvorstellungen des Generals also in „Adolf-Hitler-Spitze" umbenannt werden. Lanz galt bekanntlich nicht nur als angepaßter Zeitgenosse, sondern auch als Mann der starken Worte. Bereits während der Vorbereitungsphase für das Unternehmen „Felix", der geplanten Eroberung der britischen Mittelmeerfestung Gibraltar, hatte er über seinen Ordonnanzoffizier Oberleutnant Werner zahlreiche Dank- und Ergebenheitstelegramme an Hitler gesandt. Hubert Lanz' Laufbahn ging jedenfalls steil nach oben. Innerhalb von nur zwei Monaten wurde er gleich zweimal befördert: am 1. Dezember 1942 zum Generalleutnant, am 28. Januar 1943 zum General der Gebirgstruppe. Mehr noch: Am 23. Dezember 1942 wurde er als 160. Soldat der Deutschen Wehrmacht mit dem Eichenlaub zum Ritterkreuz des Eisernen Kreuzes ausgezeichnet und im Februar 1943 zum Befehlshaber der nach ihm benannten Armee-Abteilung „Lanz" bei Charkow ernannt.

Ganz anders geartet war der gebildete und fachlich hervorragend geschulte Kommandeur der 4. Gebirgs-Division, Karl Eglseer, der erst am 1. Februar 1943 zum Generalleutnant und am 1. März 1944 zum General der Gebirgstruppe befördert werden sollte. „General Eglseer", so charakterisierte ihn sein langjähriger 1. Generalstabsoffizier (Ia) Otto Schaefer, „war ein soldatischer Führer von hoher Qualität, erfüllt von hohen vaterländischen Idealen, ausgestattet mit überdurchschnittlichem militärischen Wissen und Können.[1]

Der Kommandeur der „Vierten" erließ erst einige Tage nach der Besteigung des Elbrus einen Tagesbefehl an seine Soldaten. Der gebürtige Oberösterreicher Eglseer hatte allerdings keinen Grund, sich hinter Lanz zu verstecken, schließlich stellte nicht die 1., sondern seine 4. Gebirgs-Division

1.Gebirgs-Division   Div.Gef.Stand, den 21.8.1942.
K o m m a n d e u r   18.00 Uhr

T a g e s b e f e h l .

Während es der Kampfgruppe von Hirschfeld nach Überwindung
grösster Geländeschwierigkeiten im scharfen Zugriff gelungen
ist, den Kluchor-Pass im entscheidenden Augenblick zu durch-
stossen und den Abstieg zum Schwarzen Meer zu öffnen, hat die
Hochgebirgs-Kompanie Groth nach wechselvollem Kampf in Schnee
und Eis, heute 11.00 Uhr, den Elbrus genommen und auf seinem
Gipfel in 5 633 m Höhe im heftigen Schneesturm die Reichskriegsflagge und die Divisionskommandoflagge mit dem Edelweiss
gesetzt.

Zum ersten Mal haben damit deutsche Gebirgstruppen einen
Pass des Kaukasus in fast 3 000 m Höhe in schwerem Kampf genommen und zum ersten Mal haben deutsche Gebirgs-Jäger einen
Gipfel erkämpft, der den höchsten Berg Europas um mehr als 800 m
überragt.

Hauptmann von Hirschfeld und Hauptmann Groth haben zusammen mit ihren Offizieren, Unteroffizieren und Jägern Leistungen vollbracht, die für alle Zeit in die Geschichte des
Gebirgskrieges und der deutschen Wehrmacht eingehen werden.

Die ganze Division ist mit mir stolz auf diesen heldenhaften Kampf gegen einen verbissenen Feind, in gleicher Weise wie
auf die alpine Grosstat unter schwierigsten Gelände- und Wit-
terungsverhältnissen.

So hat unsere 1.Gebirgs-Division auch auf diesem Kriegsschauplatz, den wir schon seit Jahren ersehnen, im ersten Ansturm das Hakenkreuz und unser Edelweiss auf den Eisgipfeln des
Kaukasus über den Sowjetstern triumphieren lassen.

Ihr, meine Jäger, habt mir damit den Vorschlag ermöglicht
den Führer zu bitten, den höchsten Gipfel eines zukünftigen
Europas " Adolf Hitler-Spitze " zu benennen.

Von den Pässen des Kaukasus werden wir mit unbändiger Kraft
dem Schwarzen Meer entgegenstürmen, um dort, nach über 3 500 km
Marsch, Kampf und Sieg die russische Grenze zu erreichen und
damit auf diesem Kriegsschauplatz den deutschen Endsieg zu
erkämpfen.

Es lebe das Edelweiss !

H e i l   d e m   F ü h r e r !

9

mit Hauptmann Max Gämmerler den bergsteigerischen Führer der kombinierten Hochgebirgs-Kompanie Groth. Nein, Eglseers langes Schweigen entsprach seiner noblen Gesamtpersönlichkeit, die sich auch in der Wortwahl seines Tagesbefehls ausdrückte:

4. Gebirgs-Division   Div.Gef.Std., den 25.8.1942
– Kommandeur –

T a g e s b e f e h l

Soldaten der 4. Gebirgs-Division!

Nach anstrengenden Verfolgungsmärschen durch das Kubangebiet, Partisanenbekämpfung im Gebirgsvorland und Zurückwerfung feindlicher Kampfgruppen ins Gebirge haben Teile der Division nach mühsamem Aufstieg, teilweise unter Kämpfen, den Hauptkamm des Westkaukasus erreicht.

Vier über 2500 Meter hohe Pässe sind fest in unserer Hand, der Tschmachara-Paß, der Adsapsch-Paß, der Ssantscharo-Paß und der Allischtrachu-Paß. Über ihnen weht die deutsche Reichskriegsflagge.

Eine Hochgebirgsgruppe, aus allen Truppenteilen der Division zusammengesetzt, hat unter der Führung von Hptm. Gämmerler, Chef 2./G.A.R. 94, gemeinsam mit einer Hochgebirgsgruppe der 1. Gebirgs-Division am 21.8.42 den 5630 m hohen Elbrus, den höchsten Berg des Kausasus erklommen.

Die Division überschreitet nunmehr die europäisch-asiatische Grenze, um über den Südhang des Westkaukasus zum Schwarzen Meer vorzustoßen.

Diese in der Kriegsgeschichte einzigartigen kühnen militärischen Operationen werden von entscheidender Auswirkung auf den weiteren Kriegsverlauf sein.

Unser Führer, das Großdeutsche Reich und das ganze deutsche Volk, Europa, ja die ganze Welt verfolgen daher mit gespannter Erwartung den weiteren Verlauf der Gebirgskämpfe im Kaukasus.

Soldaten der 4. Gebirgs-Division, seid Euch dessen bewußt! Unsere schwierige Aufgabe verlangt die höchste Anspannung aller Kräfte, erfordert den ganzen Mann. Hier im Gebirge sind Führer und Mann mehr als im Flachland auf sich selbst gestellt. Um so mehr kommt es auf treueste Pflichterfüllung jedes Einzelnen an, gleichgültig auf welchen Platz er gestellt ist, ob er zum Kampf oder für die Versorgung eingesetzt ist.

Ich bin überzeugt, daß Ihr die hohen an Euch gestellten Erwartungen erfüllen und den Sieg erringen werdet.

Eglseer

Die Generale Karl Eglseer und Hubert Lanz waren mit ihren beiden Gebirgs-Divisionen, die nach sowjetischem Urteil zwei der „kampffähigsten deutschen Divisionen" waren,[2] nicht nur die Speerspitzen, sondern auch die beiden tragenden Säulen des Gebirgskrieges der Deutschen Wehrmacht im Kaukasus und im Kuban-Brückenkopf. Die 1. Gebirgs-Division setzte sich aus den Gebirgs-Jäger-Regimentern 98 und 99, dem Gebirgs-Artillerie-Regiment 79, dem Gebirgs-Jäger-Bataillon 54 (Feld-Ersatz-Bataillon), der Gebirgs-Panzer-Jäger-Abteilung 44, der Gebirgs-Aufklärungs-Abteilung 54, dem Gebirgs-Pionier-Bataillon 54, der Gebirgs-

Nachrichten-Abteilung 54, der Gebirgs-Sanitäts-Abteilung 41 sowie sämtlichen Divisions- und Versorgungseinheiten mit der Nummer 54 zusammen. Die 4. Gebirgs-Division gliederte sich in die Gebirgs-Jäger-Regimenter 13 und 91, das Gebirgs-Artillerie-Regiment 94, die Gebirgs-Aufklärungs-Abteilung 94, die Gebirgs-Panzer-Jäger-Abteilung 94, das Gebirgs-Pionier-Bataillon 94, die Gebirgs-Nachrichten-Abteilung 94, das Gebirgs-Jäger-Bataillon 94 (Feld-Ersatz-Bataillon) sowie in alle Divisions- und Versorgungseinheiten mit der Nummer 94.

Vorgesetztes Kommando war das XXXXIX. Gebirgs-Armeekorps unter General der Infanterie Ludwig Kübler, dem der am 1. März 1942 zum General der Gebirgstruppe beförderte Generalleutnant Rudolf Konrad folgte. Konrad übernahm am 3. Januar 1942 das Korps mit dem auf Seite 12 in Faksimile abgedruckten Tagesbefehl:

11

Generalkommando XXXXIX.(Geb.)A.K.   K.Gef.Std., den 3. 1. 1942
    Der Kommandierende General

Korpsstempel XXXXIX
ewi. 4
Nr.
26

                    T a g e s b e f e h l.

        Vom Führer ernannt, habe ich am 3.1.1942 als Komman-
dierender General das Kommando über das XXXXIX.(Geb.)A.K.
übernommen.

        Ich grüße seine in Gefechten und Schlachten, in Mühen
und Entbehrungen gehärteten, sieggekrönten Divisionen und
Verbände. Ich grüße im besonderen die Führer und Männer,
die unmittelbar am Feind in steter Einsatzbereitschaft
Schild und Schwert und die Ehre des Armeekorps treu in
ihren Händen halten.

        Ich werde das Armeekorps führen wie mein Vorgänger
im Geiste der Tapferkeit, der Treue im Dienst und der
Kameradschaft bis zum jüngsten Hahn.

        Dem Führer und seinem Werk gehört unsere ganze Hin-
gabe. Wir wollen es hüten und siegreich tragen durch das
neue Jahr zum Heile Deutschlands.

                D a s   w a l t e   G o t t !

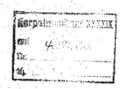

Verteiler: A u. B - 3.

12

Aufstieg

„Wann und wo immer es sei, nimmt der Gebirgssoldat die vielfältigen Vorgänge in der Natur der Gebirgswelt bewußt in sich auf. Er erfreut sich ihrer Schönheit, er wird beeindruckt von ihren Gewalten und ergriffen von der Größe der Schöpfung und ihres Schöpfers. So wird der Charakter des Gebirgssoldaten geformt und mit ihm der Charakter der Truppe, deren Wert er bestimmt. "

Generalfeldmarschall Wilhelm List

1. Die Lage Anfang 1942

Nachdem das deutsche Ostheer die seit Eintritt des Winters 1941 erlittenen Rückschläge überwunden hatte, „kam die tapfere Truppe an der Jahreswende 1941/42 wieder fest in die Hand ihrer Führung; sie war bereit, den barbarischen Gewalten der Natur und der russischen Masse zu trotzen, und sie gewann wieder das Bewußtsein kämpferischer Überlegenheit über den Feind".[4] Allerdings gab es auch kritische Geister, die dem kommenden Kriegsjahr durchaus skeptisch entgegensahen. Zu ihnen gehörte unter anderem Udo von Alvensleben, der am 2. Januar 1942 in sein „Tagebuch im Kriege" notierte:

„Aus dem Osten düstere Nachrichten. Rostow mußte wieder aufgegeben werden. Die Front hält ostwärts Taganrog. Auf der Krim wird erbittert gekämpft. Am ernstesten sieht es vor Moskau aus. Bei grimmiger Kälte greifen die Russen beständig in Übermacht an. Unsere Kräfte reichen nicht, den Riesenraum genügend zu sichern. Viel Material mußte zurückgelassen und zerstört werden. Verwundete erfrieren. Ganze Divisionen werden von den Russen eingeschlossen. Hitler ist, wie ich aus dem Hauptquartier höre, wütend auf die Generale [...] Das zurückliegende Jahr! Der Balkanfeldzug schnell und glänzend, Kreta, der erste furchtbare Aderlaß, Opfergang unserer Fallschirmjäger. Vom ersten Tag des Rußlandfeldzuges Kampf gegen Elemente und Dämonen, ein satanischer Krieg, dem unsere Besten in Legionen zum Opfer fallen, ohne daß im geringsten die gesteckten Ziele erreicht worden wären. Schon im Juli waren Siegesparaden für die Eroberung von Moskau und Leningrad vorgesehen. Rechtzeitig ward Hitler vor der Tücke des russischen Winters gewarnt. Noch ist nicht entschieden, ob er uns nicht zur Katastrophe wird. Eine gewaltige stumme Totenklage ist rings im Land. Ein neues Jahr der Prüfung zieht herauf."[5]

Dieses Jahr der Prüfung begann, nachdem man trotz aller Widrigkeiten sowohl den härtesten Winter seit 150 Jahren durchstanden als auch den sowjetischen Angriffen standgehalten hatte, zur allgemeinen Überraschung der Alliierten mit einer neuerlichen deutschen Offensive. Von Hitlers operativen Leitgedanken gelenkt, die sowjetische Volkswirtschaft durch die Eroberung der kaukasischen Ölquellen und durch die Einschränkung der amerikanischen Waffen- und Hilfslieferungen über den Iran entscheidend zu treffen, sollten die Truppen der Wehrmacht und der Waffen-SS bis in den Kaukasus und zur unteren Wolga gelangen. Dort befanden sich jene Ölvorkommen, die bereits die Phantasie der deutschen Obersten Heeresleitung in der Endphase des Ersten Weltkrieges beflügelt hatten. Mehr noch: „Zumindest Ludendorff, beeinflußt von Seeckt und Lossow, betrachtete damals den kaukasischen Raum als geeignete Operationsbasis für eine spätere deutsch-türkische Wiedereroberung Bagdads, wenn nicht gar als ‚Sprungbrett für eine allenfalsige [sic!] spätere Unternehmung gegen Indien'."[6]

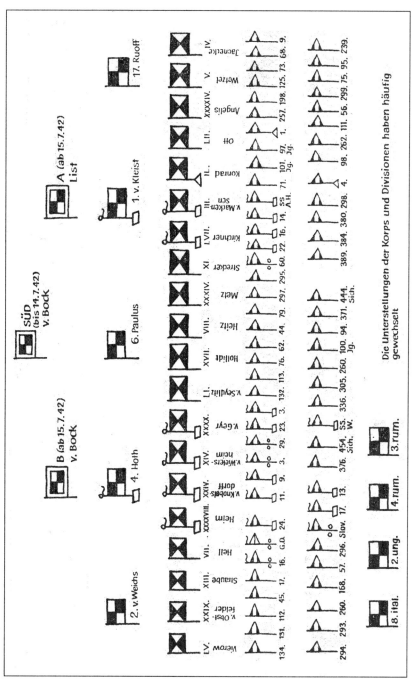

Die Verbände der Heeresgruppen Süd, A und B im Juli 1942

15

Nun folgte der Führer den geistigen Spuren seines ehemaligen Mitputschisten vom 9. November 1923. „Ludendorffs Einschätzung des kaukasischen Öls als kriegsentscheidend galt jedenfalls gleichermaßen, ja, noch weit entscheidender für Hitler."[7]

Dagegen beurteilte General Reinhard Gehlen, der Chef der Abteilung Fremde Heere Ost, die Ausgangslage völlig anders. Er vertrat die Auffassung, daß eine Eroberung Moskaus neben der psychologischen Wirkung auch noch 1942 das politische Nervenzentrum sowie den Hauptverkehrsknotenpunkt des sowjetischen Reiches lahmlegen und damit die weitere Kriegsführung der Sowjets wenn auch nicht ausgeschlossen, so doch erheblich erschweren würde. Es folgten hierüber erbitterte Auseinandersetzungen mit Hitler, der jedoch zur Ausschaltung des Wolgawasserweges auf einen Angriff in Richtung Stalingrad sowie in Richtung Kaukasus bestand.[8]

Inzwischen rätselte man in den höheren Stäben des Ostheeres darüber, wie der Rußlandfeldzug im kommenden Frühjahr fortgesetzt werden wird.

„Welchen strategischen Erwägungen wird ihr Oberster Befehlshaber den Vorzug geben? Den rein militärischen oder den wirtschaftlichen?"

„Welche operativen Pläne wird der Führer des Großdeutschen Reiches in seiner Doppelfunktion als Oberster Befehlshaber der Wehrmacht und als Oberbefehlshaber des Heeres billigen?"

Die Antwort auf diese Fragen gab schließlich die „Weisung 41" vom 5. April 1942, in der Hitler endgültig kriegswirtschaftlichen Überlegungen den Vorrang vor operativen einräumte:[9]

„Der Führer und Oberste Befehlshaber der Wehrmacht
OKW/WFSt Nr. 55616/42 g. K. Chefs.

F. H. Qu., den 5. 4. 1942

Geheime Kommandosache
Chefsache   14 Ausfertigungen
Nur durch Offizier   3. Ausfertigung

Weisung 41

Die Winterschlacht in Rußland geht ihrem Ende zu. Durch die überragende Tapferkeit und den opferfreudigen Einsatz der Soldaten der Ostfront ist ein Abwehrerfolg von größtem Ausmaß für die deutschen Waffen errungen.

Der Feind hat schwerste Verluste an Menschen und Material erlitten. In dem Bestreben, scheinbare Anfangserfolge auszunutzen, hat er auch die Masse seiner für spätere Operationen bestimmten Reserven in diesem Winter weitgehend verbraucht.

Sobald Wetter- und Geländeverhältnisse die Voraussetzungen dazu bieten, muß nunmehr die Überlegenheit der deutschen Führung und Truppe das Gesetz des Handelns wieder an sich reißen, um dem Feinde ihren Willen aufzuzwingen.

Das Ziel ist, die den Sowjets noch verbliebene lebendige Wehrkraft endgültig zu vernichten und ihnen die wichtigsten kriegswirtschaftlichen Kraftquellen so weit als möglich zu entziehen.

16

Hierzu werden alle verfügbaren Kräfte der deutschen Wehrmacht und die der Verbündeten herangezogen. Dabei muß aber gewährleistet sein, daß die besetzten Gebiete im Westen und Norden Europas, i n s b e s o n d e r e d i e K ü s t e n, unter allen Umständen gesichert bleiben.

I. Allgemeine Absicht:

Unter Festhalten an den ursprünglichen Grundzügen des Ostfeldzuges kommt es darauf an, bei Verhalten der Heeresmitte, i m N o r d e n Leningrad zu Fall zu bringen und die Landverbindung mit den Finnen herzustellen, auf dem S ü d f l ü g e l der Heeresfront aber den Durchbruch in den Kaukasus-Raum zu erzwingen.

Dieses Ziel ist in Anbetracht der Abschlußlage nach der Winterschlacht, der verfügbaren Kräfte und Mittel und der Transportverhältnisse nur abschnittsweise zu erreichen.

Daher sind zunächst alle greifbaren Kräfte zu der H a u p t o p e r a t i o n i m S ü d - A b s c h n i t t zu vereinigen mit dem Ziel, den Feind vorwärts des Don zu vernichten, um sodann die Ölgebiete im kaukasischen Raum und den Übergang über den Kaukasus selbst zu gewinnen.

Die endgültige Abschnürung von Leningrad und die Wegnahme des Ingermanlandes bleibt vorbehalten, sobald die Entwicklung der Lage im Einschließungsraum oder das Freiwerden sonstiger ausreichender Kräfte es ermöglichen.

II. Die Führung der Operationen:

A.) E r s t e A u f g a b e des Heeres und der Luftwaffe nach Abschluß der Schlammzeit ist es, die Vorbedingungen für die Durchführung der Hauptoperation zu schaffen.

Das erfordert die B e r e i n i g u n g u n d F e s t i g u n g d e r L a g e a n d e r g e s a m - t e n O s t f r o n t und in den rückwärtigen Heeresgebieten mit dem Ziel, dadurch möglichst viele Kräfte für die Hauptoperation zu gewinnen, an den übrigen Fronten aber mit geringstem Einsatz dennoch jedem Angriff gewachsen zu sein.

Wo zu diesem Zweck A n g r i f f s o p e r a t i o n e n m i t b e g r e n z t e m Z i e l nach meinen Anordnungen geführt werden müssen, ist aber auch hierzu jeweils ein überwältigender Einsatz sämtlicher verfügbaren Angriffsmittel des Heeres und der Luftwaffe sicherzustellen, um schnelle und durchschlagende Erfolge zu erreichen. Nur dadurch wird vor allem auch schon vor dem Beginn der großen Frühjahrsoperationen in der eigenen Truppe die unbedingte Siegeszuversicht wieder gestärkt, dem Feind aber seine hoffnungslose Unterlegenheit eingehämmert werden.

B.) Die nächsten Aufgaben in diesem Rahmen sind es, auf der Krim die H a l b i n s e l K e r t s c h zu säubern und S e b a s t o p o l zu Fall zu bringen. Die Luftwaffe und demnächst auch die Kriegsmarine haben den Auftrag, zur Vorbereitung dieser Unternehmungen den feindlichen Nachschubverkehr im Schwarzen Meer und in der Straße von Kertsch nachdrücklichst zu unterbinden.

Im S ü d r a u m ist der beiderseits I s j u m eingebrochene Feind im Zuge des Donez abzuschneiden und zu vernichten.

Die in der M i t t e und im N o r d a b s c h n i t t der Ostfront noch erforderlichen Frontbereinigungen können erst nach Abschluß der laufenden Kampfhandlungen und der Schlammperiode endgültig übersehen und entschieden werden. Hierzu müssen aber die notwendigen Kräfte – sobald die Lage dies zuläßt – durch Strecken der Front geschaffen werden.

C.) Die Hauptoperation an der Ostfront.

Ihr Ziel ist es – wie schon betont – zur Einnahme der Kaukasusfront die russischen Kräfte, die sich im Raume von Woronesh nach Süden, westlich bzw. nördlich des Dons befinden, entscheidend zu schlagen und zu vernichten. Aus Gründen des Eintreffens der hierzu verfügbaren Verbände kann diese Operation nur in einer Reihe von nacheinander folgenden, aber untereinander im Zusammenhang stehenden bzw. sich ergänzenden Angriffen durchgeführt werden. Sie sind daher von Norden nach Süden zeitlich so aufeinander abzustimmen, daß außerdem in jedem einzelnen dieser Angriffe ein Höchstmaß der Konzentration sowohl von Heeres- als auch besonders von Luftstreitkräften an den entscheidenden Stellen sichergestellt werden kann.

Bei der nunmehr zur Genüge erwiesenen Unempfindlichkeit des Russen gegenüber operativen Einschließungen ist entscheidender Wert – ähnlich wie in der Doppelschlacht von Wjasma-Brjansk – darauf zu legen, die einzelnen Durchbrüche in die Gestalt enger Umklammerungen zu bringen.

Es muß vermieden werden,

daß durch zu spätes Einschwenken der Umklammerungsverbände dem Gegner die Möglichkeit offenbleibt, sich der Vernichtung zu entziehen.

Es darf nicht vorkommen,

daß durch ein zu schnelles und weites Ausgreifen der Panzer- bzw. mot.-Verbände die Verbindung zu der nachfolgenden Infanterie abreißt, oder die Panzer- und mot.-Verbände selbst die Möglichkeit verlieren, den schwer vorwärts kämpfenden infanteristischen Kräften des Heeres durch ihr unmittelbares Einwirken in den Rücken der umklammerten russischen Armeen zu Hilfe zu kommen.

Es ist also, abgesehen von dem großen operativen Ziel, in jedem einzelnen Fall die Vernichtung des angegriffenen Gegners schon durch die Art des Ansatzes und der Führung der eigenen Verbände unter allen Umständen sicherzustellen.

Die Einleitung der Gesamtoperationen hat mit einem umfassenden Angriff bzw. Durchbruch aus dem Raum südlich Orel in Richtung auf Woronesh zu beginnen. Von den beiden zur Umklammerung angesetzten Panzer- und Mot-Verbänden hat der nördliche stärker zu sein als der südliche. Das Ziel dieses Durchbruchs ist die Besetzung von Woronesh selbst. Während es nun die Aufgabe eines Teiles der Infanterie-Divisionen ist, zwischen dem Ausgangspunkt des Angriffs von Orel in Richtung auf Woronesh sofort eine starke Verteidigungsfront aufzubauen, haben die Panzer- und mot-Verbände den Auftrag, von Woronesh aus mit ihrer linken Flanke, angelehnt an den Don, nach Süden den Angriff fortzusetzen zur Unterstützung eines zweiten Durchbruchs, der etwa aus dem allgemeinen Raum von Charkow nach Osten hin geführt werden soll. Auch hier ist es primär das Ziel, nicht die russische Front als solche einzudrücken, sondern im Zusammenwirken mit den den Don abwärts vorstoßenden mot-Verbänden die russischen Kräfte zu vernichten.

Der dritte Angriff dieser Operationen ist so zu führen, daß die den Don abwärts stoßenden Verbände sich im Raum um Stalingrad mit jenen Kräften vereinigen, die aus dem Raum Taganrog-Artelnowsk zwischen dem Unterlauf des Don und Woroschilowgrad über den Donez nach Osten vorstoßen. Diese sollen abschließend die Verbindung mit der gegen Stalingrad vorrückenden Panzer-Armee finden.

Sollten sich im Zuge dieser Operationen, besonders durch die Inbesitznahme unversehrter Brücken die Aussichten bieten, Brückenköpfe ostwärts bzw. südlich des Dons zu bilden, so sind solche Möglichkeiten wahrzunehmen. Auf jeden Fall muß versucht werden, Stalingrad selbst zu erreichen oder es zumindest so unter die Wirkung unserer schweren Waffen zu bringen, daß es als weiteres Rüstungs- und Verkehrszentrum ausfällt.

Besonders erwünscht wäre es, wenn es gelänge, entweder unversehrte Brücken sei es in Rostow selbst, oder sonst gesicherte Brückenköpfe südlich des Dons zu gewinnen für die weitere Fortführung der für später beabsichtigten Operationen.

Um zu verhindern, daß wesentliche Teile der nördlich des Dons befindlichen russischen Kräfte über den Strom nach Süden entweichen, ist es wichtig, daß die aus dem

Raum von Taganrog nach dem Osten vorgehende Kräftegruppe eine Verstärkung ihres rechten Flügels durch die Zuführung von Panzer- und schnellen Truppen erhält, die – wenn notwendig – auch durch improvisierte Verbände zu bilden sind.

Entsprechend dem Fortschreiten dieser Angriffe muß nicht nur auf starke Sicherung der Nordostflanke der Angriffsoperation Bedacht genommen, sondern auch der Ausbau der Stellungen in Anlehnung an den Don sofort begonnen werden. Dabei ist auf stärkste Panzerabwehr entscheidender Wert zu legen. Die Stellungen sind von vornherein auch im Hinblick auf ihre etwaige Ausnutzung im Winter festzulegen und dafür mit allen Mitteln vorzubereiten.

Zur Besetzung der sich im Laufe dieser Operation mehr und mehr verlängernden Donfront werden in erster Linie die Verbände der Verbündeten mit der Maßgabe herangezogen, daß deutsche Truppen als starke Stütze zwischen Orel und dem Don sowie an der Stalingrader Landenge einzusetzen sind, im übrigen aber einzelne deutsche Divisionen hinter der Donfront als Eingreifreserven verfügbar bleiben.

Die Verbündeten Truppen sind weitgehend in eigenen Abschnitten so zu verwenden, daß am weitesten nördlich die Ungarn, demnächst die Italiener, am weitesten südostwärts die Rumänen eingesetzt werden.

D.) Die s c h n e l l e F o r t s e t z u n g d e r B e w e g u n g e n über den Don nach Süden zur Erreichung der Operationsziele muß im Hinblick auf die jahreszeitlichen Bedingungen gewährleistet sein.

[...]"[10)]

Verbittert notierte Generaloberst Halder am 23. Juli 1942 in seinem Kriegstagebuch: „Die immer noch vorhandene Unterschätzung der feindlichen Möglichkeiten nimmt allmählich groteske Formen an und wird gefährlich."[11)]

2. Die Winterstellung am Mius

Die Front war zum Jahreswechsel 1941/42 in Schnee und Eis erstarrt. Frierend standen die Gebirgsjäger in den Erdlöchern der Vorderhangstellungen und sahen mit geröteten Augen über den zugefrorenen Mius, in dem sich riesige Eisschollen übereinandertürmten, welche ein schwer zu überwindendes Hindernis bildeten. Sie beobachteten die gegenüberliegenden Böschungen, um die Aktivitäten des Gegners rechtzeitig zu erkennen. Nicht selten lagen kaum 50 Meter zwischen den deutschen und den sowjetischen Soldaten, die sich gegenseitig wie die Hyänen belauerten. Kaum hatte jemand seine schützende Deckung verlassen, krachte schon ein Schuß. Dann war es wieder so still, als wäre nichts geschehen. Nur der schneidende Ostwind mit seinen ungeheuren Schneeverwehungen heulte monoton über die Unterstände von Freund und Feind hinweg.

Hinter der Hauptkampflinie lagen die Divisionen und Regimenter des XXXXIX. Gebirgs-Armeekorps. Die Gebirgssoldaten waren, sofern sie nicht zu Sicherungs- oder Spähtruppaufgaben benötigt wurden, in meist überfüllte Wärmebunker untergezogen, um sich vor den ungewohnten Kältegraden, die sich nicht selten zwischen 20° bis 40° Minus bewegten, zu schützen. Dieses Zusammenrücken-Müssen hatte auch seine unbestreitbaren Vorteile. In jenem kalten Miuswinter 1941/42 wuchs die Truppe nämlich zu einer verschworenen Schicksalsgemeinschaft zusammen. Den Deutschen war es schließlich – anders als der „Grande Armée" des Kaisers Napoleon I. im Jahre 1812 – gelungen, dem russischen Winter und der Roten Armee Paroli zu bieten. Die Winterkatastrophe der Franzosen war der Deutschen Wehrmacht erspart geblieben. Diese Tatsache hatte das Selbstvertrauen der Truppe in einem ungeheuren Maße gestärkt.

Das Kriegsjahr 1942 begann für das XXXXIX. Gebirgs-Armeekorps mit dem Wechsel des Kommandierenden Generals. General der Infanterie Ludwig Kübler war bereits am 18. Dezember 1941 abberufen worden, um den Oberbefehl über die 4. Armee, die vor Moskau ihr operatives Ziel verfehlt hatte, zu übernehmen. Sein Nachfolger, General Rudolf Konrad, übernahm die Führung des bewährten Gebirgs-Armeekorps erst am 2. Januar 1942, nachdem er sich vorher zur Übernahme seines Kommandos am 29. Dezember 1941 persönlich in Hitlers Führerhauptquartier „Wolfsschanze" im Forst Görlitz bei Rastenburg in Ostpreußen gemeldet hatte. Hier sind Konrads Eindrücke von seiner Begegnung mit seinem Obersten Befehlshaber:

„Er begann sofort das Gespräch und bestritt es fast allein. ‚Der Russe ist Anfang Dezember vor der Heeresmitte zur Gegenoffensive angetreten', sagte er. ‚Traditionsgemäß erstrebt er in Verbindung mit der Härte des russischen Winters, die ihm vertraut ist, durchschlagende Erfolge. Er rechnet dabei mit unseren Nachschubschwierigkeiten, dem niedrigen Stand unserer Gefechtsstärke und der gehemmten Beweglichkeit unserer Verbände. Angesichts dieser Lage dürfen wir auch bei ernstesten Frontkrisen nicht in den Fehler verfallen, dem feindlichen Gewaltstoß wie in mittel- und westeuropäischen Räumen operativ ausweichen zu wollen, um weiter rückwärts an günstig erscheinenden Abschnitten die Front erneut wieder aufzubauen. Dieses Verfahren würde im derzeitigen russischen Winter zu schweren Verlusten an Artillerie und Bewegungsmitteln und zur Vernichtung eines großen Teiles unserer Verbände führen, sowohl infolge der Kälte und Schneeverwehungen als auch infolge der Unmöglichkeit, irgendwo in kurzer Zeit neue Stellungen in den tiefgefrorenen Boden zu hauen. Es gilt vielmehr, die im Spätherbst gewonnenen, wenn auch dürftig ausgebauten Stellungen unbedingt zu halten, auch wenn der Gegner irgendwo durchgebrochen ist und schon im Rücken steht. Das Festhalten der Stellung ist das Leben – das Aufgeben der Tod der Truppe. [...] Natürlich ist es von entscheidender Bedeutung für diese Art des Kämpfens, winterbewegliche Reserven zu schaffen, um feindliche Einbrüche rechtzeitig fassen und zurückschlagen zu können. [...] Bringen Sie diese meine Auffassung in Ihrem neuen Bereich zur Geltung. Sie übernehmen ein ausgezeichnetes Armeekorps, dem Sie durch Ihren eigenen Werdegang besonders verbunden sind und das durch seine Gebirgs-Divisionen win-

VORWORT

Zum dritten Mal feiern wir Weihnachten im Felde. Der uns aufgezwungene Verteidigungskampf fordert es. Umsomehr wissen wir uns in den Weihnachtstagen mit der Heimat verbunden, die wir schützen.

Die Liebe, das Sinnbild des Weihnachtsfestes, kann nie und nirgends stärker sein, als zwischen uns an der Front und unserer Heimat.

Diese Liebe, dieser Glaube aber geben uns die Kraft, um unserem geliebten Vaterland, unserem herrlichen Großdeutschen Reich den Endsieg zu erkämpfen.

Heil unserem Führer!

Lenz
Generalmajor
und Divisionskommandeur.

Im Osten, zu Weihnachten 1941.

terlichen Verhältnissen und allen Geländeschwierigkeiten voll gewachsen ist.'

Nach etwa dreißig Minuten entließ mich Hitler mit freundlichen Worten und schien weder das Unbehagen noch die Sorge zu fühlen, die in mir hochgestiegen waren. Seine lebhaft vorgebrachten allgemeinen und einseitigen Ausführungen ließen mich befürchten, daß er die Gewalt der Wirklichkeit nicht voll erkannte und ihr daher auch nicht gerecht werden konnte."[12]

Generalleutnant Konrad hatte mit 1. Dezember 1941 zunächst das Kommando über die 99. leichte Infanterie-Division übernommen, welche innerhalb weniger Tage in die 7. Gebirgs-Division umzugliedern war. Dies wurde vorwiegend auf dem Truppenübungsplatz Grafenwöhr durchgeführt, aber auch im Gebirge bei Berchtesgaden und in der Wattener Lizum. Er konnte bei der Kürze der ihm gegebenen Zeit selbstverständlich nur die Anfänge der „Bergschuh"-Division festlegen, die er rasch wieder übergeben mußte,[13] um das Kommando über das XXXXIX. Gebirgs-Armeekorps zu übernehmen.

Am 2. Januar 1942 traf Konrad auf schneeverwehten Straßen in Tschistjakowo beim Korpsgefechtsstand ein, um Küblers Nachfolge anzutreten. Seinen Vorgänger bekam er allerdings nicht mehr zu sehen, da dieser schon im Dezember 1941 den Oberbefehl über die 4. Armee übernommen hatte. Aber er fand einen ausgezeichneten und eingespielten Stab unter Oberst i. G. Ferdinand Jodl als Chef des Korpsstabes vor. „Konrad war manchmal dickköpfig und hatte nicht immer Verständnis für die Nöte der anderen."[14] Als General des Heeres beim Oberkommando der Luftwaffe eingesetzt, hatte er sich immer mehr zum Egozentriker entwickelt, so daß seine nächste Umgebung darunter sehr leiden sollte. Der jüngere Jodl zog daraus die Konsequenzen und ließ sich auf schnellstem Wege zu Dietls legendärer Lappland-Armee nach Skandinavien versetzen. Sein Nachfolger wurde im Februar 1942 der als „zwider" apostrophierte Oberst i. G. Josef Kübler, der jüngere Bruder des Schöpfers der deutschen Gebirgstruppe.[15]

Sofort begann der neue Kommandierende General, der wegen seiner Härte bekannt und gefürchtet war, die ihm unterstellten Divisionen und Regimenter in ihren jeweiligen Frontabschnitten am Mius aufzusuchen, um sich an Ort und Stelle ein Bild von der Lage der Truppe zu machen. „Obwohl Konrad lange bei der Gebirgstruppe Dienst gemacht hatte, hatte er keinen Spitznamen – ein Zeichen für Respekt, aber nicht gerade für Zuneigung."[16] Nach diesen Truppeninspizierungen notierte der Kommandierende General in seinem Tagebuch:

„4. Januar: Schutz gegen Kälte läßt sehr zu wünschen übrig; zahlreiche Erfrierungen, darunter zwei tödliche. Winterbekleidung fehlt. Pferde stark entkräftet; kaum noch Futter da; Rauhfutter fehlt ganz. Der Feind ist der russische Winter.

Bei den Württembergern (198. Inf. Div.): Inf.Rgt. 308 hat zwei Bataillone in vorderer Linie, ein Bataillon ist Divisions-Reserve. Bataillonsbreite 2 km; Zahl der Schützen (von drei Infanteriekompanien) auf dieser Breite 90–100 Mann. Alles kommt auf rascheste Feuerbereitschaft der dahinter stehenden schweren Waffen und der Artillerie an, wenn sich eine so schwache Front gegen feindlichen Angriff behaupten will. Wie wird das bei Nacht und Nebel sein?

Der Regiments-Kommandeur teilt mit, daß sich niemand der Grabenbesatzung krank meldet. Er meint, jeder Mann fühle sich dem Russen unbedingt überlegen.

Treffe auf 3. Komp. des Inf.Rgt. 305, soll in kommender Nacht auf 21 Tage in vordere Linie. Gefechtsstärke zwei Offiziere, fünf Unteroffiziere und 15 Mann; die letzte Schar der Treue – der Treue zueinander.

Allgemein bester Eindruck von menschlichen Werten, aber erschütternde Wirklichkeit.

5. Januar: Bei 4. Geb.-Div. (führt z. Zt. [...] Wintergerst, Artilleriekommandeur des Korps; der Div.-Kommandeur ist krank in der Heimat).

Bei Geb.-Jäg.-Rgt. 91: Frontbreite des Rgts. 7 km. Alle 3 Btle. sind eingesetzt; je Komp. 40 bis 45 Mann auf 700 bis 800 m Frontbreite.

Regts.-Reserve: eine neugebildete Jäger-Komp. mit 1 Zug sMg (4 Gewehre) und 1 Zug Inf.-Geschütze.

Diese Lösung ist noch die günstigste.

Bei Geb.-Jäg.-Rgt. 13: Frontbreite 10 km; 2 Btle. in vorderer Linie, 1 Btl. Regimentsreserve.

Vordere Linie weniger als eine Postenaufstellung zur Sicherung der schweren Waffen und der Artillerie. Sofortige Änderung ist notwendig.

6. Januar: Bei 1. Geb.-Div. [...] bleibe beim Gefechtsstand der Division im Morast und weichen Schnee hängen. Kompaniestärken durchschnittlich 40 Mann; Kompaniebreiten 700 bis 800 Meter. [...]

Die Heeresartillerie (2 s.F.H. Batterien und 1 Mörserbatterie) ist in der Mitte der Korpsfront eingesetzt und festgefroren; sie hat nur noch eine schwere Zugmaschine. Nach dem besonders bedrohten linken Korpsflügel kann sie nicht wirken. Diese mächtige Feuerkraft und Führungsreserve ist unbeweglich! [...]

Am 8. Januar begab ich mich mit dem Kommandeur der italienischen Division Celere, General Mazarani, zum linken Divisionsabschnitt. Auf dem Friedhof von Rashjsnaja ehrten wir die Gefallenen vom Bersaglieri-Rgt. 25. Das Regiment hatte sich in den kritischen Tagen vom 25. bis 30. 12. tapfer geschlagen. Der Dienst in der eisigen Landschaft ist für die italienischen Truppen besonders hart, aber sie erfüllen treu ihre Pflicht. Sie sind aufgeschlossene Menschen und gute Kameraden. Die Zusammenarbeit ist vom besten Geist erfüllt."[17]

Die Gebirgs-Artillerie hatte ihre Batterien in die schneeverwehten und eiserstarrten Schluchten der Mius-Stellung eingebaut. Trotz der nach und nach eintreffenden Winterbekleidung war der Dienst am Geschütz für die Kanoniere eine frostige Angelegenheit. Die Beobachter hatten unter den Winterstürmen besonders schwer zu leiden. Aber gut eingerichtete Unterstände ließen den bitterkalten Winter den Umständen entsprechend ertragen. Wie sah nun die allgemeine Lage am Mius in bezug auf die Kampfkraft und die Gliederung der Gebirgstruppe aus? General Braun gibt uns darüber aus der Sicht der 4. Gebirgs-Division detailliert Auskunft:

„Die Division hatte den vorspringenden Teil der Mius-Stellung inne, in welcher der Fluß in einem scharfen Knie von Westen her nach Süden umbog. Rechts war Anschluß an die 1. Geb.Div., links an die 198. Infanterie-Divison. Der Divisionsstab lag in Sneshnoje. Die beiden Geb.Jäg.Rgt. waren in vorderer Linie in 25 km Breite eingesetzt, Geb.Pi.Btl. 94 und Geb.A.A. 94 zunächst zur Verfügung der Divisionen zurückgezogen. Die Abteilungen des Geb.Art.Rgt. 94 standen in günstigen Stellungen nach der Tiefe gestaffelt. Zahlreiche Wechselstellungen für Batterien und Arbeitsgeschütze wurden erkundet und ausgebaut. Die Geb.Nachr.Abt. 94 hatte in Kürze ein dichtes Fernsprechnetz fertiggestellt. Daneben überlagerten die unermüdlichen Funker die Verbindungen. In menschenwürdigen Steinhäusern richteten die Sanitätskompanien ihre Hauptverbandsplätze ein. Die Versorgungstruppen steigerten ihre Leistungen durch Anlehnung an stationäre Einrichtungen. Langsam traten Ruhe und Ordnung ein [...] Nur allmählich konnten die großen Lücken personell geschlossen werden. Die Stärke der Geb.Jäg.Btl. kam aber nicht über 400 Mann Kampfstärke hinaus. [...]
Die 4. Geb.-Div. mußte Skikompanien zusammenstellen und ebenfalls abgeben. Die Geb.A.A. 94 war längst wie ein Jäg.Btl. in vorderer Linie eingesetzt. Selbst das Geb.Pi.Btl. 94 wurde vorübergehend zu infanteristischen Aufgaben, zur Schaffung einer Divisionsreserve herangezogen. Aus den Versorgungstruppen rückten Hunderte von Soldaten in Alarmeinheiten in die vordere Linie. Die Division begann auf ‚kaltem Wege‘ das Feld-Ersatzbataillon zu einem Geb.Jäg.Btl. auszubauen.“[18]

Wie das geschah, das erfahren wir nun von Oberleutnant Müller-Hahl, der das Feld-Ersatz-Bataillon 94 vom 9. März bis zum 15. Juni 1944 führen sollte:

„Während des Winters 1941/42 erwies es sich als äußerst notwendig, die Verteidigungsfähigkeit der Verbände durch Bildung von einsatzfähigen Notreserven zu erleichtern. Zuerst als Schi-Einheit gedacht, wurde das F.E.B. 94 der 4. Geb.Division, das seither unter Hauptmann Osterer den Rahmen einer mehr oder weniger großen Verwaltungseinheit besaß und dem die Verteilung des Nachersatzes aus der Heimat oblag (für alle Divisionsteile), dann zu einem Gebirgsjäger-Ersatzbataillon ausgebaut.

Viel war es nicht, das als Stamm in Frage kam und da war! Es reichte knapp zur Bildung einer schwachen Jäger-Komp., einige Bedienungen für s.M.G. und s.Gr.W. gab es noch und dazu eine Handvoll Pioniere und Nachrichtler. Durch Abgabe von Offizieren, Uffz. und Mannschaften beider Geb.Jäg.Rgter., die dem neuen ‚Haufen' das Rückgrat gaben, kam man dann schon weiter. So kam von G.J.R. 13 der Btls.Adjutant samt einigen Zug- und Gruppen-Führern (meistens von der 7./13) mit M.G.-Schützen, die 11./13 mußte ihre s.Gr.W.-Gruppe (Obj. Jauch) abgeben. G.J.R. 91 stellte ebenfalls Offiziere (Feigl, Planthaler), außerdem wurde die gesamte 11./91 dem Bataillon 94 unterstellt (Lt. Geiger). Das Geb.Art.Rgt. 94 stellte aus entbehrlichen Leuten 2 Züge zusammen, die sich im späteren Verlauf als Jäger bestens bewährten. Geb.Nachr.Abt. 94 stellte Nachrichtler ab und zum Schluß schob die Geb.Pz.Abt. 94 ebenfalls einen unterstellten Pakzug in die Stellung ein.

In 4 Kompanien gegliedert, rückte nun, in Tschistjakowo zusammengestellt, im Februar 42 das F.E.B. 94 in die Glichajastellung vor und löste dort das II./13 ab und war so genau zwischen beiden Gebirgs-Jäger-Regimentern der Division eingeschoben. [...]

Das war die Gliederung des Bataillons an der Miusfront. Lang dauerte es nicht, bis die ersten russischen Unternehmungen starteten. Doch wie sie es auch probierten, ob sie auf der Maisfeldkuppe den nachts dort eingesetzten stehenden Spähtrupp der Artilleristen Planthalers zu entführen versuchten, oder am Kolchos auf der Höhe ankamen, vergebens; jedesmal wurden sie blutig abgewehrt. Es kam vor, daß die Russen in der Kälte stundenlang ruhig vor den Stellungen liegenblieben, um dann plötzlich noch einmal, allerdings vergeblich, anzugreifen. So wurden sie am 6. und 8. März 1942 von der Kolchosenbesatzung, die der damalige Ufw. Haas für den erkrankten Zugführer Fw. Staudenmaier führte, zurückgeschlagen. Die Bedienungen der Werfergruppe Jauch hatten dabei z. T. hemdärmelig und barfuß in Pantoffeln innerhalb weniger Sekunden nach dem Alarm an ihren Werfern gestanden und legten ruck-zuck ein tadelloses Sperrfeuer hin.“[19]

Nachdem die Winterbekleidung endlich eingetroffen war, und sofern es die Feindlage zuließ, wurden die Stellungen und Truppenunterkünfte ausgebaut und laufend verbessert.

Aber auch die Ausbildung wurde stets weiter betrieben, um vor allem die aus der Heimat neu eingetroffenen Gebirgssoldaten, die als Ersatz für die zahlreichen Ausfälle zu den Gebirgs-Divisionen und ihren Regimentern gelangten, gründlich auszubilden. Hierbei wurde vor allem besonderer Wert darauf gelegt, die Kenntnisse der Truppe in den wichtigsten Kampf- und Aktionsarten, wie Führung, Aufklärung, Sicherung, Marsch, Angriff, Verfolgung, Abwehr, Abbrechen des Gefechts, Rückzug, hinhaltendes Gefecht, Gefechte unter besonderen Verhältnissen (bei Dunkelheit, Ortsgefechte, Waldgefechte, an Flüssen und im Gebirge, um Engen sowie Grenzschutz und kleiner Krieg) in Theorie und Praxis zu erweitern und zu intensivieren.

Hand in Hand ging auf höherer Ebene auch die Weiterbildung der Offiziere und Unteroffiziere vor sich. Wichtigste Ausbildungsthemen waren hier: Einsatz gepanzerter Kampffahrzeuge; Unterstützung der Truppe durch die Luftwaffe, Fliegerabwehr, Nachrichtenverbindungswesen; Einsatz chemischer Kampfmittel und künstlichen Nebels; Sperreinsatz, Einsatz von Eisenbahnpanzerzügen; Transport von Truppen und Versorgung der Truppe im Operationsgebiet.

Doch kehren wir wieder in den Frontalltag am Mius zurück, und werfen wir an dieser Stelle nochmals einen Blick in die Tagebuchaufzeichnungen des Kommandierenden Generals des XXXXIX. Gebirgs-Armeekorps:

„Im Korpsabschnitt weht seit drei Tagen ein eisiger Buran", erfahren wir von Konrad.

„Ein vorgeschobener Stützpunkt der 4. Geb.Div. (1 Oberjäger, 10 Mann) wird von den Russen eingeschlossen. Erbitterter Kampf die ganze Nacht. Am Morgen liegen 32 tote Russen in den Hindernissen. Der Stützpunkt hielt sich. Eigene Ausfälle: drei.

23. Januar: Mittag wird Schwarzhemdenbataillon 63 (Division Celere) in Woroschilowo überrumpelt und verliert die Ortschaft. Der Kommandeur, Major Nigra, fällt an der Spitze seiner Leute bei dem Versuch, die Ortschaft wieder zu nehmen.

24. Januar: Bei Sicherungs-Rgt. 318 (deutsches Regiment bei italienischer Division Celere) mehrere Ausfälle durch Erfrierungen zweiten und dritten Grades.

Die Aufstellung kleiner zusammensetzbarer Holzhütten in den vorderen Stützpunkten des schlesischen Sicherungs-Regiments durch Korpspioniere verbesserte die dortigen Verhältnisse. Die Pioniere aber erleiden bei diesem Dienst in einer Nacht 30% Ausfälle infolge Erfrierungen ersten und zweiten Grades.

25. Januar: Die Lage bei der 17. Armee verschlechterte sich weiter. Die Bahnlinie Dnjepropetrowsk–Stalino ist unmittelbar bedroht.

Das Gebirgskorps muß an die Armee 1 Infanterie-Btl. mit Skiausrüstung, 1 Pionier-Kompanie und 100 völlig neue Kraftfahrzeuge, die eben aus der Heimat gekommen sind, abgeben.

28. Januar: Der Russe hat die Bahnlinie noch nicht erreicht. Leider hat er volle deutsche Magazine erbeutet.

29. Januar: Anzeichen eines russischen Angriffs in größerer Breite gegen den linken Korpsflügel. Suche die Reserven des linken Flügels auf und bespreche mit ihnen die Lage. Sie müssen rechtzeitig in Marsch gesetzt werden, um noch am gleichen Tage im vorderen Bereich des Haupt-

26

kampffeldes zum Eingreifen zu kommen. Hindernisse sind Schneeverwehungen, östlicher Buransturm und kurzer Tag.

Nachmittag beim schlesischen Sicherungs-Rgt. 318, das besonders bedroht erscheint.

30. Januar: Seit 6.30 Uhr feindlicher Angriff im Abschnitt Celere und am linken Flügel 198. Inf.-Div. in 16 km Breite. Artilleriekommendeur des Korps leitet am linken Flügel die artilleristische Kampfführung.

Bei Fallschirmjäg.-Rgt. 2 feindlicher Hauptstoß und Konzentration des feindlichen Artilleriefeuers. 12.00 Uhr dort Nahkampf.

Der in mehreren Wellen und Stoßrichtungen laufende breitangelegte russische Angriff scheint um 14.00 Uhr zusammenzubrechen.

Bei Einbruch der Dunkelheit räumt der Gegner im Feuer unserer Waffen das Vorgelände und geht in seine Ausgangsräume zurück.

Der feindliche Angriff war von drei Schützendivisionen und einer Panzerbrigade geführt.

31. Januar: In den Stellungen der Fallschirmjäger und des Sicherungsregiments. Härtester Kampf war beim Fallschirmjäger-Rgt. 2. Überall gute Stimmung.

3. Februar: Im Lazarett Krasna Wesda. Verwundete der Fallschirmjäger, Schlesier und Württemberger. Tief beeindruckt von der Haltung der Männer. Ein Fallschirmjäger meldet sich, auf seinem Sterbebett liegend, mit letzter Kraft im glücklichen Gefühl erfüllter Pflicht bei mir ab.

6. Februar: Das Armeekorps muß ein weiteres Bataillon abgeben. Sonderbarerweise hat die Armee kein Interesse an der Mitgabe von Artillerie, die ich, wie im früheren Falle, anbiete.

Im übrigen erfährt das Korps nahezu nichts von der Lage. Neuartige Führung!"[20]

Daß die Truppe trotz aller Widrigkeiten nie ihren Soldatenhumor verlor, daß sie vielmehr selbstbewußt aus den bitteren Erfahrungen des ersten russischen Winters hervorging, das beweisen zahlreiche kleine Geschichten, die irgendwo während des Postendienstes, in den Unterständen oder Bunkern der Miusfront entstanden und die dann, von fürsorglichen Offizieren und Unterführern gefördert, publiziert wurden, um den Gebirgsjägern die notwendige Lebensfreude zu erhalten. Eine dieser zahlreichen Geschichten, sie schildert in amüsanter Art den Tagesablauf der beiden russischen Frauen Walja und Olinka, erschien am 8. März 1942 im „Sonntagsblatt" des Generalkommandos des XXXXIX. Gebirgs-Armeekorps. Dort hat der Gebirgsjäger Grob einen „Morgen über einem ukrainischen Dorf" beschrieben:

„Das Haus von Walja und Olinka", so beginnt die Geschichte, „unterscheidet sich in nichts von all den anderen Häusern des Dorfes. Gleich ihnen liegt es behaglich faul hingekuschelt am Rande einer Balka, einer der Regenschluchten, die die Eintönigkeit des weiten Landes unterbrechen. Wie alle anderen auch, steht das Haus uneingezäunt unmittelbar an dem staubigen Pfade, den Radspuren in den lockeren Boden eingegraben haben. Es ist von keinerlei Garten umgeben; keine Blume und kein Strauch ziert es. Es steht eigentlich ganz gleichgültig da. Und, daß es verwahrlost ist, – nitschewo. Es hält warm; das Dach schützt vor Sturm und Regen. Braucht man mehr?

Dennoch ist es nötig, von Zeit zu Zeit die von Wind und Wetter in die Wände geschlagenen Wunden zu heilen. Dazu haben gestern Walja und Olinka, die fröhliche alte Tante und ihre immer lustige Nichte, ein weites, rundes Loch in den Lehmboden des Hofes gestochen. Mehr als einen halben Meter tief. Heute, mit dem ersten Hahnengekräh, füllen sie es zur Hälfte mit Häcksel, aus der sie sorgfältig alle langen Strohhalme entfernen. Dann gießen sie moonriges Wasser darüber und fügen Sand und Lehm hinzu. Olinka, das flinke, aber stämmige Mädchen mit den hervorstehenden Backenknochen und dem breiten Becken, hebt seine kurzen Röcke und steigt in das Loch. Zwischen die Beine klemmt Olinka die Kleider und packt sie vorne mit beiden Händen. In dieser Haltung beginnt sie vorsichtig Häcksel, Wasser und Sand mit den Füßen zu mengen. Walja, die Tante, steht am Rande und gibt von Zeit zu Zeit dem Brei soviel Lehm hinzu, bis er zu einer zähen Masse wird. Unentwegt stampft Olinka mit ihren Füßen. Die Beine bewegen sich immer langsamer auf und ab, denn die große Masse haftet immer fester an Füßen und Unterschenkeln.

Ob auch die Arbeit anstrengend sei, die Junge und die Alte unterhalten sich fortwährend. Es gibt ja so viel Wichtiges durchzuhecheln: Woher Lisa die bunte Bluse habe? Und ob der Piotr die Nastja zum Einschreiben führen würde? Ob Paschas Kuh diesmal leicht kalbe? Ob die Mühle noch den Weizen für sie bis zum ersten Schneefall mahle? Ob das Sonnenblumenöl für den Winter reiche? Ob man aus der Kolchose wohl noch Mais holen könne? Ob die Kürbisse bald eingelegt werden müßten? Kurz, tausend Dinge, die das Dasein des ländlichen Lebens ausmachen, werden immer neu besprochen, belächelt und belacht. Denn schließlich hat alles im Leben auch seine vergnügliche Seite. Und nur der Dumme sucht in der Steppe den Wind.

Endlich erachtet Walja den zähen Brei verwendungsfähig. Auf ein bereitgestelltes Brett schöpfen beide Frauen den lehmigen Kuchen und schleppen die schwere Last vor die schadhafte Wand ihrer Hütte.

Da kippt das Brett. Olinka schüttelt sich vor Lachen! Denn die Tante, im Bemühen, es zu halten, gleitet aus. Der ganze Brei rutscht ihr gegen den Hals, verklebt das linke Ohr, und ein dicker Klumpen gerät in ihren Halsausschnitt. Ist das nicht zum Lachen?! ‚Auf die andere Seite mußt Du Dir auch noch einen Klumpen kleben, Babuschka, sonst wirst Du schief!‘ frozzelt Olinka und prustet kichernd. Tante Walja zieht ein beleidigtes Gesicht. Umständlich nestelt sie an ihrem Leibchen, holt den Lehmbatzen heraus, und schwupps hat ihn Olinka im Gesicht. Und damit er ja gut hafte, spuckt

Walja in die Hände, formt einen neuen Lehmkloß und verschmiert, unter wortreichen Sprüchen, das Beleidigtsein vergessend, das Gesicht ihrer Nichte. Schallendes Lachen, das auch Olinka ansteckt und jede Abwehr verhindert.

Wie Kinder, die etwas ausgefressen haben, schauen sich die beiden Weiber nun spitzbübisch an, gehen Arm in Arm zu der alten Fensterscheibe, ihre Gesichter darin zu betrachten. Und wieder brechen sie in stürmisches Gelächter aus. Die alte Tante muß sich den Bauch halten. Plötzlich verschwindet sie im Geschwindschritt ums Hauseck in einen runden, meterhohen Wall aus Lehm und Unrat, aus dessen offenem Eingang alsbald ein Bächlein rinnt.

Erleichtert kehrt Tante Walja zurück. ‚So, nun müssen wir aber weitermachen, sonst wird das ganze Zeugs zu zäh und alle Mühe war umsonst', meint sie. Kniend reicht Olinka ihr mit gehäuften Händen den Lehmteig. Die ausgemergelten Hände der Alten füllen geschickt das Loch in der von Wind und Sonne ausgedörrten und abgebröckelten Wand. Mit erfahrenen Griffen wird sie dann sorgfältig verstrichen, schön glatt und gleichmäßig, wie Schwalben es an ihren Nestern tun.

Es werden auch gleich die Fenster an ihren Fugen verschmiert, damit im Winter der eisige Buran nicht ins Innere der Hütte dringen kann."

Was die Truppenbetreuung anbetraf, so sollte diese selbstverständlich auch nationalsozialistisch ausgerichtet sein. Nicht umsonst beteiligten sich daran auch führende Männer der NSDAP. So besuchte im Winter 1941 „Hitlers politischer General" Karl Wahl die Gebirgsjäger im Südabschnitt der Ostfront. Das hatte seinen guten Grund. Denn der Gauleiter des Reichsgaues Schwaben gab seit 1940 die Halbmonatszeitschrift „Front und Heimat" für die schwäbischen Frontsoldaten heraus.[21] „Als Herausgebender", so der SS-Obergruppenführer, „mußte ich mich [...] zwischendurch an Ort und Stelle vergewissern, ob unsere kleine Frontzeitung die Soldaten immer noch ansprach oder ob wir an ihnen vorbeischrieben."[22] Das war jedoch keinesfalls der Fall. Denn neben heiteren und erbaulichen Beiträgen veröffentlichte Wahl darin auch Artikel mit propagandistischem, teilweise sogar antisemitischem Gedankengut.[23] Das Ziel dieser Mischung aus Soldatenhumor und NS-Propaganda war eindeutig und bedurfte für Eingeweihte keiner besonderen Erklärung. Auf diese Weise wurde die deutsche Gebirgstruppe noch vor der Einführung des Nationalsozialistischen Führungsoffiziers (NSFO) im nationalsozialistischen Sinne beeinflußt.

Die Gebirgsjäger waren heilfroh, als der eisige „Buran" immer seltener über die Mius-Stellung fegte und die Erde wieder begann, aufzutauen. Als die gefürchtete Schlammperiode im Frühjahr einsetzte, hatte sie auf Grund der durchgestandenen Kältewelle allen Schrecken verloren. Die Landser jubelten nicht nur innerlich, daß der lange Winter vorbei war und daß es endlich Frühling wurde. Später, als sie bereits einem anderen Kriegsschauplatz entgegenstrebten, wurde ihnen auf Grund der Verordnung Hitlers vom 26. Mai 1942 die Medaille „Winterschlacht im Osten 1941/42" (Ostmedaille) – von den Soldaten meist sarkastisch „Gefrierfleischorden" genannt – verliehen. „In Würdigung des heldenhaften Einsatzes [...] während des Winters 1941/42 [...] als Anerkennung für Bewährung im Kampf gegen den bolschewistischen Feind und den russischen Winter innerhalb des Zeitraumes vom 15. November 1941 bis 15. April 1942".[24]

Und diese Kämpfe waren nicht nur hart, sondern auch grausam gewesen. So wurden in Bessabotowka zwei Massengräber entdeckt. „In einem lagen, teilweise völlig nackt, deutsche Soldaten, die zum größten Teil durch Genickschuß ermordet worden waren. Im anderen fand man 56 deutsche Soldaten. An den meisten waren bestialische Quälereien vorgenommen worden."[25]

3. Hitlers operative Pläne für die Südfront

Das deutsche Kriegsziel, die Sowjetunion mit einem „Blitzkrieg" wie in Polen oder Skandinavien, in Frankreich oder auf dem Balkan niederzuwerfen, war nicht erreicht worden. Im Gegenteil: Die gewaltigen Belastungen des bisherigen Rußlandfeldzuges hatten in einem erschreckenden Ausmaße an der Substanz des deutschen Ostheeres gezehrt. Vom 22. Juni bis zum 1. Dezember 1941 beliefen sich die Verluste im einzelnen auf 162.314 Tote, 33.334 Vermißte und 571.767 Verwundete. Das waren 24% der ursprünglichen Stärke bzw. 3000 bis 4000 Mann je Division. Dabei betrug die Grabenstärke je Kompanie hinter Donez und Mius teilweise nur mehr 20 bis 30 Mann.

Doch trotz all dieser hohen Verluste blieb die deutsche Wehrmachtführung weiterhin optimistisch. Jetzt sollten eben die Sommeroperationen des Kriegsjahres 1942 die endgültige Entscheidung bringen. Denn weder die Rote Armee noch der überaus strenge Winter des Jahres 1941/42 hatten die Deutsche Wehrmacht kriegsentscheidend zu schwächen vermocht. Ja so paradox dies auch klingen mag, die deutschen Soldaten waren letztlich aus diesem harten Kampf gegen die Naturgewalten und einen Gegner, der von seinen alliierten Verbündeten auf Grund der Leih- und Pachtlieferungen mit allen erdenklichen Waffen und Ausrüstungsgegenständen ununterbrochen versorgt worden war, gestärkt hervorgegangen. Es schien, daß es dem deutschen Ostheer doch noch gelingen könnte, das Unternehmen „Barbarossa" siegreich zu führen.

Voll Zuversicht verkündete Hitler am 15. Februar 1942 im Berliner Sportpalast vor exakt 9883 andächtig zuhörenden Offizieren: „Sie werden vielleicht sagen: Was müssen wir nicht vollbringen! Wir gehen hier 1000 Kilometer nach Rußland, vielleicht 1 1/2, 2000, 3000 Kilometer. Vielleicht führt uns der Führer zum Kaukasus. Was sind das für ungeheure Wege! Meine jungen Kameraden! Einst sind deutsche Kaiser und Reiter zu Roß die gleichen Wege geritten. Sie sind bis in das Gelobte Land, bis Palästi-

30

na, sie sind unzählige Male über die Alpen. – Was wir tun, ist nichts Einmaliges in der Geschichte. Unsere Vorfahren haben es genau so getan!"[26] Inzwischen war es bereits April geworden. General Winter zog sich mit seinen frostigen Regimentern langsam hinter den Ural nach Sibirien zurück. Von überall her rannen die Schmelzwasser, die sich in der Balka und im Mius, der jetzt stark anschwoll, sammelten. Bald hatte die warme Frühjahrssonne auch den letzten Schnee zerfressen. Rasch trocknete der Wind die getränkte Erde aus. Es war eine Jahreszeit, in der man Bilanz ziehen konnte: In einer vom 1. April 1942 datierten Zusammenstellung des Gebirgs-Jäger-Regiments 13 heißt es z. B. über den bisherigen Feldzug in Rußland:

„Einsatztage (ohne die Winterabwehrkämpfe): 65
Marschleistungen: 2212 Kilometer
Gefangene: 11.255
Eigene Verluste: Gefallen 10 Offiziere, 359 Unteroffiziere und Mannschaften. Verwundet 41 Offiziere, 1065 Unteroffiziere und Mannschaften.
Beute: 1 überschwerer Panzer, 37 schwere und mittlere Panzer, 11 Panzerspähwagen, 21 schwere Geschütze, 44 mittlere Geschütze, 37 leichte Geschütze, einschließlich Pak und Flak, 58 Granatwerfer, 180 MG, 540 fahrbereite Kraftfahrzeuge, 230 Bespannfahrzeuge, über 1000 Pferde.
Seit dem 3. 11. 1941 steht das Regiment bis heute ununterbrochen in vorderer Linie, in einer der ostwärtigsten Stellungen in der Winterfront des Heeres, die Fußtruppen erreicht haben. Es mußte im Laufe des Winters 7 Bataillons-Abschnitte neu übernehmen, weiter ausbauen und sie gegen teilweise stark überlegenen Feindangriff halten. Der Abschnitt ‚Schwabenstreich' war beispielsweise 61mal das Ziel von feindlichen Unternehmungen und Angriffen – zweimal in den OKW-Nachrichten erwähnt, der diesem Abschnitt vorgeschobene Stützpunkt ‚Miusdorf' allein 27mal.
Mit beginnendem Frühling ist das Regiment auf den erwarteten Bewegungskrieg eingestellt, eingedenk der Tradition des alten Württ. Gebirgs-Bataillons und seines Wahlspruches: Furchtlos und treu!"[27]

Kaum zeigte sich Ende April/Anfang Mai die Erde im neuen Grün, trotteten wieder die zotteligen Muli über die Wiesen und Felder. Überall wuchs neues Leben aus der fruchtbaren Erde. Auf diese Weise erlebten die Gebirgsjäger den russischen Frühling. Wie vieles im Leben, so hatte auch diese Jahreszeit für die Deutschen ihre Schattenseiten. Immer häufiger flogen die sowjetischen „Rumpelkisten" nun über die Stellungen der Gebirgssoldaten hinweg. Doch die deutsche Flak war abwehrbereit und verjagte die gegnerischen Flugzeuge wieder sehr schnell.

Bei dieser verstärkten Kampftätigkeit war es kein Wunder, daß schon bald die ersten Latrinenparolen in den Stellungen, Unterständen und Bunkern am Mius, an dem die Gebirgsjäger des XXXXIX. Gebirgs-Armeekorps noch immer wie festgewurzelt verharrten, erzählt wurden. Zwar wurden Übungen durchgeführt, in denen man schwerpunktmäßig den Angriff durch starke Stellungen durchexerzierte. Womit auch dem einfachen Soldaten klar war, daß es sich hierbei nur um den beabsichtigten Durchbruch durch die Mius-Stellungen der Sowjets handeln konnte. Letztlich kam dieser geplante Angriff aber nicht zur Ausführung.

Für kurze Zeit herrschte Ratlosigkeit über die Kriegsziele der deutschen Führung. Wieder schwirrten zahllose Latrinengerüchte über den neuen Einsatz des XXXXIX. Gebirgs-Armeekorps und seiner Divisionen herum. Immer häufiger tauchte dabei das Wort „Kaukasus" auf. Niemand kannte den X-Tag, an dem es wirklich losgehen sollte; aber der Gedanke, daß dieses Bollwerk aus Fels und Eis zwischen Europa und Asien als künftiges Operationsgebiet der Gebirgsjäger ausersehen sei, setzte sich immer mehr fest, zumal die Truppe bereits auf Hochgebirgstauglichkeit umgerüstet und forciert ausgebildet wurde.

Endlich war es soweit: Die 4. Gebirgs-Division wurde aus ihren Stellungen am Mius herausgelöst. Sie sollte unter anderem über Dimitrijewka-Uspenskaja und Pokrowskoje direkt nach Rostow marschieren. Welche Überlegungen aber lagen dieser Marschrichtung zugrunde?

Im Frühsommer 1942 begann die Deutsche Wehrmacht gemeinsam mit verbündeten italienischen, rumänischen, ungarischen und slowakischen Verbänden an der Ostfront mit Schwergewicht bei der Heeresgruppe Süd wieder offensiv zu werden. Hitler war der festen Überzeugung, daß der Russe am Ende seiner Kraft sei.

„Als Hitler den verhängnisvollen Entschluß faßte, noch tiefer in die russischen Abgründe einzudringen, mußte er zugleich erkennen, daß er nicht mehr genügend Kräfte für eine Offensive auf der ganzen Front besaß, wie er sie im Vorjahr geführt hatte", erfahren wir von General Blumentritt. „Gezwungen zu wählen, schreckte er vor einem neuen Angriff auf Moskau zurück. So entschloß er sich zu einem Vorstoß nach Süden gegen die kaukasischen Ölfelder, obwohl dies bedeutete, daß er seine rechte Flanke teleskopartig an der Hauptmasse der Roten Armee vorbei nach vorn staffeln müßte. Wenn seine Kräfte den Kaukasus erreichten, waren sie an jedem Punkt einer fast 1500 Kilometer tiefen Flanke einem Gegenangriff ausgesetzt."[28]

Es war der 5. April 1942, als Hitler die „Weisung 41" erließ, welche das Ziel und den Verlauf der geplanten Operationen für den Sommer dieses Jahres in groben Zügen festlegte. Darin hieß es unter anderem:[29]

Oben: Generalfeldmarschall Fedor von Bock als Oberbefehlshaber der Heeresgruppe Süd (16. 1.–13. 7. 1942) im Frühjahr 1942 beim Stab der 1. Gebirgs-Division

Links unten: Generalfeldmarschall Wilhelm List, Oberbefehlshaber der Heeresgruppe A (10. 7.–10. 9. 1942)

Rechts unten: Generalfeldmarschall Ewald von Kleist, Oberbefehlshaber der Heeresgruppe A (22. 11. 1942–9. 3. 1943)

„Der Führer und Oberste Befehlshaber   F. H. Qu., den 5. 4. 1942
der Wehrmacht
OKW/WFSt Nr. 55616/42 g. K. Chefs.

Geheime Kommandosache
Chefsache   14 Ausfertigungen
Nur durch Offizier   3. Ausfertigung

Weisung 41

Die Winterschlacht in Rußland geht ihrem Ende zu. Durch die überragende Tapferkeit und den opferfreudigen Einsatz der Soldaten der Ostfront ist ein Abwehrerfolg von größtem Ausmaß für die deutschen Waffen errungen.

Der Feind hat schwerste Verluste an Menschen und Material erlitten. In dem Bestreben, scheinbare Anfangserfolge auszunutzen, hat er auch die Masse seiner für spätere Operationen bestimmten Reserven in diesem Winter weitgehend verbraucht.

Sobald Wetter- und Geländeverhältnisse die Voraussetzungen dazu bieten, muß nunmehr die Überlegenheit der deutschen Führung und Truppe das Gesetz des Handelns wieder an sich reißen, um dem Feinde ihren Willen aufzuzwingen.

Das Ziel ist, die den Sowjets noch verbliebene lebendige Wehrkraft endgültig zu vernichten und ihnen die wichtigsten kriegswirtschaftlichen Kraftquellen so weit als möglich zu entziehen.

Hierzu werden alle verfügbaren Kräfte der deutschen Wehrmacht und die der Verbündeten herangezogen. Dabei muß aber gewährleistet sein, daß die besetzten Gebiete im Westen und Norden Europas, i n s b e s o n d e r e   d i e   K ü s t e n , unter allen Umständen gesichert bleiben.

I. Allgemeine Absicht:

Unter Festhalten an den ursprünglichen Grundzügen des Ostfeldzuges kommt es darauf an, bei Verhalten der Heeresmitte, im N o r d e n Leningrad zu Fall zu bringen und die Landverbindung mit den Finnen herzustellen, auf dem S ü d f l ü g e l der Heeresfront aber den Durchbruch in den Kaukasus-Raum zu erzwingen.

Dieses Ziel ist in Anbetracht der Abschlußlage nach der Winterschlacht, der verfügbaren Kräfte und Mittel und der Transportverhältnisse nur abschnittsweise zu erreichen.

Daher sind zunächst alle greifbaren Kräfte zu der H a u p t o p e r a t i o n   i m   S ü d - A b s c h n i t t zu vereinigen mit dem Ziel, den Feind vorwärts des Don zu vernichten, um sodann die Ölgebiete im kaukasischen Raum und den Übergang über den Kaukasus selbst zu gewinnen.

Die endgültige Abschnürung von Leningrad und die Wegnahme des Ingermanlandes bleibt vorbehalten, sobald die Entwicklung der Lage im Einschließungsraum oder das Freiwerden sonstiger ausreichender Kräfte es ermöglichen.

II. Die Führung der Operationen:

A.) E r s t e   A u f g a b e des Heeres und der Luftwaffe nach Abschluß der Schlamm-

---

Links oben: General der Gebirgstruppe Rudolf Konrad, Kommandierender General des XXXXIX. Gebirgs-Armeekorps

Links unten: Generalmajor Hubert Lanz, Kommandeur der 1. Gebirgs-Division

Rechts: Generalmajor Karl Eglseer, Kommandeur der 4. Gebirgs-Division

zeit ist es, die Vorbedingungen für die Durchführung der Hauptoperation zu schaffen.

Das erfordert die B e r e i n i g u n g u n d F e s t i g u n g d e r L a g e a n d e r g e s a m -
t e n O s t f r o n t und in den rückwärtigen Heeresgebieten mit dem Ziel, dadurch möglichst viele Kräfte für die Hauptoperation zu gewinnen, an den übrigen Fronten aber mit
geringstem Einsatz dennoch jedem Angriff gewachsen zu sein.

Wo zu diesem Zweck Angriffsoperationen mit begrenztem Ziel nach meinen Anordnungen geführt werden müssen, ist aber auch hierzu jeweils ein überwältigender Einsatz sämtlicher verfügbaren Angriffsmittel des Heeres und der Luftwaffe sicherzustellen, um schnelle und durchschlagende Erfolge zu erreichen. Nur dadurch wird vor allem
auch schon vor dem Beginn der großen Frühjahrsoperationen in der eigenen Truppe die
unbedingte Siegeszuversicht wieder gestärkt, dem Feind aber seine hoffnungslose Unterlegenheit eingehämmert werden.

B.) Die nächsten Aufgaben in diesem Rahmen sind es, auf der Krim die Halbinsel
Kertsch zu säubern und Sebastopol zu Fall zu bringen. Die Luftwaffe und demnächst
auch die Kriegsmarine haben den Auftrag, zur Vorbereitung dieser Unternehmungen den
feindlichen Nachschubverkehr im Schwarzen Meer und in der Straße von Kertsch nachdrücklichst zu unterbinden.

Im Südraum ist der beiderseits Isjum eingebrochene Feind im Zuge des Donez abzuschneiden und zu vernichten.

Die in der Mitte und im Nordabschnitt der Ostfront noch erforderlichen Frontbereie-
nigungen können erst nach Abschluß der laufenden Kampfhandlungen und der Schlammperiode endgültig übersehen und entschieden werden. Hierzu müssen aber die notwendigen Kräfte – sobald die Lage dies zuläßt – durch Strecken der Front geschaffen
werden.

C.) Die Hauptoperation an der Ostfront.

Ihr Ziel ist es – wie schon betont – zur Einnahme der Kaukasusfront die russischen
Kräfte, die sich im Raume von Woronesh nach Süden, westlich bezw. nördlich des
Dons befinden, entscheidend zu schlagen und zu vernichten. Aus Gründen des Eintreffens der hierzu verfügbaren Verbände kann diese Operation nur in einer Reihe von
nacheinander folgenden, aber untereinander im Zusammenhang stehenden bezw. sich
ergänzenden Angriffen durchgeführt werden. Sie sind daher von Norden nach Süden
zeitlich so aufeinander abzustimmen, daß außerdem in jedem einzelnen dieser Angriffe ein Höchstmaß der Konzentration sowohl von Heeres- als auch besonders von Luftstreitkräften an den entscheidenden Stellen sichergestellt werden kann.

Bei der nunmehr zur Genüge erwiesenen Unempfindlichkeit des Russen gegenüber
operativen Einschließungen ist entscheidender Wert – ähnlich wie in der Doppelschlacht
von Wjasma-Brjansk – darauf zu legen, die einzelnen Durchbrüche in die Gestalt enger
Umklammerungen zu bringen.

Es muß vermieden werden,

daß durch zu spätes Einschwenken der Umklammerungsverbände dem Gegner die
Möglichkeit offenbleibt, sich der Vernichtung zu entziehen.

Es darf nicht vorkommen,

daß durch ein zu schnelles und weites Ausgreifen der Panzer- bezw. mot.-Verbände
die Verbindung zu der nachfolgenden Infanterie abreißt, oder die Panzer- und mot.-Ver-
bände selbst die Möglichkeit verlieren, den schwer vorwärts kämpfenden infanteristischen Kräften des Heeres durch ihr unmittelbares Einwirken in den Rücken der umklammerten russischen Armeen zu Hilfe zu kommen.

Es ist also, abgesehen von dem großen operativen Ziel, in jedem einzelnen Fall die
Vernichtung des angegriffenen Gegners schon durch die Art des Ansatzes und der
Führung der eigenen Verbände unter allen Umständen sicherzustellen.

34

Die Einleitung der Gesamtoperationen hat mit einem umfassenden Angriff bezw. Durchbruch aus dem Raum südlich Orel in Richtung auf Woronesh zu beginnen. Von den beiden zur Umklammerung angesetzten Panzer- und Mot-Verbänden hat der nördliche stärker zu sein als der südliche. Das Ziel dieses Durchbruchs ist die Besetzung von Woronesh selbst. Während es nun die Aufgabe eines Teiles der Infanterie-Divisionen ist, zwischen dem Ausgangspunkt des Angriffs von Orel in Richtung auf Woronesh sofort eine starke Verteidigungsfront aufzubauen, haben die Panzer- und mot-Verbände den Auftrag, von Woronesh aus mit ihrer linken Flanke, angelehnt an den Don, nach Süden den Angriff fortzusetzen zur Unterstützung eines zweiten Durchbruchs, der etwa aus dem allgemeinen Raum von Charkow nach Osten hin geführt werden soll. Auch hier ist es primär das Ziel, nicht die russische Front als solche einzudrücken, sondern im Zusammenwirken mit den den Don abwärts vorstoßenden mot-Verbänden die russischen Kräfte zu vernichten.

Der dritte Angriff dieser Operationen ist so zu führen, daß die den Don abwärts stoßenden Verbände sich im Raum um Stalingrad mit jenen Kräften vereinigen, die aus dem Raum Taganrog-Artelnowsk zwischen dem Unterlauf des Don und Woroschilowgrad über den Donez nach Osten vorstoßen. Diese sollen abschließend die Verbindung mit der gegen Stalingrad vorrückenden Panzer-Armee finden.

Sollten sich im Zuge dieser Operationen, besonders durch die Inbesitznahme unversehrter Brücken die Aussichten bieten, Brückenköpfe ostwärts bezw. südlich des Dons zu bilden, so sind solche Möglichkeiten wahrzunehmen. Auf jeden Fall muß versucht werden, Stalingrad selbst zu erreichen oder es zumindest so unter die Wirkung unserer schweren Waffen zu bringen, daß es als weiteres Rüstungs- und Verkehrszentrum ausfällt.

Besonders erwünscht wäre es, wenn es gelänge, entweder unversehrte Brücken sei es in Rostow selbst, oder sonst gesicherte Brückenköpfe südlich des Dons zu gewinnen für die weitere Fortführung der für später beabsichtigten Operationen."

Am 11. Juli 1942 unterzeichnete Hitler die „Weisung Nr. 43" über die „Fortsetzung der Operationen von der Krim". Sie stellte, um ein Wort des Obersten Befehlshabers zu gebrauchen, das „Präludium" zur Kaukasus-Aktion dar.

„Für die Durchführung der Operation gelten nachstehende Richtlinien", heißt es dort:

„Der Übergang ist nach den Vorschlägen der 11. Armee derart vorzusehen, daß mit möglichst starken Teilen im Rücken der feindlichen Küstenbefestigungen gelandet wird.

Anschließend ist zunächst das Höhengelände nördlich Noworossijsk zu gewinnen. Durch Besetzung der Häfen von Anapa und Noworossijsk sind diese Stützpunkte der feindlichen Flotte auszuschalten.

Danach wird die Operation mit Schwerpunkt in allgemein ostwärtiger Richtung, nördlich des Kaukasus, fortzusetzen sein. Schnelle Inbesitznahme des Gebietes um Maikop ist dabei von besonderer Bedeutung. Ob Teilkräfte auch an der Küstenstraße des Schwarzen Meeres über Tuapse anzusetzen sind, kann erst später entschieden werden."[30]

Sehen wir uns nun die für das deutsche Ostheer und das XXXXIX. Gebirgs-Armeekorps so schicksalsschwere „Weisung Nr. 45" genauer an.

Mit ihr sollte der exzentrische Angriff auf Stalingrad und den Kaukasus endgültig festgelegt werden:[31]

„Der Führer
OKW/WFSt/Op. Nr. 55 1288/42 g.K. Chefs.

F. H. Qu., d. 23 7. 42

Geheime Kommandosache
Chefsache!
Nur durch Offizier!

6 Ausfertigungen
3. Ausfertigung

Weisung Nr. 45
für die Fortsetzung der Operation „Braunschweig"

I.) In einem Feldzug von wenig mehr als drei Wochen sind die von mir dem Südflügel der Ostfront gesteckten weiten Ziele im wesentlichen erreicht worden. Nur schwächeren feindlichen Kräften der Armeen Timoschenkos ist es gelungen, sich der Umfassung zu entziehen und das südliche Donufer zu erreichen. Mit ihrer Verstärkung aus dem Kaukasusgebiet ist zu rechnen.

Die Versammlung einer weiteren feindlichen Kräftegruppe im Raum um Stalingrad, das der Gegner voraussichtlich zäh verteidigen wird, ist im Gange.

II.) Ziele der weiteren Operationen:
A) Heer:

1.) Die nächste Aufgabe der H. Gr. A ist es, nunmehr die über den Don entkommenen feindlichen Kräfte im Raum südlich und südostwärts Rostow einzuschließen und zu vernichten.

Hierzu sind starke schnelle Verbände aus den Brückenköpfen, die im Raum Konstantinowskaja – Zymljanskaja zu bilden sind, in allgemein südwestlicher Richtung, etwa auf Tichorezk, Infanterie-, Jäger- und Gebirgs-Div. im Raum von Rostow über den Don anzusetzen.

Daneben bleibt der Auftrag bestehen, die Bahnlinie Tichorezk, Stalingrad mit vorgeworfenen Teilen zu unterbrechen.

Zwei Panzerverbände der H. Gr. A (23. u. 24. Pz. Div.) sind der H. Gr. B für die Fortsetzung der Operation nach Südosten zu unterstellen.

Die I. D. „Großdeutschland" ist als OKH-Reserve im Raum nördlich des Don zu belassen. Ihr Abtransport nach dem Westen ist vorzubereiten.

2.) Nach Vernichtung der feindlichen Kräftegruppe südlich des Don ist es die wichtigste Aufgabe der H. Gr. A, die gesamte Ostküste des Schwarzen Meeres in Besitz zu nehmen und damit die Schwarzmeerhäfen und die feindliche Schwarzmeerflotte auszuschalten.

Hierzu sind die hierfür vorgesehenen Teile der 11. Armee (rum. Geb. Korps) über die Straße von Kertsch überzusetzen, sobald das Vorgehen der Hauptkräfte der H. Gr. A wirksam wird, um alsdann im Zuge der Schwarzmeerküstenstraße nach Südosten vorzustoßen.

Mit einer weiteren Kräftegruppe, bei der alle übrigen Geb.- und Jg. Div. zusammenzufassen sind, ist der Übergang über den Kuban zu erzwingen und das Höhengelände von Maikop und Armavir in Besitz zu nehmen.

Im weiteren Vorgehen dieser durch die rechtzeitig zuzuführenden Hochgebirgseinheiten zu verstärkenden Gruppe gegen und über den Westteil des Kaukasus sind alle gangbaren Pässe auszunutzen und so im Zusammenwirken mit den Kräften der 11. Armee die Schwarzmeerküste in Besitz zu nehmen.

3.) Z u g l e i c h ist mit einer im wesentlichen aus schnellen Verbänden zu bildenden Kräftegruppe unter Aufbau eines Flankenschutzes nach Osten der Raum um Grossnyi zu gewinnen und mit Teilkräften die Ossetische und Grusinische Heerstraße möglichst auf den Paßhöhen zu sperren.

Anschließend ist im Vorstoß entlang des Kaspischen Meeres der Raum um Baku in Besitz zu nehmen.

Mit der späteren Zuführung des ital. Alpinikorps kann die H. Gr. rechnen.

Diese Operationen der H. Gr. A erhalten den Decknamen „Edelweiß" – Geheimschutz: Geheime Kommandosache.

4.) Der H. Gr. B fällt – wie bereits befohlen – die Aufgabe zu, neben dem Aufbau der Donverteidigung im Vorstoß gegen Stalingrad die dort im Aufbau befindliche feindliche Kräftegruppe zu zerschlagen, die Stadt selbst zu besetzen und die Landbrücke zwischen Don und Wolga sowie den Strom selbst zu sperren.

Im Anschluß hieran sind schnelle Verbände entlang der Wolga anzusetzen mit dem Auftrag, bis nach Astrachan vorzustoßen und dort gleichfalls den Hauptarm der Wolga zu sperren.

Diese Operationen der H. Gr. B erhalten den Decknamen „Fischreiher" – Geheimschutz: Geheime Kommandosache.

B) L u f t w a f f e :

A u f g a b e d e r L u f t w a f f e ist es, zunächst mit starken Teilen den Übergang des Heeres über den Don, anschließend das Vorgehen der ostwärtigen Schwerpunktgruppe entlang der Bahn nach Tichorezk zu unterstützen und die Masse der Kräfte zur Vernichtung der Heeresgruppe Timoschenko zusammenzufassen.

In zweiter Linie sind ausreichende Kräfte für die Mitwirkung bei dem Vorstoß über Grossnyi auf Baku vorzusehen.

Wegen der e n t s c h e i d e n d e n W i c h t i g k e i t d e r E r d ö l p r o d u k t i o n des Kaukasus für die weitere Kriegführung sind Luftangriffe gegen die dortigen Erzeugungsstätten und Großtankanlagen sowie gegen die Umschlaghäfen am Schwarzen Meer nur durchzuführen, wenn es die Operationen des Heeres unbedingt erforderlich machen. Um aber dem Gegner die Ölzufuhr aus dem Kaukasus baldigst zu sperren, ist die frühzeitige Unterbrechung der hierfür noch benutzbaren Bahnstrecken und Ölleitungen sowie die Störung der Seeverbindungen auf dem Kaspischen Meer von besonderer Bedeutung."

In der „Weisung Nr. 45" ist die Bezeichnung zweier neuer Heeresgruppen A und B festgehalten. Wie ist das zu erklären?

Da Hitler unter allen Umständen beide Ziele – nämlich den Kaukasus und Stalingrad – gleichzeitig erreichen wollte, wurde die Heeresgruppe Süd in A und B geteilt. „Der Kaukasus", bemerkte der Führer, „spiele in unseren Erwägungen insofern eine besonders bedeutsame Rolle, als er der große Ölspender sei. Wir müßten den Kaukasus, wenn wir sein Öl erhalten wollten, in straffste Aufsicht nehmen, da sonst in diesem von Blutrache geschwängerten Raum die Feindschaft zwischen den Stämmen jede lohnende Ausbeute unmöglich mache."[32]

Also wurde der Stab Süd unter Generalfeldmarschall Fedor von Bock (ab 13. Juli 1942 unter Generaloberst, später Generalfeldmarschall Maximilian Freiherr von Weichs) in Heeresgruppe B umbenannt. Dieser waren nunmehr die 2. und 6. Armee, die 4. Panzerarmee sowie die 2. ungarische,

die 8. italienische und – etwas später – die 4. rumänische Armee unterstellt. Mit 9. Juli 1942 bildete der Küstenstab Asow den Stab A.

Die neugeschaffene Heeresgruppe A unter Generalfeldmarschall Wilhelm List übernahm den Oberbefehl über die 3. rumänische Armee (Con-
stantinescu), die 1. Panzerarmee (Kleist) mit dem III. und XXXX. Panzerkorps und die 17. Armee (Ruoff) mit dem V., dem XXXXIV. Armeekorps, dem LVII. Panzerkorps und dem XXXXIX. Gebirgs-Armeekorps,
dem die 1. und 4. Gebirgs-Division angehörten. Den deutschen Gebirgsjägern wurde befohlen, die Zugänge in den Kaukasus zu erobern und ihn
zügig zu überschreiten, um so schnell wie möglich zu den kaukasischen
Ölfeldern vordringen zu können. Ein kühnes Unternehmen. Das Fernschreiben des OKH/Gen. St. d. H. an die Heeresgruppen A und B vom
31. Juli 1942 betr. Fortführung der Operationen informiert uns darüber wie
folgt:[33]

„Fernschreiben OKH Gen.St.d.H. Op.Abt. (I) Nr. 420573/42 g.K. Chefs. vom 31. 7.
42
Geheime Kommandosache
Chefsache!
Nur durch Offizier!

An Heeresgruppe A und Heeresgruppe B

1. Mit Durchschneiden der Bahnverbindung zwischen dem Kaukasus und Stalingrad
ist die Front des *Gegners* südlich des Don zerrissen. Vor Heeresgruppe A wird er unser
Vordringen gegen und über den Kaukasus zu verhindern suchen; nennenswerte Verstärkungen aus dem Innern Rußlands werden ihm hierfür nicht zur Verfügung stehen. Vor
Heeresgruppe B ist damit zu rechnen, daß der Feind alle irgend verfügbaren Kräfte auf
Stalingrad heranführt, um sich die Lebensader Wolga zu erhalten.
2. *Nächste und wichtigste Aufgabe der Heeresgruppe A* ist die schnelle Inbesitznahme der Schwarzmeer-Küste, um damit die feindliche Flotte auszuschalten und die Versorgung der eigenen Kräfte über See für die weiteren Operationen sicherzustellen.
Hierzu wird im einzelnen angeordnet
a) am 1. 8. 12.00 Uhr treten unter den Befehl der Heeresgruppe B:
aa) Pz.AOK 4 mit Pz.Gen.Kdo. XXXXVIII, 14. Pz., 29. mot.Div., Gen.Kdo. IV, 94.,
371. Div., rum. Gen. Kdo. VI, 1., 2., 4. u. 20. rum. Div.
bb) Heerestruppen: ...
b) Die der H.Gr.A verbleibenden *schnellen Verbände* sind unter Pz.AOK 1 mit den
zunächst greifbaren Divisionen über die Linie Kropotkin – Armavir in Richtung Maikop
vorzuführen, um sich hier mit Teilen den auf den Kaukasus zurückgehenden Feindkräf-
ten vorzulegen, mit Teilen über Tuapse an der Küste entlang auf Batum vorzustoßen.
Die später bewegungsfähigen schnellen Verbände der 1. Pz.Armee sind gegen die Linie
Woroschilowsk–Petrowskoje zum Schutz der Flanke der 1. Pz.Armee und zur Unterbrechung der von Petrowskoje auf Elista führenden letzten Verbindungslinie über den
Manytsch vorzuführen.
c) Bei den Bewegungen der *Infanterie-Divisionen* der Heeresgruppe A ist zu berücksichtigen, daß die Gebirgs-Divisionen auf dem linken Flügel zur späteren Überwindung
der Hochgebirgspässe über den Kaukasus angesetzt werden.
d) *Infanterie-Division Großdeutschland* steht der Heeresgruppe A noch etwa 8 Tage

für die Bereinigung im Gebiet nördlich des Manytsch zur Verfügung. Mit ihrem Abtransport aus Gegend Stalino ist etwa ab 12. 8. zu rechnen.

    e) *Gen.Kdo. LII* mit 370. und 111. Div. ist in Richtung Orlowskaja vorzuführen.

    3. Aufgabe der Heeresgruppe B bleibt unverändert. Der Heeresgruppe werden die unter 2. a) genannten Kräfte zum Vorstoß südlich des Don in Richtung Stalingrad unterstellt.

    4. *Neue Trennungslinie zwischen Heeresgruppe A und B:*
Donez bis Forschtat–Marinskaja–Simowniki–Elista–Blagodatnaja.

    5. *Zur Verfügung OKH* ist Gen.Kdo. XI mit 76. und 295. Div. in Richtung Tschir-Mündung herauszuziehen, 22. Pz.Div. zunächst im Gebiet nördlich Rostow zu belassen.

    6. Die *Versorgung der 4. Pz.Armee* ist bis auf weiteres Aufgabe der Heeresgruppe A (Befehlsstelle Gen.Qu. A). Durchführungsbestimmungen erläßt der Generalquartiermeister.

gez. Halder"

4. Die sowjetischen Gegenmaßnahmen

Im Gegensatz zu den Deutschen hatten die Sowjets ihre Verluste, die sie 1941 erlitten hatten, relativ schnell wieder wettmachen und ihre Truppen aus einem schier unerschöpflichen Menschenreservoir neu auffüllen und mit alliiertem Kriegsgerät ausstatten können. Besonders die Panzerwaffe hatte in der Roten Armee an Bedeutung gewonnen. Das bisherige deutsche Übergewicht war damit drastisch reduziert worden. Es verwundert daher nicht, daß zu Beginn des Sommerfeldzuges 1942 die sowjetischen Truppen der deutschen Heeresgruppe Süd zahlenmäßig mindestens gleich stark gegenüberstanden.

„Die Siege der sowjetischen Streitkräfte im Winter 1941/42 hatten die internationale Stellung der Sowjetunion bedeutend gefestigt und ihre Autorität als Inspirator und Organisator des Kampfes gegen die faschistischen Eroberer und als führende Kraft der Anti-Hitler-Koalition gestärkt", heißt es voll Stolz in einem Abriß der Geschichte der Streitkräfte der UdSSR.[34]

Und an anderer Stelle ist zu lesen: „Vom ersten bis zum letzten Kriegstag band die sowjetisch-deutsche Front den Hauptteil der Streitkräfte des faschistischen Deutschlands. Hitlers Oberkommando hielt hier 55 bis 77 Prozent seiner Landstreitkräfte, mehr als die Hälfte seiner Fliegerkräfte und die besten Panzerverbände."[35] Dennoch: „Bis zum Sommer 1942 hatte sich die Lage für die Sowjetunion im Vergleich zum Jahre 1941 etwas gebessert."[36]

Es war Anfang Juli 1942, als Marschall Semjon Konstantinowitsch Timoschenko, einer der bekanntesten sowjetischen Heerführer des Zweiten Weltkrieges und Oberbefehlshaber der Heeresgruppe Südfront, den Befehl herausgab, „daß es nunmehr darauf ankäme, den Deutschen zwar schwere Verluste beizubringen, Einschließungen jedoch zu vermeiden. Wichtiger als die Behauptung von Gelände sei Erhaltung der eigenen Kampfkraft und einer geschlossenen Front. Eigene Offensiven sollten erst wieder im Gegenstoß unternommen werden, wenn der Gegner in die Weite des Raumes gelockt und zersplittert wäre, wenn seine Versorgung stockte, am besten erst wieder mit Beginn des Winters".[37]

Das bedeutete im Klartext: der Sommer den Deutschen, die Schlechtwetterperiode mit General Winter als Verbündeter den Sowjets. Das war eine Rechnung, die im bitterkalten Winter 1941/42 schon einmal zugunsten der Roten Armee aufgegangen war. „Zum erstenmal verlor die faschistische Wehrmacht die strategische Initiative und damit den Nimbus der Unbesiegbarkeit", frohlockte damals Marschall K. S. Moskalenko. „Der fünfmonatige ununterbrochene Vormarsch des bis an die Zähne bewaffneten Gegners war endlich zum Stehen gebracht worden."[38]

Nun sollte, so die sowjetischen Marschälle, diese Strategie auch im Kampf um den Kaukasus rigoros angewandt werden. In der Einführung seines Klassikers „Die Schlacht um den Kaukasus" beschreibt Marschall der Sowjetunion A. A. Gretschko die wirtschaftliche Bedeutung Kaukasiens wie folgt:

„Die Bedeutung Kaukasiens im Leben des Sowjetstaates ist nur schwer zu überschätzen. Die reichen Vorräte an Bodenschätzen und die Fruchtbarkeit der Böden haben Kaukasien zu einer unerschöpflichen Quelle für industrielle und strategische Rohstoffe, zu einer wichtigen Nahrungsmittelbasis der Sowjetunion gemacht. In den Jahren der Sowjetmacht schufen die Republiken Kaukasiens, die nach einem Ausspruch Lenins ‚ein noch bäuerlicheres Land als Rußland' waren, mit Hilfe des ganzen Sowjetvolkes eine mächtige sozialistische Industrie."[39]

Über die militärische Bedeutung Kaukasiens äußerte sich der bekannte Sowjetmarschall mit den Worten:

„Die strategische Bedeutung Kaukasiens ist nicht nur auf die reichen Vorräte an Erdöl und anderen strategischen Rohstoffen, nicht nur auf die Möglichkeiten der Mobilisierung von Menschenreserven zurückzuführen, sondern auch auf die vorteilhafte geographische Lage.

In der Zeit vor der Revolution war Kaukasien der Vorposten Rußlands in seinem Kampf gegen das Osmanische Reich und gegen die subversive Tätigkeit Großbritanniens und Deutschlands im Nahen und Mittleren Osten. Der Zweite Weltkrieg hat gezeigt, daß Kaukasiens Bedeutung als wichtiger Vorposten im Süden unserer Heimat nicht geringer, sondern im Gegenteil größer geworden ist.

Sowjetkaukasien nimmt eine beträchtliche Fläche ein. Die kaukasische Landbrücke ist noch an der schmalsten Stelle – auf der Linie Machatschkala–Poti – rund 500 km breit. Die Entfernung von der Nord- zur Südgrenze Kaukasiens beträgt etwa 1000 km. Die Landgrenze Sowjetkaukasiens zu ausländischen Staaten – der Türkei und Iran – ist 1382 km lang, wovon 780 km auf die sowjetisch-iranische und 602 km auf die sowjetisch-türkische Grenze entfallen.

Die mannigfaltigen Klima- und sonstigen natürlichen Bedingungen

40

machen Kaukasien zu einem Land, in dem Kampfhandlungen unter besonderen Verhältnissen stehen. Die Hauptfaktoren, die in dieser Beziehung den Gefechtseinsatz der Truppen in Kaukasien bestimmen, sind das Relief, das Klima und die Meere."[40]

Die sowjetischen Truppen, die den Kaukasus deckten, hatten nach Gretschko am 25. Juli 1942 folgende Stellungen inne:

„Auf dem linken Ufer des Don von Werchne-Kurmojarskaja bis zur Flußmündung verteidigte sich die Südfront unter dem Befehl von Generalleutnant R. J. Malinowski. Ihr Verteidigungsstreifen betrug 320 Kilometer. Auf ihrem rechten Flügel hielt die 51. Armee von Werchne-Kurmojarskaja bis Konstantinowskaja einen Streifen von 171 Kilometern Breite. Sie kämpfte gegen die Gruppierung des Gegners, die kleinere Brückenköpfe auf dem linken Ufer des Don im Raum Zimljanskaja – Nikolajewskaja gebildet hatte. Die Armee bestand aus vier Schützendivisionen und einer Kavalleriedivision mit insgesamt 40.000 Mann.

Die hinter den Don zurückgegangene 37. Armee unter Generalmajor P. M. Koslow verteidigte das Südufer des Flusses von Konstantinowskaja bis Bågajewskaja auf 65 Kilometern Breite. Zu ihr gehörten ungefähr 17.000 Mann.

Die 12. Armee unter Generalmajor A. A. Gretschko bestand aus drei Schützendivisionen mit annähernd 17.000 Mann. Sie verteidigte sich in einem Streifen von ungefähr 40 Kilometern Breite von Beljanino bis Kisiterinka. Daran anschließend verteidigte sich die 18. Armee unter Generalleutnant F. W. Kamkow auf ungefähr 50 Kilometern Breite bis zur Mündung des Don. Zu ihr gehörten drei Schützendivisionen und eine Schützenbrigade mit etwa 20.000 Mann.

Die 56. Armee, die Generalmajor A. T. Ryshow befehligte, verfügte über fünf Schützendivisionen und drei Schützenbrigaden mit ungefähr 18.000 Mann. Diese Armee wurde nach anstrengenden Verteidigungskämpfen in Rostow in die zweite Staffel übergeführt. Die 24. Armee unter Generalmajor W. N. Marzinkewitsch und die 9. Armee unter Generalmajor F. A. Parchomenko, die aus den Resten von elf Schützendivisionen bestanden, konnten für die Kämpfe nicht herangezogen werden und wurden hinter den Mittleren Jegorlyk zurückgeführt, um neu aufgefüllt zu werden.

Somit verteidigten sich auf einer Frontbreite von 320 Kilometern nur fünf zahlenmäßig schwache Armeen der Südfront mit etwa 112.000 Mann."[41]

Vierzig Seiten später kommt der populäre Sowjetmarschall in seinem Standardwerk dann auf die Schilderung der Lage am Südflügel der deutsch-sowjetischen Front zu sprechen:

„Im August/September 1942 war die Lage an der sowjetisch-deutschen

Пропуск действителен для <u>неограниченного количества</u> переходящих на сторону германских войск командиров и бойцов РККА.

Пропуск

Пред'явитель сего, не желая бессмысленного кровопролития за интересы жидов и комиссаров, оставляет побежденную Красную Армию и переходит на сторону Германских Вооруженых Сил. Немецкие офицеры и солдаты окажут перешедшему хороший прием, накормят его и устроют на работу.

(Перевод на немецкий язык смотри ниже)

Passierschein

Vorzeiger dieses wünscht kein sinnloses Blutbad im Interesse der Juden und Kommissare. Er verläßt die geschlagene Rote Armee und geht auf die Seite der deutschen Wehrmacht über. Die deutschen Offiziere und Soldaten werden den Überläufer gut behandeln, ihn verpflegen und für Beschäftigung sorgen.

Der Passierschein gilt für eine unbeschränkte Anzahl von Offizieren und Soldaten der Roten Armee, die zur deutschen Wehrmacht übergehen.

Deutscher Passierschein für Soldaten der Roten Armee

DIESES FLUGBLATT GILT ALS PASSIERSCHEIN BEI DER GEFANGENGABE
ЭТА ЛИСТОВКА СЛУЖИТ ПРОПУСКОМ ДЛЯ ПЕРЕХОДА В ПЛЕН

PASSIERSCHEIN

Jeder deutsche Soldat ist berechtigt, mit diesem Passierschein die Front zu überschreiten und sich den Russen gefangenzugeben. Jeder Angehörige der Roten Armee und jeder Sowjetbürger ist verpflichtet, ihn in den nächstgelegenen Stab der Roten Armee zu führen.

Das Kommando der Roten Armee garantiert dem Kriegsgefangenen das Leben, gute Behandlung und die Heimkehr nach dem Kriege.

ПРОПУСК

Каждый немецкий солдат имеет право с этим пропуском переходить через фронт и плен к русским. Каждый воин Красной Армии и советский гражданин обязан сопроводить его в ближайший штаб Красной Армии.

Командование Красной Армии гарантирует пленному жизнь, хорошее обхождение и возвращение на родину после войны.

Sowjetischer Passierschein für deutsche Soldaten

Front schwer und hing stark vom Verlauf der Kampfhandlungen an ihrem Südflügel ab. Auf Grund der gewaltigen zahlenmäßigen Überlegenheit strebten die faschistischen Truppen hartnäckig der Wolga zu. Die legendäre Stalingrader Schlacht hatte begonnen. Die Geschehnisse an der sowjetisch-deutschen Front, in der Hauptsache aber an deren Südflügel, zogen die Aufmerksamkeit der ganzen Welt auf sich. Von ihrem Ausgang hing wesentlich die künftige Haltung der bisherigen Verbündeten des faschistischen Deutschlands, besonders Japans und auch der Türkei, zur Sowjetunion ab.“[42]

Angesichts des desolaten Zustandes der Roten Armee hatten die Westalliierten der UdSSR im Sommer 1942 angeboten, daß britische Truppen die Verteidigung des Kaukasus übernehmen würden. Zu diesem Plan, der unter dem Tarnwort „Velvet“ ausgearbeitet wurde, schreibt Gretschko:

„In der für die sowjetischen Truppen schwersten Periode, der Stalingrader Schlacht, kamen die Regierungen der USA und Großbritanniens überein, ihre Lieferungen zeitweise einzustellen. Davon zeugt die Korrespondenz Stalins mit Churchill und Roosevelt. Darüber hinaus nutzte Churchill die gewaltigen Schwierigkeiten der Sowjetunion im Sommer 1942 aus, indem er von ihr verlangte, dem Einmarsch britischer Truppen in den Kaukasus zuzustimmen. Er verlangte, alle Kräfte der Sowjetarmee bei Stalingrad zu konzentrieren und die Verteidigung des Kaukasus britischen Truppen zu überlassen. Die Regierungen der USA und Englands arbeiteten dazu den Plan ‚Velvet‘ aus, wonach ihre Truppen, vorrangig Fliegerkräfte, nach Transkaukasien einrücken sollten. In einem Schreiben an Roosevelt, in dem Churchill diesen Plan erläuterte, hieß es dazu, diese Luftstreitkräfte sollten ‚aber einen in sich geschlossenen alliierten Verband unter dem Kommando eines britischen Fliegeroffiziers bilden, dem das Recht zusteht, sich an seine eigene Regierung zu wenden‘.“[43]

Aber auch die herrschenden Kreise in den USA bemühten sich, den günstigsten Zeitpunkt für einen Einfall in den Kaukasus nicht zu versäumen.

Aber solch eine „Hilfe [...] benötigte die Sowjetunion nicht", hielt Gretschko fest.

„So liefen in der angespanntesten Periode des Kampfes an der sowjetisch-deutschen Front hinter dem Rücken der Sowjetregierung fein erdachte Kombinationen der sowjetischen Verbündeten ab, die mehr an der Schwächung der UdSSR als an der wahren Hilfe für sie interessiert waren. Die Sowjetregierung mußte erkennen, daß sie im Jahre 1942 keine wesentliche Hilfe von ihren Verbündeten zu erwarten hatte. Die sowjetischen Streitkräfte standen auch weiterhin allein im Kampf gegen die deutschfaschistischen Eroberer."[44]

Wie sahen nun angesichts dieser nicht allzu rosigen militärpolitischen Aussichten die Maßnahmen des sowjetischen Oberkommandos zur Unterstützung und Hebung der Moral aus? So veröffentlichte die Zeitung „Helden der Heimat" am 14. September 1942 Briefe von Kämpfern und Kommandeuren eines Regimentes, die zur Verteidigung des Kaukasus eingesetzt waren. Darin hieß es unter anderem:

„[...] Der niederträchtige Feind ist in die sowjetische Perle, den Kaukasus, eingedrungen. Er kam nicht nur mit seiner eigenen Kriegsmaschinerie, sondern setzte auch die Kräfte und Reserven seiner Satelliten, der ‚Verbündeten‘, dazu ein. Die faschistischen Eroberer sind bestrebt, sich in den Besitz des Erdöls von Grosny und Baku zu setzen, um ihre schwindenden Reserven aufzufüllen und ihre Eroberungspläne weiter fortsetzen zu können. Der Gegner beeilt sich unter Anstrengung aller Kräfte, den Kampf im Kaukasus bis zum Winter zu beenden. Wir geben den faschistischen Schurken niemals den sowjetischen Kaukasus. Wir sterben lieber, aber gehen nicht weiter zurück, nicht einen Schritt!"[45]

Die Zeitung „Helden und Heimat" veröffentlichte außerdem folgenden Aufruf von Vertretern der Ältesten der Völker der Kabardinisch-Balkarischen ASSR und der ASSR der Tschetschenen und Inguschen an alle Völker des Kaukasus:

„Brüder Kaukasier, Kabardiner und Balkarer, Tschetschenen und Inguschen, Tscherkessen und Adygener, Karatschaer und Kalmücken, Osseten und Werktätige des viele Nationen umfassenden Dagestan! Wir, die Vertreter der Ältesten der Völker der Kabardiner-Balkarer und Tschetschenen-Inguschen, wenden uns an euch, die ihr mit eigenen Augen seht, welches Unheil der heimtückische Hitler unseren heimatlichen Bergen zufügt.

Wir fragen euch, wollen wir zulassen, daß die deutschen Eroberer die Dörfer ausrauben, Greise und Kinder totschlagen, unsere Frauen vergewaltigen und unsere freiheitliebenden Völker unterjochen? So wie die Gebirgsflüsse nicht rückwärts fließen, so wie die wunderschöne Sonne nicht aufhört, auf unsere Heimat zu scheinen, so werden auch die schwarzen Gewitterwolken des Faschismus niemals unsere kaukasischen Berge bedecken. Es wird nicht geschehen, daß dieser Hund von einem Hitler über unseren Kaukasus und unserem Sowjetland herrschen wird. Hört auf uns, auf eure Alten, ihr freiheitliebenden Bewohner des Gebirges. Erhebt euch wie ein Mann, Männer, Frauen, Greise und Kinder! Greift zu den Waffen, vernichtet die schwarzen Horden Hitlers, die nicht wissen, was menschliches Gewissen ist! Tapfere Dshigiten des Kaukasus! Möge das Blut unserer ermordeten Menschen über die faschistischen Banditen kommen! ... Wir, die Völker des Nordkaukasus, wissen, daß unsere Kraft in unserer unverbrüchlichen Freundschaft und der brüderlichen Hilfe durch das große russische Volk besteht. So erheben wir uns alle, wie ein Mann, ohne Unterschied des Alters und der Nationalität, zum heiligen Krieg gegen die faschistischen Mörder und Verbrecher. Wir werden den ersehnten Sieg im tödlichen Kampf gegen den verhaßten Feind erringen."[46]

Dazu bedurfte es allerdings mehr als bloßer Lippenbekenntnisse und dramatischer Aufrufe. Um Transkaukasien gegen die anrückenden deutschen Truppen zuverlässig zu decken, befahl das Hauptquartier des Oberkommandos daher am 7. Juli 1942:[47]

„1. Das Oberkommando der 44. Armee ist einschließlich aller Bedienungstruppenteile aus der Nordkaukasusfront herauszulösen und in die Transkaukasusfront einzugliedern.

2. In den Bestand der 44. Armee sind die 414., 223. und die 416. Schützendivision einzugliedern, wobei 2 Schützenbrigaden der 416. Schützendivision aus dem Raum Udshary in den Raum Lewaschi–Gunib–Botlich zu verlegen sind.

3. Die 44. Armee hat die Zugänge Bakus von Norden und die Gudermes aus Richtung Rostow zuverlässig zu decken.

4. Zur Sicherung der wichtigsten Verbindungen über den Großen Kaukasus sind: a) die Grusinische Heerstraße mit der 392. Schützendivision zu verteidigen, ihre Dislozierung ist dementsprechend zu verändern; b) die Ossetische Heerstraße zur Verteidigung vorzubereiten und alles zu tun, um sie, falls notwendig, mit der 389. Schützendivision zu verteidigen; c) Vorsorge für die Verteidigung der Straße Sugdidi–Baksan durch Swanetien und der Heerstraße von Suchumi über den Kluchorski-Paß zu treffen, wofür die 63. Kavalleriedivision und die Infanterieschule von Suchumi herangezogen werden sollten; d) alle übrigen Pässe über den Großen Kaukasus zu erkunden und zu ihrer Sicherung entsprechende Kräfte in Bereitschaft zu halten.

5. a) Bis zum 30. Juni 1942 ist die Führung des 3. Schützenkorps mit dem Stab in Suchumi zu formieren und dem Oberbefehlshaber der 46. Armee zu unterstellen;

b) in den Bestand des 3. Schützenkorps sind die 20. Gebirgsschützen-, die 394. Schützen- und die 63. Kavalleriedivision sowie die Infanterieschule von Suchumi und die Verstärkungstruppenteile einzubeziehen;

c) dem 3. Schützenkorps ist die Verteidigung der Schwarzmeerküste und der Übergänge über den Großen Kaukasus in den Grenzen: rechts Frontgrenze, links Kulewi–Chobi–Tschchorpozku–Berg Dych–Tau, zu übertragen.

6. Ein Plan zur Verteidigung Transkaukasiens nach Norden ist auszuarbeiten und dem Hauptquartier des Oberkommandos bis zum 20. Juli vorzulegen."

Das hatte seinen guten Grund, denn die Sowjets waren über die deutschen Operationsabsichten gut unterrichtet. So konnte Marschall Gretschko zum Plan der deutschen Führung für den Angriff auf und über den Kaukasus feststellen:

„Nachdem die Truppen des Gegners die Vorgebirge des Großen Kaukasus erreicht hatten, meinte das Oberkommando der Heeresgruppe A, die sowjetischen Truppen seien nicht mehr in der Lage, hartnäckigen Widerstand zu leisten, ihr Widerstand im Raum Noworossisk sei bei entsprechendem Druck zu brechen, und selbst die starken sowjetischen Kräfte am Terek könnten massierten Angriffen nur zeitweise Widerstand entgegensetzen.

Weiter meldete das Oberkommando der Heeresgruppe A dem Oberkommando des Heeres, daß seiner Meinung nach die Rote Armee alle ihre Kräfte in der vordersten Linie konzentriert habe und nach dem Durchbruch dieser Linie der Widerstand des Gegners gebrochen sein werde.

Auf Grund dessen sah der Plan des faschistischen Oberkommandos vor, nach einer Umgruppierung die Offensive im Kaukasus gleichzeitig in drei Richtungen weiterzuführen und dazu die 17. Armee und die 1. Panzerarmee sowie das XXXXIX. Gebirgskorps einzusetzen. [...]

Im Zentrum der Heeresgruppe A war das XXXXIX. Gebirgskorps unter General der Gebirgstruppe Konrad eingesetzt. Es sollte über den Großen Kaukasus auf Suchumi und Kutaissi vorstoßen."[48]

Wie stand es nun um die Organisation der Verteidigung des Großen Kaukasus? Hierzu erfahren wir aus der Feder von A. A. Gretschko:

„Bereits im November 1941, als die faschistischen Truppen zur Krim vordrangen, stellte der Oberbefehlshaber der Transkaukasusfront, Generalleutnant D. T. Koslow, der 46. Armee die Aufgabe, ein Vordringen des Gegners über die Pässe des Großen Kaukasus nicht zuzulassen. Angesichts der komplizierten Organisation der Verteidigung der Pässe wäre es erforderlich gewesen, rechtzeitig eine Reihe von Maßnahmen zur pioniermäßigen und materiell-technischen Sicherstellung sowie zur entsprechenden Ausbildung der Truppen durchzuführen. Jedoch in der Folgezeit wurde wenig getan, um den Großen Kaukasus wirklich unüberwindlich zu machen.

Im Juni 1942 erhielt die 46. Armee der Transkaukasusfront die Aufgabe, falls der Gegner in den Nordkaukasus einbricht, sein Vordringen zum Schwarzen Meer und nach Transkaukasien über die Pässe des Großen Kaukasus zu verhindern. Im Gefechtsbefehl des Stabes der Transkaukasusfront vom 23. Juni hieß es: ,Es ist nicht ausgeschlossen, daß der Gegner von der Nordkaukasusfront her über den Großen Kaukasus auf der Ossetischen, Suchumischen Heer- und anderen Straßen auf Kutaissi und nach der Schwarzmeerküste angreift.'

Der Oberbefehlshaber der 46. Armee wurde auf die wahrscheinlichen Angriffsrichtungen hingewiesen. Diese Weisung stellte der Armee konkrete Aufgaben zu deren Sicherung.

Als der Gegner in den Nordkaukasus vorstieß, waren die Pässe jedoch nicht zur Verteidigung vorbereitet. Die Armee besaß dazu auch nicht genügend Kräfte, da sie zu sehr in die Breite auseinandergezogen war. Einige Kommandeure hatten der Vorbereitung der Pässe zur Verteidigung auch nicht die nötige Bedeutung beigemessen, weil sie damit rechneten, daß der Große Kaukasus an und für sich schon ein unüberwindliches Hindernis sei. [...]

Die Oberkommandos der Front und der Armee richteten die Hauptaufmerksamkeit auf die Verteidigung der Schwarzmeerküste sowie auf die Sicherung der Grenze zur Türkei und unterschätzten die Gefahr eines Durchbruchs nach Transkaukasien über die Pässe des Großen Kaukasus. Es herrschte eine gewisse Sorglosigkeit, und man rechnete nicht damit, daß der Gegner auch mit geringen Kräften über die Hochgebirgspässe nach Transkaukasien durchsickern würde. Obwohl der zentrale Teil des Großen Kaukasus ein Hochgebirge ist, das auf eine Breite von 275 km mit ewigem Eis und Schnee bedeckt ist, gibt es viele Richtungen, in denen Truppen manövrieren können. Die Erfahrungen der Kämpfe um die Pässe zeigten schließlich, daß nicht nur speziell ausgebildete und ausgerüstete Gebirgstruppen den Großen Kaukasus überwinden können, sondern in einzelnen Richtungen auch Truppenteile, die keine besondere Gebirgsausbildung besitzen.

Es stellte sich sogar heraus, daß einige dieser Richtungen selbst das Vorgehen von Kräften in Bataillons- bis Divisionsstärke zuließen.

In Gegenden, von denen man geglaubt hatte, daß sie nur für einzelne Fußgänger oder Bergsteiger zugänglich seien, kamen sogar Kompanien und Bataillone durch und nahmen den Kampf auf.

Als die Truppen des Gegners zum Großen Kaukasus vorrückten, wurden die Pässe meist von Kräften in Kompanie- bis Bataillonsstärke verteidigt. Einige Pässe waren weder besetzt noch zur Verteidigung vorbereitet. [...]

Das Hauptquartier hatte erkannt, daß der Frontstab seine ganze Aufmerksamkeit auf die Organisation der Verteidigung der Flüsse Uruch und Terek gerichtet und die Verteidigung der Pässe vernachlässigt hatte. Es hatte das Oberkommando der Front auch auf die Notwendigkeit hingewiesen, alle Pässe über das Gebirge mit ausreichenden Kräften zu decken. Das Hauptquartier glaubte den beschwichtigenden Berichten des Frontstabes nicht und forderte, unverzüglich die Truppen zu verstärken, die die Pässe verteidigen sollten, und sie ausreichend mit allem zur Erfüllung ihrer Aufgabe Notwendigem zu versorgen. Es erinnerte auch daran, daß an die Spitze dieser Truppen verantwortungsbewußte und willensstarke Kommandeure zu stellen sind.

Damals verließ sich der Frontstab völlig auf das Oberkommando der Armee und kontrollierte nicht den Zustand der Verteidigung der Pässe.

Als am 10. August das Oberkommando seine Zweifel an der Wahrhaftigkeit der Berichte des Frontstabes über den Zustand der Verteidigung an den Pässen äußerte und konkret fragte, konnte der Frontstab nicht antworten, da keine genauen Angaben vorlagen, welche Pässe mit welchen Kräften gedeckt und welche Pässe zur Sprengung vorbereitet sind.

Nachdem das Hauptquartier das Oberkommando der Front mehrmals gemahnt hatte, die Verteidigung an den Pässen zu verstärken, und es auf das ziemlich schnelle Vordringen des Gegners auf das nördliche Vorgebirge des Großen Kaukasus aufmerksam machte, erkannte der Stab der Transkaukasusfront endlich den Ernst der Lage. Erst nach dem 10. August faßte der Oberbefehlshaber der Front eine Reihe von Entschlüssen zur Verstärkung der Verteidigung an den Pässen. [...]

Die Weisungen der Oberkommandos der Front und der Armee wurden jedoch nur zögernd erfüllt.

Die Verbände und die Truppenteile setzten die Besatzungen zu den Pässen verspätet in Marsch. Wegen der schwierigen Gebirgswege kamen die Einheiten außerdem nur langsam voran. Nachdem sie die Pässe erreicht hatten, begannen sie zwar die Verteidigung zu organisieren und ihre Stellungen auszubauen, die Pioniermittel reichten jedoch längst nicht aus, und so entstanden die Verteidigungsanlagen nur langsam.

Da die meisten Kommandeure keine Erfahrungen im Gebirgskampf hatten, organisierten sie die Verteidigung und das Feuersystem meist nur direkt an den Pässen, statt die Feuermittel an den unmittelbaren und entfernteren Zugängen einzusetzen. [...]

Der Stab der 46. Armee erkannte den Ernst der Lage nicht, und von den Aufklärungsorganen lagen keine Angaben vor, so meldete er noch am 16. August der Front: ,Die Lage der Truppenteile ist unverändert.'

Seit dem 15. August aber standen die Bataillone des 815. Schützenregiments der 394. Schützendivision bereits im Kampf an den Zugängen zum Kluchorskipaß. Davon erfuhr der Armeestab jedoch erst am 17. August.

Eine ähnliche Lage entwickelte sich auch in anderen Richtungen, in denen der Gegner entweder den sowjetischen Truppenteilen bei der Besetzung der Pässe zuvorkam oder die kleineren Einheiten, die sie deckten, aufrieb. Vom 17. August bis zum 9. September gelang es ihm, einige Päs-

Oben: Generaloberst Richard Ruoff, Oberbefehlshaber der 17. Armee, an der Südostfront im Frühsommer 1942. Von rechts nach links: Eglseer, Konrad, Ruoff und ein Gebirgsjäger-Offizier

Unten: Von links nach rechts: General Konrad, Generaloberst Ruoff und Generalmajor Eglseer

se im Abschnitt vom Elbrus bis zum Umpyrski-Paß zu nehmen. In Richtung Kluchorski- und Ssantscharo-Paß drang der Gegner längs der Südhänge 10 bis 25 km vor und bedrohte Suchumi und die Schwarzmeerküste.

Nachdem der Gegner einige Pässe genommen hatte und die Gefahr bestand, daß er mit bedeutenden Kräften in die lebenswichtigen Zentren Transkaukasiens eindrang, entschloß sich das Oberkommando der Transkaukasusfront zu einigen Maßnahmen, um die über die Pässe vorgedrungenen Truppen zu vernichten und die Pässe erneut zu besetzen. Der Oberbefehlshaber der Transkaukasusfront, Armeegeneral I. W. Tjulenew, fuhr nach Suchumi, machte sich an Ort und Stelle mit der Lage vertraut und gab konkrete Anweisungen zur Organisation von Gegenangriffen auf den am Kluchorski-Paß durchgebrochenen Gegner."[49]

Wie stark das Oberkommando der Roten Armee von der Entwicklung der Kämpfe im Hochkaukasus beunruhigt war, machen die folgenden Sätze Gretschkos deutlich:

„Wegen der Gefahr, daß der Gegner über die Pässe in den Großen Kaukasus eindrang, forderte das Hauptquartier in der Weisung vom 20. August 1942, an den Pässen eine feste Verteidigung zu schaffen. Das Oberkommando war über die Lage an den Pässen und über die Möglichkeit, die Pässe zu halten, beunruhigt. Deshalb wurden in der Weisung sehr ausführlich und konkret die Mittel und Wege zur Lösung dieser Aufgabe genannt. Das Oberkommando wies an: ‚Der Gegner trachtet danach, in Transkaukasien einzudringen und geht in den operativen Hauptrichtungen mit starken Kräften vor, um dieses Ziel zu erreichen.

Der Gegner verfügt über speziell vorbereitete Gebirgstruppenteile und wird für das Eindringen nach Transkaukasien sowohl mit stärkeren Kräften als auch mit einzeln handelnden kleineren Gruppen jede Straße und jeden Pfad über den Gebirgskamm nutzen ... Jene Kommandeure irren, die glauben, daß der Große Kaukasus bereits ein unüberwindliches Hindernis für den Gegner sei. Es ist nötig, daß alle begreifen, daß als unüberwindbar nur ein Abschnitt gelten kann, der vorteilhaft und ausreichend zur Verteidigung vorbereitet wurde und der hartnäckig verteidigt wird. Alle anderen Hindernisse, dazu gehören auch die Pässe des Großen Kaukasus, sind, wenn sie nicht standhaft verteidigt werden, leicht zu überwinden, besonders in dieser Jahreszeit!

Ausgehend davon forderte das Oberkommando, gleichzeitig mit der Schaffung einer stabilen Verteidigung in den operativen Hauptrichtungen unverzüglich die Verteidigung des Großen Kaukasus, besonders aber der Grusinischen, Ossetischen und Suchumischen Heerstraße zu verstärken,

Die sowjetischen Marschälle und Generale der Kaukasusoperation. Von links oben nach rechts unten: S. M. Budjonny, P. I. Selesnjow, A. I. Antonow, I. W. Tjulenew, P. I. Jefimow und S. J. Roshdestwenski

49

um jede Möglichkeit des Vordringens der Gegner in diesen Richtungen auszuschließen.'

Um auch die übrigen Übergänge über den Gebirgskamm zuverlässig zu sichern und das vorhandene Verteidigungssystem zu ergänzen, befahl das Hauptquartier gleichzeitig:

,I. Folgende Verbindungen und Pässe sind zu besetzen und standhaft zu verteidigen:
die Verbindung Machtschkala–Derbent längs der Küste des Kaspischen Meeres;
die Verbindung Noworossisk–Tuapse–Suchumi längs der Schwarzmeerküste;
nach Osten vor der Grusinischen Heerstraße:
1. der Gudamakarski-Paß und der Archoti-Paß sowie alle Umgehungswege, die von Osten zur Grusinischen Heerstraße führen, durch Sperren,
2. aus der Richtung Grosny–Schatoi die Ortschaft Schatali, die Pässe Tebule, Juke-ratscha und Katschu sowie Duscheti und Telawi südlich der Pässe durch zuverlässige Deckungen,
3. der Kodorski-Paß;
nach Westen von der Grusinischen Heerstraße:
1. die Pässe Truss, Urusta, Rokski, Bach-Fandak, um das Eindringen des Gegners zwischen der Grusinischen Heerstraße und der Ossetischen Heerstraße zu verhindern,
2. die Ortschaften Gebi, Leksura, um die Richtung Naltschik–Kutaissi zuverlässig zu decken.
II. Um die Zugänge zum Großen Kaukasus von Norden her zu decken und die Verbindung zu den Truppenteilen, die an den Grenzen des Nordkaukasus handeln, herzustellen, sind Abteilungen auf folgende Marschrouten zu entsenden:
1. Paß Gebi-Wzek–Achsarissar
2. Paß Gebi-Wzek–Naltschik
3. Paß Dongus-Orun–Baksan
4. Kluchorski-Paß–Nishi–Teberda
5. Maruchski-Paß–Selentschukskaja
6. Paß Zagerker–Flußlauf der Laba
7. Paß Pseaschcha–Tschernoretschenskaja und Pseaschcha–Chamyschki
8. Chakutsch–Samurskaja und Chakutsch–Chadyshensk.
III. Folgende Pässe und Übergänge westlich der Grusinischen Heerstraße sind zu sprengen und zu sperren:
Sekarski, Dsedo, Gurdsije-Wzek, Latpari (ostwärts), Zanner, Twiberi, Tschiper-Asau, Kirtyk-Ausch, Sauri-Ausch, Chotju-Tau, die Schlucht des Flusses Ullu-Kam, der Paß und die Schluchten der Flüsse Mordy, Nachar, Dombai-Ulgen, Naur, Ssantscharo, Adsapsch, die Schlucht Tamskoje, Tschmachara, Antschcha, Achuk-Dara, Umpyrski, die Straße am Berg Aischcha und die Schachgirejewskoje-Schlucht.
IV. Alle Wege, Gebirgsübergänge und Pässe, die mit Truppen besetzt sind, sind zur Sprengung und Sperrung vorzubereiten.
V. Alle Wege, Bergschluchten und Übergänge sind unpassierbar zu machen; sie sind entweder rechtzeitig zu sprengen oder zur Sprengung vorzubereiten, die Sprengung ist nicht an einem Punkt, sondern unbedingt auf den Paßstraßen und -pfaden an mehreren Stellen durchzuführen, um diese auf Dutzende von Kilometern unbenutzbar zu machen.
VI. Auf den Hauptwegen und in den Hauptrichtungen sind Kommandanten der Straßen (Richtungen) zu bestimmen, die voll für die Verteidigung der Straßen (Richtungen) verantwortlich sind und denen alle Einheiten und Truppenteile unterstellt werden, die sich an den Straßen oder in der Richtung verteidigen. Jede Kommandantur muß über eine Funkstation und Reserven an Pioniermitteln verfügen.

VII. Alle Truppenteile und Einheiten, die sich im Hochgebirgsstreifen verteidigen, sind mit Lebensmitteln für drei bis vier Monate und mit zwei bis vier Kämpfsätzen an Munition sowie mit Bergführern aus der örtlichen Bevölkerung zu versehen.
VIII. An die Verwirklichung dieser Weisungen ist unverzüglich heranzugehen.'"[50]

Aber eilen wir den Kampfhandlungen um den Kaukasus aus sowjetischer Sicht nicht allzu weit voraus.

5. Über den Don zum Kaukasus

Ab 17. Mai 1942 nahm die 1. Gebirgs-Division am Angriff auf Barwenkowo teil, der sich schließlich zur großen Schlacht um Charkow ausweiten sollte.[51] „Am 12. Mai begann Marschall Timoschenko mit der neuorganisierten Südwestfront vom Donez-Brückenkopf bei Isjum aus einen Großangriff zur Rückeroberung von Charkow. Fünf Armeen mit annähernd 60 Verbänden traten den Kampf an."[52] Was die Gebirgssoldaten in jenen Kämpfen, die bis zum 6. Juli dauerten, erlebten, übersteigt die menschliche Phantasie bei weitem.

In der Schlacht um Charkow – die zweitgrößte Stadt der Ukraine – durchbrach die 1. Gebirgs-Division die starken sowjetischen Stellungen, stieß 45 Kilometer tief bis Barwenkowo durch und säuberte die Ortschaften im Ssuchoj-Thorez-Tal. Gemeinsam mit anderen Verbänden des III. Panzer-Korps gelang ihr im Rahmen der 1. Panzerarmee die Einschließung dreier sowjetischer Armeen. Die Masse der 5., 7. und 68. Armee mit rund 17 Infanterie- bzw. Panzer-Divisionen sowie 8 motorisierte Brigaden mußten kapitulieren.

Zuvor versuchten die Sowjets noch, die Ausweglosigkeit ihrer Lage vor Augen, mit aller Macht und um jeden Preis mit ihrem markdurchdringendem „Urrää – Urrää" aus dem Kessel auszubrechen. Dicht gedrängt, mit ungeheurem Getöse und unter den gellenden Kommandos ihrer Offiziere und Kommissare griffen die meist sinnlos betrunkenen Sowjets wie Roboter verzweifelt an. Mit gespaltenen Schädeln oder bis zur Unkenntlichkeit niedergewalzt fanden überlebende Gebirgsjäger ihre Kameraden, die sich verzweifelt auf dieser Straße des Todes bis zum letzten Augenblick verteidigt hatten. 431 Gefallene und über 1300 Verwundete hatte die Stammdivision der deutschen Gebirgstruppe zu beklagen. General Lanz berichtete über das Kampfgeschehen wie folgt:

„Als in der Abenddämmerung eine große russische Maschine in den Kessel einfliegt – sicherlich mit einem entscheidenden Befehl – sind wir für die Abwehr weiterer Angriffe gerüstet. Ein ungeheures Geschrei und Gejohle kündet den neuen Ausbruch an. Im flackernden Licht der Leuchtkugeln sieht man sie kommen. Ein dichter Knäuel, die vorderen Reihen eingehängt, von Panzern begleitet.

Diesmal greift der Feind in mehreren Keilen auf der ganzen Front an –
in letzter Verzweiflung. [...] Grauenhaft sind hier ihre Spuren. [...]
Am anderen Morgen ist die Kesselschlacht an der Bereka beendet."[53]

Chruschtschow, der spätere sowjetische Ministerpräsident, der damals
Politruk bei Marschall Timoschenko war, bezeichnete die Schlacht bei
Charkow im Frühjahr 1942 in einer Rede auf dem Parteitag der KPdSU
als die größte Leistung der deutschen Truppen im Ostfeldzug und als die
schwerste Niederlage der Sowjets im Zweiten Weltkrieg. Es war „eine den

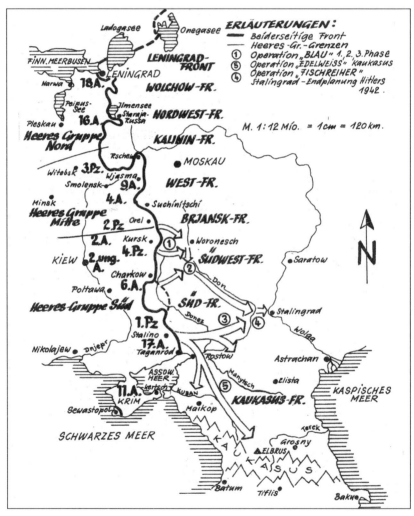

*Der Verlauf der Ostfront im Frühsommer 1942 mit den operativen Planungen der
Heeresgruppe Süd*

schlimmsten Erwartungen entsprechende Umzingelung der massierten Truppen, die zum Verlust von Hunderttausenden von Soldaten geführt habe".[54]

Und Generaloberst von Mackensen, der Kommandierende General des III. Panzerkorps, schrieb später anerkennend über die 1. Gebirgs-Division: „Mir war immer bewußt, daß in den letzten Tagen dieser Schlacht die Entscheidung bei der 1. Gebirgs-Division gelegen hat. Ihr ist zu verdanken, daß es nicht nur ein Teilerfolg wurde. [...] Für mich bedeutet die Korpsschlacht von Charkow den Höhepunkt meines militärischen Lebens."[55]

Wenn ich General Lanz auf das damalige Kampfgeschehen um Charkow, insbesondere um Barwenkowo, Bereka und Ssawinzy, ansprach, da erinnerte sich der ehemalige Kommandeur der „Ersten" mit Grauen. „Am Morgen", so berichtete er, „bot sich uns ein grausiges Schlachtfeld! Neben und unter den zusammengeschossenen Panzern – einige von ihnen waren noch weitergefahren und wurden dann hinten erledigt –, Geschützen und Fahrzeugen lagen die gefallenen Rotarmisten buchstäblich in Haufen. Aus zwei Kriegen kann ich mich an kein vergleichbares Bild erinnern, wie damals an der Bereka. Unsere Verluste waren gewiß bitter, wenn auch nur ein kleiner Bruchteil von denen der Sowjets."[56]

In der Schlacht um Charkow, wo die Sowjets im Frühjahr 1942 ihre schwerste Niederlage erlitten, wurden zwischen dem 17. und 28. Mai 240.000 Rotarmisten gefangengenommen. Generalfeldmarschall von Bock bezifferte die Beute in seinem Tagebuch auf 239.306 Gefangene, 2026 Geschütze und 1249 erbeutete Panzer. Rund 540 sowjetische Fahrzeuge wurden abgeschossen. Die eigenen Verluste betrugen nach den Aufzeichnungen des Oberbefehlshabers der Heeresgruppe Süd rund 20.000 Mann.

Am 28. Mai 1942 gab Lanz in seinem Divisions-Gefechtsstand einen kurzen Gefechtsbericht über den Einsatz der „Edelweiß"-Division vom 17. bis zum 28. Mai heraus, in dem die bedeutendsten Kampfhandlungen jener Tage festgehalten wurden:[57]

„1. Gebirgs-Division   Div.Gef.St., den 28. Mai 1942
I a
Betreff: Kurzer Gefechtsbericht über den Einsatz der Division seit dem 17. Mai 1942
(Schlacht bei Barwenkowo)

Am 17. Mai hat die Division auftragsgemäß die feindlichen Stellungen bei und westlich Alexandrowka durchbrochen und nach 14stündigem Angriff den Brückenkopf nördlich Barwenkowo gebildet. Gleichzeitig mit diesem Angriff wurde die Deckung der über 40 km breiten, offenen linken Flanke übernommen.
Bei diesen Kämpfen wurden an Gefangenen und Beute eingebracht:

1300	Gefangene	94	MG
3	Panzer	11	Lkw
35	Geschütze	10	Traktoren
12	Pak	20	Eisenbahnwagen (beladen)
39	Granatwerfer		

Die blutigen Verluste der Division betragen für die Zeit vom 17. Mai bis 21. Mai:

	gefallen	verwundet	vermißt
Offz.	4	19	–
Uffz. u. Mann.	237	878	3

Nach Abschluß dieser und in den nächsten Tagen folgenden Kampfhandlungen zur Inbesitznahme des Geländes südlich des Suchoj-Torez wurde die Division am 25. Mai an der östlichen Einschließungsfront des Kessels zum Angriff gegen den Bereka-Abschnitt eingesetzt. Dieser Angriff traf auf einen feindlichen Gegenangriff, zwang diesen zu Boden und erreichte bis 18.00 Uhr das Höhengelände rund 5 km nordostwärts und nordwärts der Bereka.

Nunmehr setzten russische Massenangriffe im Bereich der Division gegen die Einschließungsfront ein, die in ihrer Wucht und Masse einer Naturkatastrophe vergleichbar waren. Zehntausende von Russen, mit Panzern, Geschützen, Fahrzeugen aller Art, von ihren Kommissaren angetrieben, stürmten in ununterbrochener Reihenfolge zwei Nächte hindurch gegen die Linien der Division an. In erbitterten Kämpfen, unter Einsatz aller Waffen im Schnellfeuer und im Nahkampf, gelang es den Jäger-Rgtern, die Katastrophe zu bannen. Wenn zeitweise trotzdem russische Kräfte die Abwehrmauern überfluteten, so war dies durch die ungeheure Masse der Angreifer bedingt, ohne indes den geplanten Ablauf der Operation zu beeinflussen. Die Jäger standen unerschütterlich und hielten die Stellung zwei Tage und zwei Nächte lang in einer wahren Hölle von Feuer und Kampf. Nur ihrer Standhaftigkeit ist es zu verdanken, daß der russische Ausbruch mit Zehntausenden von Soldaten vermieden und damit die Einschließung der eigenen Truppe bzw. die Verbindung der russischen Fronten verhindert wurde.

Als am 25. Mai 18.00 Uhr die ersten Russen die Abwehrmauer überfluteten, übernahm ich das Kommando auf der West- und Südfront und unterstellte mir im Einverständnis mit Oberst Kohlermann auch die 60. I.D. (mot.). Meine Maßnahmen, die ich ohne Verbindung mit dem Korps treffen mußte, galten in erster Linie der Verstärkung unserer Abwehrfront nach Westen, zum Zweiten der sofortigen Organisation einer Front nach Süden, um die Vereinigung der durchkommenden russischen Teile in Richtung Tschepel zu verhindern. Unter Anspannung aller verfügbaren Kräfte ist dies gelungen. Der in das Hinterland durchgekommene Gegner wurde alsbald aufgerieben. Die Front nach Westen wurde gehalten, in kameradschaftlicher Zusammenarbeit mit der 60. I.D. (mot.) und den im rückwärtigen Gebiet eintreffenden Divisionen.

Dem Herrn Oberbefehlshaber der Heeresgruppe, der mich am 26. Mai auf dem Gefechtsstand in Marjewka aufsuchte, habe ich Lage und Maßnahmen vorgetragen. Er hat sie gebilligt.

Als Ergebnis der zweitägigen Schlacht kann festgestellt werden, daß die Division ihrem Auftrag entsprechend den feindlichen Durchbruch, der offensichtlich mit Schwerpunkt ihre Linien traf, verhindert und damit die Gesamtoperation in entscheidender Weise unterstützt hat.

In der Zeit vom 25. bis 27. Mai wurden im Raum Petschany–Pawlowka–Pakscharowka-H.K.L. an Gefangenen und Beute eingebracht:

25000	Gefangene
8000	Tote
150	Geschütze, davon 15 Stück 18 cm
70–80	Pak
50	Flak
12	Salvengeschütze
über 100	s. Granatwerfer
2000–2500	Lkw
200	Traktoren

1500	Bespannfahrzeuge
10000	Pferde
70	Tankwagen
94	Panzer (30% T 34, 20% Mark II und III u. 50% andere)

Die blutigen Verluste der Division betragen für die Zeit vom 22. bis 27. Mai:

	gefallen	verwundet	vermißt
Offz.	11	13	–
Uffz. u. Mannsch.	179	404	7

gez. Lanz,
Generalmajor und Divisionskommandeur"

Nach der fehlgeschlagenen Schlacht von Charkow ging die sowjetische Südwestfront wieder zur Verteidigung über.[58]

Am 21. Juli wurde, Woroschilowgrad rechts und Starobielsk links liegen lassend, der Donez bei Kamensk überschritten. Ende Juli gewann die Division bei Rostow den Don, wo sie wieder ihrem altvertrauten Gebirgs-Armeekorps unterstellt wurde. Der weitere Einsatz sollte wieder gemeinsam mit der 4. Gebirgs-Division erfolgen. „Nicht für die deutsche allein, auch für die sowjetische Führung begann gegen Mitte Juli ein neues Stadium der Kriegführung. Mit dem Fall Rostows und dem Überschreiten des Don standen, so hofften die einen und fürchteten die anderen, der deutschen Wehrmacht sowohl der Weg zur Wolga als auch die Pforten Kaukasiens offen."[59]

Ende Juli/Anfang August 1942 trat die Heeresgruppe A des General-

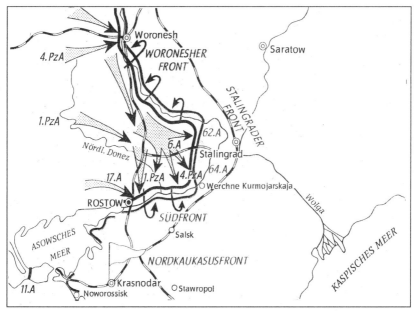

Die Ausgangsstellungen der deutschen Truppen am Don aus sowjetischer Sicht

feldmarschall List mit der 17. Armee (V. und XXXXIV. Armeekorps und XXXXIX. Gebirgs-Armeekorps) auf dem rechten Flügel, mit der 1. Panzerarmee (III. und XXXX. Panzerkorps) in der Mitte und mit der 4. Panzerarmee links tief gestaffelt aus den Brückenköpfen am unteren Don bei Bataisk und Zymljanskaja nach Süden an.

Mit dem Uferwechsel am Don war das Tor zum Kaukasus weit aufgestoßen. Nun sollte für die Gebirgssoldaten der wohl denkwürdigste Abschnitt des gesamten Rußlandfeldzuges beginnen: der Angriff auf den Hoch- oder Zentralkaukasus.

Bereits einen Tag nach dem Überschreiten des Don befahl Generalmajor Lanz die Aufstellung einer Hochgebirgs-Kompanie. Diese unter Führung von Hauptmann Groth stehende, aus bergerfahrenen Alpinisten zusammengesetzte Einheit sollte die alpinen Hochgebirgspässe des Elbrusmassivs in Besitz nehmen und darüber hinaus die Reichskriegsflagge auf dem Elbrus, dem höchsten Gipfel des Kaukasus, hissen. Als Zeichen ihrer besonderen Aufgabe erhielten alle Angehörigen dieser Eliteeinheit aus den Händen des Kommandeurs der 1. Gebirgs-Division eine Adlerfeder, die sie voller Stolz neben dem Edelweiß-Abzeichen an der Bergmütze trugen.

Währenddessen ging der Vormarsch durch die staubige Steppe unter Verfolgung des sich planmäßig absetzenden Gegners rasch vorwärts. „Wetten wurden abgeschlossen. Weihnachten Tiflis; im Frühjahr Babylon! An den heiligen Flüssen, dem Tigris und Euphrat, würden wir die Afrika-Armee des Feldmarschalls Rommel treffen, die vom Suezkanal zu uns stoßen würde. Der Krieg fände sein Ende an der Wiege der Welt!"[60]

Ende Juli erreichte die 1. Panzerarmee den 1200 Meter breiten Fluß Manytsch, den manche Geographen als die eigentliche Grenze zwischen Europa und Asien ansehen. „Am 25. Juli 1942 morgens wurde der Angriff auf Bataisk durch eine heftige Feuervorbereitung von rund 40 Batterien auf die Stellungen am südlichen Don-Ufer begonnen. Stuka-Angriffe folgten. Unter dem Schutz dieses Feuervorhanges gelang es dem XXXXIX. Gebirgskorps, mit drei Divisionen den Fluß zu überschreiten und in Bataisk einzudringen. Dieser Erfolg war nicht zuletzt den ‚Brandenburgern‘ zu verdanken, die in der Nacht vom 24./25. Juli unter Oblt. Grabert den langen Damm nach Bataisk stürmten, einen Brückenkopf bildeten und ihn 24 Stunden unter Aufopferung ihres Lebens hielten, bis das LVII. Korps am 27. 7. abends mit 13 Panzern über die Pontonbrücken fuhr und am 28. 7., 4.00 Uhr morgens, WIKING*) nachziehen konnte."[61]

Am 26. Juli 1942 zog die 4. Gebirgs-Division durch die stark zerstörte Stadt Rostow, in deren Straßen die aufgeblähten Pferdekadaver der sowjetischen Kavallerie verwesten. „Von hier [...] war es nur noch ein Katzensprung bis zum Kaukasus."[62] Tags darauf wurde der Don auf einer von Pionieren der 17. Armee fertiggestellten Ponton-Brücke sowie mittels Fähren übersetzt, nachdem das XXXXIX. Gebirgs-Armeekorps unter

---

*) Richtig: 5. SS-Panzer-Division „Wiking"

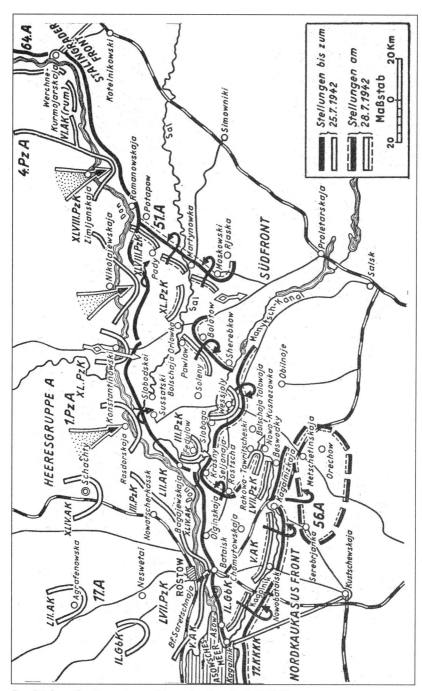

Der Rückzug der Roten Armee hinter den Don im Juli 1942

General Konrad zuvor mit Unterstützung des IV. Fliegerkorps bei Rostow an der breitesten Stelle den Flußübergang erzwungen hatte. Aber auch jetzt konnten die Gebirgssoldaten keinen massiert auftretenden Feind mehr ausfindig machen. Die Sowjets setzten sich vielmehr unter Ausnutzung der zahlreichen natürlichen Hindernisse – über die quer zur Angriffsrichtung des XXXXIX. Gebirgs-Armeekorps und seiner Regimenter verlaufenden Flüsse – geschickt ab.

Sehnsüchtig sahen die Gebirgsjäger den Fahrzeugkolonnen der motorisierten Verbände, von denen sie immer wieder überholt wurden, nach. Manch einer wäre sicherlich nicht länger in der Lage gewesen, den inneren Schweinehund zu besiegen, wenn nicht das magische Wort KAUKASUS seine letzten Kräfte mobilisiert hätte.

Über 7000 Kilometer waren sie bisher in diesem Kriege marschiert. Sie hatten im Flachland große Schlachten geschlagen und waren dem sich stets wieder geschickt entziehenden Feind auf den Fersen geblieben. Aber erst jetzt sollten die Gebirgsjäger und Gebirgsartilleristen, die Gebirgspioniere und Tragtierführer erstmals in ihrem eigentlichen Element, im Gebirgskrieg, eingesetzt werden. Wer wollte da schon erschöpft neben der Rollbahn liegen bleiben und den Kameraden mit dem Edelweiß nachsehen, wie sie eilig dem Kaukasus zustrebten?

Die Sonne, die die Erde der baumlosen und wasserarmen Kubansteppe wie in einem Backofen auf teilweise mehr als 45° Grad aufheizte, brann-

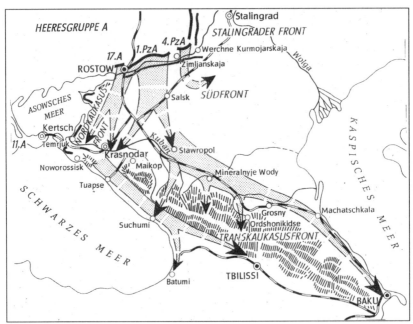

Die sowjetischerseits vermutete deutsche Absicht für den Vorstoß in den Kaukasus

te den Gebirgssoldaten ins Gesicht. Die allgemeine Marschrichtung lautete: Süden. Die 4. Gebirgs-Division überquerte dabei mit ihren nebeneinander angesetzten verstärkten Gebirgs-Jäger-Regimentern 13 und 91 fast übungsmäßig, ohne auf nennenswerten Feindwiderstand zu stoßen, den Kagalnik. Von hier aus stießen die Jäger, nachdem sie den kurzen Widerstand der Sowjets gebrochen hatten, an die Jeja vor, wo sich der Gegner jedoch äußerst zäh verteidigte.

„Die Geb.A.A. 94 blieb am 31. 7. an einer noch unzerstörten Brücke liegen", berichtet General Braun. „Das nachfolgende Geb.Jäg.Rgt. 91 glaubte, diesen Übergang mit seinem vordersten Bataillon bald nehmen zu können. Auch das Geb.Jäg.Rgt. 13 setzte in seinem Bewegungsstreifen zum

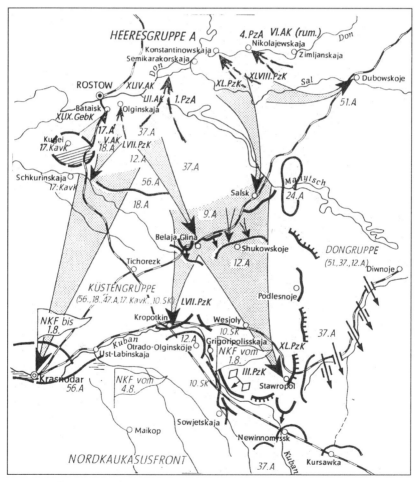

Die Kampfhandlungen der sowjetischen Truppen der Dongruppe zwischen dem 28. Juli und 5. August 1942

gewaltsamen Übergang bei Leninsky an. Es gelang ihm auch, einen kleinen Brückenkopf zu bilden. Als beim Geb.Jäg.Rgt. 91 der angenommene Erfolg auf sich warten ließ, wurde das gesamte Geb.Art.Rgt. 94 (ohne eine Abt.) zur Erweiterung des Brückenkopfes beim Geb.Jäg.Rgt. 13 eingesetzt. Aber auch hier versteifte sich der feindliche Widerstand auf dem südlichen Steilufer erheblich. Trotz tapfersten Einsatzes der Jäger und Pioniere und großen Munitionseinsatzes bei der Artillerie und den schweren Infanteriewaffen blieb der Erfolg aus."[63]

Die sowjetische Führung war nicht gewillt, auch nur einen Fußbreit Boden an der stark versumpften Jeja-Linie den anstürmenden Gebirgssoldaten preiszugeben. So entwickelten sich in den darauffolgenden Tagen zwischen dem 1. und 5. August 1942 äußerst heftige Kämpfe. Ein Bericht gibt uns darüber folgenden aufschlußreichen Einblick:

„Am Nachmittag des 1. August 1942 trat das schwäbische Gebirgsjäger-Regiment 13 mit zwei Bataillonen vom Brückenkopf Kutschewskaja aus zum Angriff an, um von Osten her die Stellungen der Bolschewisten aufzurollen, die sich, unterstützt von Artillerie und Granatwerfern, mit starken Kavalleriekräften ans Südufer des Jeja-Flusses klammerten und in der Nacht zuvor die Linien einer Infanterie-Division vor Kutschewskaja zu attackieren versucht hatten.

Während das dritte Bataillon des Regiments mit einigem Abstand zur Linken folgte, ging das zweite, mit der 6. Kompanie (Hptm. Muff) an der Spitze zu beiden Seiten eines Bahndammes vor, der dem Lauf der Jeja folgte, ohne sich jedoch ihren Windungen anzugleichen.

Das Land zu beiden Seiten des Flusses war sanft gewellte Steppe ohne Baum und Schatten, mit Sonnenblumen- und Kornfeldern und in der Nähe des Wasserlaufes mit grünen Schilfflächen bedeckt."

Und weiter lesen wir:

„Den Kompanien des zweiten Bataillons, die weitauseinandergezogen, gefolgt von Tragtieren und Munitionskaretten, zu beiden Seiten des Bahndammes nach Westen vordrangen, waren zwei Offiziere vom Regiments- und Bataillonsstab zur Erkundung auf Krädern vorausgefahren. Beide waren über das Tagesziel hinaus vorgestoßen, ohne mit den Bolschewisten in Berührung geraten zu sein, wenn sie auch mehrere Gruppen des Feindes im Gelände festgestellt hatten.

Da der Angriff des Bataillons unter offenen Flanken erfolgte, beobachtete der Führer der Spitzenkompanie, Hauptmann Muff, unausgesetzt im Vorgehen die nahe und fernere Umgebung und die Bewegungen der erkannten Feindgruppen, die bald hierhin bald dorthin strebten, als ob sie angesichts der Bedrohung durch die vorgehenden Gebirgsjäger unschlüssig wären, wohin sie sich wenden und was sie beginnen sollten.

Die vorgeschobenen Beobachter der Artillerie, die das Bataillon begleiteten, nahmen immer wieder Funkverbindung mit ihren Batterien auf, um den jeweiligen Standort der Angriffsspitze sowie der feindlichen Gruppen bekanntzugeben.

Die Sonne sank tiefer und tiefer dem westlichen Horizont zu. Schon warfen die Jäger, die unter dem rhythmischen Geklapper des Schanzzeuges und der Waffen bedächtig durchs Gras schritten, das am Bahndamm wucherte, lange Schatten hinter sich. Ihre braun verbrannten Gesichter und Fäuste schimmerten wie Kupfer im abendlichen Licht.

Plötzlich, als schon niemand mehr daran glauben wollte, daß es noch vor Anbruch der Nacht zum Gefecht kommen würde, brach ein Schuß durch die sommerliche Stille. Ein Schuß, der zur Linken in einem unübersichtlichen Sonnenblumenfeld gefallen war.

Wie gebannt verhielt ein jeder den Schritt und spähte gespannt in die Runde. Befehle liefen leise wie gehaucht von Mann zu Mann. Wenige Sekunden später setzte unvermittelt von links, von vorn und von rechts Maschinengewehr-Feuer ein, und halbrechts, am Rand des nahen Dorfes Nardeshin, begann eine Pak zu schießen. Gleich darauf sandten auch die unvermeidlichen Granatwerfer der Bolschewisten ihre lautlos herankommenden Geschosse zwischen die Reihen der schwäbischen Jäger, die flach an die Erde gepreßt im Gras lagen, mit Ausnahme der Granatwerfer- und der Maschinengewehr-Gruppe, die nach vorn gerufen wurden, um in Stellung zu gehen. Schon erwiderten die hart tackenden Feuerstöße der eigenen Maschinengewehre die unregelmäßigen, wild sich überhastenden Salven der bolschewistischen Gewehre, und der trockene Knall des schweren Granatwerfers mischte sich zur Freude der Jäger in das Kampfgetöse. Kurz darauf fauchten auch die ersten Granaten hinüber zum Feind, wo sie mit höllischem Krachen zerbarsten. Trotzdem trafen die Bolschewisten, wohl in Erkenntnis ihrer günstigen Stellungen, gegen die jede Annäherung unmöglich schien, keinerlei Anstalten, das Kampffeld zu räumen, sondern verdoppelten vielmehr ihre Anstrengungen, die deutschen Angreifer mit dem vereinigten Feuer ihrer Waffen zu vernichten. Zudem schickte der glühende Sonnenball sich soeben an, hinter dem von leuchtenden Wolken umsäumten Horizont im Westen zu verschwinden. Ein jeder im Bataillon war sich darüber klar, daß die Nacht, wenn sie sich über die Steppe senkte, bevor etwas Entscheidendes geschehen wäre, sie für viele Stunden festhalten und dem feindlichen Feuer preisgeben würde.

Zu diesem Zeitpunkt, da in den weitauseinandergezogenen Reihen der 6. Kompanie immer wieder Rufe nach den Sanitätern laut wurden, befahl der Bataillonskommandeur die 7. Kompanie nach vorn, die sich sogleich in der rechten offenen Flanke der 6. durchs hohe Kraut feindwärts bewegte.

Als Hauptmann Muff, der Führer der 6. Kompanie, das zügige Vorgehen des Nachbarn zur Rechten erkannte, faßte er den kühnen Entschluß, mit seinen Jägern vorzubrechen, um den Einbruch in die Stellungen der Bolschewisten noch vor dem Einsetzen der Dunkelheit zu erzwingen.

Verwundert gab ein Jäger dem anderen den Befehl des Hauptmanns weiter, der von ihnen forderte, aufzustehen aus ihren Deckungen und im Hagel der feindlichen Geschosse und Splitter zum Sturm anzutreten. Doch als sie ihren Hauptmann vorspringen sahen, folgten sie ihm, aus Leibeskräften ihr ‚Hurra‘ brüllend, mit dem sie schon manchen verbissen kämpfenden Gegner erschüttert hatten. Mit jedem Sprung, den sie taten, wuchs ihre Sicherheit und damit auch die Überlegenheit über den Feind, der starr vor Entsetzen den Sturm der grauen Gestalten auf sich zurasen sah, noch einen letzten Versuch zur Gegenwehr unternahm und dann im Dämmerlicht, als die schwäbischen Jäger schon über ihm waren, die Flucht ergriff und unter Zurücklassung eines Teils seiner Waffen und eines Fasses Fusel, mit dem er sich offenbar Mut angetrunken hatte, in der rasch sich verdichtenden Dunkelheit untertauchte.

Ohne Zeit zu verlieren, stieß Hauptmann Muff mit seiner Kompanie den fliehenden Bolschewisten nach, besetzte die Stationsgebäude von Nardeshin und richtete sich einige hundert Schritte weiter zur Verteidigung ein, während die Nachbarkompanie bis dicht an die Jeja vorging, um dort gegen nächtliche Überraschungen zu sichern.

In einem unversehrten Gebäude der Station Nardeshin", so schließt der Bericht vom Vorstoß der Gebirgsjäger an der Jeja, „richtete der Bataillonskommandeur Ott seinen Gefechtsstand ein und nahm beim Kerzenschein die Meldungen seiner Kompanien entgegen, um dann, als die Fernsprechleitungen gelegt und die Anschlüsse hergestellt waren, das Regiment von dem Erfolg seiner tapferen Jäger zu unterrichten, der das Bataillon weit über das vorgesehene Tagesziel hinausgeführt und ihm für den nächsten Tag eine Ausgangsstellung gesichert hatte, die von hoher Bedeutung für die Fortführung des Kampfes im Jeja-Abschnitt war."[64]

Am 5. August 1942 hatte auch die 1. Gebirgs-Division den Don, den mächtigen, geheimnisvollen Strom der Ukraine, überschritten. Der Flußübergang vollzog sich auf Fähren und auf einer fertiggestellten Pontonbrücke, die den während der Sommermonate wie in einen seichten Meeresarm verwandelten Strom überspannte. „Bei Südwind", so wird erzählt, „schiebt das Wasser sich stromaufwärts und läßt den Don, wenn die eilig herangeführten Wasser der Schneeschmelze dagegenprallen, auf ein Vielfaches des sommerlichen Pegelstandes ansteigen."[65]

Nachdem die Gebirgsjäger ihre genagelten Bergschuhe in die Jeja-Linie der sowjetischen Verteidigungsfront gesetzt hatten, waren sie nicht mehr gewillt, das Tor zum Erfolg zuschnappen zu lassen. Selbst dann nicht, als plötzlich eine Kosaken-Brigade des XVII. Kuban-Kosaken-Kavallerie-Korps, die von leichten Panzern unterstützt wurde, mit blitzenden Säbeln und dem markdurchdringenden „Urrää – Urrää" auf das Gebirgs-Jäger-

62

Regiment 91 zustürmte. Im ersten Augenblick waren die Gebirgsjäger allerdings so perplex, daß es den Kosaken gelang, die Linie der Deutschen an einigen Stellen zu durchbrechen. Weit kamen sie jedoch nicht. Es waren vorwiegend Tragtierführer, die den exotischen Reitern blutige Verluste zufügten.

Nach dieser Niederlage zogen sich die Reste der Roten Armee wieder zurück und überließen den Gebirgsjägern das Schlachtfeld. Die sowjetische Taktik war einfach: Die Deutschen sollten sich totlaufen. Spätestens im Kaukasus, so meinten ihre Heerführer, würde die Kraft der Faschisten verebben.

Bis zum 5. August 1942 erreichte das XXXXIX. Gebirgs-Armeekorps den Abschnitt Tschelbas. An diesem Tag traf bei General der Gebirgstruppe Rudolf Konrad ein neuer Befehl ein, der für seine Verbände endgültig die Weichen für den Sturm auf den Hochkaukasus stellte: „Das Gen.Kdo. XXXXIX. marschiert mit 4. Geb.-Div. nach Südosten, Richtung Tscherkessk ab", hieß es dort. „Das V. AK übernimmt ab sofort 73. und 9. ID. Die Vorausabteilung der 1. Geb.-Div. wird nach Wegnahme des Abschnittes von Timoschewskaja der 1. Geb.-Div. wieder zugeführt [...]"⁶⁶⁾

Die 4. Gebirgs-Division strebte, in zwei Fußmarschgruppen gegliedert, dem Kaukasus entgegen. Jede dieser Gruppen bestand aus einem Gebirgs-Jäger-Regiment, einer Gebirgs-Artillerie-Abteilung, einer Gebirgs-Pionier-Kompanie, Teilen einer Gebirgs-Sanitäts-Kompanie und der Gebirgs-Nachrichten-Abteilung 94. Die III. Abteilung des Gebirgs-Artillerie-Regiments 94 wurde schwergewichtsmäßig zugewiesen. Die Gebirgs-Aufklärungs-Abteilung 94 bewegte sich entweder vor einer der beiden Regimentsgruppen oder wurde nachgeführt. Die motorisierten Teile der „Enzian"-Division folgten der marschierenden Truppe, während die Versorgungstruppen selbständig nachgezogen wurden.

Es war Hochsommer. Seit Tagen marschierten die Gebirgssoldaten, von einer braunen Staubwolke umhüllt, die der Wind Hunderte von Metern weit forttrug, durch die flache und ausgetrocknete Steppe Kaukasiens. Die Jäger, Pioniere, Artilleristen, Nachrichtler und Tragtierführer sahen vor sich nichts anderes als den flimmernden Horizont, der sich zwischen Himmel und Erde wie ein Strich abzeichnete.

In die Kriegstagebücher der 4. Gebirgs-Division und ihrer Regimenter war der 6. August 1942 eingetragen. Die „Vierte", steht dort geschrieben, „änderte ihre bisherige Marschrichtung und schwenkte auf das Kubanknie ostwärts von Krapotkin ein. Am 9. August wurde Kasanskaja erreicht; am 14. August Armawir durchschritten."

Und die Sowjets? „Vor Tichorez teilten sich unsere zurückgehenden Truppen in mehrere Ströme", erfahren wir von Generalleutnant Sachar Iwanowitsch Kondratjew. „Einer führte über Tichorezk, Kropotkin, Armawir, Maikop zum Goitchski-Paß, eine schmale Gebirgsstraße, die die Orte Apscheronsk, Chadyshenskaja (Chodyshensk) und Schaumjan verband.

Weiter verlief sie durch enge tiefe Schluchten, entlang den steilen Hängen des Indjuk, erklomm den Goitchski-Paß und schlängelte sich dann durch die Niederungen der Flüsse Pschecha, Pschysch und Tuapse ans Ufer des Schwarzen Meeres."[67]

Die Luft flimmerte vor Hitze. Doch sobald sich die Sonne wieder der Erde näherte, erhoben sich die Stechmücken zu Millionen und Abermillionen vom Boden und fielen über die gepeinigten Gebirgssoldaten her. Während die Landser noch durch die glühend heiße Steppe marschierten, wurde, von der Truppe unbemerkt, der geplante Gefechtsstreifen der 4. Gebirgs-Division im Kaukasus mehrmals geändert. Zunächst auf die Grusinische Heerstraße, die von Ordschonikidse über den Krestowski-Paß nach Tiflis führt, angesetzt, erhielt sie schließlich den endgültigen Auftrag, die Hochgebirgsregion um den Adsapsch-, Allistrachu-, Achiboch- und Aischcha-Paß zu erstürmen, um in weiterer Folge nach Ssuchum(i) vorzustoßen. Gleichzeitig sollte die 1. Gebirgs-Division im Raum der alten Ssuchumschen Heerstraße gegen den Hochkaukasus vorgehen.

Nachdem die operativen Ziele im Zentralkaukasus der Truppe bekanntgegeben worden waren, wurde sie von neuem beflügelt. Der Kaukasus, der mit seinen mächtigen und wilden Berggiganten wie eine Vision Tag und Nacht vor ihnen stand, zog die Gebirgssoldaten mit einer geradezu magischen Kraft an.

„Wie mag es dort aussehen?" frugen sie sich. „Wie in den heimatlichen Alpen?"

Die Feldspaten schlugen zwar nach wie vor bei jedem Schritt, den die Jäger taten, gegen ihre Oberschenkel. Die Maschinengewehre drückten weiter schwer auf den Schultern der MG-Schützen, und die Riemen der Karabiner schienen immer noch die Halspartie der Jäger abzuschnüren. Die oft unerträglichen Schmerzen wurden jedoch angesichts der Hochgebirgswelt ignoriert. Es hieß nur noch: marschieren – marschieren – marschieren, um den Eintritt in den Kaukasus so rasch wie nur irgend möglich zu erzwingen.

Je weiter die Gebirgssoldaten der Deutschen Wehrmacht vordrangen, desto weiter zogen sich die Sowjets in das Kerngebiet des Kaukasus zurück. Daher fiel den Deutschen fast zwangsläufig der Gebirgsrand des Kaukasus in die Hände. Das Gebirgs-Jäger-Regiment 13 erreichte Selentschukskaja, das Gebirgs-Jäger-Regiment 91 besetzte mit seiner eilig gebildeten Vorausabteilung Achmetowskaja.

Um für den sich klar abzeichnenden Gebirgskrieg im Kaukasus optimale Voraussetzungen zu schaffen, wäre es jedoch unbedingt notwendig gewesen, alle Gebirgsverbände, die deutschen, die rumänischen und die italienischen, zusammenzufassen und zum gezielten Sturm auf die Hochpässe und Kämme anzusetzen. Und zwar nach dem altbewährten Motto: „Klotzen, nicht kleckern!" Statt dessen trat jetzt – das greifbare Ziel bereits vor Augen – das genaue Gegenteil ein: Am 30. Juli 1942 wurde die 4. Panzer-

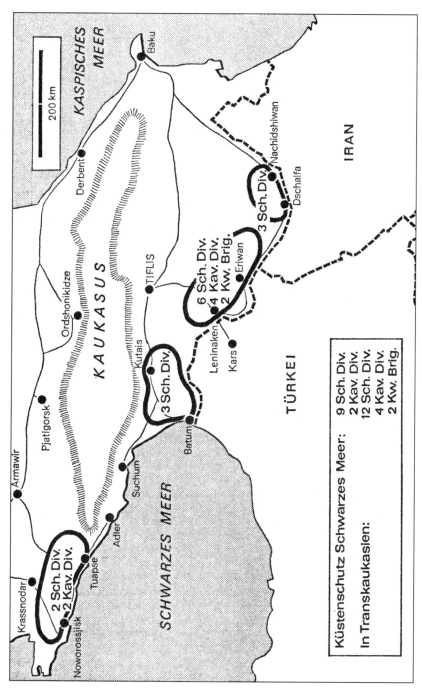

Sowjetische Truppenkörper am Schwarzen Meer und in Transkaukasien

armee auf Befehl Hitlers der zum Angriff auf Stalingrad angesetzten Heeresgruppe B unterstellt. Damit verfügte die Heeresgruppe A für die Lösung ihrer schwierigen Aufgabe nur noch über zwei Armeen mit drei Jäger-Divisionen (darunter die 2. rumänische), acht Infanterie-Divisionen, drei Panzer-Divisionen sowie zwei Gebirgs-Divisionen; allerdings ohne gebirgsgängige Divisions- und Korps-Nachschubeinheiten und ohne Lufttransport-Verbände. Auf eine vorauszusehende Frontbreite von rund 1000 Kilometern waren also ganze 16 Divisionen angesetzt! Die drei angekündigten und der Heeresgruppe A bereits zugesagten italienischen Alpini-Divisionen, die mit großem Abstand folgten, wurden nämlich ebenfalls Richtung Stalingrad in Marsch gesetzt.

Kehren wir wieder zur unmittelbaren Kaukasusfront zurück. Was ereignete sich hier in großen Zügen?

Am 3. August 1942 eroberte das V. Armeekorps den Raum Krasnodar mit den dortigen Ölraffinerien. Am 9. August wurde Maikop, der Sitz der Verwaltung dieses bedeutenden Erdölgebietes, von der 13. Panzer-Division eingenommen. Doch alle Raffinerien, in die man deutscherseits so große Hoffnungen gesetzt hatte, um die Treibstofffrage zufriedenstellend lösen zu können, waren zuvor von den Sowjets zerstört worden. Die deutschen Verbände waren damit weiter ausschließlich von ihrem Nachschub abhängig, dessen Wege in bedrohlichem Ausmaße immer länger wurden. Der Zugriff auf die sowjetischen Vorräte hatte sich als Fehlspekulation Hitlers erwiesen. Das Schicksal nahm so einen verhängnisvollen Lauf: Am 10. August blieben die deutschen Panzer, so paradox es klingen mag, zwi-

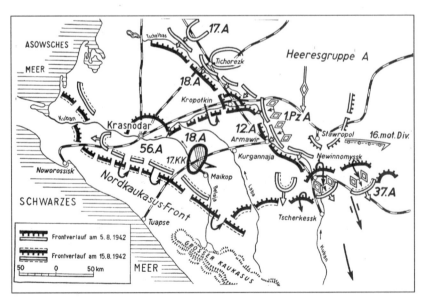

Die Lageentwicklung an der Nordkaukasusfront zwischen dem 5. und 15. August 1942

schen Kuma und Terek inmitten der Ölfelder wegen Betriebstoffmangels liegen. Die 16. motorisierte Division stieß zwar noch auf Elista vor, aber dann ging auch ihr der Treibstoff aus.

Doch von diesen Rückschlägen erfuhr man beim XXXXIX. Gebirgs-Armeekorps vorläufig nichts. Das Korps war völlig damit ausgelastet, einen Teil des Kaukasus zu erobern. Wie beurteilte man bei der 4. Gebirgs-Division die Durchführung dieses Auftrages, nachdem die Division in den schweren Verfolgungskämpfen zwischen Don und Kuban wieder viele Ausfälle (insbesondere zahlreiche gebirgserfahrene Jäger und Obergefreite) zu verzeichnen gehabt hatte? General Braun erteilt uns darauf Auskunft:

„Unter den unentbehrlichen Tragtieren hatten Flieger und Artillerie gewaltig aufgeräumt. Die Gefechtsstaffeln waren wohl alle noch voll beweglich, aber die Versorgungsstaffeln waren schon derartig dezimiert, daß zu besonderen Maßnahmen gegriffen werden mußte. Beim Geb.Jäg.Rgt. 91 mußte ein Bataillon ‚stillgelegt‘ werden, um mit seinen Tragtieren die Versorgung der beiden anderen Bataillone sicherzustellen. Durch die Länge der Versorgungswege bedingt, wurden bei allen Truppenteilen Pferde aus dem Lande eingestellt und mit teilweise selber hergestellten Behelfssätteln ausgestattet. Der Bestand an ‚hilfswilligen‘ Trägern und Tragtierführern bei der Truppe stieg sprunghaft an. [...] Wer weiß, welche Mengen an Fahrzeugen, Tragtieren und Trägern für die Versorgung einer im Hochgebirge kämpfenden Truppe erforderlich sind, kann einigermaßen ermessen, welche Energie und Einsatzfreudigkeit in dieser Zeit von den Versorgungstruppen der Division aufgewendet werden mußten.“[68]

Währenddessen hatte die Vorausabteilung Lawall der 1. Gebirgs-Division, die auf Antrag des Generalkommandos am 4. August 1942 wieder dem XXXXIX. Gebirgs-Armeekorps unterstellt worden war, am 9. August bei Krapotkin den Kuban erreicht. Am 11. August konnte die „Edelweiß“-Division die wichtige Brücke bei Tscherkessk unzerstört in ihren Besitz nehmen. Damit war der Übergang der „Ersten“ über den Kuban gesichert. Nun marschierten die Gebirgssoldaten flußaufwärts Richtung Südost.

Es roch schon förmlich nach Bergluft, als sich die „Edelweiß“-Soldaten den Höhen südlich von Tscherkessk näherten. Zum ersten Male sahen sie den gewaltigen Doppelgipfel des Elbrus aus dem Dunst aufragen. Welch unvergeßlicher Augenblick! Es gab jetzt kein Halten mehr. Selbst die Muli wurden beim Anblick des gewaltigen Bergmassivs unruhig: Der Kaukasus, das Ziel der deutschen Gebirgstruppe, lag zum Greifen nahe. Sie brauchten, so schien es in der flimmernden Luft, nur mehr ein paar Schritte zu tun, und schon waren sie droben, auf den Pässen und Gipfeln des Zentralkaukasus. Angesichts der allgemeinen Euphorie gab es aber auch einige kritische Stimmen, die sich im Kameradengespräch wie folgt zu Wort meldeten:

„Wirst es schon sehen, erst locken sie uns über den Kaukasus und über die Wolga weg, und auf der anderen Seite warten sie auf uns. Dann haben wir den Nachschubweg über 5000 km Steppe und übers Gebirge. Du wirst schon sehen, was dann passiert!" Aber, so der spätere Universitätsprofessor Ernst Kern, „die hohe Generalität scheint diese naheliegende, von uns vielfach geäußerte Vermutung nicht gehabt zu haben".[69]

Zweiter Akt

Höhenrausch

*„Keiner Truppe habe ich mich inner-
lich so eng verbunden gefühlt wie der
Gebirgstruppe. Daß sie eine Elitetruppe war, ist unbestritten. Sie war
aber nicht nur eine Elitetruppe der
soldatischen Leistung, sondern eine
Elitetruppe des Herzens; darin wur-
zelt die untrennbare Verbundenheit
aller derer, die je das Silberne Edelweiß getragen haben."*

Generaloberst Franz Halder

1. Der Sturm auf den Hochkaukasus

Im Kaukasus erzählt ein altes Märchen, wie Gott sich nach der Erschaffung der Welt anschickte, die Erde zu schmücken. Im weiten Bogen streute er Samen über die noch kahle Landschaft. Über dem Kaukasus aber riß ihm der Sack, und alle darin verborgenen Reichtümer der Natur fielen auf jene einzigartige Bergwelt nieder. Wurde Kaukasien damit zum Paradies? Da der Kaukasus für die deutschen Gebirgsjäger an der südlichsten Ostfront im sehnsüchtigen Erahnen und im opferreichen Erleben zum einmaligen, unvergeßlichen Erlebnis werden sollte, so muß diese Frage sowohl bejaht als auch verneint werden. Denn dieses Bollwerk aus Fels und Eis bedeutete schließlich für die Soldaten Verheißung und Wendepunkt zugleich.

Zunächst nahmen die Gebirgssoldaten der 1. und 4. Gebirgs-Division zwischen 12. und 21. August 1942 die Hochpässe des Kaukasus zwischen Elbrus, Maruch, Bgala und Adsapsch-Paß. Damit begann für die Truppen aber erst der eigentliche Kampf um dieses gewaltige Gebirge, durch dessen fremde, unbekannte Bergwelt sie jetzt staunend marschierten, während die schwerbepackten Tragtiere unermüdlich die Serpentinen der kaukasischen Berge hinaufstapften.

Von keiner Bahnlinie gekreuzt, lediglich von zwei alten Heerstraßen durchzogen, zieht sich der kaukasische Gebirgswall mit rund 1500 Kilometer Länge von West-Nordwest nach Ost-Südost und einer Breite von 32 bis 180 Kilometern zwischen dem Schwarzen und dem Kaspischen Meer. Rund zehn Viertausender und vier Fünftausender krönen den Zentralen Kaukasus, der im Osten felsig und im Westen, zum Schwarzen Meer hin, von dichten Urwäldern bewachsen ist.

Die Hauptachse des Großen Kaukasus ist von Westen nach Osten wie folgt gegliedert:

1. Der Schwarzmeer- oder Pontische Kaukasus von der Halbinsel Taman bis zum Berg Fischt. Er ist 600 bis 994 Meter hoch und mit üppiger mediterraner Vegetation an der Küste und mit Laubwäldern in den höheren Lagen bewachsen. Über den 334 Meter hohen Goitschskij-Paß führt die Bahnlinie Armawir–Tuapse.

2. Die Abchasischen Alpen bis zum Elbrus-Meridian, die im teilweise vergletscherten Dombaj-Ulgen 4047 Meter hoch sind. Über den Kluchori-Paß (2786 m) führt die Ssuchumi-Heerstraße.

3. Der Zentrale Kaukasus bis zum Kasbek-Meridian. Dieser besteht aus zwei Ketten, dem Haupt- oder Wasserscheidenkamm und dem 10 bis 15 Kilometer weiter nördlich verlaufenden Seitenkamm der Vorkette. In diesem zwischen dem Elbrus (5633 m) und dem Kasbek (5047 m) stark vergletscherten Abschnitt erheben sich mehrere Fünftausender, die Gipfel des

Dychtau (5203 m), Schchara (5058 m), Dschanga (5049 m) und Koschtantau (5151 m). Den einzigen Übergang bildet der 2829 Meter hohe Mamisson-Paß, über den die Ossetische Heerstraße führt.

4. Der Dagestanische- oder Östliche Hochgebirgs-Kaukasus zwischen dem Kreuz-Paß (2388 m), dem die Grusinische Heerstraße folgt, und dem Babadag (3629 m). Er erreicht zwar noch vielfach Höhen über 4000 Meter, gilt aber infolge der leichteren Zerstörbarkeit der ihn aufbauenden jurassischen Tone als weniger hochalpin.[1]

Darüber erfahren wir aus dem sowjetischen Lager:

„[...] im Krieg mußte die Grusinische Heerstraße bei jedem beliebigen Wetter zuverlässig und ununterbrochen befahrbar sein. Sie war eine der wichtigsten Verkehrsadern nicht nur für die Transkaukasusfront, sondern auch für das ganze Land. Über diese Straße mußten Kraftfahrzeuge und Nachschub aus dem Iran nach Ordshonikidse transportiert werden."[2] ...

„Um die Grusinische Heerstraße unpassierbar zu machen, begann der Gegner die Übergänge über den Baksan und den Terek zu bombardieren. Besonders harten Schlägen waren die Brücken von Kasbek, Mleti und Dariali ausgesetzt. Wir prüften, wie wir die Straße retten konnten, und beschlossen, Reserveübergänge zu bauen und sie sorgfältig zu tarnen."[3]

5) Der Kaspische Kaukasus läuft im Tal des Sumgait als sanftes, unbewaldetes Mittelgebirge aus.

Als General Konrad den Auftrag zur Eroberung des Kaukasus erhielt, waren die Karten und Unterlagen über das neue Kriegsgebiet noch spärlich. Es war letztlich eine Denkschrift der Hochgebirgsschule Fulpmes/Tirol, die im Hinblick auf die geographischen Gegebenheiten auf drei wesentliche Faktoren hinwies:

„1. Bis zum Einbruch des Winters auf den westlichen Hochpässen sind kaum noch acht Wochen Zeit. Ende September unterbindet der starke Schneefall Gebirgsüberschreitungen und Nachschub großen Stils völlig.

2. Der einzige große Straßen- und Bahnübergang über den Westteil des Kaukasus führt durch den Waldkaukasus nach Tuapse und von da an der Küste nach Ssuchum.

3. Die Übergänge über die westlichen Hochpässe (Karettenwege, Tragtiersteige und Steige für Kleinesel) sind nur ungenau beschrieben; auch die Angaben über den wichtigsten Übergang, die ‚Ssuchumsche Heerstraße', sind nicht verläßlich; vermutlich hat sie nur Karettenbreite und ist stark verfallen."[4]

Auf diese drei vagen geographischen Angaben hin hatte nun das XXXXIX. Gebirgs-Armeekorps die Operation im Kaukasus auszurichten. Nun standen die Gebirgsjäger vor diesem gewaltigen Bollwerk. In der Hand ein paar geographische Daten, die einer Denkschrift der Hochge-

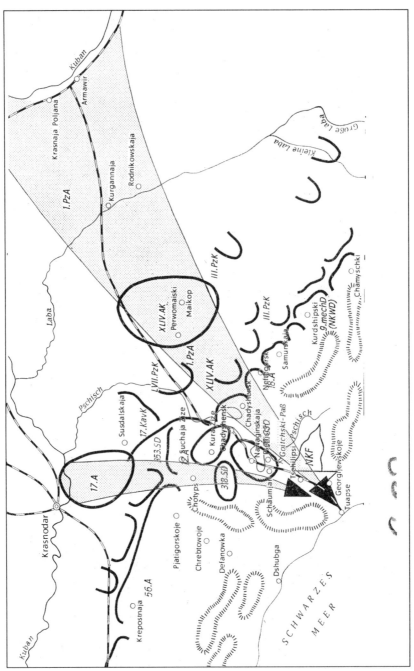

*Die Lage am 15. August 1942 nordostwärts Tuapse und die deutschen operativen
Planungen für den Durchbruch ans Schwarze Meer aus sowjetischer Sicht*

birgsschule Fulpmes entstammten,[5)] und ein paar veraltete Karten, die man beim besten Willen nur zur ganz groben Orientierung verwenden konnte. Sobald es sich nämlich im Detail um einzelne Paßübergänge, Wege und Pfade handelte, konnte das Kartenwerk zumeist keine oder nur eine unzureichende Auskunft über die Geländeverhältnisse geben. Etwas Entscheidendes besaßen die Gebirgssoldaten aber, bevor sie zum Kampf um den Hochkaukasus antraten: Die unerschütterliche Zuversicht in das Gelingen der Kaukasusoperation und den unbeugsamen Willen, das Gebirge und den Gegner, der sich hierher geschickt zurückgezogen hatte, zu bezwingen.

Voll Zuversicht und Begeisterung zogen Konrads Gebirgsjäger das Kubantal aufwärts, das mal von Sandbänken durchzogen, mal von zusammenrückenden Felswänden bedrängt wird. Aber diese Idylle war trügerisch, denn die Sowjets, die sich immer noch permanent zurückzogen, wußten längst, worum es ging. Die Entscheidungsschlacht stand unmittelbar bevor. So sollte der Monat August des Kriegsjahres 1942 zum Höhepunkt eines gigantischen Unternehmens werden, das, wie der „Weisung Nr. 45" zu entnehmen war, die sinnige Bezeichnung Operation „Edelweiß" erhalten hatte. (Es würde den Rahmen des vorliegenden Buches bei weitem sprengen, wenn hier sämtliche Details über den Ablauf der Kaukasusoperation des XXXXIX. Gebirgs-Armeekorps beschrieben würden. Deshalb werden neben einer zusammenfassenden Gesamtübersicht des Kampfgeschehens nur einige Ereignisse, stellvertretend für zahlreiche herausragende Waffentaten, ausführlicher beschrieben.)

Am 13. August trat das XXXXIX. Gebirgs-Armeekorps aus der tief gelegenen Kuban-Steppe zum Kampf um die wichtigsten Hochgebirgspässe des westlichen Zentralkaukasus an, um in weiterer Folge zum Schwarzen Meer, nach Ssuchum, vorzustoßen. Während die 1. Gebirgs-Division beiderseits der alten Ssuchumschen Heerstraße über den Maruchkoj-Paß (2769 m), den Kluchor-Paß (2816 m) und die Pässe des Elbrus-Massivs auf Ssuchum angesetzt wurde, hatte die „Enzian"-Division den Auftrag erhalten, mit ihren verstärkten Spitzenbataillonen rasch über die Pässe im Quellgebiet der Bolschaja Laba direkt auf Ssuchum, das bereits am tropisch-feuchtwarmen Küstenstreifen des Schwarzen Meeres liegt, vorzustoßen. Rechter Nachbar der „Vierten" war das XXXXIX. Jäger-Armeekorps mit seinen bewährten Divisionen, welches auf den Westkaukasus angesetzt war.

Dicht nördlich von Mikojan-Schachar, wo sich die Flüsse Kuban und Teberda gabeln, traf das Gebirgs-Jäger-Regiment 98 der 1. Gebirgs-Division auf eine starke sowjetische Nachhut. In gewandter Umfassung stieß der Verband Harald von Hirschfeld dem Feind in die Flanke, nahm die Stadt und brauste mit seinen verwegenen „Hirschfeldjägern" durch das landschaftlich großartige Teberda-Tal nach Süden, wo die verschworene Gemeinschaft von den freiheitsliebenden Karatschaiern freudig begrüßt wurde. Am 14. August erreichten seine Soldaten gegen den Widerstand

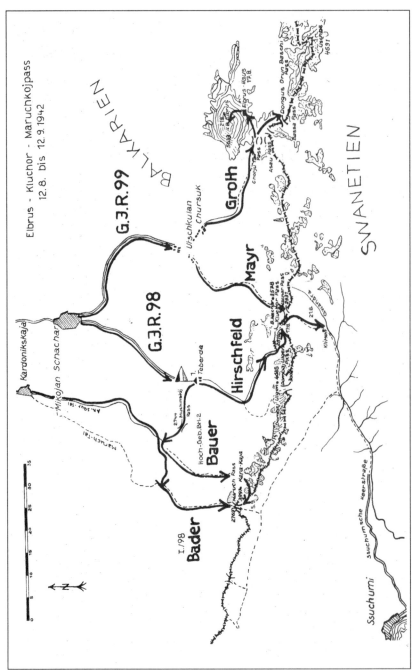

Die deutschen Stoßrichtungen zum Elbrus-, Kluchor- und Maruchkoj-Paß vom 12. August bis 12. September 1942

74

der 30. Kavallerie-Division den Kurort Teberda und erkämpften tags darauf den Eintritt in das Gebirge. Erst hier begann der eigentliche Kampf in den Bergen. Der Gegner versperrte mit großem Geschick hinter Felsen und Bäumen den ansteigenden Saumpfad. Aber auch die Gebirgsjäger verstanden etwas vom Kampf im Bergwald. An Holzfällerlagern und einsamen Bergseen vorbei näherten sich die Angriffsspitzen einer großen Schutzhütte, dem späteren „Serpentinenhaus" am Fuße des Kluchor.

Ein mächtiges Kar, rings von gewaltigen Felsen umgeben, schien eine uneinnehmbare Stellung zur Verteidigung des Kluchor-Passes zu sein. Hier mußte die Entscheidung fallen. Ein Frontalangriff war unmöglich. Jede Bewegung lag unter dem feindlichen Feuer. Durch Täuschung und ausholende Umfassung gewann von Hirschfeld den Grat und stürmte am Abend des 17. August mit seinen Männern den 2816 Meter hohen Paß. Am Wegesrand ließ der draufgängerische Regiments-Kommandeur die gefallenen Sowjets wie die toten Hasen nach einer Treibjagd als makabre Trophäen seines Siegeszuges nebeneinander aufreihen.[6]

Der höchste Punkt der Ssuchumschen Heerstraße war damit in deutscher Hand. Aber schon bald waren die Engpässe in der Versorgung der weit auseinandergerissenen und überdehnten Hochgebirgsfront nicht mehr zu übersehen. Bereits am Tage seines Eintreffens beim Gefechtsstand der 1. Gebirgs-Division in Teberda wurde der für die Versorgung verantwortliche neue Ib Anfang September 1942 vom Bataillons-Kommandeur aus dem Kluchorgebiet angerufen, „daß sie keine Munition mehr hätten und der Russe zu einem Gegenangriff angetreten sei! Für den Einstand eine ganz schöne Überraschung", bekannte der Generalstabsoffizier Hans Brandner, „wo ich weder die handelnden Kommandeure noch die Kommunikationslinien richtig kannte! Vor allem deswegen, weil ein Munitionstransport vom Mun.-Lager Krassnogorskaya mit Lkw, Bespannfahrzeugen, Tragtieren und Trägern bis zum Kampfbataillon 4–6 Tage in Anspruch nahm! ... Aber es passierte nichts, was den Ib belastet hätte!"[7]

Wenden wir uns nun der 4. Gebirgs-Division zu. Hier bildeten die beiden Gebirgs-Jäger-Regimenter 13 und 91 die Angriffsspitzen. Das Gebirgs-Jäger-Regiment 91, das Oberst Walter Stettner Ritter von Grabenhofen führte, hatte den Auftrag, von Achmetowskaja und Pssemen aus durch das wildromantische Bolschaja-Laba-Tal vorzustoßen und den Ssantscharo- (2726 m), den Allistrachu- (2728 m) und den Achiboch-Paß zu nehmen. Das Gebirgs-Jäger-Regiment 13, das Mitte August 1942 von Oberst von Thysen auf Oberstleutnant Hans Buchner überging, sollte von Selentschukskaja über Archys auf den Adsapsch-Paß (2579 m) und parallel zum Hauptkamm des Zentralkaukasus mit dem I./Gebirgs-Jäger-Regiment 13 zum Umpyrskij-, Aischcha- und Pseaschcha-Paß vorstoßen.

Bereits diese Vorstöße der „Enzian"-Division waren vom Erfolg gekrönt. Nachdem sich die beiden Angriffs-Bataillone der Gebirgs-Jäger-Regimenter 13 und 91 in Niederdorf im Bolschaja-Laba-Tal vereinigt und durch

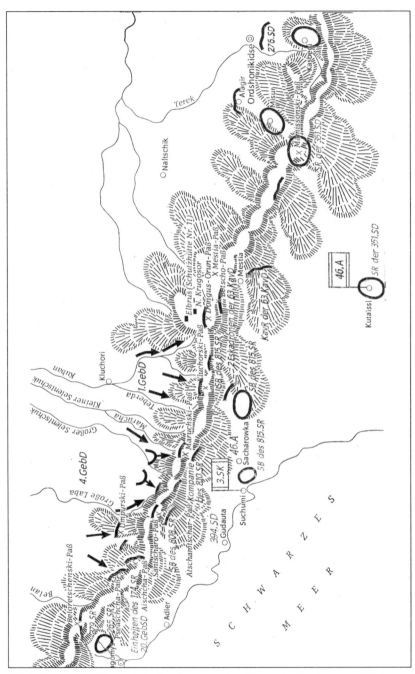

Die Stellungen der 46. sowjetischen Armee an den Pässen des Kaukasus am 15. August 1942

das Gebirgs-Artillerie-Regiment 94 verstärkt hatten, setzten sie den Angriff unter der Führung des Kommandeurs des Gebirgs-Jäger-Regiments 91 als „Kampfgruppe von Stettner"[8] fort. Ihre Gliederung und Bewaffnung sah im einzelnen wie folgt aus:

„1. **Regiments-Stab:**
Kommandeur Oberst von Stettner
Nachrichten-Zug
Arzt- und Sanitäts-Gruppe
Nachschub-Staffel
3 Hochgebirgs-Spähtrupps
Pionier-Zug 1./Gebirgs-Pionier-Bataillon 94
2. **III./Gebirgs-Jäger-Regiment 91** (Major Dr. Schulze):
Bataillons-Stab
3 Gebirgs-Jäger-Kompanien
je 3 Züge zu je 4 Gruppen (12 le.MG.)
1 s.MG-Gruppe (2 s.MG.)
1 m.Gr.Werfer-Gruppe (2–8 cm-Werfer)
1 schwere Kompanie
1 s.MG-Zug zu 3 Gruppen (6 s.MG.)
1 m.Gr.Werfer-Zug zu 2 Gruppen (4–8 cm-Werfer)
1 Stabs-Kompanie
1 Nachrichten-Zug
1 Pionier-Zug
1 le.Inf.Gesch.-Zug (2 le.Inf.Gesch. 7,5 cm)
Sollkampfstärke: 900 Mann, 250 Tragtiere.
3. **II./Gebirgs-Jäger-Regiment 13** (Major Ott):
(Gliederung etwa wie beim III./G.J.R. 91)
4. **Unterstellt:** Artilleriegruppe mit Stab
Nachrichten-Zug
1 Artillerie-Zug I./Gebirgs-Artillerie-Regiment 94
(2 Gebirgs-Geschütze 7,5 cm)
2 Artillerie-Züge II./Gebirgs-Artillerie-Regiment 94
(4 Gebirgs-Geschütze 7,5 cm)
Sollkampfstärke: 250 Mann, 80 Tragtiere."[9]

Die beiden übrigen Bataillone des Gebirgs-Jäger-Regiments 13, die von Oberstleutnant Buchner geführt wurden, folgten der Kampfgruppe von Stettner als zweite Staffel.

Die Vermischung der Verbände war folgendermaßen zustande gekommen:

Das Gebirgs-Jäger-Regiment 13 hatte dem XXXXIX. Gebirgs-Armeekorps auf Befehl des Kommandierenden Generals ein Gebirgs-Jäger-Bataillon als Korpsreserve abgeben müssen, und das andere Bataillon war nicht mehr voll einsatzbereit. Die Verluste bzw. die Abgaben an Tragtieren, welche im unwegsamen Kaukasus einfach die Grundvoraussetzung für das Erreichen operativer Ziele bildeten, waren zu hoch gewesen.

Angesichts der faszinierenden Bergwelt des Hochkaukasus waren vorerst alle körperlichen und seelischen Strapazen der letzten Monate vergessen. Die ganze Operation „Edelweiß" stellte für die Gebirgsjäger vorläufig nur ein gigantisches alpinistisches Unternehmen dar, denn die Sowjets hatten sich immer noch nicht mit der Masse ihrer Truppen zum entscheidenden Kampf gestellt.

Deren Taktik lag klar auf der Hand: Zuerst sollten sich die Deutschen totlaufen. Dann folgte die Parole: Widerstand! Kein Schritt durfte mehr zurückgenommen werden. Das Oberkommando der Roten Armee drohte drakonische Maßnahmen an. Jedes Zuwiderhandeln wurde hart bestraft. In einem Befehl des Volkskommissars für die Verteidigung der UdSSR, den Josef Stalin höchstpersönlich unterzeichnet hatte, wurden alle Kompanien, Eskadronen, Batterien, Eskadrillen (Fliegerstaffeln) und Stäbe entsprechend belehrt. Sehen wir uns diesen Befehl Nr. 227 vom 28. Juli 1942 an dieser Stelle genau an:[10]

„Der Feind führt alle seine Kräfte an die Front und rückt ohne Rücksicht auf gewaltige Verluste weiter in die Tiefe des russ. Raumes vor, erobert neue Gebiete, vernichtet die Städte und Dörfer, läßt sie verödet hinter sich, vergewaltigt, plündert und erschlägt die Sowjet-Bevölkerung.

Die Kämpfe verlaufen im Gebiet Woronesh, am Don, im Süden an den Toren des Nordkaukasus. Die deutschen Eroberer drängen auf Stalingrad, auf die Wolga zu und planen – koste es, was es wolle –, den Kuban und das Nordkaukasus-Gebiet mit seinen Öl- und Kornschätzen zu besetzen. Der Feind nahm bereits Woroschilowgrad, Starobelsk, Rossosch, Kupjansk, Waluiki, Nowotscherkassk, Rostow am Don und das halbe Woronesh ein. Teile der Truppen der Südfront hörten auf die Panikbotschaften und gaben Rostow und Nowotscherkassk ohne ernsten Widerstand auf. Sie haben damit ihre Fahnen mit Schmach bedeckt. Die Bevölkerung unseres Landes, die mit Liebe und Ehrfurcht zur Roten Armee emporsah, beginnt an ihr zu zweifeln und den Glauben an sie zu verlieren. Viele erheben gegen die Rote Armee den Vorwurf, daß sie das Land den deutschen Sklavenhaltern übergeben habe und selber nach Osten absickere. Einige unkluge Menschen trösteten sich an der Front damit, daß wir auch fernerhin nach Osten ausweichen können, da wir viel Land, viele Städte besitzen, und daß es uns an Brot niemals mangeln könnte. Damit wollen sie ihr gewissenloses Verhalten an der Front entschuldigen. Aber eine solche Anschauungsweise ist schädlich und lügenhaft und nützt nur dem Feinde.

Jeder Offizier, Soldat und politischer Arbeiter muß wissen, daß unsere Vorräte nicht grenzenlos sind. Das Territorium der UdSSR ist keine Wüste, sondern umfaßt Menschen, Arbeiter, Bauern, Intelligenzler, unsere Väter, Mütter, Ehefrauen, Brüder und Kinder. Das Territorium der UdSSR, das der Gegner besetzt hat oder im Begriff ist, zu besetzen, bedeutet Brot und andere Produkte für unsere Armee und unser Hinterland, Metalle und Heizmittel für die Industrie, für die Fabriken, für den Nachschub und die Bewaffnung der Armee, für Eisenbahnen und die gesamte Kriegsindustrie.

Nach dem Verlust der Ukraine, Weißrußlands, des Baltikums, des Don-Beckens und anderer Gebiete besitzen wir um vieles weniger Land, haben wir viel weniger Menschen, Brot, Metalle, Fabriken. Wir büßten mehr als 70 Millionen Einwohner, mehr als 800 Millionen Pud (Anmerkung: 1 Pud = 16 kg) Brotgetreide und mehr als 10 Millionen Tonnen Metalle im Jahr ein. Wir haben heute bereits den Deutschen gegenüber weder was Menschenreserven, noch was Brot anbelangt das Übergewicht. Weiter Zurückgehen bedeutet demnach sich selbst vernichten. Darüber hinaus das Russenvolk vernichten. Jeder Brocken russischen Bodens, den wir ferner aufgeben, wird den Feind stärken, uns aber, uns Russen und unsere Verteidigung, weiter schwächen. Daher muß man energisch alle Reden von unserem ‚großen Territorium‘, unseren großen Brotreserven, unseren vielen und reichen Städten, einstellen. Solche Reden erweisen sich als Lügen und sind schädlich. Sie schwächen uns, aber kräftigen den Feind. Somit: Stellen wir nicht unverzüglich den Rückzug ein, so verbleiben wir ohne Brot, ohne Heizmittel, ohne Metalle, Eisenbahnen und Industrie. Daraus folgt: Es ist Zeit, den Rückzug einzustellen. ‚Keinen Schritt rückwärts!‘ Das muß unsere Parole sein!

Man muß bis zum letzten Blutstropfen jede Position, jeden Schritt russischen Landes verteidigen. Klammert Euch an jeden Brocken russischen Bodens und verteidigt ihn bis aufs Äußerste. Unsere Heimat durchlebt schwere Tage. Wir müssen den Feind anhalten und dann zurückwerfen und vernichten, was es auch kosten mag. Die Deutschen sind nicht so stark wie es den Panikmachern scheint. Sie strengen die letzten Kräfte an. Eben ihren Schlag aushalten, nur wenige Monate, das heißt unseren Endsieg gesichert haben.

Können wir nun den Schlag des Feindes aushalten und ihn dann nach Westen zurückschlagen? Ja, wir können es! Unsere Fabriken im Hinterlande arbeiten nun vorzüglich und unsere Front bekommt immer mehr Flugzeuge, Panzer, Artillerie und Granatwerfer. Woran mangelt es uns denn? Es mangelt uns an Ordnung und Disziplin in den Kompanien, Bataillonen, Regimentern, Divisionen, in den Panzertruppen und Fliegerabteilungen. Darin liegt nun unser Hauptmangel.

Wir müssen in unserer Armee die strengste Ordnung und die eisernste Disziplin aufrichten, wenn wir die Situation meistern wollen und unsere Heimat dabei retten. Man darf ferner keine Offiziere, Kommissare und Politischen Arbeiter dulden, die selbständig Kampfpositionen aufgeben. Es darf nicht mehr vorkommen, daß Offiziere, Kommissare, Politische Arbeiter es dulden, wenn einzelne Panikmacher die Lage auf dem Schlachtfeld verdrehen und damit die Flucht anderer Soldaten hervorrufen, wobei die Front dem Feinde preisgegeben wird.

Panikmacher und Feiglinge sind auf der Stelle zu vernichten. Von nun an gilt als eisernes Gesetz der Disziplin für jeden Offizier, für jeden Soldaten und Politischen Arbeiter die Forderung: Keinen Schritt zurück ohne Befehl der höheren Führung. Kommandeure von Kompanien, Bataillonen, Regimentern und Divisionen sowie die verantwortlichen Kommissare und Politischen Arbeiter, die sich aus der Kampfstellung ohne Befehl von oben zurückziehen, erweisen sich als Verräter an der Heimat. Solche Offiziere und Politische Arbeiter muß man auch wie Vaterlandsverräter behandeln.

Das ist der Wunsch unserer Heimat. Diesen Wunsch ausführen, bedeutet die Heimat retten, den scheußlichen Feind vernichten. Nach seinem Zurückweichen im Winter, das unter den harten Schlägen der Roten Armee erfolgte, begann in der Deutschen Armee eine Auflösung der Disziplin. Um diese Auflösung einzustellen, wandten die Deutschen mit gutem Erfolg mehrere harte Mittel an. Sie formierten mehr als 100 Strafkompanien aus Feiglingen und Disziplinlosen und stellten die Kompanien an die Front in die Brennpunkte des Kampfes, damit sie dort ihre Sünden abbüßen sollten. Sie formierten zuletzt besondere Aufsichtstrupps, die zwischen unsichere Divisionen postiert wurden, mit dem Befehl, auf der Stelle alle Panikmacher und Feiglinge, die ihre Posten verlassen oder sich ergeben wollten, zu erschießen. Wie man weiß, haben diese Mittel nicht versagt und die Deutschen schlagen sich jetzt besser als im Winter. So ergibt es sich, daß die deutschen Truppen eine gute Disziplin haben, obgleich ihnen das hohe Ziel, ihr Vaterland zu verteidigen, fehlt. Ihnen ist nur das eine Räuberische zu eigen: Fremdes Land zu zerstören. Dagegen unsere Truppen, denen das hohe Ziel, ihre beleidigte Heimat zu verteidigen, vorschweben muß, besitzen diese Disziplin nicht und leiden unter diesen Folgen.

Sollten wir in dieser Sache nicht von unseren Feinden lernen, wie einst unsere Vorfahren von unseren Feinden lernten, um nachher über sie zu siegen? Ich glaube, so gehört es sich.

Das Oberkommando der Roten Armee befiehlt:

1.) *Den Kriegsräten der Fronten – insbesondere den Kommandeuren der Fronten:*

a) Bedingungslos jede fallende Stimmung in der Truppe zu liquidieren und mit eiserner Hand die Propaganda, nach der wir auch fernerhin nach Osten zurückweichen können, zu unterdrücken. Aus solch einem Zurückgehen erwächst nur Unheil.

b) Sofort sind die Armeekommandeure, die ein Zurückweichen der Truppen aus den Stellungen ohne Befehl der Frontstäbe zulassen, abzusetzen und ins Hauptquartier zu führen, wo sie vor das Kriegsgericht zu stellen sind.

c) Es sind je nach Bedarf im Frontabschnitt 1–3 Straf-Bataillone zu 800 Mann zu bilden. In diese Bataillone sind Offiziere und Unteroffiziere zu versetzen mit verantwortlichen Politischen Arbeitern und solche Soldaten, die sich Verstöße gegen Disziplin und Standhaftigkeit haben zu Schulden kommen lassen. Sie sind an den Brennpunkten einzusetzen, damit die Möglichkeit geboten wird, die Schulden gegen die Heimat mit Blut abzuwaschen.

2.) *Den Kriegsräten der Armeen und vor allem den Kommandeuren der Armeen:*

a) Es sind sofort die Kommandeure und Kommissare der Korps und Divisionen abzusetzen und dem Kriegsgericht der Frontstäbe zu übergeben, die ein eigenmächtiges Zurückweichen der Truppen ohne Befehl der Armeestäbe aus den befohlenen Stellungen zugelassen haben.

b) Es sind im Armeebereich 3–5 gut ausgerüstete Absperr-Abteilungen zu 200 Mann zu bilden. Diese sind im Rücken von unzuverlässigen Divisionen zu postieren mit dem Auftrag, im Falle einer Panik und eines regellosen Rückzuges, rücksichtslos alle Panikmacher und Feiglinge zu erschießen, um damit den ehrenhaften Soldaten dieser Divisionen die Erfüllung ihrer Pflicht gegen das Vaterland zu erleichtern.

c) Es sind im Armeebereich 5–10 (je nach der Lage) Strafkompanien (150–200 Mann) zu bilden, wohin Soldaten, Unteroffiziere und Offiziere zu versetzen sind, die sich gegen die Disziplin durch Furchtsamkeit und mangelnde Standhaftigkeit vergangen haben. Diese sind an den Brennpunkten der Front einzusetzen, um ihnen die Gelegenheit zu bieten, mit ihrem Blut die Vergehen gegen die Heimat abzuwaschen.

3.) *Den Kommandeuren und Kommissaren der Korps und Divisionen:*

a) Es sind rücksichtslos alle Kommandeure und Kommissare der Regimenter und Bataillone abzusetzen, die ein eigenmächtiges Zurückgehen der Einheiten ohne Befehl der Korps oder Divisionen zulassen. Ihnen sind Orden und Medaillen abzunehmen und sie selber den Kriegsräten der Fronten zur Übergabe an die Kriegsgerichte zuzuführen.

b) Jede Art von Hilfe ist den Absperr-Einheiten der Armee zu erweisen im Interesse der Ordnung und Disziplin in den Einheiten.

Dieser Befehl ist in allen Kompanien, Schwadronen, Batterien, Geschwadern, Kommandostellen und Stäben zu verlesen.

Volkskommissar der Verteidigung
J. Stalin.

Für die Richtigkeit der Übersetzung:
gez. Unterschrift, Hauptmann"

Oben: Winter 1941/42: Das XXXXIX. Gebirgskorps liegt im Südabschnitt der Ostfront am Mius

Mitte: Nachschub mit Einspänner im tiefen Schnee – ein Vorgeschmack auf den Hochgebirgseinsatz im Kaukasus

Unten: Sommer 1942: Leichte Flak sichert den Donübergang bei Rostow

Die STAWKA, die oberste sowjetische Führung, wußte genau, warum sie diesen Aufruf herausgab. Es gab in der riesigen Sowjetunion genug Völker und Stämme, die nur darauf warteten, von den Deutschen vom drückenden Joch des Bolschewismus befreit zu werden. „Als der Vormarsch in den Kaukasus begann, hatte der östliche Fatalismus seine Herrschaft schon wieder so weit ausgebreitet, daß ganze Regimenter resigniert die Waffen streckten."[11]

Zu diesen Völkern zählten auch die freien Bergstämme der Karatschaier (Karatscheij), der Kabardiner, der Inguschen, der Tschetschenen, Balkaren und der Osseten. Sie waren von den Kommunisten geknechtet und entrechtet worden. So vegetierten die Führer dieser Völker zwanzig Jahre lang in Bergverstecken dahin, bis mit dem Anmarsch der deutschen Truppen die Freiheit zu kommen schien. Im Innern loderte daher der Haß gegen die landfremden Unterdrücker. Diese deutsch-freundlichen Bergbewohner schlossen sich jetzt spontan den Gebirgsjägern an und sollten an ihrer Seite gegen Stalins verhaßte Rote Armee kämpfen.

Von den freiheitsliebenden Karatschaiern und Kosaken,[12] die im Laufe des Jahres 1942 ebenfalls von der Sowjetarmee in die Deutsche Wehrmacht wechselten, gab es zahlreiche Beispiele treuer Waffenbrüderschaft. „Die Mehrzahl der Kosaken hatte sich mit der bolschewistischen Revolu-

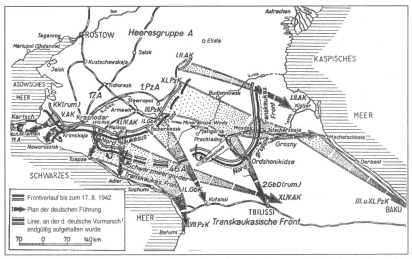

Stoßrichtung der deutschen Truppen zwischen dem 18. August und 28. September 1942 aus sowjetischer Sicht

Oben: Deutsche Panzer überqueren den Don bei Rostow auf einer Kriegsbrücke

Mitte: Zerstörter sowjetischer Panzer an der Vormarschstraße zum Kaukasus

Unten: Sowjetischer 32-Tonnen-Panzer im Kubangebiet

tion nicht anfreunden können. Sie bedeutete für sie Abbau der überkommenen Privilegien, Zerstörung der in Jahrhunderten gewachsenen Sozialstrukturen und weitgehende kulturelle Entwurzelung."[13]

„Am Kuban, am Terek, in dem leicht hügeligen Land mit kleinen Wäldern und fruchtbaren Äckern folgten die ‚Befreiungsfeiern‘ der dort lebenden Kosaken und die Erklärung ihrer Wohngebiete zu Selbstverwaltungszonen. Die Kosaken wurden ermächtigt, ihre Verwaltung und ihre Landwirtschaft nach eigenen Ideen und eigenem Willen zu organisieren."[14]

Auf Grund der maßlosen Rassenpolitik des Dritten Reiches wurde das Zutrauen dieser Völker jedoch leichtfertig aufs Spiel gesetzt und letztlich wieder verloren. In diesem Zusammenhang sei nur an das diskriminierende Propaganda-Schlagwort vom „russischen Untermenschen" erinnert.[15]

Was hier, in der „Besatzungspolitik" des Dritten Reiches, kaputt gemacht wurde, das konnte später, als sich die Katastrophe anbahnte, nicht wiedergutgemacht werden. „Noch in den letzten Kriegsjahren bewies die tragische Episode der Armee Wlassow, welche Möglichkeiten in der Unzufriedenheit der Bevölkerung mit dem Druck des Sowjetsystems hätte liegen können."[16] Statt dessen ritten die Kosaken im Solde Hitlers in den Untergang. Nicht viel anders sollte es dem Hirtenvolk der Karatschaier ergehen.

Noch konnten die Gebirgssoldaten den Gegner, wo sie ihn trafen und wo er sich zum Kampf stellte, mit Elan fassen. Unterstützt wurden sie dabei vor allem vom Bergvolk der Karatschaier. Ohne ihre Mithilfe bei den rückwärtigen Diensten hätte sich z. B. das Hochgebirgs-Jäger-Bataillon 2 in seinem weiten Einsatzgebiet kaum halten können. Die Karatschaier kannten noch die Blutrache. Die Freiheit, die Jagd, die Waffe und ihre mohammedanischen Gebete waren ihnen das Wichtigste. Es war ein stolzes, ein kämpferisches Volk, das in den deutschen Soldaten die Befreier sah. Als sich diese Volksgruppe im Kampf gegen die Sowjetrussen den Gebirgssoldaten anschloß, umfaßte sie etwa eine Viertelmillion Menschen, welche das obere Kubantal und einige wenige Nebentäler bevölkerten. Nach dem deutschen Rückzug aus dem Kaukasus sollten die Karatschaier, wie so viele andere deutsch-freundliche Völker und Volksgruppen in der UdSSR, kurzerhand liquidiert werden.

Doch kehren wir wieder zu den Kämpfen der 4. Gebirgs-Division um die wichtigsten Pässe und Hochgebirgskämme zurück. Verfolgen wir dabei zuerst den Vorstoß des II./Gebirgs-Jäger-Regiments 13 ins obere Bsyb-Tal. In einem kühnen Angriff wurde am 23. August 1942 von der Spitze des Bataillons der über 2500 Meter hohe Adsapsch-Paß genommen. Die deutschen Gebirgsjäger standen damit auf der Wasserscheide des Kaukasus.

Welch historischer Augenblick! Weit reichte der Blick der Jäger nach Süden – hinweg über die allmählich sanfter werdenden Berge bis zum dunstigen Horizont, wo das eigentliche Ziel der 4. Gebirgs-Division lag: Ssu-chum am Schwarzen Meer.

Über die weiteren Kampfhandlungen informiert ein interessanter Erlebnisbericht, den der Gebirgssoldat Klinger niedergeschrieben hat:

„Noch während das III./Geb.Jäg.Rgt. 91 um den Ssantscharo-Paß kämpft, dringt unser Bataillon weiter vor... In Eilmärschen bergab wird dem Gegner auf den Fersen geblieben und er in kurzen, aber heftigen Gefechten am Aufbau neuer Verteidigungsstellungen gehindert. Am 24. 8. ist im Pschu-Tal das kleine, weltentlegene Dorf Pschu – später ‚Einödsbach' genannt, genommen. Da ein weiterer Vormarsch für das geschwächte Bataillon nun zu riskant erscheint, wird erst das Nachfolgen der 8. Kompanie, die mit am Ssantscharo eingegriffen hat, abgewartet und unterdessen durch Spähtrupps die weiteren Bewegungen des Gegners aufgeklärt.

In den frühen Morgenstunden des 28. 8. werden wieder die schweren Rucksäcke geschultert, und tief gestaffelt zieht das ganze II./13 am Bsyb entlang flußaufwärts. Schon nach wenigen Kilometern erhält die Spitze heftiges Feuer; der einzige Übergang auf das Südufer, eine zwar primitive, aber feste Holzbrücke, wird hartnäckig verteidigt. Wiederholte Versuche, die Brücke im Handstreich zu nehmen, scheitern an der starken Abwehr. Der dichte Wald und das ungünstige, steil zum Bsyb abfallende Gelände erschweren alle Angriffe. Außerdem erweist es sich als nahezu unmöglich, die gut getarnten und versteckten russischen Stellungen genau auszumachen, um sie wirksam bekämpfen zu können.

Major Ott, der Btl.-Kdr., gibt daher dem in Reserve gehaltenen III. Zug der 6. Kp. unter der Führung von Ofw. Schlee den Auftrag, etwa auf halber Höhe des diesseitigen Hanges an der Brücke vorbeizustoßen und einige hundert Meter oberhalb des Flußüberganges aufzuklären. Ohne auf Feind zu stoßen, erreicht der nur noch aus zwei Gruppen bestehende Zug den angegebenen Raum und setzt sich am Flußufer fest. Vom Gegner ist weit und breit nichts zu sehen. Die jäh eingetretene Ruhe erscheint seltsam. Wenn vorher das Rollen der Schüsse, das Rattern der Maschinengewehre und die krachenden Detonationen der Handgranaten jeden anderen Laut übertönten, so ist jetzt das Plätschern des Bergflusses das einzige Geräusch in dem scheinbar so friedlichen Tal. Nicht die geringste Bewegung ist am jenseitigen Ufer zu erkennen, das sich als etwa 30 m breiter Kiesstreifen am Fluß entlangzieht. Steil wächst dahinter eine 10 m hohe Böschung auf. Weiter rückwärts stehen einige dürftige Häuser in kleinen Gärten, hinter denen am leicht ansteigenden Hang wieder der Wald beginnt.

Ein Melder wird in Richtung Brücke zurückgeschickt", erfahren wir weiter, „um den Kommandeur über den Standort des Zuges und die bezogene Stellung zu unterrichten. Auf halbem Weg erhält er auf einmal Feuer und erkennt hinter Felsblöcken russische Stahlhelme. Der sofort alarmierte Zug nimmt im Handstreich die feindliche Stellung und kann auch ein gut verschanztes sMG-Nest im Rücken packen und ausheben. Dies schwere Maschinengewehr hatte bis dahin den Zugang zur Brücke gesperrt und alle Angriffe des Bataillons abgeschlagen.

Plötzlich zwingt ein Feuerüberfall vom anderen Ufer die Jäger in volle Deckung und belehrt sie unangenehm deutlich, daß der Gegner nach wie vor in seinen Stellungen sitzt. Ofw. Schlee liegt jetzt nur wenige Meter von der Brücke entfernt in einer flachen Wasserrinne, dicht hinter ihm seine Leute, jeder das Gesicht fast an den Bergschuhen des Vordermannes. Haarscharf pfeifen die MG-Garben über die Jäger hinweg, wie giftige Hummeln brummen die vielen Querschläger der von den Bäumen und Felsen abprallenden Geschosse. Vom eigenen Bataillon ist nichts zu sehen, mit Hilfe ist in dieser kritischen Lage vorerst kaum zu rechnen. So gut es in der kärglichen Deckung geht, werden die Waffen nachgeladen. Und nach schneller Verständigung durch Zeichen und halblaute Zurufe stürmt Ofw. Schlee mit seinen Leuten in einer kurzen Feuerpause über die völlig frei daliegende, ungefähr 20 m lange Brücke. Die Überraschung gelingt vollkommen: Die Verblüffung beim Gegner ist so groß, daß sein Feuer erst wieder einsetzt, als fast der ganze Zug am anderen Ufer ist. Rasch entschlossen werden von rechts her die feindlichen Stellungen aufgerollt, nach kurzer Zeit schon ist der ganze flache Uferstreifen feindfrei.

Über die Köpfe der Jäger hinweg rattern aber noch immer die Maschinengewehre der oberhalb der Böschung sitzenden Russen, die nun wie rasend Sperrfeuer auf die Brücke und das nördliche Ufer schießen, um das Nachfolgen eigener Teile zu verhindern. Nach eingehender Handgranatenvorbereitung gelingt es Schlee und seinen Männern, auch die Böschung zu erstürmen und diese feindlichen Stellungen zu nehmen. Die jetzt über die Brücke nachkommenden Teile des Bataillons beziehen rasch nach allen Seiten Sicherungsstellungen, und gemeinsam werden alle Gegenangriffe abgewehrt.

Dieser so erkämpfte Brückenkopf im oberen Bsyb-Tal sollte der südlichste Punkt bleiben, den das II./Geb.-Jg.-Rgt. 13 im Rußlandfeldzug erreichte. Nachschubschwierigkeiten zwangen zum Anhalten, und in der Nacht zum 3. 9. mußte sich das Bataillon befehlsgemäß vom Feind lösen und wieder zurückziehen."[17]

Nachdem wir die Kampfhandlungen des II./Gebirgs-Jäger-Regiments 13 an Hand eines authentischen Berichts ausführlich nachvollziehen konnten, wenden wir uns kurz der Gefechtsgruppe unter Oberstleutnant Hans Buchner zu. Diese bestand zu jenem Zeitpunkt aus den verbliebenen Truppenteilen des Gebirgs-Jäger-Regiments 13 (ohne das II. Bataillon). Die Gruppe Buchner hatte am 29. August 1942 den feindbesetzten 2522 Meter hohen Umpyrski-Paß schwungvoll genommen. Anschließend eilten Buchners Gebirgsjäger in das Malaja-Laba-Tal. Dort angekommen, tastete sich das verstärkte I./Gebirgs-Jäger-Regiment 13 als Angriffsspitze nach Süden und Westen vor. Das Schwergewicht wurde Richtung Mastakan-Paß gebildet, der am ersten Septembertag bei der sogenannten Weberhütte erstürmt werden konnte. Eine Kompanie blieb zur Sicherung am Paß. Die Masse des verstärkten Bataillons drang weiter durch das Malaja-Laba-Tal gegen den 2949 Meter hohen Aischcha-Paß vor. Unter ständigen Gefechten erreichte es noch die Höhe 1165.

Mit dieser strapazenreichen, hochalpinen Waffentat erschöpfte sich allerdings der Angriffsschwung der arg dezimierten Gefechtsgruppe Buchner. Die Anmarsch- und Versorgungswege (Umschlagplatz war das tief unten im Malaja-Laba-Tal liegende Fritzdorf)[18] waren viel zu lang geworden, um die lebensnotwendige Versorgung noch sicherzustellen. Andererseits waren die Kampftruppen zu stark geschrumpft, um weitere Vorstöße gegen den sich immer verbissener wehrenden Feind vorzutragen. „Im Laufe des August hatte sich nämlich der Widerstand der Roten Armee entlang der gesamten Kaukasusfront – soweit von einer solchen angesichts der Kräftezersplitterung überhaupt gesprochen werden kann – entschieden versteift."[19]

Schließlich kam der Angriff der Gebirgsjäger auf Grund personeller und materieller Engpässe völlig zum Erliegen. Während das weit vorgeschobene I./Gebirgs-Jäger-Regiment 13 im Malaja-Laba-Tal verblieb, um dort Sicherungsaufgaben wahrzunehmen, wurden der Stab und das III. Gebirgs-Jäger-Bataillon am 8. September wieder der 4. Gebirgs-Division zugeführt, um gemeinsam mit anderen Truppenteilen die Verteidigung der Hauptpässe des Hochkaukasus zu übernehmen. Doch die allgemeine militärische Lage der deutschen Truppen an der Kaukasusfront und der bevorstehende Winter 1942/43 mit den unerwarteten meterhohen Schneemassen, die jeden Versorgungsweg abwürgen sollten, erzwangen schließlich andere Entschlüsse.

Zuvor wollen wir mit der gleichen Aufmerksamkeit die Kampfhandlungen des III./Gebirgs-Jäger-Regiments 91, der zweiten Speerspitze der 4. Gebirgs-Division, verfolgen. Dem Erlebnisbericht über das II./Gebirgs-Jäger-Regiment 13 konnten wir schon entnehmen, daß das III./91 am 23. August 1942 vor dem Ssantscharo-Paß auf stärkeren Widerstand der Russen gestoßen war. Zwei Tage später, am 25. August, gelang es den Gebirgsjägern, den Paß zu erobern. Sofort stießen sie dem zurückweichenden Feind nach, so daß sie noch am Abend des 25. August nach harten Kämpfen auch den Allistrachu-Paß erstürmten. Damit befanden sich drei der wichtigsten Pässe, die im Angriffsstreifen der 4. Gebirgs-Division über den Hauptkamm des Hochkaukasus Richtung Schwarzes Meer führten, in der Hand der Deutschen.

Man schrieb den 26. August 1942. Während das II./Gebirgs-Jäger-Regiment 13 eine vom Feind besetzte Siedlung im Pechu-Tal säuberte, trat das III./Gebirgs-Jäger-Regiment 91 zum Angriff auf den 2055 Meter hohen Tschamaschcha-Paß an. „In dieser Lage", berichtet General Braun, „erhielt die Division vom Korps den Befehl, 1 Rgt.Stab mit 2 Geb.Jäg.Btl. mit folgendem Auftrag abzuzweigen: Vorstoß über den Umpyrski-Paß in das Malaja-Laba-Tal, sodann Inbesitznahme des Psseaschcha- und Aischcha-Passes zur Schaffung von Voraussetzungen zu einem Vorstoß auf Adler für eine heranzuführende Kräftegruppe. Diese Aufgabe erhielt die Gruppe Buchner. Die Korpsreserve (II./Geb.Jäg.Rgt. 91) wurde der Division wieder zur Verfügung gestellt. Damit wurde die Division in zwei sich immer mehr voneinander entfernende Kampfgruppen zerrissen. Die Wucht des Vorstoßes auf Ssuchum war entscheidend beeinträchtigt worden."[20]

Trotz dieser nicht zu übersehenden Schwächung der 4. Gebirgs-Division stießen ihre Angriffstruppen weiter vor. Ein Erlebnisbericht schildert uns den Vorstoß des III./Gebirgs-Jäger-Regiments 91 auf den Achiboch-Paß. Der alte Haudegen Dr. Carl Schulze, der sich bereits im Ersten Weltkrieg als Kompanieführer ausgezeichnet hatte (und der sich gegen Kriegsende in der Operationszone „Adriatisches Küstenland" noch hervorragend bewähren sollte),[21] hat den dramatischen Kampf so beschrieben:

„Am 27. 8. erfolgte die Befehlsausgabe zum Angriff auf den Achiboch-Paß südlich des Bsyb. Schon jetzt bereitet der Nachschub große Schwierigkeiten, besonders an Verpflegung und Futter. Dazu kommen die Wegschwierigkeiten: seitlich der schlechten Saumpfade ist fast ungangbarer Urwald mit dichtesten Krüppelbuchen, wildem Lorbeer, Rhododendron – schlimmer als die unangenehmsten Latschenhänge in den heimatlichen Bergen. Entwurzelte Baumriesen versperren den Aufstieg zum Paß, reißende Sturzbäche und kaminartige Felsdurchstiege müssen von den Männern, auch von den Tragtieren der Zugstaffeln, überwunden werden. Die Jägerpioniere haben reichlich Arbeit. Noch unter dem mühseligen Aufstieg zum Paß kommt ein kaukasischer Hirte entgegen und erzählt, daß zu gleicher Zeit von der anderen Seite etwa 4–500 Russen im Aufstieg seien. Nun beginnt ein Wettrennen darum, wer zuerst oben ist. Der vorderste Zug hetzt unter Zurücklassung der Rucksäcke noch die restlichen 300 m aufwärts. Endlich der Paß – sie sind zuerst da, kein Feind ist zu sehen. Doch noch während des Ausschnaufens wird erkannt, daß dies nicht der eigentliche Paß sein kann. Es geht nochmals eine Senke hinunter und drüben wieder hinauf. Erst nach fast einer weiteren halben Stunde ist wirklich der Achiboch-Paß erreicht. Die Orientierung war wegen des großen, unübersichtlichen Baumbestandes nicht leicht.

Am Paß angekommen, springt dort eine nasenförmige Rückfallkuppe etwa 400 m vor, seitlich zu beiden Seiten geht es an die 600 m in die Tiefe. Der Weg abwärts verläuft auf einem rund 5–6 m breiten Kamm. Als sich der Kammweg serpentinenartig um ein Felsköpferl windet, ist der Feind da! Überraschend treffen die vordersten Jäger mit den aufsteigenden ersten Sowjets zusammen. Die Jäger haben die besseren Nerven – noch ehe der Gegner begreift, was los ist, brechen schon an die 20 Mann unter wohlgezielten Schüssen zusammen.

Aber nun kommen schwere Stunden", heißt es in dem Erlebnisbericht weiter. „Der Gegner will unter allen Umständen auf dem langen Kammweg Fuß fassen und versucht dabei, die Jäger beidseitig an den steilen Hängen zu umgehen. Schließlich ist es so, daß der etwa ungefähr 30 Mann starke Zug auf 300 m Mann hinter Mann auseinandergezogen liegt, nach links und rechts die Hänge hinunterfeuert und so die Umgehungsversuche abwehrt. Der Feind läßt nicht locker, hat auch bald schwere Granatwerfer in Feuerstellung und bepflastert den Kammweg. Fast fünf Stunden dauert es, bis der nächste Zug einzeln zur Verstärkung nachtröpfelt. Schuld daran war, daß an einem kaminartigen Durchstieg ein Tragtier abgestürzt war, das so den Durchgang versperrte. Bis es abgelastet und bis die folgenden Tiere bei diesem Durchstieg ebenfalls ab- und wieder aufgelastet waren, wobei das Gerät und die Munition von den Männern etwa 90 m hochgeschleppt werden mußten, war lange Zeit vergangen.

Zwölf harte Stunden liegen nun schon hinter den Jägern. Seit 4 Uhr früh Aufbruch, der schwierige Aufstieg, Kampf bis zum Einbruch der Dämmerung, dazwischen noch ein Hochgebirgsgewitter, wobei jeder patschnaß wurde. Sehnsüchtig wartet alles auf die Nacht, die hoffentlich Ruhe bringen wird. Schließlich tritt unheimliche Stille ein. Kein Laut ist zu hören. Nur endloser Regen rauscht und der Sturm heult in den mächtigen Bergwäldern. Dazu herrscht eine kohlrabenschwarze Finsternis. Urplötzlich gellen gegen 22 Uhr Rufe ‚Hände hoch‘ und dazu Urrä-Geschrei. Der Feind hat den Sturm ausgenützt und ist unbemerkt in die Stellung eingebrochen. Seine Aufstiegsgeräusche sind durch das Plätschern des Regens nicht gehört worden. Aber schon nach zehn Minuten ist er wieder hinausgeworfen. Sehen konnte man zwar nichts, man schoß eben in jene Richtung, von der man sich ungefähr vergewissert hatte, daß sich dort kein Kamerad befand.

Vier Tage lang", erfahren wir aus dem Bericht, „hielt das Bataillon im Glauben an den weiteren Vormarsch den Paß gegen alle Feindvorstöße. Man merkte schon das südliche Schwarzmeer-Klima: Tropische, feuchtwarme Hitze untertags, nachts eisige Kälte.

Dann kam der Rückmarschbefehl. Was hier wieder von der Truppe geleistet wurde, ist kaum zu beschreiben. Das Bataillon hat in diesen Tagen allein über 60 Tragtiere durch Erschöpfung verloren. Für jeden Schwerverwundeten, und es waren etwa 40, wurden 12–16 Träger benötigt, wozu auch gefangene Russen verwendet wurden. Die Träger mußten wiederholt den steilen Auf- und Abstieg machen, um alle Verwundeten mitnehmen zu können. Verpflegung war nicht nachgekommen. Bei strömendem Regen ging es über hochangeschwollene Wildbäche zurück. Dreimal wurden Stege über den Hochwasser führenden Bsyb gebaut, und dreimal wurden sie wieder weggeschwemmt. Dazu drängte der Feind scharf nach und suchte das Bataillon noch am südlichen Bsyb-Ufer abzuschneiden. Je einmal bei Tag und einmal bei Nacht stahl sich das ganze Bataillon im dichten

Uferwald auf knapp 300 m am Feind vorbei und konnte dann endlich auf einem von vier Pionierzügen errichteten Steg das nördliche Ufer erreichen. In dieser finsteren Nacht mußten auch alle Tragtiere über den Bsyb gebracht werden. Dabei brachen die Tiere mit ihren schmalen Hufen oftmals durch die Längsspalten der Stämme und konnten nicht mehr befreit werden. Sie mußten erschossen und ihre Beine abgehackt werden, um den Steg für die nachfolgenden freizubekommen. Zum Glück übertönte das Rauschen des Wassers die Schüsse und den Lärm des Übergangs, sonst wäre der Feind aufmerksam geworden. So konnte ihm gerade noch entwischt werden. Mit dem Donnerschlag der Brückensprengung in den frühen Morgenstunden wurde der Schlußpunkt hinter diesen gefährlichen Übergang gesetzt.

Es folgten die Tage in der Stellung bei ‚Einödsbach‘, wobei vier Tage lang ständige feindliche Fliegerangriffe mit täglich 80–100 Bombenwürfen über das enge Tal hinweggingen. Das Rollen der Detonationen entlang den Bergwänden hörte den ganzen Tag nicht mehr auf. Die Verluste an Menschen und Tieren waren schwer.

Acht Tage später befand sich das Bataillon wieder auf dem Hauptkamm und verteidigte Gipfel, Grate und Pässe. Bei Einzelkämpfen weit abgesetzter Gruppen wurden alle Stellungen gehalten. – Als das Bataillon am 10. 10. zum Angriff im Uruschten-Tal antrat", schließt der Bericht über die Kampfhandlungen des III./Geb.Jäg.Rgt. 91 am Achiboch-Paß, „zählte es insgesamt nur noch 162 Mann."[22]

Kurz zuvor hatte sich bei der 12. Kompanie des Gebirgs-Jäger-Regiments 91 noch folgendes zugetragen. Am 8. Oktober 1942 trat sie im Morgengrauen an, erreichte bald den Punkt 1481 und überschritt dann den Uraschtenbach an einer Furt. „Doch wenig später lagen – wie bei einem Windbruch – eine Unzahl von den Sowjets abgeschnittene Baumriesen kreuz und quer durcheinander; eine Baumsperre sperrte das enge Tal. Die Stelle war so günstig gewählt, daß eine Umgehung nach links wegen einer Sumpfstelle unmöglich und bergwärts (rechts) wegen der Steilheit ausgeschlossen war. Haben wir da was geflucht", berichtet unser Chronist Dr. Schulze. „Die Pioniere konnten die Arbeit kaum meistern.

Das Überklettern und Übersteigen der Baumsperre war für uns alle sehr ermüdend; für die Tragtiere mußte aber dennoch ein Umgehungsweg geschaffen werden. Hier ging Durmann den Pionieren für seine Tragtiere mit Rat und Tat unermüdlich an die Hand.

Nach 1 Stunde wiederum eine Baumsperre – das gleiche Manöver!! Die gefällten Bäume füllten den tief eingeschnittenen Tobel restlos aus: ein Ausbiegen rechts unmöglich wegen des klammartigen Bachdurchbruches, ebenso links wegen der Steilheit der mit dichtem Unterholz bestandenen Berghänge.

Plötzlich ein rasanter Feuerüberfall auf die Spitze der 12. Kompanie: Ltn. v. Reichmann durch Unterschenkelschuß verwundet, 1 Mann tot, 3–4 verwundet. Der Komp.Chef Obltn. Schöllhorn ließ trotzdem beiderseits des versammelten Weges einen Zug (ca. 20 Mann) entwickeln, wollte angreifen, erkannte aber rechtzeitig jenseits des querverlaufenden, mit der Baumsperre versehenen Tobels Bunker und Stellungen der Russen, getarnte MG-Stellungen und Schützenstände. Jeder Mann, der sich zeigte, wurde angeschossen. Mit eigenen Mitteln konnte die Komp. nicht vorwärts. Batls. Kdr. eilte nach vorne, mit dem sGr.W.-Zugführer. Bei der Orientierung rollte von oben herab nach kurzem Feuerschlag ein feindlicher Gegenstoß: ein regelrechtes Angreifen war ausgeschlossen: der Hang war so steil, daß die Russen den Berg herabfielen; ein Gebrauch der Waffen kaum möglich; mit Händen und Füßen hielten sie sich am Gebüsch fest und fielen teilweise im wahrsten Sinne des Wortes in unsere MG-Stellungen herein und ließen sich gefangennehmen...

Der Feind begann sich mit seinen schweren Werfern einzuschießen, legte auch mit Ratschbumm weiter rückwärts etwas Streufeuer ins Tal. Doch wurde dieses Feuer den rückwärtigen Teilen des Batls. (13., 14., NaZug, 1/3 11. Komp.) nicht gefährlich, weil die Schüsse am jenseitigen Talgrund lagen.

Zum Batl. zurückgekehrt, wurde dem Batls.Kdr. die traurige Meldung erstattet, daß durch einen derartigen Streuschuß eines s.Gr.W. (Volltreffer) unser lieber Ob.Vetr. Durmann und Obltn. Baudrexl sowie Feldw. Lederer, 2 Tragführer mit 3 Tragtieren den Heldentod haben sterben müssen. Ich konnte die Stelle selbst noch besichtigen: teilweise mit abgerissenen Beinen und schwersten Verletzungen hatten die Toten bestimmt nicht lange zu leiden gehabt. Die Wurfgranate mußte direkt in ihrer Mitte eingeschlagen haben. Alle standen hinter einer Böschung, wohin menschlichen Ermessens nach kein Schuß einschlagen konnte.“[23]

Nach den Einsätzen des III./Gebirgs-Jäger-Regiments 91 am Dou-Paß (1389 m), am Achiboch-Berg (2511 m) und am Paß 1600, der zu Ehren des dort gefallenen Kompanie-Führers der 12. Kompanie von den Gebirgsjägern in Ruland-Paß umbenannt wurde, nahm die Division das Bataillon vom 17. bis 27. Oktober 1942 als Reserve ins Bolschaja Laba-Tal nach Sagedan zurück.

Was mag nach dieser Rückverlegung in den Köpfen der wagemutigen Gebirgsjäger vorgegangen sein? Welche Gedanken begleiteten den Rückzug, nachdem das Gebirgs-Jäger-Bataillon nach harten Waldkämpfen bereits auf dem letzten Paß knapp 25 Kilometer Luftlinie von der Schwarz-Meer-Küste entfernt gestanden hatte?

Wenn sich die Nebel der Herbstregenzeit aus den Tälern erhoben, dann hatten die Gebirgsjäger sehnsüchtig einen Blick auf die verlockenden südlichen Gestade hinuntergeworfen. Sie hatten Ssuchum zu ihren Füßen liegen gesehen und den Seewind gespürt, der unten am Meeresstrand in den Palmen spielte. Aber was half es! Der Angriffsschwung konnte nicht aus-

gewertet werden. Abgekämpft und ausgemergelt waren die Gebirgssoldaten wieder von den Pässen des Hauptkammes nach Norden in das obere
Laba-Tal abgestiegen, um wenige Tage der Ruhe voll auszukosten. Das
III. Gebirgs-Jäger-Bataillon bezog in armseligen Holzfällerhütten, Sagedan genannt, Quartier, die inmitten rauschender, unendlich großer Berg-
wälder lagen. Hinter den Tannenwipfeln stiegen die vertraut gewordenen
Gipfel empor: unnahbar mit Schnee und Eis bedeckt. Damit lagen drei
Monate harter Kämpfe um die wichtigsten Hochgebirgspässe des Zentralkaukasus hinter dem XXXXIX. Gebirgs-Armeekorps.

2. Das Unternehmen „Elbrus"

Die vorgesetzten Dienststellen waren der Besteigung des Elbrus[24]
zunächst wenig geneigt. Denn sie sahen darin nicht ohne Grund in erster
Linie ein alpines Unternehmen ohne jede taktische Bedeutung für die
Gesamtoperation des Gebirgskrieges im Kaukasus. Selbst General Lanz,
der während des Krieges eine andere Meinung vertreten hatte, bekannte
später gegenüber dem Autor:

„Über den Kaukasus schließlich hat es viel Streitereien bezüglich der
Flaggenhissung, die militärisch ohne Entscheidung war, gegeben. Um so
mehr wurde sie aber von gewissen Persönlichkeiten zur entscheidenden
Aktion hochstilisiert."[25]

Dennoch wurde die Besteigung des höchsten Kaukasusgipfels seit dem
Einschwenken Richtung Hochgebirge besonders vom Kommandeur der
1. Gebirgs-Division konsequent verfolgt, da Lanz der Meinung war, daß
sich die deutsche Gebirgstruppe den propagandistisch gut zu vermarkten-
den Gipfelsturm mit anschließender Flaggenhissung einfach nicht entge-
hen lassen dürfe.

Obwohl der höchste Berg des Kaukasus im Angriffsstreifen der
1. Gebirgs-Division lag und diese bereits zu einem recht frühen Zeitpunkt
eine Hochgebirgs-Kompanie unter Hauptmann Groth zusammengestellt
hatte, um den 5633 Meter hohen Elbrus allein zu bezwingen, bestand der
Kommandierende General des XXXXIX. Gebirgs-Armeekorps darauf,
daß sich an diesem alpinen Unternehmen auch gebirgserfahrene Offiziere, Unteroffiziere und Mannschaften der 4. Gebirgs-Division zu beteiligen
hätten.

„Mit dem Ballast, der unserem winzigen, als Spähtrupp über die vordersten Linien in die Eisbrüche der Elbrusgletscher vorgeschickten Häuf-
lein mitgegeben worden war, mußten wir selbst fertig werden: nämlich mit
dem Bewußtsein, die vor uns liegende paradiesisch schöne Landschaft als
schuldig-unschuldige Alibiträger einer höchst dubiosen Staatsführung zu
betreten", bekannte der von seinen Kameraden als „Wendehals"
beschimpfte und angeblich unwahre militär-historische Fakten verbrei-
tende Groth.[26] „Das aber ist Schicksal eines jeden Soldaten, der als unge-

betener Gast in ein fremdes Land kommt, selbst wenn er für sich persönlich kein anderes Ziel hat, als das, die Schönheit dieses Landes zu bewundern!"[27]

Weiter heißt es dann: „Ganz wohl ist mir, wenn ich die Sache recht bedenke, zwar nicht. Wohl würden die mit allen denkbaren Ungewißheiten ausgestatteten 450 km bis zum Beginn des eigentlichen Abenteuers in den nächsten Tagen noch zusammenschrumpfen, doch bin ich weder ein aus dem Durchschnitt dieser Elitedivision herausragender Alpinist noch ein besonders rühmlicher Krieger, eher ein als Muß-Soldat verkleideter Zivilist mit keinem anderen Ehrgeiz als dem, halbwegs heil und in Ehren zu Weib, Kind und erlerntem Beruf heimzukehren. Mein verehrter und verständnisvoller Divisionskommandeur jedoch weiß um meinen unstillbaren Drang in die Berge, aber auch um die Abneigung des Frontschweins gegen die nolens volens von ihm ausgeübte Schreibtischarbeit als Generalstabsgehilfe. Er versteht seinen Befehl als Urlaubsschein zum Abenteuer nach vorn."[28]

General Rudolf Konrad trat deshalb für eine kombinierte Hochgebirgs-Kompanie aus der 1. und 4. Gebirgs-Division ein, weil er unter allen Umständen Reibereien zwischen den beiden bewährten Schwesterdivisionen vermeiden wollte, die sich nachteilig auf das Kampfgeschehen seines Gebirgs-Armeekorps und auf den Geist und die Haltung der deutschen Gebirgstruppe insgesamt auswirken konnten. Daß es dennoch zu gewissen Eifersüchteleien und daraus resultierenden unschönen Szenen gekommen ist, lag im allzu menschlichen Bereich.

„Fliegen Sie nach München, beschaffen Sie sich Kartenmaterial und Literatur über den Kaukasus, studieren Sie dieses, bis Sie über die Art der Begehbarkeit der Kaukasus-Übergänge lückenlos Bescheid wissen, und kommen Sie mit den notwendigen Unterlagen baldigst wieder zurück." Mit diesen Worten war Hauptmann Max Gämmerler, Chef der 2. Batterie des Gebirgs-Artillerie-Regiments 94, bereits Mitte Juli 1942 von Generalmajor Karl Eglseer die Aufgabe übertragen worden, die Mannschaft der 4. Gebirgs-Division im Rahmen der Hochgebirgs-Kompanie Groth optimal vorzubereiten und zu führen.[29]

Gesagt – getan. Mit freudig gespannten Schritten bestieg Gämmerler in Rostow eine Ju 52 und flog mit ihr in das Großdeutsche Reich. In München angekommen, verbarrikadierte er sich im wahrsten Sinne des Wortes hinter Bergen von Büchern in der Bibliothek des Alpenvereins. Tagelang las er Literatur über das anvisierte Kampfgebiet, studierte Karten und vertiefte sich in Bergführer. Nach zwei Wochen intensiver Studien meldete er sich als „wandelndes Kaukasus-Lexikon" bei der „Enzian"-Division zurück.[30]

Jetzt galt es, für die Hochgebirgs-Kompanie Groth eine Mannschaft aus zuverlässigen und bergerfahrenen Gebirgssoldaten zusammenzustellen. Hierzu zählten schließlich: Hauptmann Gämmerler vom Gebirgs-Artillerie-Regiment 94, Leutnant Fuchs vom Gebirgs-Jäger-Regiment 91, Leutnant Rank vom Gebirgs-Jäger-Regiment 13, Obergefreiter Besler, ein Bergführer aus Hinterstein, der Fotograf Hof vom Divisions-Stab sowie fünf weitere Mannschaftsdienstgrade. Darunter befand sich auch der Gefreite Rubner, der als Filmoperateur mit einer Kleinbildkamera einen Originalfilm von der Besteigung des Elbrus drehen sollte.

Die Gebirgs-Jäger-Regimenter 13 und 91 hatten einige besonders gebirgstaugliche Muli zur Verfügung zu stellen. Oberst Schenk, der Kommandeur des Gebirgs-Artillerie-Regiments 94, übergab seinem Batterie-Chef Gämmerler noch eine Anzahl guter Tragtiere mit den Worten: „Gehet hin, ich seh' euch nie mehr wieder!" Gemeint waren damit sowohl die Tragtiere als auch die Gebirgssoldaten. Seine Männer sah der staunende Artillerist später jedoch wieder; seine Muli blieben in der Tat verschollen.[31)]

Am 12. August 1942 marschierte die Gruppe Gämmerler mit 12 Tragtieren, die unterwegs durch ebenso viele kleine kaukasische Esel ergänzt wurden, drei Lastkraftwagen und einem Pkw von Woskesenskoje über Woroschilowsk, Tscherkessk, Kransnogorka, Mikojan und Schachar das Kubantal aufwärts und eilte damit der Vorausabteilung von Hirschfeld hinterher.

Zwei Tage später unterstellte Gämmerler seine Gruppe der Hochgebirgs-Kompanie Groth. Gemeinsam ging es nun 35 Kilometer per pedes durch ein langgestrecktes Gebirgstal, das viele an das alpenländische Ötztal erinnerte, zum letzten größeren Ort Chursuk. Hier gabelt sich das Tal. Die rund 40 auserlesenen Bergsteiger der Hochgebirgs-Kompanie, die zunächst von einem Gebirgs-Jäger-Bataillon gesichert wurden, wählten für ihren weiteren Vormarsch Richtung Elbrus die linke Gabelung, das Ullu-Kam-Tal, durch das sie dann, an mehreren Kolchos-Almen vorbei, aufwärts stiegen. Das Tal verengte sich. Steil wuchteten sich die Talflanken empor. Die beiderseitigen Hänge waren mit Wald bewachsen. Riesige kaukasische Tannen ragten über die Eichen und Buchen hinaus. Auf den Höhen sah man nacktes Gestein.

Nachdem 30 Kilometer zurückgelegt und 1000 Höhenmeter überwunden waren, erreichten die Hauptleute Groth und Gämmerler am zweiten Tage des Hochgebirgsmarsches mit ihren Mannschaften den Talschluß, wo sie im 2241 m hochgelegenen Lager „Hütte" biwakierten. Hören wir nun, was uns der Heeresbergführer Gämmerler über die Planungen zum Vorstoß auf das Elbrusmassiv mitzuteilen hat:

„Von diesem ‚Basis-Lager' aus", so der bergsteigerische Führer des ganzen Unternehmens, „soll der Aufstieg auf den Chotju-Tan-Paß (3546 m) und über den Südwestgrat zur ‚Westhütte' des Elbrus führen. Vor dieses (bergsteigerische) Vergnügen hatte aber die militärische Führung taktische Pflichten gesetzt. Die Seitentäler müssen von Feindresten gesäubert, die Pässe im Hauptkamm besetzt und der Nachschub organisiert werden. Mit Fuchs und Besler erkunden und besetzen wir den später wichtig werdenden Asau-Paß (3300 m), das niedrigste Tor zum Bakssan-Tal. Dr. Karl von Krauss stößt auf den Südwest-Grat des Elbrus aufwärts, um die auf der Karte verzeichnete ‚Westhütte' zu besetzen, muß aber feststellen, daß dieselbe nicht besteht. Diese Feststellung wirft den vorgesehenen Angriffsplan auf den Elbrus zunächst um, denn vom Chotju-Tau-Paß die 2000 m Höhenunterschied in einem Zuge mit Gepäck und Waffen zum Gipfel des Elbrus zu bewältigen, das ist für unsre bergentwöhnte Verfassung doch zu viel. Wir brauchen einen Zwischenstützpunkt! Dieser bietet sich an im ‚Elbrus-Haus', welches wir mit dem Glas in etwa 7 km Entfernung (Luftlinie) jenseits des großen und kleinen Asau-Gletschers auf dem Südrücken des Elbrus stehen sehen."[32)]

Die Gebirgsjäger trugen in ihre Tourenbücher den 17. August 1942 ein. Um 4.00 Uhr früh brachen sie vom Lager „Hütte" zum Elbrus-Haus auf, das auf 4200 m Höhe wie ein riesiger „Pullmanwagen" liegt. Obwohl die

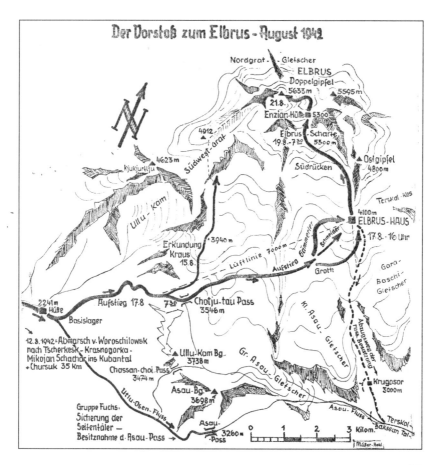

Moränenfelder, die sie durchqueren mußten, sehr steil waren und von den Tragtieren buchstäblich das Letzte abverlangten, kamen sie dennoch zügig vorwärts. Bereits um 7.30 Uhr waren nicht weniger als 1300 Höhenmeter zurückgelegt! Mit Erreichen des Chotju-Tau-Passes (3546 m) erstreckte sich vor den Jägern ein wahres Gletschermeer, das vom Doppelgipfel des majestätischen Elbrus gekrönt wird.

Die Tragtiere hatten jetzt ihre Schuldigkeit getan. Für sie gab es vorerst kein Weiterkommen. So mußte das schwere Gepäck, das sich aus Waffen, Seilen, Steigeisen, Pickel und Proviant zusammensetzte, auf die Schultern der Offiziere, Unteroffiziere und Mannschaften verteilt werden. Etwa 50 bis 70 Pfund pro Mann. (Später sollten allerdings auch Tragtierführer mit ihren zuverlässigen Vierbeinern bis zum Elbrus-Haus vordringen – zum höchsten Punkt, den Tragtiere der deutschen Gebirgstruppe je erreicht haben!)

Während die Hochgebirgs-Kompanie noch mit der Umverteilung der Ausrüstungsgegenstände beschäftigt war und Aufklärung auf den Asau-Paß (3300 m) und den Tschiper-Asau-Paß (3268 m) vortrieb, war Hauptmann Groth vorausgeeilt. Vom Chotju-Tau-Paß aus ist nämlich das auf einer Felseninsel zwischen dem Asau- und Terskol-Gletscher liegende, eigenartig ovale Elbrus-Haus zu sehen. Es schien zunächst, als ob es leer sei. Ein Spähtrupp unter Führung von Oberleutnant Schneider, der sich dem Haus näherte, erlebte allerdings eine faustdicke Überraschung: Sowjets, die erst tags zuvor aufgestiegen waren, hatten den hochalpinen Stützpunkt besetzt. Um nicht überrascht zu werden, überstieg Schneider mit seinem Trupp das Elbrus-Haus und ging oberhalb in Stellung. Unterdessen hatte Groth, nachdem er den Asau-Gletscher überquert hatte, den Stützpunkt erreicht. Dort wurde er nun von den Sowjets, die er für den Spähtrupp des Oberleutnants Schneider gehalten hatte, gefangengenommen.

Aber er ließ sich nicht einschüchtern und erreichte durch die Finte, daß das gesamte Hochplateau von deutschen Gebirgsjägern besetzt sei und ein konzentrischer Angriff von oben und unten bevorstünde, ein Abkommen mit den Rotarmisten: Sie sollten freien Abzug erhalten, wenn sie das Haus mit der meteorologischen Station den Deutschen überließen. Die Sowjets durchschauten die List des Führers der Hochgebirgs-Kompanie nicht und stiegen mit dreizehn Mann und einem Leutnant nach Süden ab. Der Rest von vier Mann begab sich mit einem leichten Maschinengewehr und drei Gewehren freiwillig in deutsche Gefangenschaft und unterstützte in weiterer Folge die Gebirgsjäger als zuverlässige „Hilfswillige", kurz „Hiwis" genannt. Die Sowjets brandmarkten sie offiziell als „Verräter". Den deutschen Frontsoldaten, mit denen sie oft jahrelang das gleiche Schicksal teilten, waren sie „unentbehrliche Helfer, Kameraden, ja Freunde".[33]

So kam der gut eingerichtete Stützpunkt ohne einen einzigen Schuß in die Hand der Deutschen. Das Elbrus-Haus, das anno dazumal völlig mit Aluminiumblechen verkleidet gewesen war und etwa 40 Räume mit 100 Lagern enthielt, besaß erhebliche Vorräte an Bekleidung und Proviant. Der Stützpunkt, zu dem noch eine meteorologische Station gehörte, wurde sofort gesichert. Die Station wurde „Edelweißhütte", das Haupthaus „General-Lanz-Hütte" getauft. Der bescheidene Kommandeur der 4. Gebirgs- Division ging bei dieser pompösen Taufaktion einmal mehr leer aus!

Wechseln wir nach dieser aufregenden Episode kurz in das Lager des Gegners, um herauszubekommen, was dieser speziell zum Unternehmen „Elbrus" zu sagen hatte. In Gretschkos Werk „Die Schlacht um den Kaukasus" finden wir über diese spektakuläre Aktion der deutschen Gebirgstruppe folgenden interessanten Hinweis:

„In Richtung Elbrus begannen die Kämpfe Mitte August. Truppenteile der 1. deutschen Gebirgsdivision drangen am 18. August zu den Südhängen des Elbrus vor, nahmen die Pässe Chotju-Tau, Tschiper-Asau und besetzten den Touristenstützpunkt ‚Krugosor‘ und die Schutzhütte Nr. 11. Der Gegner wollte auf dem Gipfel des Elbrus seine Flagge hissen. Auf dieses Unternehmen bereitete er sich lange und sorgfältig vor. Für den Aufstieg zum Elbrus setzte er einige Kompanien ein. Am 21. August hißten sie auf dem Gipfel des Berges 2 faschistische Flaggen. Die Goebbelsche Propaganda feierte dieses Ereignis wie eine außerordentliche Heldentat. Die Zeitungen überschlugen sich."[34]

Im folgenden erfahren wir, wie es zur Flaggenhissung, „die", so General Lanz selbstkritisch, „militärisch ohne Entscheidung war", gekommen ist.[35]

Der 18. August 1942 war für die Hochgebirgs-Kompanie ein Ruhetag, damit sich die Bergsteiger akklimatisieren konnten. Der nächste Tag sollte die Besteigung des Elbrus bringen. Rund 40 ausgewählte Bergsteiger der „Edelweiß"- und „Enzian"-Division hatten sich an das Elbrus-Haus herangetastet. Ganze 19 Gebirgsjäger waren dazu ausersehen, zwischen dem 18. und 21. August unter der Führung der Hauptleute Groth und Gämmerler den höchsten Berg des Kaukasus zu besteigen.

Am folgenden Tag, um 3.30 Uhr, ließ Groth die für die Besteigung vorgesehenen Gebirgsjäger zum – wie sich schon bald herausstellen sollte – ersten Gipfelsturm antreten. Gämmerler berichtet von diesem wagemutigen Abenteuer in anschaulicher Weise:

„Besondere alpine Schwierigkeiten stehen uns kaum bevor", konstatierte der Heeresbergführer der 4. Gebirgs-Division. „Mäßig steile Gletscher, auf der richtigen Route wenig Spalten, ein harmloser Blockgrat und auf ihm zum Gipfel, dem Rand eines ehemaligen Vulkankraters. Was uns Sorgen macht, ist die dünne Luft und das ständig wechselnde Wetter. Vom nahen Schwarzen Meer her, das zu uns heraufblickt, nahen sich überraschend schnell die Gewitterfronten, welche in dieser Höhe mit eisigen Schneestürmen verbunden sind.

Ein herrlicher Sonnenaufgang verspricht uns einen schönen Tag für unser Unternehmen. Als wir aber in 4800 m die Felsen des Ostgipfels erreichen, ist bereits die erste Gewitterfront mit Schneesturm und Nebel da und hüllt uns dermaßen ein, daß fast jegliche Sicht genommen ist. Hptm. Groth ordnet den Rückzug [...] an, stellt es mir und meinen Begleitern Besler, Fuchs und Hof aber anheim, weiter vorzustoßen.

Wir queren nun schräg aufwärts in die sogenannte Elbrusscharte zwischen den beiden Gipfeln (5300 m) und finden dort um 7.30 Uhr eine tief verschneite Unterkunftshütte. Durch ein Fenster steigen wir ein, um uns zu erholen und abzuwarten, was aus dem Wetter wird. Die dünne Luft in dieser Höhe macht uns zu schaffen; doch bald surrt unser Primus-Kocher und ein Becher Tee weckt neuen Tatendrang.

Gegen 12 Uhr beruhigt sich das Wetter. Greifbar nah steht der Gipfel über uns und wäre in einer Stunde leicht zu erreichen gewesen. Meine Kameraden drängen, den Aufstieg zu vollenden, da die sich sichtlich zum Schlechten umbildende Wetterlage ein Forcieren des Aufstiegs rechtfertigen würde. Ein Gefühl der Kameradschaft und Zusammengehörigkeit mit den Kameraden der 1. Geb.Div., die befehlsgemäß umkehren mußten, rät mir aber, das gemeinsam begonnene Unternehmen nicht separat zu vollenden. Es wird daher vorläufig der Divisions-Stander an der von uns ‚Enzian-Hütte' getauften Unterstandshütte befestigt und nach Marschkompaß zum Elbrus-Haus abgestiegen, wo wir um 14 Uhr anlangen."[36]

An jenem Tage, als sich die vier Bergsteiger der 4. Gebirgs-Division (Heeresbergführer Gämmerler, Leutnant Fuchs aus Bad Reichenhall, der Bergführer Besler aus Hinterstein und der Fotograf Hof), den lockenden Gipfel in greifbarer Nähe, aus Kameradschaft gegenüber den zur Umkehr gezwungenen Kameraden der 1. Gebirgs-Division zum Abstieg entschlossen hatten, an jenem Tage trafen nachmittags die restlichen Gebirgsjäger der „Vierten" mit Leutnant Rank an der Spitze und mit Munition und Proviant ausgestattet im Elbrus-Haus ein. Jetzt erst hatte die Hochgebirgs-Kompanie ihre volle Stärke erreicht. Sie setzte sich nun aus insgesamt 9 Offizieren, 11 Unteroffizieren und 20 Mann der 1. sowie 3 Offizieren, 2 Unteroffizieren und 5 Mann der 4. Gebirgs-Division zusammen.

Am 20. August 1942 tobte auf Grund eines Wettersturzes ein so gewaltiger Schneesturm über dem Elbrusmassiv, daß Groth es wieder nicht wagte, die Verantwortung für eine Besteigung zu übernehmen. Also wurde der 21. August für den endgültigen Aufstieg bestimmt. Nicht zuletzt deshalb, weil sich plötzlich ein in militärischer als auch in sportlicher Hinsicht ernstzunehmender Rivale den Gebirgsjägern der Wehrmacht näherte. Am Abend des 20. August erhielt die Hochgebirgs-Kompanie Groth nämlich folgenden Funkspruch:

Oben: Beutekamel auf dem Vormarsch

Unten: Gebirgspioniere schlagen eine Behelfsbrücke über einen reißenden Gebirgsfluß

„Der Gipfel muß genommen werden, SS naht von Norden!"
Gab es da für die Gebirgsjäger der Wehrmacht noch eine größere Motivation?

„Gipfelmannschaft – Aufstehn!" brüllte der Wachhabende in aller Frühe durch die dunklen Gänge des Elbrus-Hauses.

Das Wetter schien an jenem 21. August 1942 besser zu werden als an den vorangegangenen Tagen. Um 3.00 Uhr morgens verließen 21 Gestalten mit Rucksäcken, Seilen, Eispickel, Steigeisen und der Reichskriegsflagge das schützende Elbrus-Haus: 16 Gebirgsjäger der 1. und 5 der 4. Gebirgs-Division. Die restlichen Angehörigen der Hochgebirgs-Kompanie blieben zur Sicherung und Versorgung zurück. Hören wir nun wieder, was uns Hauptmann Gämmerler aus der Sicht des bergsteigerischen Führers der kombinierten Mannschaft über den zweiten Gipfelsturm zu berichten weiß:

„Um 5.30 Uhr am Felssporn des Ostgipfels hüllt uns bereits wieder dichter Nebel ein", beginnt unser Chronist seinen in jeder Hinsicht bemerkenswerten Bericht. „Die Querung zur Elbrus-Scharte erfolgt nach Marschkompaß. Um 8.15 Uhr erreichen wir die ‚Enzianhütte' und rasten dort, gleichzeitig auf besseres Wetter hoffend, bis 9.30 Uhr. Das Schneetreiben entwickelt sich zum Schneesturm. Nun gilt es zu handeln oder wieder ohne Erfolg umzukehren. Umkehren will keiner! Also vorwärts! Nach diesem Entschluß wird in der bereits am 19. August festgelegten Richtung angetreten. Die Führung der Mannschaft der 1. Geb.Div. versucht es zwar in anderer Richtung, schließt aber nach einer halben Stunde, als die Felsrippe zum Gipfelgrat erreicht ist, wieder auf. Der Schneesturm wird jetzt heftiger, der Nebel dichter. Man sieht über die eigene Seillänge nicht mehr hinaus. Der Schnee verklebt die Augen. Kurz vor 11 Uhr zeigt der sich verflachende Grat und der orkanartige Sturm die Nähe des Gipfels an. Ich lasse eng aufschließen und gebe zurück, Hptm. Groth möge nach vorn kommen und allen voraus die Reichskriegsflagge auf den Gipfel bringen. Es wird zurückgemeldet, daß Hptm. Groth umgekehrt sei. Darauf lasse ich Oberfeldwebel Kümmerle von der 1. Geb.Div. als Träger der Reichskriegsflagge nach vorn treten, welcher dann den Schaft tief in den Firn der höchsten erkennbaren Erhebung stößt. Den Stander der 1. Geb.Div. und der 4. Geb.Div. befestigen wir daneben. Dann schütteln wir uns auf Bergsteigerart die klammen Hände."[37]

Links oben: Blick von den Hängen des Hochkaukasus in das Klitsch-Tal

Rechts oben: Im Hochkaukasus auf dem Marsch zur Salminger-Hütte

Links unten: Die Generale Konrad und Lanz während einer Lagebesprechung bei der Vorausabteilung Lawall

Rechts unten: Ein Gebirgssoldat führt eine Tragtierstaffel

Nun hoben sich die Hände der Gipfelmannschaft zum Hitlergruß, der in die Wehrmacht erst nach dem Attentat vom 20. Juli 1944 offiziell eingeführt werden sollte. Die Gebirgstruppe war hinsichtlich der nationalsozialistischen Gesinnung anderer Waffengattungen halt immer ein Stück voraus! „Wir grüßen den Führer, unsere bayerische Heimat, unser Deutschland!" lautete die Botschaft der Truppe. „Wir grüßen vom sturmumtosten Gipfel des höchsten kaukasischen Berges herab unsere Gebirgsdivisionen, die in den Tälern und auf den Pässen kämpfen. Berg Heil!"[38]

Rasch wurde noch eine letzte unscharfe Gipfelaufnahme gemacht, ehe der Fotoapparat auf Grund des Schneesturms ganz einfror.

„Der Abstieg wird über den Nordwestfirnhang gewählt", schrieb Hauptmann Gämmerler in seinem „Bericht über das Unternehmen Elbrus" an die 4. Gebirgs-Division, „da dieser etwas im Windschatten. Oberarzt Dr. v. Krauss, der bekannte Himalaya-Mann, sichert seine Gruppe am Seil. Trotz der Steigeisen gleiten viele aus, einmal fallen 3 Mann gleichzeitig ins Seil. Wie durch ein Wunder vermag sie Krauss zu halten. Vom Norden aus dem Nebel dringen schwache Rufe zu uns, Groth hat sich im Abstieg vergangen und wird durch vereintes Schreien wieder auf unsere Spur gebracht. Das Gesicht mit dicker Eiskruste überzogen, kämpft sich die Mannschaft gegen den Südsturm in die Scharte zurück und tritt unter Führung von Oblt. Reimelt die Querung zum Südostsporn des Ost-Gipfels an. Die ersten Erschöpfungserscheinungen machen sich bemerkbar. Oberarzt Dr. v. Krauss hat sich bei der Sicherung der Stürzenden am Gipfelhang überanstrengt und bleibt zurück, erholt sich aber rasch wieder. Oblt. Spindler, schon mit Angina von der Hütte weggegangen, bricht zusammen. Dies demoralisiert, die Kräftigeren streben nach abwärts, die Kolonne reißt ab, eine allgemeine ‚Rette sich, wer kann'-Stimmung scheint sich anzubahnen, Hptm. Schmidt, G.A.R. 79, und Hptm. Gämmerler bringen mit letzter Energie und Drohung mit dem Kriegsgericht wieder Zusammenhalt in die Reihen.

Langsam, in $^1/_2$ m Neuschnee, geht es schräg abwärts. Als Gämmerler von rückwärts durch Zuruf die Richtung verbessern will, wird ihm dies von Groth verboten, obwohl Gämmerler als einziger Heeresbergführer des Unternehmens für die richtige Wegführung verantwortlich ist und auch den ganzen Auf- und Abstieg zur Scharte maßgeblich – wenn auch ohne Auftrag seitens Groth – geführt hatte. Am Südostsporn angekommen, wird das Befinden Spindlers schlechter, von Krauss, Lt. Rank und andere schleppen ihn, selbst am Ende der Kraft, bergab. Wieder löst sich die Reihe auf, einzelne werden Groth vorausgeschickt und steigen in um 45 Grad falscher Richtung ab. Desgleichen wird die Hauptgruppe falsch in Richtung Terskol-Gletscher hinabgeleitet.

Dringend warnt Gämmerler die Führenden – zunächst vergeblich. Erst als der Irrtum offensichtlich, wird Gämmerler von Groth mit der Führung beauftragt. Durch Querung nach Südwesten wird der zur Hütte führende Rücken erreicht, der Haupttrupp erreicht noch vor den vorausgesandten Meldern das Haus ca. 16.00 Uhr.

Bis auf einen Mann findet sich alles in der Hütte, dieser ist trotz Warnung in der falschen Richtung abgestiegen, biwakiert im Zeltsack auf dem Gletscher und findet anderen Tags zur Hütte zurück.

Damit ist trotz Wetterverhältnissen, wie sie schlechter hätten nicht sein können, eine alpine Aufgabe gelöst worden, die unter den Umständen den vollsten Einsatz eines jeden Beteiligten verlangte."[39]

ELBRUS

(5633 m)

Königlich hebſt du die Stirne
aus dem Rund der Gipfelriefen,
läßt den Kranz der weißen Firne
huldigen zu deinen Füßen.

Majeſtät auf eil'gen Thronen,
ſelbſt wenn um dich Nebel brauen,
ſtreben deine Doppelkronen
hin zur Sonne, Licht zu ſchauen.

Hoch auf deinem Götterſitze,
auf des Gipfels höchſter Spitze
pflanzt zu Deutſchlands Ruhm und Preis

eine Schar verweg'ner Jäger
als des Standers ſtolze Träger
ENZIAN und EDELWEISS.

Feldpostkarte aus dem Jahre 1942

99

Josef Martin Bauer, der Erfolgsautor des bekannten Romans „So weit die Füße tragen", hat nicht nur die Besteigung des Elbrus mitgemacht, sondern auch die unkameradschaftliche Rivalität der Gebirgsjäger und ihrer Führer sowie das unrühmliche Zerwürfnis hautnah miterlebt. In seinem Buch „Unternehmen Elbrus" hat er beides eindrucksvoll und schonungslos beschrieben:[40)

„Inzwischen haben wir uns gegenseitig gesagt, was zu sagen ist vor einem Beginnen, an dessen Ende wohl ein paar aus der Reihe der neunzehn Männer abgeschrieben werden müssen. [...]
Heute ist der Sturm vielfach stärker als vorgestern, aber heute tun wir, was uns als Pflicht aufgegeben ist, während es vorgestern noch die Freiwilligkeit versuchte. [...]
Die Höhe quält jeden, auch die schneegegerbten Männer, die in den Alpen die höchsten Gipfel erstiegen haben. Meinung und Widerspruch werden gebrüllt, und es scheint zuweilen, als seien wir nicht mehr Kameraden, sondern Feinde, die ihre größte Lust darin sehen, denen einen Stoß zu geben, die es überzeugt anders meinen. [...]
Ein ferner Betrug, der uns genarrt hat, als wir das Tal des Kuban heraufzogen, fällt nun, da wir etwa dreihundertfünfzig Meter unter dem Gipfel stehen, zusammen. Der Elbrusgipfel, wenigstens dieser höhere, der westliche Gipfel, den wir angehen, hat nicht die breite Kuppe eines gemütlichen Schafberges, auf dem Weiden sein könnten, wenn nicht der Schnee wäre, sondern springt aus der wolligen Schneefülle jäh auf zu einer aus Stein und Eis geformten Spitze...
Uns aber kommt kein Gefühl von Herrlichkeit und Majestät an. Beim Heraustreten aus dem schützenden Sattel hat der Sturm uns ergriffen und drückt uns an den Hang oder will uns wegreißen von dem Halt, den die in zweifachen Fäustlingen frierenden Hände gesucht haben. Der Sturm schlägt uns mit Schnee, der sich festklebt und die Sicht nimmt. Die Brille aber darf nicht abgenommen werden, weil das diffuse Berglicht uns blind machen würde. Wie die Pfoten eines Hundes, der einen zwischen den Zähnen festgebissenen Knochen mit ungefügen Tatzen wegstreifen will, tappen die Fäustlinge über die Zelluloidscheiben, den Schnee abzustreifen, der alle Sicht verschließt.
Durch diese dumpfen Fenster sehen die Augen nichts als ein graues Weiß und in diesem Weiß gebettet große, ungefüge, schwarze Flecken. Das ist das Lavagestein. Die Hände suchen immer unsicherer nach einem Halt, während die Augen nur mehr den ganz kleinen Blickkreis haben bis zum Hang, der unmittelbar davor liegt.
So stöhnen wir hinauf, wieder einmal pfeifend und keuchend zwischen die Mühen eine Pause eingefügt. Die Stimmen der Kameraden werden von irgendwoher zu mir getragen. Als es nur mehr achtzig Meter sein können bis hinauf, versperrt mir Groth den Weg. Sein Kopfschütteln verbiete mir

die letzte Gewaltanstrengung, denn ich müßte ja als der Unerfahrene mit Gewalt und sinnloser Anstrengung erreichen, was die anderen mit List und Klugheit dem Berg abzujagen wissen.

Die Klugheit aber haben alle längst über Bord geworfen.

Der Gipfelkoller hat die Bergsteiger gepackt. Wie Pferde, die eine Lücke im Plankenzaun gefunden haben, reißen sie sich los und rennen bedenkenlos den Hang empor, besessen von der Aufgabe, alles vergessend, was uns bisher zu einem geschlossenen Trupp zusammengehalten hat.

Über das ganze finstere Feld vor mir sind die Schatten der Kameraden zerstreut. Von oben her steigt Kempter mir entgegen und reicht mir über eine Felsplatte hin die Hand: nur diesen Felsbauch möge ich noch überklettern, dann sei es geschafft, dann falle der Berg zurück.

Was ich tue, weiß ich längst nicht mehr. Ich winde mich zwischen Fels und Eis empor, das Gesicht zerhauen vom eingepeitschten Rieselschnee. Der Körper wälzt sich über einen Block, der weit hinausbaucht. Dann fällt der Berg wirklich zurück.

Aber ich habe auch die letzte Kraft ausgegeben.

Groth verbietet mir jeden weiteren Schritt.

Und wenn andere später von ihm sagen, er sei nicht mehr in der Lage gewesen, diese paar Schritte auf den aus dem Krater hochragenden Block zu steigen, so weiß ich als der einzige es besser. Er bleibt, damit ich die Torheit nicht mache, die ein paar Augenblicke später doch eintrat, abwehrend vor mir stehen, um mir den Weg zu sperren. Er hat die Verantwortung für mich übernommen und blockiert das Stück Weg, das mir wahrscheinlich zum Tod würde. Der Berg duldet kein Stehen mehr.

Während die anderen auf dem Gipfelblock Pflöcke einschlagen und die Seile eines Fahnenschaftes verspannen, stößt der Sturm alles in die Knie und treibt mit mir noch leichter als mit den berggewohnten Männern sein Spiel. Ich bin nur ein armseliges Schneetier im Angesicht solcher Majestät, als ein verlorener Ruf ankündigt, daß die anderen bereits vollbracht haben, was unsere Aufgabe war, und daß es Zeit ist zum Absteigen.“[41]

Unter äußerster Kraftanstrengung und einer für nicht möglich gehaltenen Rivalität hatte der kombinierte Hochgebirgs-Zug der 1. und 4. Gebirgs-Division den sturmumbrausten Westgipfel des Elbrus schließlich doch noch erreicht und dort am 21. August 1942, um 11.00 Uhr vormittags, den Schaft der Reichskriegsflagge sowie die Stander der „Edelweiß“- und „Enzian“-Division in den verfirnten Gipfel gerammt. So nahm man es wenigstens an. Einige Tage später, das Wetter hatte sich spürbar gebessert und der Sturm gelegt, stellten die Gebirgsjäger bei einer neuerlichen Besteigung allerdings fest, daß die flatternden Symbole an jenem 21. August, als Eisstürme um den höchsten Kaukasusgipfel fegten und die Augen verklebten, nicht am Trigonometrischen Punkt, der höchsten Spitze des Berges, sondern an einer tieferliegenden Erhebung des Elbrus in das ewige Eis gerammt worden waren.

Rasch wurde der Irrtum der Erstbesteigung korrigiert. Die Reichskriegsflagge wurde jetzt bei schönem Wetter nach oben versetzt, nochmals
photographisch festgehalten und propagandistisch vermarktet. Die Erstbesteiger sprachen später verbittert vom „Schwindel der Gipfelaufnahme".[42] Und weiter: „Man kann da nicht einfach kommen und ein Männ-
chen in 4000 Meter Höhe bauen; damit ist eine Gipfelaufnahme, wie sie
Herr Zwerger oder wer es auch sein mag, zeigt, noch lange nicht gemacht.
Die äußeren Umstände sollten dabei schon auch berücksichtigt werden."[43]
Damit ging Eugen Hof mit all denjenigen hart ins Gericht, die entweder
gestellte Gipfelaufnahmen lieferten oder erst Tage nach dem ersten Elbrus-
Unternehmen bei schönstem Wetter den Gipfel photographierten oder film-
ten.[44]

Und die wahren Erstbesteiger? Ihr Abstieg gestaltete sich nach dem Tat-
sachenbericht des Hauptmanns Gämmerler wie folgt:

„22. 8.: 10.00 Uhr Abstieg der Gruppe Gämmerler über den tiefver-
schneiten Asau-Gletscher, anfänglich bei Nebel, zum Chotju-Tau-Paß zur
‚Hütte‘ (2241 m), dort um 17.00 Uhr.
23. 8.: Ab 7.00 Uhr, 35 km talauswärts nach Tschersuk. Lkw. der 4.
Geb.Div. nicht auffindbar, von 1. Geb.Div. zu Verpflegungstransport
beschlagnahmt. Meldung bei Rgt. Kreß.
24. 8.: 8.00 Uhr Lkw. kommt zurück, Fahrt nach Mikojan-Schachar,
Abmeldung bei 1. Geb.Div. und XXXXIX. Geb.A.K.
25. 8.: Über Krassnogorka–Katoniskaja zur Qu.Abt. der 4. Geb.Div.
in Salentschukskaja.
26. 8.: Rückmeldung bei 4. Geb.Div. in Archys."[45]

In seinen „Erinnerungen" nimmt auch Albert Speer, Hitlers Architekt
und Rüstungsminister, zum Verlauf der Kaukasusoperation und zur Besteigung des Elbrus Stellung:
„Auch für einen Laien war nicht schwer festzustellen, daß sich die Offensive zu Tode gerannt hatte. Da traf die Meldung ein, daß eine Abteilung
deutscher Gebirgstruppen den [...] von weiten Gletscherfeldern umgebe-
nen Elbrus, den höchsten Berg des Kaukasus, genommen und dort die deutsche Kriegsflagge aufgepflanzt hatte. Sicherlich handelte es sich um ein
unnötiges Unternehmen, kleinsten Ausmaßes allerdings, nur als Abenteuer
begeisterter Bergsteiger zu verstehen. Wir hatten alle Verständnis für diese Tour, die uns im übrigen belanglos und gänzlich unwichtig erschien.
Oft habe ich Hitler wütend gesehen; selten aber brach es so aus ihm heraus wie bei dieser Nachricht. Stundenlang tobte er, als sei sein gesamter
Feldzugplan durch das Unternehmen ruiniert worden. Noch nach Tagen
schimpfte er unablässig bei jedem über ‚diese verrückten Bergsteiger‘, die
‚vor ein Kriegsgericht gehörten‘. Mitten im Krieg liefen sie ihrem idiotischen Ehrgeiz nach, meinte er empört, besetzten einen idiotischen Gipfel,

obwohl er doch befohlen habe, daß alles auf Ssuchum konzentriert werde. Hier sehe man deutlich, wie seine Befehle befolgt würden."[46]

Obwohl die Gebirgstruppe der Wehrmacht nach dem kläglichen Scheitern ihres Baumeisters Ludwig Kübler vor Moskau bei Hitler nicht mehr ganz so hoch in der Gunst stand, dürfte der Zornesausbruch, den Speer in seinen „Erinnerungen" anführt, wahrscheinlich nicht jenes Ausmaß gehabt haben. Denn die Flaggenhissung wurde seinerzeit sofort im Wehrmachtsbericht bekanntgegeben. Und das dürfte nicht ohne Einverständnis des Führers geschehen sein.

„Am 21. August 1942", hieß es dort, „hißte am Elbrus, dem höchsten Gipfel der kaukasischen Berge, eine Gruppe deutscher Gebirgsjäger die Reichskriegsflagge."

Im Gegenteil: Das Hauptquartier war nach der Elbrusbesteigung außerordentlich zuversichtlich. So sagte General Alfred Jodl zum Chefpiloten Hitlers: „Baur, wir werden in Kürze in Tiflis sein! Hitler hat mir den Auftrag gegeben, mit Ihnen nach Tiflis zu fliegen, um von dort aus mit den zuständigen Chefs die weiteren Operationen zu besprechen."[47]

Was die militärische Seite angeht, so gab es für das Unternehmen „Elbrus" weder Orden noch Beförderungen. Daß man mitmachen durfte, war Belohnung zugleich. So schwärmte z. B. der Hauptmann Max Gämmerler Jahre später:

„Wenn ich heute [...] auf diese Bergfahrt und auf die anschließenden 4 Monate im Hochkaukasus zurückblicke, so habe ich das beglückende Gefühl, ein schönes Bergerlebnis mit einer Reihe von Erlebnissen gekrönt zu haben, wie sie inhaltsschwerer nicht sein konnten."[48]

General Lanz schrieb zur Elbrusbesteigung, „daß der örtlichen Truppenführung (1. Geb.-Div.) klar gewesen war, mit der Flaggenhissung auf dem höchsten Gipfel Europas nur einer selbstverständlichen Ehrenpflicht der deutschen Gebirgstruppen zu genügen [...] Taktisch wichtig war aber die Wegnahme des als militärischen Stützpunkt fungierenden 4200 m hoch gelegenen Elbrus-Hauses mit etwa 80 Mann russischer Besatzung. Dieser Stützpunkt beherrschte die Übergänge zum Elbrusgletscher über den Dongus-Orun-, den Asau- und den Nachar-Paß nach Süden und Südwesten in das Klitschtal und damit den Austritt aus dem Gebirge Richtung Ssuchum! Herr Hitler war da wohl wieder nicht ganz im Bild! Wenn im übrigen die von ihm befohlene Operation auf und über den Kaukasus und schließlich bis Batum und Baku nicht den erwünschten Erfolg hatte, dann lag dies in erster Linie daran, daß die für einige hundert Kilometer Frontbreite verfügbaren 3 Gebirgsdivisionen, darunter eine rumänische, nicht entfernt ausreichten und die versprochenen Reserven, darunter das italienische Alpini-Korps und weitere Spezialverbände – soweit sie überhaupt kamen – sämtlich in die Hölle von Stalingrad gesteckt und dort ‚verheizt' wurden – alles ohne jeden Erfolg!"[49]

Während droben, auf dem Elbrus, die Reichskriegsflagge im Schneesturm wehte und Hitler, Tausende von Kilometern vom Kaukasus entfernt, über Sinn oder Unsinn der Besteigung mehr oder weniger wütend im Kreise seiner Vertrauten schimpfte, rückte die Masse der Gebirgsjäger in den Tälern vorwärts, den Pässen entgegen, um das gewaltige Bollwerk aus Eis und Fels zu überschreiten und befehlsgemäß einen Teil Asiens zu erobern. So verlockend für alle nach der Überwindung der Hochgebirgspässe die Gewinnung des freien Geländes auch war: Was wäre letztlich damit angesichts der schier unerschöpflichen sowjetischen Menschenmassen und der zunehmenden Versorgung der UdSSR durch die USA gewonnen worden? Denn „Raumweite und Landesnatur, Klima- und Verkehrsverhältnisse, Rohstoffvorkommen und Industriepotential, Menschenreservoir und Heeresstärke der UdSSR wie auch die Leidensfähigkeit und der Widerstandsgeist des größten Teils ihrer Kämpfer entzogen sich jeder sicheren Beurteilung".[50]

Trotzdem, so die operativen Planungen der Obersten Führung, sollten vom Kaukasus aus die Angehörigen der deutschen Gebirgstruppe in die grüne Küstenebene hinabsteigen, um später gemeinsam mit Rommels Gebirgssoldaten zur Wegnahme der Ölfelder des Iran beitragen und im weiteren kühnen Operationsverlauf sogar bis zum Hindukusch vorstoßen![51]

„Wollte Hitler ein koloniales Reich gründen?" stellte Lew Besymenski in seinem Buch Sonderakte „Barbarossa" die Frage. „Am 5. November 1937, auf der berüchtigten Besprechung in der Reichskanzlei, bei der die Hauptrichtungen der künftigen Aggression ausgearbeitet wurden, gestand Hitler ein, daß es kaum möglich sein würde, die britischen und französischen Kolonien zu kriegen. Hitler sagte damals, England und Frankreich würden sich nur bereit finden, Deutschland die Kolonien zu überlassen, die ihnen nicht gehören. Deshalb gelüstete es ihn nicht, seine Aggression mit einem Kolonialkrieg zu beginnen. Er zog Europa vor, wo er sich bereits als Herr und Gebieter fühlte.

Der Appetit kam aber beim Essen, und die Pläne wechselten immerzu. Schon 1940 landete Rommels Expeditionskorps in Afrika mit dem Auftrag, gemeinsam mit den Italienern nach Ägypten vorzurücken. Zugleich wurde im Irak zu einem Putsch gerüstet, der die britischen Positionen in der damaligen Kolonie schwächen und den Suezkanal von Nordosten her bedrohen sollte.

Es erwies sich jedoch, daß diese Kolonialpläne Hitlers gar nicht so leicht zu verwirklichen waren. Rommels Afrikakorps blieb stecken. Der Putsch im Irak scheiterte. Die Italiener waren keine Hilfe, sondern ein Ballast."[52]

Um die Maß- und Uferlosigkeit der deutschen Planungen hinsichtlich der Gebirgstruppe zu verdeutlichen, soll abschließend nicht unerwähnt bleiben, daß der Führung nach siegreichem Abschluß des Rußlandfeldzuges zehn Gebirgs-Divisionen zur Verfügung stehen sollten. Zwei im Norden, zwei im Osten und sechs in Afghanistan! Diese sollten in einer zweiten Etappe des „Hitlerschen Weltblitzkrieges" weiträumige Operationen gegen den Vorderen Orient bis nach Afghanistan und an die Grenze Indiens wirkungsvoll unterstützen.

„War es", so der Vizeadmiral Kurt Assmann, „bei der sensiblen Natur Adolf Hitlers zu verwundern, daß in seinem Kopfe hierdurch eine Art ‚Hybris' entstanden war, die ihm den Maßstab für das Mögliche und Erreichbare aus den Händen zu entwinden drohte, ihm in maßloser Überschätzung seiner selbst und des von ihm geschaffenen Werkes zu dem Glauben verleitete, daß er von der Vorsehung dazu ausersehen sei, auch Dinge zu vollbringen, die dem gewöhnlichen Sterblichen unerreichbar waren, daß ihm alles, was er in Angriff nahm, gelingen müsse?"[53]

3. Die Kämpfe der Hochgebirgsjäger

Das über die Hochpässe des westlichen Hochkaukasus auf Ssuchum angesetzte XXXXIX. Gebirgs-Armeekorps nahm am 25. August 1942 mit der 4. Gebirgs-Division den Adsapsch- und Ssantscharo-Paß (2700 m) und erkämpfte schon am 28. August zwanzig Kilometer südlich des Hochkammes den Atschavischar-Paß (1600 m), der einen Tagesmarsch von der Küste entfernt liegt.

Die 1. Gebirgs-Division hatte bekanntlich am 17. August den wichtigen Kluchor-Paß (2813 m) erstürmt und die Sicherung der linken Korpsflanke an den Elbrus-Pässen übernommen. Inzwischen rückten im Kuban- und Teberda-Tal die Marschkolonnen der „Ersten" den Hochpässen entgegen.

Harald von Hirschfeld erreichte mit seinen verwegenen Gebirgsjägern das Klitsch-Tal 30 Kilometer südlich von der europäisch-asiatischen Grenze. „Sie standen dicht am 43. Breitengrad, genau auf 43°20', dem südlichsten Punkt, den das deutsche Heer im Verlauf des ‚Unternehmens Barbarossa' auf sowjetischem Boden erreichen sollte."[54] Der Kamm des Gebirges bildete die Trennung zwischen Europa und Asien. Die europäische Seite des Zentralkaukasus wurde (damals) von den Karatschaiern besiedelt, das südliche Gebiet hauptsächlich von den Armeniern, Grusiniern und Georgiern.

„Der Spätherbst 1942 war die Peripetie des großen Steppendramas", schrieb der feinsinnige Chirurg Peter Bamm, dessen bürgerlicher Name Dr. Curt Emmrich lautete. „Wir saßen nicht mehr ‚am Rande Rußlands'. Wir näherten uns den Kraftzentren des Gegners. Wir hatten das riesige, schwerfällige Reich in Bewegung gebracht. Die Distanzen hatten kontinentale Ausmaße angenommen. Von Krasnodar, das zweitausend Kilometer von Berlin entfernt liegt, wurden wir im Eisenbahntransport sechshundert Kilometer nach Südosten gefahren. In Mosdok, kurz vor Wladikawkas, verließen wir den Transportzug. Wladikawkas, die Königin des

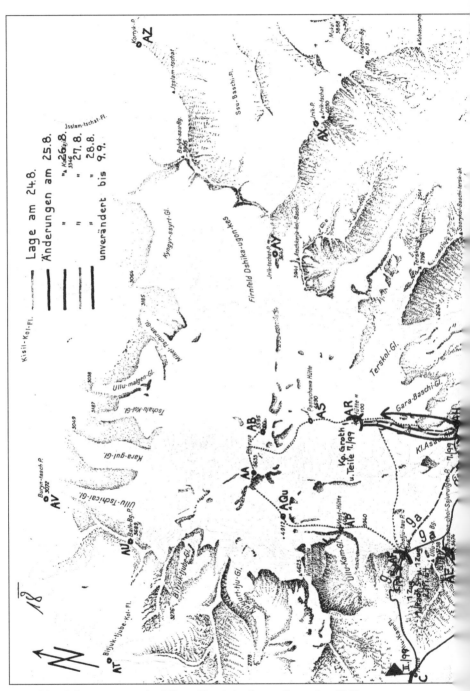

Kampf der Gebirgsjäger um das Elbrus-Massiv im August/September 1942

106

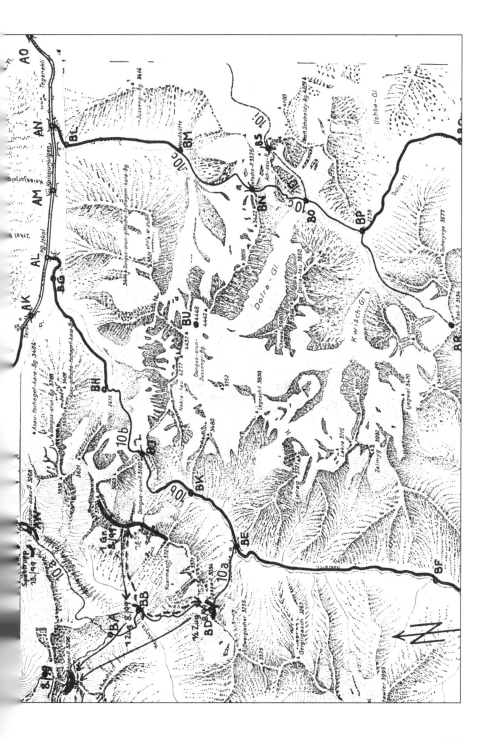

Kaukasus, bewachte, von den Russen erbittert verteidigt, den nördlichen Zugang zur Paßstraße über das Gebirge nach Tiflis. Wir waren der Grenze Indiens näher als der unseres eigenen Landes. Damals ging unsere Sonne über dem Kaspischen Meer auf. Asien, das große geheimnisvolle Asien, war unser Horizont geworden."[55]

Das Gebirgs-Jäger-Regiment 99 gewann inzwischen unter Hermann Kreß ebenfalls Utschkulan, das Karatschaierdorf, und durch das Nachar-Tal den Nachar-Paß (2931 m). Die Pässe des Elbrus wurden somit gegen Süden gesichert. Das hoch über dem Baksam-Tal auf einem Felsen gelegene zaristische Jagdschloß Krugosor (3000 m) wechselte im Kampf mehrfach den Besitzer. Die gegen den Dongus-Orun-Paß (3198 m) angesetzte Aufklärung wurde jedoch verlustreich abgewiesen. Stummer Zeuge all dieser Gefechte war der König des Kaukasus, der 4697 Meter hohe Uschba. Das I./Gebirgs-Jäger-Regiment 99 unter Kopp, das weit ostwärts im Raum Ordschonikidse–Tscherkessk–Grusinische Heerstraße kämpfte, wurde der 1. Panzerarmee unterstellt. Es sollte Monate dauern, bis es endlich wieder zu seinem Stammregiment zurückkehrte.

Im Klitsch-Tal, durch das die Ssuchumsche Heerstraße als verfallener Maultierpfad führte, ging es bis zum Steinhaus verhältnismäßig gut vorwärts. Beim Austritt aus den Bergen in Richtung des nur mehr etwa 80 Kilometer entfernten Schwarzen Meeres wurde der gegnerische Widerstand jedoch immer stärker. Was von Hirschfeld im Klitsch-Tal–Quandrabach an Truppen zusammenraffen konnte, warf er in den Kampf. Tagelang wogten die Gefechte um den Austritt aus dem Gebirge hin und her. Die Versorgung über die Berge wurde jedoch immer schwieriger. Dabei hatte es an rechtzeitigen Warnungen nicht gefehlt. So erklärte Oberst Hans Buchner gegenüber General Hubert Lanz, daß „es wohl kaum unüberwindliche Schwierigkeiten geben würde, die Hochpässe des Kaukasus mehr oder weniger schnell in Besitz zu nehmen, daß die Schwierigkeiten aber dann erst beginnen, wenn die an sich schon nicht voll ausreichenden Nachschubmöglichkeiten noch wesentlich schwieriger werden".[56]

Buchner rechnete Lanz vor, „daß je Mann an der Front täglich mit 20 bis 30 kg Nachschub an Verpflegung, Munition, sonstigen Versorgungsgegenständen gerechnet werden müßte. Futter für die Tiere noch nicht mitgerechnet. Je länger nun der Versorgungsweg würde, desto größer würde auch die Gewichtszahl, die sich jeweils unterwegs befindet – und das alles im Fußmarschtempo!"[57]

Noch schwieriger als die Versorgung gestaltete sich der Abtransport der Verwundeten. Tag und Nacht arbeiteten Chirurgen und Sanitäter. „Man muß hier einmal erwähnen, daß wir ohne die Armbinde mit dem Roten Kreuz tätig waren, da sie – wie auch die silbernen Litzen – zu auffällig war und keinerlei Schutz bot, sondern eher gefährdete", erfahren wir von Dr. Hans Hahn. „Wir alle mußten auch keine Stahlhelme tragen. Man konnte dadurch zwar im Gebirge besser sehen und hören und war beweglicher, wurde aber umgekehrt auch leichter am Kopf verwundet. Da Geschosse besonders im Fels Splitter erzeugen und ihre Wirkung damit vervielfacht wird, bin ich nicht sicher, ob dies richtig gewesen ist. Auch die Gasmaske blieb beim Troß. Generalarzt Prof. Dr. Flury, der beratende Pharmakologe beim Heeressanitätsinspekteur, erklärte mir 1943, daß im Kaukasus nicht mit dem Einsatz von chemischen Kampfstoffen gerechnet wurde. Noch ein Wort zu einem Kapitel, das leider auch dazu gehört. Die Bestattung gefallener Kameraden war sehr schwierig. Auch Chlorkalk durfte nicht vergessen werden."[58]

Auf dem Kluchor-Paß erhielt der Ritterkreuzträger Michael Pössinger den Befehl, als Führer einer drei Kompanien umfassenden Kampfgruppe den Gegner zu umgehen, in das Klitsch-Tal vorzustoßen und die Straße nach dem georgischen Kur- und Badeort Ssuchum zu öffnen. Doch die Sowjets waren auf der Hut. Die drei „verlorenen Kompanien", wie sie der Wehrmachtsbericht genannt hatte, wurden von einem sowjetischen Regiment, dessen Kommandeur kein Geringerer als der spätere sowjetische Verteidigungsminister Gretschko war, abgeschnitten und eingeschlossen.

Mit dem Regiment von Hirschfeld bestand keinerlei Verbindung mehr, da die Tragtiere mit den unersetzbaren Funkgeräten abgestürzt waren. In einem Verzweiflungsakt gelang es dem verlorenen Haufen fünf Tage später, während der Nachtstunden, die sowjetischen Truppen zu überraschen. Nach übermenschlichen Anstrengungen konnten Tage danach, völlig erschöpft und abgerissen, die Verwundeten mitschleppend, die eigenen Linien erreicht werden. Es war, so der Bericht des Kriegstagebuches, ein erschütternder Anblick. Die Freude über die verschollenen Kameraden war um so größer, da die Sowjets schon Tage zuvor die totale Vernichtung beziehungsweise die Gefangennahme der drei vermißten Kompanien gemeldet hatten.

Nun war für jedermann deutlich geworden, daß die sowjetische Führung alles daransetzte, den Deutschen den begehrten Weg nach Süden zu versperren. Aus dem Schwarzmeerraum kamen ununterbrochen Verstärkungen, darunter ein Bataillon Fähnriche der Ssuchumschen Gebirgsschule, die 63. Kavallerie-Division mit Bergausrüstung und weitere Infanterie-Verbände. Bereits am 21. August 1942 standen allein sechs Bataillone dem Gebirgs-Jäger-Regiment 98 gegenüber. Dagegen lichteten sich die eigenen Reihen immer mehr. Der Nachschub wurde zeitraubend und dürftig. So war es kein Wunder, daß der zunehmend ungleiche Kampf allmählich zum Stillstand kam.

Der Ausbruch aus der Hochgebirgsenge bei Klitsch war der 1. Gebirgs-Division mißlungen. Währenddessen drangen starke Feindkräfte in ihrer rechten Flanke über den Maruchskoj-Paß (2790 m) nach Norden vor. Ende August wurde der Gegner auf dem deutschen Westflügel am Dombai-Ulgen tätig, wo eine Hochgebirgs-Jäger-Kompanie die steilen Felswände, den Paß und den 3287 Meter hohen Grat verteidigte. Dort lagen die Jäger in Eishütten am Gletscherrand inmitten eines grandiosen Panoramas schneebedeckter Gipfel. Stellvertretend für viele seien der Dongus-Orum (3566 m) und der Uschba (4747 m) genannt.

Trotz örtlicher Rückschläge war der Angriffsschwung des XXXXIX. Gebirgs-Armeekorps nicht erlahmt. Noch marschierten die Gebirgsjäger vielerorts weiter in den Hochkaukasus hinein. Beseelt von dem Willen, das wuchtige Bollwerk zwischen Europa und Asien zu überschreiten.

Zwischen 28. August und 5. September gelang es der Kampfgruppe Eisgrubers der 1. Gebirgs-Division noch, eine über den Maruchskoj-Paß vordringende starke Feindbrigade im unbekannten Gebirge in Höhen zwischen 3000 und 4000 Metern zu vernichten. Dabei zeichnete sich das Hochgebirgs-Jäger-Bataillon 2 durch seinen entscheidenden Angriff über die Kara-Kara-Berge besonders aus.

Die Hochgebirgs-Jäger-Bataillone 1 bis 4 stellten einen der interessantesten Verbände der deutschen Gebirgstruppe dar. Es handelte sich hierbei um Hochalpinisten und besonders bergerfahrene Gebirgssoldaten, aber auch um Offiziere und Unteroffiziere der Reserve, die hier zusammengefaßt worden waren. Unter ihnen befanden sich so klangvolle Namen wie der deutsche Himalaja-Bezwinger Paul Bauer. Nicht zu Unrecht Himalaja-Bauer genannt,[59] der unter anderem in den Jahren 1929, 1931, 1937 und 1938 mit von der Partie war, als der Kampf um den Kangchenzönga[60] voll entbrannt war, der sich aber auch um die deutschen Nanga-Parbat-Expeditionen sehr verdient gemacht hatte.

Das Hochgebirgs-Jäger-Bataillon 1 war am 20. Juli 1942 in Berchtesgaden aus dem I. Ausbildungs-Bataillon für Hochgebirgstruppen zu fünf Kompanien gebildet und im Waldkaukasus der „Division Lanz" unterstellt worden, da es für den Einsatz im Hochkaukasus zu spät an die Gebirgsfront gekommen war. Die mitgeführte Bergausrüstung, Kletterseile, Eispickel und Steigeisen sowie die Mauer- und Eishaken blieben auf Nimmerwiedersehen beim Troß. Im Winter 1942/43 wurde der Verband schließlich aufgelöst und auf die Truppen der 1. Gebirgs-Division verteilt.

Das Hochgebirgs-Jäger-Bataillon 2 wurde am 20. Juli 1942 aus dem II. Ausbildungs-Bataillon für Hochgebirgstruppen in Innsbruck gebildet. Der 1. Gebirgs-Division unterstellt, wurde es unter seinem Kommandeur Major d. R. Paul Bauer ebenfalls im Hochkaukasus eingesetzt. Mit 12. Februar 1943 sollte der Verband in das Gebirgs-Jäger-Bataillon 54 eingegliedert werden.

„In der Wattener Lizum, in Walchen, im Kloster Volders und in Hall waren 6000 Mann für das Hochgebirgs-Jäger-Bataillon 2 eingetroffen, in Berchtesgaden, wo das Hochgebirgs-Jäger-Bataillon 1 gebildet wurde, mag es die gleiche Zahl gewesen sein, und in Wörgl, bei den Trossen, standen ebenso reichlich Freiwillige zur Verfügung", erinnerte sich Bauer. „Die Leitung der Ausbildung lag in den Händen General Ernst Schlemmers, der eine ungewöhnliche Erfahrung besaß und sein ganzes Leben lang ein Bergsteiger durch und durch gewesen war. Das sichere und ausdauernde Gehen im weglosen Hochgebirge, eine gediegene Kletterausbildung jedes einzelnen in den unteren Schwierigkeitsgraden und die Schulung des Einzelkämpfers im Gebirge sah er mit Recht als das Um und Auf der Ausbildung an."[61]

Verfolgen wir nun den Einsatz der Hochgebirgsjäger im Kaukasus an Hand des mit großer Sorgfalt geführten Kriegstagebuches des Oberjägers Alfred Richter. Neben dem nüchternen Kampfeinsatz hat dieser sensible Kunstmaler, der für sein schöpferisches Wirken nicht umsonst Jahre später mit dem österreichischen Professorentitel ausgezeichnet werden sollte, auch Landschaft und Lebensraum sowie die allzu menschlichen Sorgen und Nöte des einfachen Frontsoldaten beschrieben.

„Rostow [...] ist [...] vollkommen ausgebrannt und zerstört. Es geht über den Don und nach Asien. In Kulischewka, außerhalb Bataisk, wird halt gemacht. Die Tagesstrecke beträgt 90 km, nicht viel, aber bei den scheußlichen Straßenverhältnissen für die Fahrer eine beachtliche Leistung. Ich mache es wie die meisten, ich lege mich ins Feld zum Schlafen.

Von der 3. Kp. kommt die Kunde, daß sich beim Verladen in Innsbruck zwei schwere Unfälle ereignet hätten: Erst sei ein mit Stroh beladener Wagen dadurch ausgebrannt, daß das zu hoch geladene Stroh von der Oberleitung gezündet worden sei. Bald darauf sei ein vom Brenner kommender Güterzug in den an der Verladerampe stehenden Transportzug gefahren, wodurch die ersten drei oder vier Waggons, auf die man gerade Lkw verladen habe, ineinander geschoben worden seien. Dabei sei ein Mann sofort getötet worden, zwei seien ihren schweren Verletzungen bald darauf erlegen und 15 Mann, zum Teil mit gequetschten Beinen, ins Krankenhaus eingeliefert worden. Den gräßlichen Unfall hätten noch dazu die zahlreich anwesenden Frauen mit ansehen müssen, die zur Verabschiedung zum Bahnhof gekommen waren.

Das Bataillon steht unter keinem guten Stern: 4 Tote durch Absturz, was auch erst später bekannt geworden ist, dann die genannten 3 und eine beträchtliche Anzahl von Verletzten und Kranken in Lazaretten. Auch in Taganrog habe man einige zurücklassen müssen [...]

20. 8.

Um 5 Uhr geht die Fahrt über Kuschtschjowskaja weiter. In Pawlowskaja ist Mittagsrast. Es ist sehr heiß. Man ist glücklich, sich mit einer Eßschale voll Wasser waschen zu können. Streckenweise ist die Fahrgeschwindigkeit sehr gering, durchschnittlich 20 km/h. Wir erreichen das gesteckte Ziel nicht und bleiben in Archangelskaja. Die Tagesstrecke beträgt 191 km.

21. 8.

4 Uhr wecken, 5 Uhr Weiterfahrt. Wir kommen durch Kropotkin. Überraschend ist die Freundlichkeit der Bevölkerung, man winkt uns zu, gibt

uns zu essen. Bei einem kurzen Halt komme ich in ein Bauernhaus: bereitwillig bekomme ich Tomaten und Zwetschken. Eine Frau beeilt sich, uns in Öl gebackene Fladen zu machen. Um 8 Uhr fahren wir über den Kuban. Die Brücke sei erst seit einer Woche wiederhergestellt. Im Ort sind noch einige Spuren des Kampfes zu sehen. Dann aber bekommen wir eine Vorstellung von der Wucht der Stuka-Angriffe: Kilometerlang fahren wir an zerstörten Transportzügen vorüber. Ungeheuer muß die Wirkung der Bomben auf Munitionswagen gewesen sein; Schienen sind wie Draht aufgerollt und liegen stellenweise 100 m vom Bahnkörper entfernt in den Feldern, ebenso Waggonräder und schwere Munition. Manche Wagen sind samt Inhalt zu einem undefinierbaren Klumpen zusammengeschmolzen.

Die Fahrzeuge müssen tanken, dadurch haben wir einen längeren Aufenthalt, der sofort zum Baden benützt wird. Zwei Stunden wie im Paradies: In den Auen des Kuban laufen wir nackt herum, schwimmen über den warmen, tiefen Fluß hin und her. Denn auf der anderen Seite gibt es Gärten mit Tomaten, Zwiebeln und Grünzeug. Jeder ißt und holt sich, was er nur kann. Verdutzt schauen die Bäuerinnen, die drüben in den Gärten arbeiten, dem Treiben der vielen Nackten zu. Ich weiß nicht, wie oft ich insgesamt hin und her geschwommen bin mit Kränzen von Zwiebeln und Grünzeug um den Hals und Tomaten in den Händen, um auch die Nichtschwimmer mit diesen Köstlichkeiten zu versorgen.

Abends komme ich noch einmal zum Baden. Ein Gewitter hat die Weiterfahrt auf ansteigender Straße unmöglich gemacht. Wir bleiben in Protschnovkopskaja vor Armawir. In einem Obstgarten auf einer Flußinsel stürzen wir uns auf Zwetschken und Reineclauden. Das Organisieren geht los, Hühner, Gänse und sogar Schweine werden herangebracht. Ich übernachte im Bus. Die Tagesstrecke beträgt 106 km.

22. 8.

Es geht erst um 12 Uhr 30 weiter. Ich bade noch einmal im Kuban. Das Gewitter hat abgekühlt. Das Landschaftsbild ändert sich, es erinnert mich an Bulgarien mit Hügeln, nur weiter und flacher als dort, kahl und mit Steppengras bewachsen und mit tafelförmigen Plateaus. Die Gegend ist dünn besiedelt. Eine schlechte Straßenstelle hält die Fahrzeuge derart auf, daß wir heute nur insgesamt 72 km zurücklegen.

Wir haben ein Kalb und ein Schwein geschnappt, es gibt für jeden eine ausgiebige Portion Gulasch. Heute schlafe ich lieber im Zelt als im Bus.

23. 8.

Hügelauf, hügelab geht es weiter. Man kann die Fahrbahn nicht mehr als Straße bezeichnen, sie heißt auch nur ‚Panzerstraße‘, ist wahrscheinlich erst durch deren Vormarsch entstanden. Der lehmige Boden ist asphaltglatt und hart. Wehe dem aber, der darauf nach einem Regen oder durch sumpfige Niederungen fahren muß! Letztere verursachen immer wieder Stauungen der Fahrzeuge, da häufig alles aussteigen muß, um die Wagen über die schlechte Stelle zu bringen. Auf großem Umweg kommen wir wieder ins Kubantal und Borszukowskaja. In Newinnomyskaja übersetzen wir die Haupteisenbahnlinie. Kuban aufwärts fahren wir, wieder durch öde, vollkommen baumlose Landschaft auf schlechten Wegen querfeldein. Das Gras wuchert mannshoch. Noch bei Tageslicht erreichen wir Tscherkessk und schlagen unser Lager auf.

24. 8.

Man will uns noch weiter fahren, so lange es die ‚Straße' ermöglicht. Wir warten auf Treibstoff. Indessen packen wir unser Marschgepäck. Der Stahlhelm und die widerliche Gasmaske bleiben nebst anderen entbehrlichen Stücken aus der heimatlichen Bekleidungskammer zurück.

Nachmittag fahren wir weiter, der alten Ssuchumschen Heerstraße folgend in die Berge. Der Kaukasus ist anders gegliedert als die Alpen: es gibt nur einen Hauptkamm, die sehr langen Kämme und Täler der Vorberge verlaufen senkrecht dazu. Kaum haben wir die Ebene verlassen und die ersten sanften Vorberge erreicht, als wir auch schon einem anderen Menschenschlag begegnen: Die Männer tragen Bärte und breitkrempige Hüte, ähnlich denen der alten Tiroler Tracht, dazu schwarzbraune Schafwollmäntel. Ihre dunklen Gesichter mit den tief sitzenden Hüten erscheinen düster und hart, aber nicht unfreundlich. Die meisten Frauen tragen dunkle Kopftücher, ähnlich wie die Rumäninnen, um den Hals gebunden. Die Häuser sind primitiv, zeugen aber vom Ordnungssinn ihrer Bewohner. Wie Schwalbennester kleben unter Felsvorsprüngen winzig kleine Hütten, sauber mit Lehm verschmiert und weiß getüncht. Der Austritt des Kuban aus dem Gebirge ist geologisch sehr interessant: Kreideschichten, von Lehm überlagert, an anderen Stellen zwischen Urgesteinsblöcken rote Erde. Leider fahren wir an all den Schönheiten vorüber, es tut mir leid, nichts davon zeichnen oder fotografieren zu können. Wir passieren Kamennomostskij, vermutlich ein Bergwerksort. Große moderne Häuser stehen unter vielen kleinen Einfamilienhäuschen. Der Ort ist seit 15. 8. in deutscher Hand. Nun zieht sich unser Weg durch ein wenig besiedeltes, enges Tal, die Straße ist, wie überall, schlecht. Die Dunkelheit bricht herein, wir erreichen schließlich die Endstation unserer Fahrt, den Kurort Teberda. Die Omnibusse werden entleert, wir schlagen in einem schönen Park unter Birken unser Lager auf.

25. 8.

Um 5 Uhr weckt uns die Detonation von Bomben. Ein russischer Flieger hat uns einen Besuch abgestattet. Teberda ist Luftkurort. Die nur äußerlich modernen Kurhäuser, in der Art kastenförmiger europäischer Spitäler, zeigen aber nichts von der bei uns üblichen Sauberkeit. Sie sind von Russen, zum größten Teil von bresthaften Kindern belegt, die sich in ihrem Sommeraufenthalt auch von den wiederholten Fliegerangriffen nicht stören lassen. Diese gelten natürlich nicht ihnen, sondern dem Gefechtsstand der 1.G.D. (General Lanz), der hier aufgeschlagen ist.

In der Divisionskartenstelle erfahre ich allerlei über die Kriegsereignis-

se in diesem Raum: Von einer aus der Division ausgewählten Hochgebirgstruppe unter Führung von Hptm. Groth sei am 21. d. M. der Elbrusgipfel (5633 m) erreicht worden. Es habe dabei auch Kampf gegeben.
Sonach eine doppelt beachtliche Leistung der tüchtigen Jäger. Ein Batl.
habe auch schon den Kluchorpaß überschritten und kämpfe auf dessen
Südseite vor Klitsch. (Ich dachte ursprünglich, daß dies unsere Aufgabe
werden sollte.) Das Batl. stehe zur Zeit allein zwei neu herangeführten
russischen Gebirgsdivisionen gegenüber. Der Kampf sei hart. Auf russischer Seite stünden Elitetruppen, so ein Fahnenjunkerregiment, von dem
kein einziger Mann hätte lebend gefangengenommen werden können,
man hätte sie einzeln erschlagen müssen. Auch Scharfschützen seien
gefährliche Gegner. Der Vorstoß in die Südhänge des Kaukasus würde
dennoch gelingen, sei aber derzeit sinnlos, weil sowohl im Osten, als auch
im Westkaukasus die deutschen Truppen gegenwärtig nicht vorwärts
kämen. Wir stecken sonach in der Spitze eines nach Süden vorgetriebe-
nen Keiles. Wir tauschen unseren Lagerplatz gegen einen, über dem Ort
liegenden, besser getarnten. Doch kaum habe ich mich dort niedergelas-
sen, um dringende Karteneinzeichnungen zu machen, als auch schon wieder russische Flieger kommen. In allernächster Nähe kracht eine Bombe.
Ich muß meine Zeichenwerkstätte abermals verlegen. Ich gehe unter einen
dichten Baum, um mit den hellen Kartenblättern kein ‚Aufsehen‘ zu
erregen.

Die Landschaft ist prachtvoll, sie erinnert ganz an die Alpen. Der Laub-
wald des Tales geht nach oben in Nadelwald über.

26. 8.

4 Uhr Wecken. Unsere ‚Arbeit‘ beginnt. Die 1.Kp. unter Hptm. Schmid
soll sofort abmarschieren und über den Dombai-Ulgen-Paß vorgehen. Wir
ziehen um 7 Uhr 30 los, vor uns die 2. Kp. und der Nachrichtenzug, hinter uns die 3., in westlicher Richtung über den Muchinsky-Paß (2744 m)
nach Kraszno-Karatschai. Wir alle steigen schlottrig. Die langen Bahn-
und Busfahrten haben uns des Gehens entwöhnt. Zudem ist unser Marschgepäck schwer, jeder hat für vier Tage Verpflegung bei sich. Die russischen
Flieger haben anscheinend festgesetzte Dienststunden. Wieder sind sie am
Morgen gekommen und während unseres Aufstieges um die Mittagszeit.
Wir müssen mehrmals in Deckung gehen, um unsere Bewegung nicht zu
verraten. Wir begegnen Hirten, die, auf Felsen hockend, unseren Aufstieg,
wahrscheinlich schon lange, beobachtet haben. Sie erheben sich würde-
voll zum Gruß. Es sind prächtige, große Kerle von adeliger Haltung trotz
lumpigen Gewandes. Während des letzten Aufstiegstückes beginnt es ausgiebig zu regnen. Um 15 Uhr 30 erreichen wir den Paß. Der Abstieg ist
steil und geht erst recht in die Knie. Todmüde halten wir auf einer Fels-
nase im Markatal und schlagen unser Nachtlager auf. Mir tut die
Bauchmuskulatur arg wehe. Ich habe mit meinen Helfern von der Kartenstelle Nachtwache. Herrlich duftender Kaffee (40% Kaffeebohnen) ver-

schönt den Abend. Als Wachhabender kann ich mich leider nicht in meinen Schlafsack verkriechen und friere so, besonders in den Füßen.

27. 8.

Ab 4 Uhr stehe ich auf Posten, bis zum Abmarsch. Bis gegen 11 Uhr warten wir in der Hirtensiedlung Kraszno-Karatschai auf den Befehl zum Weitermarsch nach Süden, das Axauttal aufwärts. Wir erfahren, daß im nächsten Paralleltal westlich von uns, dem Maruchatal, Russen von zwei Kompanien des GJR 98 eingeschlossen seien. Der Maruchskoj-Paß sei von Russen in Regimentstärke mit Artillerie und Granatwerfern besetzt. Unser Bataillon soll den Auftrag erhalten, von Osten her auf den Maruchskoj-Paß vorzustoßen. Der Kommandeur hat schon bei der Einsatzbesprechung in Teberda einige Stützpunkte bekanntgegeben. Sie sind mit Buchstaben, von ‚a‘ beginnend, in den Karten bezeichnet worden. Danach wird nun die 3. Kp. bis Punkt ‚d‘, bei der Einmündung des Malaja-Teberdatales ins Axauttal, vorgezogen, der Batl.Stab marschiert bis ‚c‘, 18 bis 20 km südlich von Kraszno-Karatschai. Das Tal ist wunderschön. Obwohl wir keine nennenswerte Steigung zu überwinden haben, macht die Müdigkeit vom gestrigen Marsch das Gehen zur Qual. Wir sind froh, wenn wir rasten dürfen. Dies und mehrmaliges In-Fliegerdeckung-Gehen verzögert allerdings den Marsch. So kommen wir erst bei Dunkelheit am Lagerplatz in ‚c‘ an. Es regnet, wir dürfen kein Feuer machen (‚Feind sieht ein‘). Nun beginnt auch meine Tätigkeit als Gefechtsschreiber. Der Kommandeur gibt noch zu später Stunde Befehl um Befehl heraus, zu denen ich vier Kartenskizzen zu machen habe. Im Zelt zu fünft hausen ist ohnehin schon knapp, dabei aber noch am Boden sitzend, ohne Beine und Rücken strecken zu können, bei spärlichem Schein eines Grablichtes Karten zeichnen zu müssen, ist noch anstrengender als das Marschieren.

28. 8.

Um 1 Uhr lasse ich meinen Gehilfen weiterarbeiten, ich bin nicht mehr imstande zu sitzen. Um 3 Uhr 30 wird geweckt, um 4 Uhr muß ich mit dem Kommandeur voraus talaufwärts zum Stützpunkt ‚d‘. Er ist ein zu einem Wolframbergwerk gehöriges Barackenlager in 1911 m Seehöhe. Ringsum herrlicher Hochwald, der an den Bergflanken noch weit hinauf reicht. Man wähnt sich bei Betrachtung der Flora, aus der Erfahrung in den Alpen, erst bei 1200 m. Den Unterschied macht eben die südliche Lage des Kaukasus aus. Von ‚d‘ hat man einen herrlichen Blick ins Tal bis zum Axautgletscher und links davon zum Akssaut (3908 m). Die Schreibweise des Namens wechselt, kann auch ‚Chassaut‘ sein.

Im Barackenlager treffen wir Frauen und Kinder an, vermutlich die Angehörigen der Bergwerksbediensteten. Nicht wenig überrascht mich eine der Frauen mit der Frage in Deutsch: ‚Haben Sie vielleicht ein Bild vom hl. Georg?‘ Sie fügt noch erklärend hinzu: ‚Wissen Sie, ich bin religiös, bin die Lehrerin der Kinder hier.‘ Leider kann ich ihrer Bitte nicht entsprechen. Die Frauen und Kinder werden aus dem Tal gewiesen. Ich finde in einer Baracke ein Nivelliergerät. Die Frauen wollen es unbedingt mitnehmen; in ihren Augen möglicherweise ein besonders wertvolles Requisit. Ich sehe darin für uns keine Verwendung und will es ihnen überlassen. Bauer, der gerade dazu kommt, befiehlt mir, es zu behalten. So muß ich die Russinnen barsch abwehren und davonjagen. Ich richte mit meinen Gehilfen einen Raum in einer Baracke als Arbeits- und zugleich Wohnraum ein, nebenan hat der Kommandeur einen für Besprechungen und einen Schlafraum belegt, uns gegenüber richten sich Funker und Fernsprecher ein.

Über die zahlreichen Arme des Axaut werden Laufstege gelegt.

Für heute war bereits ein Angriff auf den Maruchskoj-Paß geplant, wurde aber verschoben, bis die genaue Feindlage bekannt sein werde. Darum ist heute rege Spähtrupptätigkeit nach allen Seiten hin. Abends laufen auch schon Meldungen ein: Die 3.Kp. sei gegen den Axautgletscher vorgegangen, habe einige Grate mit Spähtrupps besetzt und noch keine Feindberührung gehabt.

Lt. Kelz der 2.Kp. habe mit seinem Spähtrupp, von ‚d' gegen den Nordgrat des Kara-Kaja angesetzt, den bei Kote 3163 m vom Nordgrat nach Osten abzweigenden Grat nach hartem Kampf besetzt; der Nordgrat sei von Russen besetzt und auf einem parallel verlaufenden Grat säßen zwischen Felstürmen feindliche Scharfschützen.

Die übrigen Spähtrupps hätten die befohlenen Ziele erreicht, befürchteten aber wegen Munitionsmangels nicht weiter vorgehen zu können.

Der Kdr. plant in der Nacht den Nordgrat des Kara-Kaja angreifen zu lassen und die Russen zu werfen. Dazu sollen seitlich liegende Kompanieteile zusammengefaßt und gegen den Bezugspunkt ‚e' (3080 m) nördlich des Kara-Kaja angesetzt werden. Munition und Verpflegung sollen morgen nachkommen. Ich habe Hals über Kopf mit Karten-kopieren und Skizzen-zeichnen viel zu tun. Da ich nur zur Verfügung habe, was ich in meinem Zeichenbrettchen und der Kartenrolle mit mir trage, kosten die Kartenskizzen dreifache Arbeit. Der Stab ist inzwischen vollzählig am Batl. Gefechtsstand in ‚d' eingetroffen.

29. 8.

Die Nacht in der Baracke war scheußlich; wir lagen am Boden, ohne schlafen zu können, Wanzen peinigten uns fürchterlich.

11 Uhr – Wir liegen in Deckung und erwarten die Russen. Der Stab soll den Rückzug der 3.Kp. decken, die noch nichts davon weiß, daß der Feind überall unsere Spähtrupps zurückgedrängt hat und ins breite, von zahlreichen Wasserläufen und Schotterbänken des Akssaut durchzogene Tal bei ‚d' drückt. Der Munitionsmangel hat sich doch gerächt. Man war zu optimistisch: Ohne Troß, ohne Tragtiere, d. h. ohne Nachschub von Munition und Verpflegung, eine Truppe ins Hochgebirge in den Einsatz zu schicken, ist eben ein Wagnis. Wir haben die Baracken geräumt. Der Kommandeur ist bei der 3.Kp. Die Bilanz des gestrigen Tages: 2 Tote (Oj.

Schenk, 2.Kp und Jg. Veith vom Stab), 5 Verwundete und 2 Vermißte auf eigener Seite, 1 Russe gefangen. Schon am Morgen kommt die Meldung über weitere 5 Gefallene und 7 Verwundete auf unserer Seite und 10 gefangene Russen.

Die Gefangenen, die zu uns gebracht werden, sind mangelhaft ausgerüstet und vom Hunger geschwächt. Dagegen besagen Meldungen, daß auf russischer Seite auch sehr gut ausgerüstete Gebirgstruppen kämpften. Sie trügen, ähnlich wie wir, graue Uniformen, Bergschuhe und Hüte.

Eine eigentümliche Spannung in der Mittagsstille. Der Gefechtslärm auf Kote 3021, westlich von uns, hoch über einer steilen Grasflanke, der seit 4 Uhr pausenlos zu hören war, ist verstummt. Haben unsere Leute nun alle Munition verschossen? Nach einiger Zeit knallt es oben wieder. Ist es gelungen, den Russen abzuriegeln? Wir gehen in unsere Baracke zurück und verlegen den Batl.Gefechtsstand um 300 m zurück in den Wald. Ich habe mir eben mein Zelt über einer rasch gegrabenen Vertiefung aufgestellt und den Boden mit Laub bedeckt, um bequemer sitzend zeichnen zu können, als ich von heftigem Fieber geschüttelt werde und starkes Stechen im Rücken und in der Seite spüre. Ich kann mich kaum aufrichten. Der Kommandeur ist inzwischen zu uns zurückgekommen. Der Stab geht noch einmal in Gefechtsbereitschaft. Ich muß, unbeweglich am Rücken liegend, in meiner Laubgrube zurückbleiben. Der Kommandeur sucht mich auf, er findet ebenso wenig wie ich eine Erklärung für meinen Zustand.

30. 8.

Das Fieber ist weg, nicht das Stechen im Brustkorb; zudem verspüre ich Kreuzschmerzen. Immerhin war die Nacht im Zelt schöner als in der Wanzenbude. Alle Leute des Stabes mußten die Nacht über gegen den Axautbach sichern, ich lag allein im Zeltlager. Die Nacht war ruhig. Die Russen, die bis zum Bach vorgedrungen waren und auf einer Kuppe, von uns vollkommen eingesehen, seelenruhig Schanzarbeiten gemacht hatten, haben sich, durch unser Feuer gestört, von der Kuppe abgesetzt und jenseits des Baches, uns gegenüber in den Wald zurückgezogen. Dadurch rückt die Schießerei unserem Lager näher.

Als nachts irgend ein aufgeregter Knabe vor dem Barackenlager zu schießen und mit Handgranaten zu werfen beginnt, ist auch unsere Nachtruhe wieder dahin. Alle müssen auf Posten heraus. Ich bin zwar fieberfrei, aber noch nicht ohne Stechen beim Atmen. Ich habe in der zweiten Nachthälfte mit zwei MG-Schützen einen Steg über den Axaut zu sichern. Ich habe sehr gegen den Schlaf anzukämpfen. Anderen ergeht es nicht besser: Auf meinem Kontrollgang treffe ich da und dort bei Nachbargruppen Posten schlafend an. Die Nacht ist mondhell, es rührt sich nichts. Nur am oberen Ende der Flußsicherung knallt es hie und da.

31. 8.

Mehr und mehr Russen laufen zu uns über. Sie sagen, es würden noch viel mehr überlaufen, hätten nicht manche vor den Kommissaren Angst.

Man erzähle ihnen drüben, daß alle Überläufer von den Deutschen erschossen würden.

Ich mache mir guten Kaffee. Wir sind noch immer auf eigene Kochkunst angewiesen. Wohl hat man einen Ochsen geschlachtet und Suppe und Fleisch ausgegeben, aber es mangelt an Geschirr, um ständig für den Stab gemeinsam kochen zu können, denn wir sind ohne Feldküchen. Die Konservenverpflegungg widert allmählich an.

Ich wollte eigentlich nach dem Kaffee schlafen, aber das schöne Wetter läßt mich nicht ruhen. Ich gehe mit meinem Schreiber Herbert Pitschel an die ‚Wohnkultur‘: Wir graben unsere Zeltgrube tiefer und bauen aus Brettern einen Aufbau, also eine Zelthütte, wie ich es bei den Pfadfindern gelernt hatte. Auf diese Weise können wir sogar einen Arbeitstisch ins Zelt stellen. Wir sind mit Eifer und Freude am Werk und zu Mittag mit dem Neubau fertig. Da kommt am Nachmittag der Kommandeur und befiehlt die sofortige Rückübersiedlung ins verwanzte Barackenlager. Ich bin verärgert, weniger der umsonst geleisteten Arbeit wegen, vielmehr über die Wanzenplage. Wetterumschlag. Es fällt mir auf, daß der Wechsel sich hier rascher vollzieht, als in den Alpen. Die Russen ziehen sich zurück. Vermutlich werden sie versuchen, weiter draußen durch ein Seitental in unseres herunter zu stoßen.

Die Gefangenen und Überläufer werden bei uns in ‚d‘ gesammelt. Heute sind es 18 Gefangene und 14 Überläufer.

1. 9.

Während der ganzen Nacht hat es in Strömen geregnet. Die Männer oben in den Stellungen haben es nicht gut. Überläufer kommen völlig durchnäßt und können sich, von Hunger entkräftet, kaum noch auf den Beinen halten. Zwei sind heute früh beim Überschreiten des Baches ins Wasser gefallen und ertrunken. Was Menschen auszuhalten vermögen, zeigt eine Begebenheit von gestern: Hptm. Geyer, der mit seiner 2.Kp. einen Tag vor uns ins Tal hereingekommen war, hatte drei Zivilisten erschießen lassen.

Gestern hatte man wieder zwei Zivilisten im Bachbett aufgegriffen. Es stellte sich heraus, daß es zwei von den drei erschossenen waren. Sie hatten Lungenschüsse, fielen in den Bach, lagen darin ein paar Tage und krochen schließlich wieder heraus.

Die Gefangenen und Überläufer erzählen einstimmig, daß sie für 5 Tage nur $1/2$ kg Brot und 2 kg rohes Fleisch bekommen hätten, das sie hätten roh essen müssen, weil sie nicht hätten Feuer machen dürfen.

Abends nimmt die 2.Kp. den Bezugspunkt ‚e‘ (3080 m) und den Grat nördlich und südlich davon (von den Jägern ‚rote Wand‘ genannt), eine wichtige Stellung für das weitere Vordringen über den Maruchskojgletscher zum Paß. Sie erbeutet dabei Maschinengewehre, Granatwerfer, Gewehre, Maschinenpistolen, Handgranaten und Gewehrmunition und führt 26 Gefangene und 5 Überläufer ab. Sie meldet, daß der Feind überall zurückweiche.

2. 9.

Ich habe auf meinem Arbeitstisch geschlafen, einem roh gezimmerten Tisch mit einer aus drei Brettern gefügten Platte. Da bin ich von den Wanzen doch weniger geplagt worden als am Boden, besonders in Wandnähe. Es klart auf. Ein ruhiger Tag ohne Kampfhandlungen. Das Kan-Kaja-Tal wird von Versprengten gesäubert. 150 Gefangene werden zum Batl. Gefechtsstand gebracht. In einem leeren Schuppen, dessen Brettertor nur mit einem Holzriegel verschlossen werden kann, werden sie untergebracht. Wir können sie kaum verpflegen, da wir selbst noch ohne Nachschub sind, und die im Barackenlager erbeuteten Vorräte nicht groß sind. Eine dünne Bohnensuppe ist alles, was sie von uns erhalten. Sie stürzen sich auf weggeworfene Konservenbüchsen, um letzte Reste herauszuholen und kochen auf kleinen Feuern, die sie rings um unseren Gefechtsstand entzünden, Reste ihrer Einsatzverpflegung. Sie sollen als Träger eingesetzt werden. Ein Spähtrupp unter Lt. Dingler und die Alpingruppe der 4.Kp. geht im Axauttal bis zu einer von uns Kara-Kaja-Scharte (I 103) benannten Scharte vor und besetzt sie. Von ihr aus wird es möglich werden, den Maruchskojpaß aus der Flanke anzugreifen.

Durch den heftigen Regen ist der Bach stark angeschwollen und hat die Stege weggeschwemmt. Die Gefangenen werden eingesetzt, um sie zu erneuern. Abends ziehe ich mit Hilfe von Russen, die gerade im Bachbett arbeiten, einen Ertrunkenen in Zivilkleidern aus dem Wasser und begrabe ihn auf einer Schotterbank. Ich tue dies, weil ich festgestellt habe, daß die vermeintliche Quelle, nahe unserem Lager, aus der wir trinken und Wasser holen, keine Quelle ist, sondern unter einem Stein zufließendes Bachwasser.

3. 9.

Ein ruhiger Tag wie der gestrige. Das Wetter ist zwar besser geworden, aber noch immer nicht ganz schön. Ich habe mit meinen Leuten alle Hände voll zu tun, zu zeichnen und Meldungen und Berichte abzufassen.

Weil das Bataillon selbständig ist, nicht Teil eines Regimentes, untersteht es direkt der Division. Von ihr empfängt es alle Befehle und Weisungen und zu ihr gehen alle unsere Meldungen und Berichte. Der Funkverkehr ist durch die hohen Berge stark behindert. So gehen auch Melder die weite Strecke über den Muchinsky-Paß nach Teberda zur Division. Sie sind hin und zurück gute zwei Tage unterwegs; keine befriedigende Lösung in Eile. Das Bataillon ist also nicht nur gemäß seiner Aufstellung selbständig, sondern hier auch praktisch ganz auf sich selbst gestellt. Der Kommandeur ist ständig unterwegs, um sich möglichst rasch und direkt persönlich zu informieren und einzuschalten. Wir sind noch ohne Verbindung zum Hinterland, ohne Post und Rundfunkmeldungen.

Der Kommandeur erläutert in einer Einsatzbesprechung seinen Plan zum Angriff auf den Maruchskojpaß von der Kara-Kaja-Scharte (I 103) aus über seine Ostflanke. Er zieht auch mich zur Besprechung zu, um Fehler und Unklarheiten in der Benennung von Graten, Scharten und sonstigen Bezugspunkten auszuschalten. Denn die Kompanie-, Spähtrupp- und Kampfgruppenführer verfügen nur über die völlig unzureichenden 200.000er Karten und haben daher in ihren Meldungen bisher zu eigener Benennung solcher Punkte Zuflucht genommen. Nun geben wir Kartenskizzen aus, die ich nach der einzigen, ausgezeichneten, russischen Karte M 1:42.000, einem Beutestück, das der Kommandeur nur ungern aus der Hand gibt, gezeichnet und mit den festgelegten ‚Bezugs- und J-Punkten' versehen habe.

4. 9.

Ein herrlicher Morgen, aber leider wieder regnerischer Tag. Der Kommandeur bricht mit einem Teil des Stabes und den Alpinzügen der 2., 3. und 4.Kp. zur Kara-Kaja-Scharte auf. Der Batl.Adjutant, Oblt. Jakoby und ich müssen am Batl.Gefechtsstand zurückbleiben.

Lt. Schindler, bei der 2.Kp. am 30. 8. durch Herzschuß gefallen, wird ins Tal gebracht.

Wir leben noch immer nur von Konserven, hauptsächlich russischen, die wir im Barackenlager nebst Mehl vorgefunden haben. Es sind vor allem Bohnen, die zu einem Drittel des Doseninhaltes mit Rindsfett übergossen sind, sehr ausgiebig zwar, aber schwer verdaulich, wenn man nicht ausreichend Bewegung machen kann. Ich glaube, vom Genuß von Rindfleischkonserven Durchfall bekommen zu haben.

5. 9.

Seit Mitternacht ist die Erstürmung des Maruchskojpasses im Gange. Wir in ‚d' werden laufend über die Besetzung der Ausgangsstellungen und den Angriff auf den Paß unterrichtet: Die Kampfgruppen der 3. und 4.Kp. sind um Mitternacht über die Scharte J 103 abgestiegen und im Vorgehen auf J 120, 121 und 112. Die beiden ersten Punkte werden in den Vormittagsstunden besetzt. Von J 112 aus kann der feindliche Nachschub auf den Paß wirksam gestört werden, der Punkt wird nach Niederwerfung des Feindes in Zugstärke besetzt. Um 14 Uhr 20 wird gemeldet, daß Jäger der 4.Kp. sich bis auf 50 m an den Paß herangekämpft hätten. Die feindliche Paßbesatzung habe sich eingegraben. Kurz darauf kommt die Meldung: Maruchskojpaß im Sturm genommen; 400 bis 500 Gefangene, nur 10 bis 20 Russen seien entkommen; 60 bis 80 Russen seien gefallen; die eigenen Verluste seien gering, zur Zeit sei bekannt, daß Lt. Pilarczyk und 1 Mann gefallen und 3 verwundet seien, darunter 1 Feldwebel schwer."[62]

Den Frontalangriff unternahm das I. Bataillon des Gebirgs-Jäger-Regiments 98 unter seinem Kommandeur Major Bader. Der Umgehungsangriff wurde vom Hochgebirgs-Jäger-Bataillon 2 unter seinem Kommandeur Major d. R. Bauer durchgeführt. Führer der aus beiden Bataillonen zusammengesetzten Kampfgruppe war Major Eisgruber. Da die Einnahme des Maruchskoj-Passes als ein „klassisches Hochgebirgsgefecht" in die

Geschichte des Gebirgskrieges eingegangen ist, wollen wir an dieser Stelle seinen Verlauf in aller Ausführlichkeit an Hand eines uns vorliegenden Rundfunkberichtes verfolgen:[63]

Prop-Komp. (mot) 666.   Maruchskoj-Paß (2756 m)
Sdf. (Z). Ewald Sotke.   8. IX. 42.

Rundfunkbericht

Die Einnahme des Maruchskoj-Passes,
ein klassisches Hochgebirgsgefecht.

Nun sitzen wir auf dem Paß. Wir haben zwischen den Felsen des Paßsattels unser Biwak aufgeschlagen. Vorgeschobene Stellungen und Spähtrupps sichern den Paß nach jeder Richtung der Feindseite. Ja, das war ein glänzender Sieg vor drei Tagen, der noch unsere Herzen erfüllt. Es war ein Tag wie heute, strahlende Sonne. Ein märchenhaft blauer Himmel spannte sich über die Gipfel, Gletscher und Spitzen der Umgebung des Maruchskoj-Passes im wilden Kaukasus.

In einer Bergwelt, die jeden Bergfreund begeistert, spielte sich ein geradezu klassisches Hochgebirgsgefecht über 12 Stunden ab. Es endete mit der Einnahme eines der wichtigsten Übergänge im Westkaukasus. Der Feind wurde vernichtet.

Schon Tage vorher waren durch Erkundung und Aufklärung die Annäherungsmöglichkeiten an den Paß und die feindlichen Stellungen festgestellt worden. Der Paß überquert in nord-südlicher Richtung die von Nordosten nach Südwesten streichende Hauptkette des Kaukasus. Der Frontalangriff von Norden auf den Paß aus dem Maruchtal über den nördlichen Maruchgletscher allein war unmöglich. Die Paßhöhen fallen hier steil, wild zerklüftet ab, und die zerrissenen Urgesteinfelsen boten dem Verteidiger die denkbar besten Möglichkeiten. Wie eine gewaltige Bastion schien hier selbst die Natur jedem Angriff mit Gewalt halt bieten zu wollen. Hier hatten sich die Bolschewisten mit einem Übermaß an Waffen und Munition in großer Zahl festgesetzt. Hinter jedem Felsblock hatten sie ihre Stellungen eingerichtet. Zahlreiche Scharfschützen konnten jeden Winkel des vorliegenden Tales unter Feuer nehmen.

Vom Paß nach Südosten schwingt sich eine bucklige Höhe, übergehend in schartige Türme über scharfe Gratfelder hinauf zu fast Viertausender-Gipfeln. Dieser Gipfelreihe parallel türmt sich südwestlich eine andere Kette. Zwischen beiden eine riesige Mulde, ausgefüllt von dem südlichen Maruch-Gletscher. Der Gletscher zieht sich von der Scharte zwischen den beiden Bergketten aus fast 3500 m Höhe in breitem Strom, mit mächtigen Abbrüchen, tiefen Spalten herunter und führt mit seinen Moränen an der Südseite des Passes vorbei.

Der Plan für den Angriff sah vor: Angriff eines Btl. Gebirgsjäger frontal von Norden auf den Paß. Das hatte der Feind vorausgesehen. Aber: Ein anderes Hochgebirgsbtl. hatte in weiterer Umgebung die 3488 m hohe Scharte südostwärts des Passes zu erreichen, über den Gletscher hinab und über die Gipfel und Grate südostwärts des Passes den Paß aus der Flanke anzugreifen. Gleichzeitig sollte es den Feind von Süden, also aus dem Rücken, unter Feuer nehmen. Erst wenn dieser Angriff rollte, sollte der Frontalangriff des 1. Btl. beginnen. Diesen Flankenangriff hatten die Bolschewisten nicht vorausgesehen. Und wenn wir jetzt vom Paß aus nach Südosten blicken, hinauf über den langen Gletscher, seine jähen Abbrüche bis zu der 3488 m hohen Scharte; wenn wir die links und rechts vom Gletscher steil aufwuchtenden Felswände, Türme und Grate ins Auge fassen, dann hält man es selbst kaum für möglich, daß hier eine schwer bewaffnete Truppe hinunterdringen und angreifen könnte. Und dennoch sind wir dort herübergekommen.

121

In den Tagen und Nächten vor dem Angriff tobten Schneestürme durch die Scharte, in der nach mühevollem Aufstieg die Einheiten zur Bereitstellung in Eishöhlen und auf dem blanken Eis biwakierten. Die Natur schien sich mit den Bolschewisten verbündet zu haben. Am letzten Tage vor dem Angriff ging bei nebeligem und stürmischem Wetter ein Spähtrupp von der Scharte über den Gletscher hinunter und bestieg den vorletzten Gipfel in der Flanke des Passes und fand ihn feindfrei. Diese Meldung, die in der Nacht vor dem Angriff auf dem Gefechtsstand in der Scharte eintraf, war entscheidend. Denn nun konnte noch in der Nacht eine ganze Kompanie auf diesen Gipfel folgen. Im Morgengrauen waren ihre MG dort in Stellung und nahmen die auf dem letzten Flankengipfel liegenden Stellungen der Bolschewisten in überschneidendem Feuer unter Beschuß. In diesem Feuerschutz konnte eine kleine Gruppe auf der dem Feinde zugekehrten Seite hinuntersteigen. Sie arbeitete sich dann in mühsamer Kletterei über den schartig zerrissenen Grat bis dicht unter die feindlichen Gipfelstellungen. Die Gewehrläufe der Bolschewisten ragten über die aus Felsbrocken errichteten Brustwehren. Der Gruppenführer warf rasch 5 Handgranaten hinauf, stürmte und erledigte mit der MP die noch lebenden Bolschewisten. Die Gruppe kam nach und, geschickt jeden Felsen als Deckung nutzend, kletterte die Gruppe an die beiden übrigen Gipfelstellungen heran und erledigte sie ebenfalls mit Handgranaten und MP. 16 Bolschewisten ergaben sich. Der den Paß beherrschende Gipfel war damit in unserer Hand. Die Kompanie besetzte den Gipfel und nahm die Paß-Stellungen unter Feuer.

Zur gleichen Zeit, als diese Kompanie in die Flanke des Feindes drang, ging ein SMG-Zug im Feuer des inzwischen aufmerksam gewordenen Feindes den Gletscher von der Scharte herunter und setzte sich in den Felsschrofen südwärts des Passes fest. Dieser Abstieg verlangte den letzten Einsatz und das ganze bergsteigerische Können jeden Jägers. Es mußten die 40–60 m hohen Gletscherabbrüche überwunden werden, um zu den befohlenen Stellungen zu gelangen. Trotzdem die Maschinengewehre, Munitionskästen, Rucksäcke und Handfeuerwaffen mitgetragen werden mußten, mußte die schwierige Eisklettererei ohne die sonst übliche und notwendige Sicherung mit Seil und Eishaken durchgeführt werden. Einige Jäger stürzten ab, konnten aber leicht verletzt geborgen werden. Einer fand den Tod in einer blau-grün schimmernden, unendlich tief erscheinenden Eisspalte; sie ist auch sein Grab geworden. – Der Zug fand die Stellung von den Bolschewisten besetzt, warf sie, nahm den Anmarschweg der Bolschewisten auf den Paß unter Feuer und wehrte mehrere Angriffe ab. So sperrte er mit wirkungsvollem Feuer während des ganzen Kampfes den Nachschub, vernichtete Träger- und Tragtierkolonnen, die auf den Paß wollten und schnitt den Bolschewisten den Rückweg ab.

Als der Flankengipfel besetzt war und das Feuer unserer Waffen Verwirrung unter den Bolschewisten stiftete, konnte das andere Bataillon den Frontalangriff wagen. Es hatte sich in der Nacht bis auf 800 m an den Paß herangearbeitet. Kletternd – die scharfkantigen Steine zerrissen die Hände – ging eine Pionierstoßgruppe die bastionartige Felswand hinauf, schlich sich durch die vorgeschobenen Stellungen der Bolschewisten und brach überraschend in die Schlüsselstellung ein. Der Feind wurde hinter seinen MGs vernichtet. Jetzt gelang es auch anderen Gruppen, einzubrechen. Der Bataillons-Kommandeur, der beobachtete, daß der vor ihm vorgehende Spitzenzug in Scharfschützenfeuer geriet, riß ein erbeutetes MG herum und jagte den Bolschewisten die eigene Munition hinüber.

Die Endphase des Gefechtes spielte sich rasch ab. Vom Flankengipfel stürmte die Kompanie, der Frontalangriff rollte mit tollem Schwung in die Stellungen des Paßsattels. Mit lautem Hurrah, begeistert von dem nahen Sieg, räumten die Jäger im Nahkampf die Stellungen; was von den Bolschewisten fliehen wollte, fiel im Feuer unserer im Süden des Passes stehenden MGs.

Die große Zahl der gefangenen, der toten und verwundeten Bolschewisten erwies die

Richtigkeit der früher durch Spähtrupps gemachten Feststellung: Der Paß wurde durch zwei bestens ausgerüstete Regimenter verteidigt. Es waren Elitetruppen, darunter 100 Kriegsschüler. Die beiden Regimenter sind restlos vernichtet worden. Der Sieg wurde mit überraschend geringen Verlusten auf unserer Seite erkämpft. Sie betragen nicht einmal 5% der blutigen Verluste des Feindes. Die meisterhafte Führung hat die Voraussetzungen für den glänzenden Sieg geschaffen. Durch ihre Vertrautheit mit Fels und Eis, durch ihr jägerhaftes Anschleichen, ständiges Umgehen, Überraschung, durch ihren kühnen, rücksichtslosen Einsatz, trotz aller Strapazen auf über 1000 km langem ruhelosem Anmarsch und in den letzten Wochen bei Gefechten und Märschen in meist über 3000 m Höhe, haben die Gebirgsjäger den Sieg herbeigeführt.

Neu und bisher einmalig aber ist die Leistung des Hochgebirgs-Bataillons. Der Kommandeur dieses Bataillons, ein bekannter Münchener Bergsteiger, der u.a. 5 Expeditionen in das Himalaja-Gebirge geführt hat, führte das ganze Batl. mit allen Waffen über Gletscher und Gipfel in die Flanke des Feindes. Dieser Masseneinsatz eines ganzen Batl. auf schwierigsten Kletterwegen ist neu in der Kriegsgeschichte. Bisher, auch im letzten Weltkrieg, waren solche Einsätze nur von kleinsten Gruppen durchgeführt worden. Schier tollkühn mutet dieser Einsatz an; daß er gelang, ist Beweis für die hervorragende Ausbildung dieses Btl.s. Geführt von Bergsteigern ersten Ranges haben die zum größten Teil jungen Gebirgsjäger bewiesen, daß sie den stolzen Titel „Hochgebirgs-Bataillon" mit Recht tragen.

Soweit der Original-Rundfunkbericht über die Einnahme des Maruchskoj-Passes durch das Hochgebirgs-Jäger-Bataillon 2. Jetzt lassen wir Alfred Richter den weiteren Einsatz dieser trotz einiger Abstriche als Eliteverband bezeichneten Truppe an Hand seines Kriegstagebuches schildern:

„5. 9.

Die Kampfzüge der Kompanien gehen sofort nach der Erstürmung des Passes in Verteidigungsstellung, am rechten Flügel (westlich) das Batl. Bader vom GJR 98.

Herrliches Wetter verschönt den Erfolg des Tages und ist vor allem den Männern am Paß zu gönnen. Die Nächte sind schon empfindlich kalt, bei uns am Bach ist Nebel und Frost.

Abends kommt unsere Feldküche; sie hat von Gretscheskoje bis ‚d' 5 Tage gebraucht.

6. 9.

Überall Ruhe. Das herrliche Wetter hält an. Ich würde gerne zum Paß aufsteigen, aber leider müssen wir am Gefechtsstand bleiben und arbeiten. Ich möchte auch gerne zeichnen; unter den Gefangenen gäbe es interessante Typen. Alle, die halbwegs gehen können, werden als Träger eingesetzt, die restlichen hier verbleibenden sind mehr tot als lebendig. So komme ich nicht zu künstlerischer Arbeit, weil mir die Zeit dazu fehlt und die erspähten Typen nicht jederzeit zur Verfügung stünden.

Oj. Spindler vom Stab steigt zum sogenannten roten Grat (bei ‚e') auf, um seinen am 28. 8. gefallenen Truppkameraden Jg. Karl Veith zu beerdigen. Er stellt dabei fest, daß Veith sich selbst durch einen Oberschenkelschuß verwundet hatte, auf die Feindseite des Grates gefallen, später von Russen gefunden und durch mehrere Schüsse und Stiche und Hiebe auf den Schädel getötet worden war.

Wir erhalten die Meldung, daß im Gebiet der Division 3 russische Fallschirmjäger zur Erkundung und Sabotage abgesprungen seien.

7. 9.

Russische Flieger kommen nachsehen; allmählich werden sie ja erfahren haben, daß Deutsche auf dem Paß sitzen.

Oj. Zöttl vom Stab, einer unserer Bergführer, ist gestern nachmittag bei einem Erkundungsgang an einer an sich ungefährlichen Stelle 80 m abgestürzt. Ein Felsblock, an dem er sich gehalten hatte, hatte sich gelöst und ihn am Kopf tödlich verletzt.

Mehr und mehr Leute vom Stab finden Gelegenheit auf den Paß zu gehen, nur wir von der Karten- und Meldestelle müssen am Platze bleiben. Obwohl wir uns zeitweise langweilen, bleibt mir doch nicht die Zeit und Ruhe zu eigener Arbeit. Ein Spähtrupp der 3.Kp., so wird gemeldet, sei 1,5 km über den Bezugspunkt ,n' (Kote 1825 m) südlich von ,m' (Maruchskojpaß, 2769 m) ohne Feindberührung vorgedrungen. Ein dabei angetroffener, verwundeter Russe habe erzählt, daß im nächsten größeren Ort talaus 6000 Mann neu eingetroffen seien.

Ab morgen soll auch das Gebiet des Dschalowtschat-Gletschers und Alubekpasses abgestreift werden. Es wäre nämlich denkbar, daß die Russen von dort aus uns in den Rücken fallen könnten.

Wir begraben in ,d' einen ganz jungen Jäger, der am Transport ins Tal nach einer schweren Verletzung in der Nierengegend durch Steinschlag gestorben ist. Das Grab, kurz außerhalb der Barackensiedlung, ist nur knapp geschaufelt, weil das Erdreich von Steinen und Wurzeln durchsetzt ist. Nachdem wir ihn hineingelegt und mit Erde bedeckt haben, ragt noch ein Arm, vom Anfassen nach oben gestreckt geblieben, heraus, als wolle er sagen: ,Kameraden, bleibt bei mir, laßt mich hier nicht allein liegen!' Ich werde diesen Anblick nicht vergessen, er erinnert mich an Egger-Lienz' Fresko mit den Särgen in der Krieger-Gedächtniskapelle in Lienz. Ich eile um meinen Fotoapparat in die Baracke, als ich aber zum Grab zurückkomme, ist es schon ganz zugeschaufelt.

8. 9.

Um 13 Uhr 30 wird gemeldet, daß der Spähtrupp Oj. Schmid der 3.Kp. im Raum von ,n' festgestellt habe, daß 2 feindliche Kompanien im Anmarsch auf ,n' seien und daselbst in Bereitstellung gingen. Die Meldung um 14 Uhr lautet: ,Feind zum Angriff angetreten.' Die 3.Kp., die südlich des Passes liegt, fängt den Angriff auf. Die 4. Kp. und der vorgeschobene Batl.Gefechtsstand liegen am Paß.

9. 9.

Schlechtes Wetter. Auf den Bergen hat es geschneit, die Leute oben in den Stellungen frieren. Die ersten mit erfrorenen Füßen werden eingebracht. Um 5 Uhr rückt der Feind wieder vor; um 8 Uhr 45 greift er an, kann aber die Gefechtsvorposten der 3.Kp. nicht zurückdrängen, obwohl er im Laufe des Gefechtes auf die Stärke von zwei Kompanien anwächst.

Die Vorposten bringen 11 Gefangene ein und halten die Stellung bis zum Einbruch der Dunkelheit. Dann werden sie auf die Hauptkampflinie J 114, 125 und 126 zurückgenommen.

Lt. Kelz führt einen Spähtrupp von der Trägerstation J 102 aus, die für die Erstürmung des ‚m'(Maruchskoj-)Passes bei Kote 2654 am Axautgletscher fixiert worden ist, gegen J 105 und 106 im Hauptkamm westlich des Axaut.

In ‚d' geschieht wenig. Der ‚Lagerkommandant', Lt. Winsauer, hat als Hauptaufgabe den Verpflegungsnachschub zu den vordersten Stellungen zu lenken, eine schwierige Aufgabe bei einer Entfernung von 7 bis 9 Gehstunden. Erbeutete Pferde werden behelfsmäßig belastet und zu den Stellungen geschickt; der Erfolg ist aber nicht groß. Bei der Truppe mehren sich die Fälle von Darmerkrankungen, vom harmlosen Durchfall bis zu ruhrartigen Erscheinungen.

Abends kommen die ersten zwei Postsäcke; für mich ist nichts dabei.

10. 9.

Heute nacht haben mich die Wanzen wieder arg bearbeitet. In den letzten Tagen hatte ich von ihnen einigermaßen Ruhe.

Von der HKL wird nur geringe Gefechtstätigkeit gemeldet. Abends kommt der Kommandeur vom Berg zurück. Das bedeutet für uns Nachtarbeit. Die dem Bataillon zugeteilten Pioniere haben bei ‚c' einen 95 m langen Steg über den Axaut gebaut. In der Nacht wolkenbruchartiger Regen.

11. 9.

Der Kommandeur fährt zum Divisionsstab.

Von ‚m' wird gemeldet: Ein russischer Angriff auf Mitte 3.Kp. bleibt vor der HKL liegen.

Obwohl es täglich regnet und auch heftige Gewitter gibt, sind wir doch nicht in einer Schlechtwetterperiode.

12. 9.

‚Um 4 Uhr 45 greift der Feind, wie gestern in Stärke von 70 bis 80 Mann, den rechten Flügel der 3.Kp. an, dann mit etwa 30 Mann den linken. Dabei fallen Ofw. Hummel und Jg. Leisinger. Der Feind verliert 48 Gefallene, darunter 2 Offiziere und 1 Kommissar und 33 Gefangene; er setzt ausgesuchte und gut bewaffnete Bergsteiger ein, kommt aber dennoch nicht durch.' So die heutige Meldung vom Paß.

Am Vormittag kommen ein russischer Aufklärer und bald darauf 3 Bomber, die aus großer Höhe Bomben werfen, ohne Schaden anzurichten.

Trotz Abneigung habe ich wieder Büchsenfleisch gegessen und nun neuerlich Durchfall und Brechkrämpfe.

13. 9.

Zur besseren Verdauung muß ich einmal Bewegung machen. Das Wetter ist am Morgen herrlich. Ich steige gegen ‚e' auf bis zum Nordostgletscher des Kara-Kaja. Am kaum noch benützten Steig liegen tote Russen, wahrscheinlich nicht im Kampf gefallen, sondern Träger, die entkräftet liegengeblieben, oder auch wohl von unseren Trägerkommandos bei Versagen kurzerhand erschossen worden sind. Ich komme zu dieser Annahme, weil ich von solchem Vorgehen gehört hatte und weiß, daß der Kommandeur in einem Befehl die Erschießung von Gefangenen strikte verboten hat.

Russische Aufklärer kommen wieder, aber keine Bomber.

Es kommt nun täglich Post, für mich ist immer noch nichts dabei.

Von der 3.Kp. wird gemeldet, daß sich der Feind mit Sicherungsspitzen auf 500 m an die Kampflinie heranschiebe und sGrw. in Stellung bringe. Die eigenen Verluste von heute seien 3 Tote und 4 Verwundete.

Die Verluste des Batl. in den 17 Tagen seines Einsatzes betragen: 25 Tote, 42 Verwundete, 33 Kranke und 2 Vermißte, zusammen also 102 Ausfälle, d. s. ungefähr 10%.

14. 9.

Die 2.Kp., die beim neu eingerichteten Stützpunkt ‚l', am Fuße des nördlichen Maruchskojgletschers, lag, löst die 4.Kp. auf dem Paß ab. Der Pi-Zug rückt von ‚d' ab ins Maruchatal, um mit dem Bau von Hütten zu beginnen. Der vorgeschobene Batl.Gefechtsstand auf ‚m' wird aufgelöst und die Männer werden nach ‚d' zurückgenommen, wohl zu ihrer Freude, aber sicher aus ökonomischen Erwägungen, denn jedes Stück Brot und jede Patrone brauchen zwei Tage und Tiere und Menschen, um von ‚d' nach ‚m' gebracht zu werden.

Die Marschkolonne II ist nun auch in Michojan-Schachar eingetroffen, davon sind 80 Tragtiere zu uns gekommen. Es ist zu erwarten, daß nun der Nachschub besser funktionieren werde. Der bisherige Einsatz von Karatschaiern mit ihren Ochsengespannen ist nicht nur sehr schleppend, sondern auch gänzlich unsicher, denn einerseits spielt bekanntlich Zeit in Rußland keine Rolle, und andrerseits kann der Zugang durch das Axauttal nur streckenweise als Fahrweg bezeichnet werden. Auch die Anstrengungen des Pi-Zuges waren angesichts der Länge der Wegstrecke nur wie ein Tropfen auf den heißen Stein. So kam manchmal statt der sehnlich erwarteten Verpflegung die Meldung, daß ein Fahrzeug in den Bach gefallen und z. B. die begehrte Höhenzulage, Schokolade und Kaffee, buchstäblich zerronnen seien.

15. 9.

Zeitlich früh geht eine Tragtierkolonne mit Verpflegung von ‚d' Richtung Paß ab, nachmittag wird gemeldet, daß 8 Tiere abgestürzt seien. Der Kommandeur kommt vom Divisionsgefechtsstand zurück. Alle Befehle lauten auf Einrichtung von Winterquartieren. Wir bauen uns in unserer Bude Pritschen ein. Die Arbeit freut mich. Leider können wir nicht dabei bleiben, denn, wenn der Kommandeur da ist, regnet es Befehle, die wir so rasch als möglich hinauszubringen haben.

Wahrscheinlich werden wir nicht mehr lange hier in ‚d‘ sein, man hört, daß das Bataillon auch noch die westlich von ‚m‘ gelegenen Pässe ‚Kisgytsch‘ und ‚Inur‘ werde absichern müssen. Das ergäbe eine ungeheure Frontlänge. Um vom Batl.Gefechtsstand zu den Pässen und Nachschubstützpunkten auch nur einigermaßen Verbindung halten zu können, wird seine Übersiedlung talauswärts unbedingt nötig werden; denn zwischen den Talschlüssen, wie von hier in ‚d‘, sind die Übergänge zu hoch und weit und im Winter wahrscheinlich besonders schwer zu bewältigen. Fernsprechleitungen sind in solchen Höhen zu störungsanfällig, die Sprechfunkverbindung wird, wie schon vermerkt, durch die steilen Bergflanken vereitelt.

16. 9.

Am Morgen kalter Nebel. Unsere Pritschen werden fertig. Beim Zerlegen der Arbeitstischplatte fange ich aus zwei Fugen 102 Wanzen! Vor einem Monat hatte ich im Asowschen Meer zum letztenmal meine Wäsche gewaschen. Drum ist es an der Zeit, heute wieder Waschtag zu machen. Ab 18 Uhr bis morgen früh bin ich Wachhabender.

17. 9.

Ein selten schöner Herbsttag. Wie gerne würde ich auf einen Berg steigen, statt hier zu arbeiten. Um 15 Uhr verschwindet für uns bereits die Sonne hinter dem Kara-Kaja und dann wird es rasch kalt.

Die 3.Kp. meldet: 0 Uhr 15 feindlicher Spähtrupp gegen linken Flügel der Kompanie vorgestoßen und zurückgeworfen. Später feindliches Granatwerferfeuer auf linken Flügel der Kompanie. Eigene Verluste: Jg. Thomas Schmuck gefallen, 7 Mann verwundet.

Unsere Ari (2./79), mit 4 GG 36 unterhalb des Mysty-Passes nahe Kote 2824 in Stellung, beschießt die feindlichen Stellungen bei ‚n‘ und habe, laut Meldung, in einem Munitionslager Treffer erzielt.

Spähtrupp Lt. Kelz meldet: ‚Besetzung des Kammes zwischen 2590 und 3070 durch feindliche Gruppe.‘ Es betrifft den Kamm südwestlich von J 105 zwischen den Knoten 2586 und 3069. [...]

18. 9.

Das schöne Wetter hält an. Der Kommandeur des GJR 99, Oberst Le Suire, dem wir nun unterstehen, besucht uns. Russische Aufklärer besuchen uns wieder. Auch deutsche Focke-Wulf-Maschinen überfliegen uns; sie belegen, wie berichtet wird, feindliche Stellungen im Adangetal mit Bomben.

19. 9.

Ich mache mit Pitschel einen dreistündigen Ausflug ins Malaja-Teberda-Tal. In mehreren Kehren führt der Weg zunächst durch einen steilen Waldhang hinauf zu einer primitiven Anlage der Wolframgrube, vermutlich einer Sammel- oder Sortieranlage. Das erzhaltige Gestein soll drinnen im Talschluß, hoch oben in den steilen Bergflanken abgebaut und in Traglasten zunächst zu dieser Anlage gebracht worden sein. Sicher ist, daß keinerlei Materialbahn verwendet worden ist, denn nichts dergleichen ist zu sehen. Wir gehen von dieser Anlage weiter ins Tal hinein, aber nicht bis in den Schluß. Gerne würde ich mich hier niederlassen und den herrlichen Blick zum Kara-Kaja malen. Schade, ich kann nur ein paar Fotos machen.

Man hat beobachtet und gemeldet, daß auf russischer Seite von Flugzeugen Verpflegung abgeworfen werde. Ein Zeichen, daß der Feind auch nicht weniger Nachschubsorgen hat als wir.

Russische Flieger werfen bei ‚c' Bomben und Flugzettel ab.

20. 9.

Neben der laufenden Arbeit befasse ich mich seit Tagen mit der Herstellung einer Pause nach der russischen Karte 1:42.000. Wenn ich auch nur die Flußläufe, Gletscher, die wichtigsten Kämme und Spitzen und Höhenschichtenlinien zeichne, so ist dennoch die Arbeit äußerst mühevoll. Dazu kommt die unerläßliche Umrechnung der Höhenknoten in Meter, ohne Hilfsmittel nicht weniger zeitraubend.

Nachmittag werfen 5 Bomber beim Verpflegungslager des Stützpunktes ‚c' Bomben ab. Es entsteht kein Sachschaden. Ein Mann auf einem Fuhrwerk, der nicht in Deckung geht, wird durch einen Splitter am Oberschenkel schwer verwundet.

21. 9.

Irgendwo in unserem Rücken seien feindliche Fallschirmjäger abgesetzt worden. Aus der HKL der 3.Kp. werden keine besonderen Ereignisse gemeldet. Die uns zugeteilte Artillerie bekämpfe weiterhin feindliche Stellungen bei ‚n'.

22. 9.

Im Frontabschnitt der 3.Kp. die gleiche geringe Gefechtstätigkeit wie gestern und vorgestern.

23. 9.

Herrliches Herbstwetter. Ich sitze bei meiner Kartenpause; ich habe mich im Umfang der Arbeit verrechnet, aber vielleicht wird sich später die große Mühe lohnen.

Von der 3.Kp. wird beiderseitiges MG- und Gewehrfeuer gemeldet. Sie habe, so lautet die Meldung weiter, mit einem stehenden Spähtrupp auf J 129 einen ausgezeichneten Beobachtungspunkt für die Vorgänge in den feindlichen Stellungen bei ‚n' besetzt.

Der Kommandeur ist seit Tagen wieder unterwegs, um den Nachschub zu regeln und das neue Einsatzgebiet der 4.Kp. mit dem Stützpunkt in Archis zu erkunden.

24. 9.

Die 3.Kp. meldet, daß ein feindlicher Spähtrupp am linken Flügel abgewiesen worden sei; ferner, daß der stehende Spähtrupp auf J 129 in den

Oben: Die umkämpfte Ssuchumsche Heerstraße

Unten: Biwak in den verschneiten Hochgebirgsregionen des Kaukasus

feindlichen Stellungen bei ‚n' ungefähr 30 Mann in Alpinausrüstung mit Bundhosen, hellen Strümpfen, graugrünen oder hellbraunen Blusen und hellen Mützen, ohne Mäntel, mit voll gepackten großen Rucksäcken gesehen habe und der Meinung sei, es könnten Engländer sein.

Der Kommandeur kommt aus Archis zurück. Die 4.Kp. habe gestern zwei Spähtrupps gegen den Inur-Paß angesetzt. Es sei ziemlich gewiß, daß das Bataillon in seinem Abschnitt überwintern werde. Der Stab solle bald nach Archis übersiedeln.

Die russischen Flieger kommen täglich, ohne Bomben abzuwerfen.

Am Abend kommt die Meldung von J 105, daß der dort nach Südwesten verlaufende Grat bei Kote 3069 von einer feindlichen Kompanie besetzt worden sei. Sofort stellt der Kommandeur aus der in ‚d' liegenden Mannschaft einen Zug zur Verstärkung des auf J 105 stehenden Spähtrupps zusammen. Er führt ihn; Oblt. Jakoby und in letzter Minute komme auch ich mit. Bauer teilt mich als Schließenden ein mit dem strengen Auftrag, alle, wenn nötig mit Gewalt, hinaufzubringen.

25. 9.

Um Mitternacht ziehen wir los. Prachtvolle Mondnacht. Die wilden Gletscher des Axaut glitzern, umrandet vom Schwarz der gigantischen Felsen. Wie eine Raupe schiebt sich der Zug dunkler Gestalten aufwärts in Serpentinen durch die Moränenfelder. Im schwachen Licht der Nacht erscheint alles geradezu ins Zyklopische gesteigert. Ab der Trägerstation J 102 gehen wir auf dem Gletscher; je höher wir kommen und je heller es wird, um so dichter am Westrand des Firnfeldes neben den Felsen, um ungesehen das Ziel zu erreichen. Auf der einen Seite erlebe ich die Majestät des Berges in nächtlicher Stille, auf der andern die Niedrigkeit und Erbärmlichkeit junger Menschen, als Schlußmann des Zuges davon besonders betroffen. Schon in den ersten Stunden des Aufstieges machen junge Marschierer schlapp, bergtüchtige Kameraden nehmen ihnen Rucksack, Munitionskasten und andere Lasten ab und tragen doppeltes Gepäck. Auch ich bin fast die ganze Strecke mit einem zweiten Rucksack beladen. Später werfen einige Burschen frech und unbekümmert ihres verbrecherischen Handelns ihre Last einfach weg ins Geröll bzw. aufs Eis und gehen unbeschwert weiter, oder hocken sich hin. So treffe ich einen am Rande einer Gletscherspalte sitzend an, der mir klar machen will, daß er am Ende seiner Kräfte sei und keinen Schritt mehr weitergehen könne. Jetzt verstehe ich, was mir Bauer mit dem Befehl, den Schließenden zu machen, sagte: ‚Sollte einer von den Burschen schlapp machen, so schlagen Sie ihm den Gewehrkolben so lange über den Rücken, bis er weitergeht.' Harte Worte des sonst so stillen und um das Wohl jedes einzelnen Soldaten besorgten Kommandeurs. Ohne überflüssige Worte zu

Oben: Aufstieg im Hochkaukasus

Unten: Kurze Rast vor dem beschwerlichen Weitermarsch

verlieren, setze ich dem Burschen meine MPi an die Brust und sage nur: ‚Auf und weiter, oder ich drücke ab!' Er steht auf und geht und kommt mit mir, zwar später als die Spitze des Zuges, aber mit eigener Kraft, ans Ziel. Und solche traurige Gestalten hatten sich freiwillig zur Hochgebirgstruppe gemeldet! 18jährige Bürscherl, die den Krieg wohl mit einem Filmabenteuer verwechselten. Nach dieser Nacht kann ich den Ausspruch Bauers erst voll würdigen, als er enttäuscht von der Haltung mancher Soldaten, auch im Offiziersrock, einmal sagte: ‚Ich wollte, ich hätte in mein Bataillon Soldaten statt Bergsteiger bekommen.' Nach 7stündigem Aufstieg erreichen die ersten den Kamm rechts von J 105 (3482 m). Ich habe oben kaum Zeit, die Aussicht zu genießen und zu fotografieren. Vom Feind ist, zumindest in der Nähe, keine Spur zu sehen, also ist ein Angriff nicht zu befürchten. Darum befiehlt der Kommandeur sogleich die Rückkehr. Er läßt erst auf der Gletscherzunge eine einstündige Rast halten. Ich kehre erfreut über die Leistungsprobe des 13stündigen Bergmarsches und um eine menschliche Erfahrung reicher, nach ‚d' zurück. Wir kommen gerade noch zum Mittagessen zurecht. Ein Bad im eiskalten Teberdabach macht mich wieder frisch und fähig, die Arbeit in der Kartenstelle fortzusetzen, bis spät in den Abend hinein. Lt. Kelz wird wieder auf J 105 befohlen. Sein etwas übereilter Alarm hat ihm in den Augen des Kommandeurs keine Wertschätzung eingetragen.

26. 9.

Wie uns gemeldet wird, habe sich der Feind in Stärke von 30 Mann zwischen dem stehenden Spähtrupp auf J 129 und dem rechten Flügel der 3.Kp. vorgeschoben und um 8 Uhr 30 den Grat erreicht. Er sei vom abgelösten, auf dem Rückweg befindlichen Spähtrupp angegriffen worden und habe 1 MG mit Bedienung verloren und die mitgebaute Fernsprechleitung eingebüßt. Der Russe habe auch am linken Flügel der Kp. angegriffen. Die Kompanie erleide besonders durch das Feuer der überschweren (12 cm) russischen Granatwerfer laufend Verluste. Heute seien etwa 150 Schuß dieser Werfer auf den Stellungen der Kp. gelegen. Der russische Angriff auf den rechten Flügel der Kp. in Stärke von 50 Mann sei in hartem Nahkampf zerschlagen worden. Insgesamt habe der Feind vor der 3.Kp. heute 55 Tote, darunter 1 Oberleutnant und 1 Kommissar, 15 Gefangene und an Waffen 2 MG, 9 MPi, 1 GrW, 20 Gewehre verloren. Die größtenteils jungen Russen hätten sehr hart gekämpft; sei seien gut ausgerüstet: blaue, baumwollwattierte Röcke und Hosen, Wadenstrümpfe, Schuhe mit Gummisohlen (amerikanischer Herkunft?), gefütterte Handschuhe und Pelzmützen. Sie stammen aus den verschiedensten Gegenden Rußlands, die meisten Jahrgang 1923. Die 3.Kp. beklage 3 Gefallene, der Kp.Chef, Oblt. Bußmer und 6 Mann seien verwundet. Morgen soll die Kompanie einen Überraschungsangriff zwecks Bindung der Feindkräfte machen. Vermutlich ist die deutsche Front bei Maikop im West-(Wald-)Kaukasus in Bedrängnis.

Lt. Kelz führt 2 Gruppen zur Verstärkung auf J 105.

27. 9.

Der auf Kote 3069 sitzende Feind verwickelte gestern die Besatzung von J 105 in ein Gefecht. Ein Spähtrupp in Stärke von 9 Mann, der gegen J 105 vorfühlte, konnte zerschlagen werden und verlor 4 Tote und 3 Verwundete. Lt. Kelz muß den Plan, auf die beherrschende Höhe 3069 vorzustoßen, aufgeben, der Feind sitzt dort mit starken Kräften und schanzt sich ein. Um 4 Uhr 30 versuchen neuerlich 50 bis 60 Russen gegen J 105 vorzustoßen. Auch am linken Flügel der 3.Kp. gelingt dem Feind bei einem Angriff in Stärke von 100 Mann ein teilweiser Einbruch. Im Gegenstoß durch die Gruppe Oj. Kossian und Ogfr. Laumann und Nahkampf wird der Feind zurückgeworfen. Er verliert 35 Gefallene. Unsere Ari beschießt die feindlichen Stellungen bei ‚n' und meldet Erfolge. Diese Meldung ist anzuzweifeln, weil andrerseits berichtet wird, daß feindliche sGRW unvermindert weiterfeuerten.

Leider werden zur Bekämpfung der russischen Stellungen von deutscher Seite keine Flugzeuge eingesetzt. Hingegen ist beim Feind täglich reger Transportflugverkehr festzustellen. Daraus kann geschlossen werden, daß die Wege im Adangetal schlecht sind.

Bei einem feindlichen sGRW-Überfall auf die 3. Kp. um 10 Uhr geht ein Volltreffer ins Zelt der Granatwerfer-Bedienung der 4. Kp., die unmittelbar hinter dem Gefechtsstand der 3. liegt, und tötet 3 Mann.

Von J 129 aus stößt Lt. Müller mit einem Zug der 2. Kp. bis 100 m vor die Talsohle hinunter, er kann mit 4 sMG den feindlichen Nachschub stören. Um 17 Uhr greift der Feind in Zugstärke die Mitte der 3. Kp. an. Lt. Dingler führt den Gegenstoß. Der Feind verliert 15 Gefallene, darunter 1 Leutnant, 6 Gefangene und 1 Gr.W, 2 MG und 20 Gewehre.

Die eigenen Verluste des Tages sind groß: Die Oj. Hohennauer und Kossian und einschließlich der vermerkten Granatwerferbedienung 6 Mann gefallen. 1 Mann abgestürzt und 3 Mann verwundet."[64]

Eine wahrhaft traurige Bilanz. Angesichts der immer größer werdenden Verluste faßte Major d. R. Paul Bauer am 27. September 1942 eine Meldung, ja einen Hilferuf über den Zustand seiner Kampfgruppe ab. In ihr stand zu lesen:

Kampfgruppe Bauer
Kommandeur   Den 27. 9. 42

Betr.: Meldung über Zustand der Truppe.

An den
      Herrn Kommandeur der Kampfgruppe „von Le Suire".

Ich bitte gehorsamst, folgendes melden zu dürfen: Die 3. Kp., Hochgeb.Jäg.Btl.2, befindet sich seit 28.8.42 ununterbrochen im Einsatz. Am 25.8.42 kam die Kp. nach einem 17tägigen Eisenbahn- und Kraftwagentransport in Teberda an. Am 26. und 27.8.42 marschierte sie mit ihrem ganzen Gepäck über den Muchinskypaß bis Dora. Am 28.8.42 rückte 1 Zug zur Erkundung zur Kara-Kaja-Scharte, 3500 m (3.Zug), 1 Zug ging über dem Ostgrat der Kara-Kaja gegen Pkt. e vor und traf auf Feind. Am 29.8.42 brach der Russe über Pkt. e in das Aksauttal durch. Der Zug der 3. Kp. mußte in der Nacht vom 29. zum 30.8.42 von der Kara-Kaja-Scharte heruntergeholt werden. Der Zug auf dem Ostgrat der Kara-Kaja lag in der Flanke des durchgebrochenen Feindes im Gefecht mit dem Feind. In der Nacht vom 29. zum 30.8.42 wurde der ganze Rest der 3. Kp. in den Wäldern des Aksauttales zur Abriegelung des eingebrochenen Feindes auf einer Frontbreite von 3 km eingesetzt. Ein weiterer Zug unter Führung von Obltn. Bußmer ging am 29.8.42 auf den Ostgrat der Kara-Kaja hinauf. Am 30. und 31.8.42 lag die 3. Kp. am Feind und drängte ihn immer mehr zurück. In der Nacht vom 31.8. zum 1.9.42 setzte ein verheerendes Unwetter ein, das 2 Züge der 3. Kp. auf dem Ostgrat der Kara-Kaja über sich ergehen lassen mußten. Das Unwetter dauerte den ganzen 1.9. an. Am 2.9.42 stießen die beiden Züge der 3. Kp. unter Führung von Oblt. Bußmer vom Ostgrat der Kara-Kaja gegen den Feind im Kan-Kaja-Tal vor und vernichteten ihn. Am 3.9.42 war der Rest der 3. Kp. zur Säuberung der Wälder im Aksauttal eingesetzt. Am 4.9.42 rückte die ganze 3. Kp. zum Angriff auf den Maruchkoj-Paß zur Kara-Kaja-Scharte hinauf und verbrachte die Nacht bei Kälte und Sturm auf dem Eis in 3500 m Höhe. Sie hatte bei dem Marsch zur Kara-Kaja-Scharte außer ihrem Gepäck noch Verpflegung für 3 Tage und Granatwerfer- und Mg.-Munition für den Angriff hinaufgeschleppt. Am 5.9.42 um 3.00 Uhr ging die s.MG.-Gruppe und ein ausgewählter Hochgebirgszug der 3. Kp. zum Angriff gegen den Paß vor, stieg im feindlichen Feuer über sehr schweren südlichen Maruchskoj-Gletscher ab, verlegte dem Feind den Rückzug, schlug die Angriffe von Feindteilen, die von Süden her als Unterstützung zum Paß vorgehen wollten, ab, führte mit 2 s.MG den Kampf gegen 9 russische s.MG., die der Feind vom Paß her gegen sie einsetzte, hielt den Feind am Paß in Schach, und verhinderte es vollkommen, daß irgendwelche Feindteile sich vom Paß nach Süden in Sicherheit bringen konnten. Die Kp. bezog geschlossen am 6.9.42 die Verteidigungsstellung südlich des Maruchskoj-Passes, die sie heute noch innehat. Sie fühlte mit Spähtrupps bis 1 1/2 km über den Pkt. n hinaus vor.

Am 8.9.42 begannen die Russen wieder gegen den Maruchskoj-Paß vorzufühlen und seit diesem Tag steht die Kp. ununterbrochen im Kampf gegen feindliche Vorstöße.

Vom 9.–12. 9.42 regnete es täglich und schneite in der Höhe, die Truppe hatte es außerordentlich schwer. Die russischen Scharfschützen, MG. und Granatwerfer machten es der Truppe unmöglich, sich gegen die Witterung ausreichend zu schützen. Seit dem 8.9.42 ist kein Tag vergangen, an dem die Kp. nicht in unmittelbarer Kampfberührung mit dem Feind gestanden hätte. Sie hat vom 8.9.42 bis heute täglich feindliche Vorstöße abgewehrt, feindliche Spähtrupps vernichtet und fast täglich Gefangene eingebracht und lag täglich im Feuer der feindlichen Granatwerfer. Die HKL der 3. Kp. ist nach der Karte 2,8 km lang, in Wirklichkeit werden es mindestens 3,5 km sein. Es muß bei dieser Ausdehnung und der Zerrissenheit des Geländes bei Nacht jeder Mann eingesetzt sein.

Die Kp. hat folgende Verluste:

27.8.42	2 Mann durch Bombensplitter verwundet,
28.8.42	1 Obj. im Gefecht tödlich abgestürzt,
30.8.42	1 Mann im Gefecht tödlich abgestürzt, 1 Ofw. u. 4 Mann verw., davon 1 Mann bei der Truppe geblieben,
	4 Mann infolge Magen- und Darmerkrankungen ins Lazarett,
31.8.42	2 Verwundete,
1.9.42	1 Mann verletzt, durch Absturz im Gefecht,
2.9.42	1 Mann verwundet, bei Truppe verblieben,
	1 Mann wegen Magen- und Darmerkrankung ins Lazarett,
3.9.42	1 Mann verwundet,
	1 Mann verletzt durch Absturz im Gefecht,
4.9.42	1 Mann wegen Magen- und Darmerkrankung ins Lazarett,
	1 Mann verletzt durch Absturz im Gefecht,
5.9.42	6 Mann verwundet,
	1 Mann gefallen,
	1 Mann tödlich abgestürzt im Gefecht,
6.9.42	1 Mann wegen Magen- und Darmerkrankung ins Lazarett,
11.9.42	1 Obj. und 2 Mann verwundet, davon 1 bei Truppe verblieben,
12.9.42	1 Ofw., 1 Mann gefallen, 3 Mann verwundet,
13.9.42	3 Mann gefallen, 4 verwundet, davon 1 bei Truppe verblieben,
14.9.42	1 Mann verwundet,
16.9.42	1 Mann im Gefecht tödlich abgestürzt, 1 Mann verwundet,
17.9.42	1 Mann verwundet (später gestorben),
	1 Mann gefallen, 6 verwundet,
20.9.42	2 Mann wegen Diphterieverdacht ins Lazarett, 1 Mann wegen Ödem ins Lazarett,
21.9.42	1 Mann verwundet,
25.9.42	1 Offizier wegen Magen- und Darmerkrankung ins Lazarett,
26.9.42	3 Mann gefallen,
	7 verwundet, davon Oblt. Bußmer und 4 Mann verbleiben bei der Truppe.

Heute ist auch der Komp.-Chef, Oblt. Bußmer, verwundet worden. Er ist bei der Truppe verblieben, ich glaube aber nicht, daß er dies auf längere Zeit wird leisten können.

Die Kp. ist von einem hervorragenden Kampfgeist beseelt, wie sie heute noch durch die Erledigung des etwa 60 Mann starken feindlichen

Spähtrupps, der in der rechten Flanke eingebrochen war, bewiesen hat. Ich muß aber pflichtgemäß melden, daß derartige Leistungen von der Kp. nicht auf unbeschränkte Zeit verlangt werden können und daß das Btl. keine Kräfte hat, um eine Ablösung durchzuführen.

Ich bitte gehorsamst, hierzu folgende Aufstellung geben zu dürfen: 1 Zug der 4. Kp. ist als Besatzung und Spähtrupp am Inurpaß gebunden, ein 2. Zug der 4. Kp. als Besatzung und Spähtrupp am Kystchypaß, der 3. Zug und s.MG.-Gruppe sowie Gruppe Führer der 4. Kp. als Eingreifreserve in Archys. Von dem Granatwerferzug der 4. Kp. ist ein Teil mit den Werfern bei der 3. Kp. eingesetzt. Der Rest mit dem Zugführer muß den Nachschub von Stützpunkt Cäsar über den Nystypaß zum Stützpunkt Ludwig durchführen.

Die 2. Kp. hat einen Zug schon seit mehreren Tagen zur Verstärkung bei der 3. Kp. in vorderster Stellung eingesetzt. Ein Zug der 2. Kp. ist durch die vorgeschobene Beobachtung auf Pkt. 2802 und Sicherung hinter dem rechten Flügel der 3. Kp. gebunden. Der Rest der 2. Kp. ist als Besatzung des Maruchskoj-Passes und zugleich für den Nachschub an Munition und Verpflegung vom Stützpunkt Ludwig zur 3. Kp. dringend benötigt. Eine Gruppe der 2. Kp. als ständiger Spähtrupp bei Pkt. J 105.

Sämtliche Reserven des Btl. sind so voll ausgeschöpft, daß ich in der Nacht vom 24. zum 25.9.42 persönlich mit 3 Gruppen, die aus Stab, Nachrichtenleuten und im Trägerdienst eingesetzten Mannschaften gebildet wurden, zum Pkt. J 105 vorgehen mußte, als dort eine feindliche Kp. in Bereitstellung gemeldet wurde.

Der Pi.Zug 2 ist mit Ausbau der Winterunterkünfte am Maruchskoj-Paß voll beschäftigt und dort als letzte Kampfreserve gebunden.

Es stehen demnach keinerlei Kräfte zur Ablösung der 3. Kp. zur Verfügung. Eine Ablösung muß aber in den nächsten Tagen durchgeführt werden. Ich melde diese Tatsache pflichtgemäß und bitte gehorsamst darum, mir andere Kräfte zur Verfügung zu stellen, damit ich den Leuten der 3. Kp. die dringend benötigte Ausspannung geben kann.

paraphiert von Major Bauer

Doch diese Kräfte standen auf Grund der allerorts weit überdehnten Fronten – und zwar nicht nur im Kaukasus, sondern auch am Don und an der Wolga, auf dem afrikanischen und finnischen Kriegsschauplatz – nicht mehr zur Verfügung. So nahm das Schicksal auch für die Hochgebirgsjäger seinen verhängnisvollen Lauf. Am 9. Oktober 1942 notierte Alfred Richter in seinem aufschlußreichen Kriegstagebuch:

„Immer wieder versuche der Feind, so lautet die Meldung, auf den Grat zwischen J 129 und 131 vorzustoßen; heute nacht seien es 20 bis 30 Mann gewesen. Ein um 10 Uhr geführter Gegenstoß einer Gruppe 1:4 der 2. Kp. habe sie unter Verlust von 17 Gefallenen zurückgeworfen. Auf eigener Seite sei ein Mann gefallen. Es ist zu befürchten, daß die Stellung auf J 129 nicht mehr lange werde zu halten sein, denn das Vorbringen von Verpflegung und Munition und der Rücktransport von Verwundeten werde immer schwieriger. Der letzte Verwundetentransport bis zum Paß habe 15 Stunden gedauert. Ebenso werde es notwendig werden, den Zug Lt. Kelz von J 105 zurückzunehmen und nur einen stehenden Spähtrupp oben zu belassen."[65]

4. Der Einsatz der „Bergmänner"

Je länger der Zweite Weltkrieg dauerte – und der Gebirgskrieg im Kaukasus machte da keine Ausnahme –, desto mehr griff die deutsche Führung gezwungenermaßen auf volksdeutsche und fremdländische Soldaten zurück, um die gewaltigen Lücken, die der millionenfache Soldatentod in die Reihen der Wehrmacht und Waffen-SS gerissen hatte, wenigstens notdürftig zu schließen. Aus dieser personellen Not heraus wurde auch der Gedanke des Einsatzes kaukasischer Soldaten innerhalb der Deutschen Wehrmacht geboren. Rußland war – wie schon im Zarenreich – auch in der kommunistischen UdSSR nicht zu einem einheitlichen Nationalstaat zusammengewachsen. Viele Völker und Stämme dieses Riesenreiches waren scheinbar eingegliedert. Im Innern gärte es jedoch nach wie vor.

Allein im Gebiet des Kaukasus lebten über 70 Völker und Stämme mit verschiedenen Religionen – unter anderem Russen und Ukrainer, Georgier[66] und Armenier,[67] Aserbaidschaner[68] und Abchasen, Karatschaier und Tscherkessen, Osseten und Tschetschenen, Kosaken und Kalmyken,[69] Turkestaner und Tataren, Kabardiner und Inguschen, Grusinier und Kurden. „Hitlers Einmarsch in die Sowjetunion war für Tausende von Emigranten russischer, ukrainischer, kaukasischer oder turktatarischer Herkunft der Anlaß, sich bei deutschen Dienststellen als Freiwillige zu melden, um in geplanten eigenen nationalen Legionen am Krieg teilzunehmen."[70]

Die im Kaukasus vorherrschenden ethnischen und religiösen Spannungen konnte besonders der Sonderverband „Bergmann" geschickt ausnutzen. So lautete nämlich die Tarnbezeichnung der für den Einsatz im Hochkaukasus gebildeten Freiwilligen-Truppe der Abwehr II, welche rund 200 deutsche Soldaten mit verschiedenen Spezialkenntnissen und über 550 ungeschulte Sowjets aus dem Nordkaukasus und aus Transkaukasien umfaßte.[71]

„Im Lager Stranz, am Truppenübungsplatz Neuhammer/Queis in Schlesien, wurde im November 1941 der Sonderverband aufgestellt. Ein kleiner Stamm deutscher Ausbilder, viele vom Lehr-Regiment Brandenburg zbV 800 – zumeist mit slawischen Sprachkenntnissen –, war zusammengezogen worden, mit denen alsbald die Infanterie-Gefechtsausbildung der kaukasischen Soldaten aufgenommen wurde, zunächst in französischen

Besondere Abzeichen für die Kaukasusvölker im Dienste der Deutschen Wehrmacht
(Nach dem Heeres-Verordnungsblatt, Teil B)

136

Beuteuniformen, kurz darauf in deutschen Wehrmachtsuniformen. Es wurden fünf Kompanien gebildet, die nach Stammeszugehörigkeit gegliedert waren. Für die Moral dieser kaukasischen Einheit war wesentlich, daß die Angehörigen zwar einen militärischen Treueid zu leisten hatten, in dem aber ausdrücklich die Vereidigung auf die Person Hitler fehlte. Dieser unter Mitwirkung von Admiral Canaris vereinbarte Wortlaut der Eidesformel zeigte den politisch-autonomen Charakter der Einheit an. Auf die Gleichstellung in waffentechnischer Hinsicht war ausdrücklich hingewiesen worden."[72] Der Verband unterstand unmittelbar der deutschen Abwehr unter Canaris.

Kommandeur des Sonderverbandes „Bergmann" war kein Geringerer als Hauptmann Professor Dr. Dr. Theodor Oberländer, der nach dem Zweiten Weltkrieg Bundesminister in Adenauers Regierung werden sollte. Oberländer, am 1. Mai 1905 in Meiningen als Sohn eines höheren Beamten geboren, war Mitglied des Freikorps Oberland und nahm am 9. November 1923 während des Hitler-Ludendorff-Putsches am Marsch zur Feldherrnhalle teil. Danach ging er ins Ausland und hielt sich in Asien, den USA, der Türkei und in der UdSSR auf. Am 1. Mai 1933 trat er in die NSDAP ein. 1934 übernahm der Agrarwissenschaftler eine Professur an der Technischen Hochschule in Danzig. Gleichzeitig leitete Oberländer als Reichsführer den „Bund deutscher Osten" (BDO). 1937 wurde er Professor an der Universität Königsberg und leitete dort das Institut für osteuropäische Fragen. Danach lehrte er an der Universität Greifswald, dann in Prag.

1939 wurde Theodor Oberländer zur Wehrmacht eingezogen. Er kam 1940 zu einem aus Ukrainern gebildeten Verband, dem Bataillon „Nachtigall", mit dem er 1941 als Hauptmann am Unternehmen „Barbarossa" mit Stoßrichtung Lemberg teilnahm. In diesem Zusammenhang wurde er nach dem Krieg für Massenhinrichtungen, die er nicht begangen hatte, in einer beispiellosen Rufmordkampagne verantwortlich gemacht.[73] Während des Ostfeldzuges wurde er als Verfasser mehrerer Ausarbeitungen über die Behandlung der Ostvölker und die allgemeine Ostpolitik bekannt, worin er für eine Zusammenarbeit und gegen jede Ausbeutung eintrat.[74]

Sowohl bei Major Mayer-Mader, dem Führer des turkestanischen, als auch bei Oberländer, dem Kommandeur des kaukasischen Verbandes, handelte es sich um Autoritäten, „die sich unter ihren fremdländischen Untergebenen eines außerordentlichen Ansehens erfreuten".[75]

Der deutsche Professor hatte noch einen Vorteil auf seiner Seite. „Als Lehrstuhlinhaber der Staatswissenschaften (Volkswirtschaft und Landwirtschaft) an den Universitäten Königsberg, Greifswald und Prag und als Reserveoffizier des OKW-Amtes Ausland/Abwehr II hatte er sich frühzeitig mit ökonomischen und politischen Problemen Osteuropas beschäftigt und die Sowjetunion und speziell Kaukasien auf mehreren ausgedehnten Studienreisen kennengelernt. Oberländer, als Abwehroffizier dem Oberkommando der 17. Armee zugeteilt, vermochte den 3. Generalstabsoffizier (Ic) der Heeresgruppe Süd., Oberst i.G. Winter, im Oktober 1941 für den Gedanken zu gewinnen, daß es im Hinblick auf die geplanten Operationen im Kaukasus nützlich sein werde, eine Spezialtruppe aus Landeseinwohnern zu schaffen. Einmal sollte diese dazu dienen, durch handstreichartige Besetzung des Krestovyj-Passes an der Grusinischen Heerstraße den deutschen Truppen den Übergang über den kaukasischen Hauptgebirgskamm in Richtung auf Tiflis zu erleichtern. Zum anderen konnte man damit auf gegnerische Nationalitätenverbände propagandistisch einwirken. Oberländer, der den Kaukasiern die Möglichkeit verschaffen wollte, an der Befreiung ihrer Heimatgebiete mitzuarbeiten, erhielt die Genehmigung, aus geeigneten Kriegsgefangenen einen entsprechenden Verband in Bataillonsstärke zusammenzustellen. Dabei kam ihm jetzt auch die Erfahrung zugute, die er als politischer Berater des ukrainischen Verbandes ‚Nachtigall' gesammelt hatte."[76]

Nun stand der Aufstellung des Sonderverbandes „Bergmann" nichts mehr im Wege. Über die Entstehung und den Verlauf seiner Geschichte erfahren wir von Oberländer folgendes:

„Am 14. Oktober 1941 wurde ich bei AOK XVII in Poltava gefragt, ob ich bereit sei, die Führung eines kaukasischen Freiwilligenverbandes zu übernehmen. Man fragte mich auf Grund meiner verschiedenen früheren Kaukasienreisen und meiner Erfahrungen mit Freiwilligen aus dem Osten. Für mich war Voraussetzung, daß den Angehörigen fremder Völker bei gemeinsamem Einsatz mit voller Achtung ihrer Eigenständigkeit begegnet werde; dem entsprach die Auffassung von Abwehr II; Admiral Canaris stand dafür.

Auf meine Bedenken, daß die Kaukasier auf alle Beschränkungen der Freiheit und Unterdrückungsmaßnahmen, wie sie sich bei Partei und Staat leider im Laufe des Feldzuges zeigten, besonders empfindlich reagieren würden, antwortete Oberst Winter, daß die Abwehr die Probleme der psychologischen Kampfführung kenne und daß er schon deswegen gerne diese Einheit durch die Abwehr aufstellen würde. Eine erfolgreiche Einheit dieser Art wäre eine der wenigen Möglichkeiten, die politische Führung zu einer guten Behandlung der Bevölkerung der besetzten Gebiete zu veranlassen.

Die Erfahrung von Abwehr II hatte gezeigt, daß gut behandelte Gefangene, die auf die andere Seite gingen, oft ohne Schwierigkeit eine Kompanie oder noch größere Einheiten zum Überlaufen bewogen, wenn sie glaubhaft machen konnten, daß die Gefangenen hier anständig behandelt und erträglich verpflegt wurden.

Das Ergebnis der Aussprache war, daß die Aufstellung einer solchen Einheit zunächst in Batl.-Stärke beschlossen wurde und diese Einheit den

Befehl bekam, über die Grusinische Heerstraße und den Kreuzpaß nach Tiflis vorzudringen.

Wer die Grusinische Heerstraße bei der Überquerung des Kaukasus benutzt hat, weiß, daß sie bei einer gut organisierten Verteidigung ein fast unübersteigbares Hindernis darstellt. Allerdings ist das Gebiet zu beiden Seiten der Straße nicht von Russen, sondern von Georgiern bewohnt, deren Freiheitsdrang und antibolschewistische bzw. antirussische Stimmung sich bereits in Poltawa gezeigt hatte. Nach den bitteren Erfahrungen der Einheit ‚Nachtigall' – sie war nach Hitlers Äußerung ‚Kein Ukrainer darf an seiner Befreiung beteiligt sein' von Admiral Canaris in Jusmin verabschiedet und aufgelöst worden – war jetzt angesichts der gestellten schweren Aufgabe die zentrale Frage: Kann das OKW eine gute und gerechte Behandlung der Angehörigen einer aufzustellenden Einheit ebenso wie die Durchsetzung ihrer politischen Forderungen garantieren oder nicht? Die Überquerung des Kaukasus würde wahrscheinlich eine derartige schwierige und militärisch verlustreiche Aufgabe darstellen, daß sich dazu nur Männer meldeten, die die Sicherheit hatten, auch nachher bei der Neuordnung in ihrer Heimat eine entsprechende Rolle spielen zu können. Sicherlich bedeutete die Aufstellung einer solchen Einheit mit Bewohnern der Seitentäler des Terek-Tales, aus dem Gebiet, das die Grusinische Heerstraße schneidet, einen wesentlichen Vorteil und eine gute Vorbereitung zur Lösung dieser Aufgabe.

Die Schwierigkeiten bei der Aufstellung lagen auf der Hand. Denn immer wieder mußte damit gerechnet werden, daß sich die NSDAP bzw. SS und SD gegen die Aufstellung einer Einheit wandten, die zwar militärische Aufgaben hatte, aber die nach Lösung dieser militärischen Aufgabe unter keinen Umständen ohne schwersten Schaden für die politischen Ziele beider Parteien, der befreiten Völker und der Befreiungsmacht, aufgelöst werden konnte.

Der 14. Oktober 1941 war gewissermaßen der Gründungstag von ‚Bergmann'. Wir hatten einen klaren Auftrag und mußten nun darangehen, uns für diesen Auftrag die entsprechenden Menschen, das heißt die Kaukasier und das deutsche Rahmenpersonal, zu besorgen. Obwohl uns in den Gefangenenlagern ein riesiges Angebot an Kriegsgefangenen zur Verfügung stand, war die Auswahl nicht einfach. Es wurde nie Zwang ausgeübt, es wurden auch nie die Verhältnisse in den Gefangenenlagern verschlechtert, um Freiwillige zu bekommen. Niemand kann der deutschen Wehrmacht Vorwürfe daraus machen, daß nach der Schlacht im Umaner Kessel Hunderttausende von Gefangenen zunächst auf freiem Feld untergebracht und mit größten Schwierigkeiten nur notdürftig ernährt wurden. Sicher gab es damals unter solchen Verhältnissen Menschen, die ihre Lebensbedingungen verbessern wollten, aber an diesen war uns wenig gelegen. Wir brauchten einen ganz anderen Menschtyp. Wir brauchten Menschen, die die Freiheit über alles stellten, die sich zu ihrer Nation bekannten oder zu ihrem

Stamm und die eindeutig antibolschewistisch waren. Wir machten in den vielen Gesprächen in den Gefangenenlagern die Erfahrung, daß es kaum eine Familie gab, die nicht in der Vergangenheit durch den Bolschewismus menschliche Verluste hinnehmen mußte. Natürlich gab es in den Gefangenenlagern auch Spitzel der anderen Seite. An den Spitzelterror war jeder gewöhnt. Wenn also jemand einigermaßen offen sich gegen den Bolschewismus bekannte und er sonst gesundheitlich und körperlich den Bedingungen entsprach, so konnte man ihn nehmen. Der Erfolg der Einheit beruhte auf einem einzigen Wort, auf Vertrauen. Es wurde der deutschen Mannschaft von Anfang an eingeschärft, daß es entscheidend sei, das Vertrauen dieser Menschen zu erwerben. (Wir waren nach dem Kriege als Mörder und Verbrecher geschildert worden. Leider hat es auch solche unter deutscher Verwaltung gegeben.)

Sobald nun diese Kriegsgefangenen sahen, daß wir sie menschlich behandelten, daß wir auf ihre nationalen und religiösen Eigenheiten Rücksicht nahmen, daß wir für ihre Verpflegung sorgten, und daß sie voll berechtigte deutsche Soldaten wurden, aufgenommen in eine Kameradschaft, die damals für die deutsche Wehrmacht selbstverständlich war, faßten sie Vertrauen und waren gewonnen. Schon das erste Gespräch war oft entscheidend. Wir forderten ja nicht zum Landesverrat auf, im Sinne eines Kampfes gegen die Heimat, sondern zum Kampfe gegen ein System, das im Kaukasus im besonderen Maße im Kampfe gegen die Selbstbestimmung der dortigen Bevölkerung große Blutopfer gefordert hatte. So wurden etwa 800 Kaukasier verschiedener Nationalität, hauptsächlich Georgier, Aserbeidschaner, Armenier, aber auch Angehörige der kleineren Stämme wie Inguschen, Tschetschenen, Osseten, Karatejer u.a. zusammengestellt und zum Zusammenwachsen im Oktober 1941 mit Erntearbeiten beschäftigt. Diese kurze Übergangszeit, in der sich diese Kaukasier nicht mehr als Gefangene fühlten, hat sich sehr gut ausgewirkt. Als Sonderführer wirkte ein Deutscher, dessen Eltern ein Gut bei Tiflis hatten und der schon im Ersten Weltkrieg als Kornett im bayerischen Korps des Generals Kreß v. Kressenstein in Georgien gedient hatte. Zu ihm faßten die Kaukasier besonders schnell Vertrauen.

Am 3. November 1941 wurden diese 800 Menschen nach Deutschland transportiert und am 16. November 1941 in Neuhammer/Queiß zu einer Einheit zusammengestellt. Unterdessen war in Berlin die Aufstellung und Ausrüstung bis ins einzelne festgelegt worden, und es mußte nun zu den 800 Mann das deutsche Rahmenpersonal gefunden werden. Von der Güte dieses Rahmenpersonals hing die künftige Qualität der Einheit und die Durchführung der schwierigen militärischen Aufgabe ab. Es wurden auch hier nur Freiwillige genommen, sowohl Offiziere wie Unteroffiziere. Sprachliche Kenntnisse waren erwünscht, aber nicht unbedingt notwendig. So trafen aus allen Teilen Deutschlands Freiwillige ein, die sich zu einem besonderen Einsatz gemeldet hatten und die sich nun plötzlich in Neuhammer/Queiß einer Menschengruppe gegenübersahen, die 24 Jahre völlig anders erzogen war als das deutsche Rahmenpersonal. Viele Ausbilder waren zunächst erschrocken und enttäuscht, als sie diese Männer sahen, die vom Idealbild eines deutschen Soldaten zunächst weit entfernt waren. Um sie mit dem Verständnis und der Geduld auszurüsten, die notwendig waren, um das Vertrauen dieser Männer zu gewinnen, wurden wöchentlich Vorträge gehalten, deren Besuch für das ganze deutsche Rahmenpersonal verbindlich war, Vorträge über die Geschichte des Kaukasus, über die ca. 30 verschiedenen Stämme, über die Freiheitskämpfe gegen den Zarismus, über die russische Assimilationspolitik und über die Politik des Bolschewismus, auch über die nationalen und religiösen Eigenheiten der verschiedenen Gruppen, so daß sich das deutsche Rahmenpersonal etwa in die Gedanken dieser Männer, die ebenfalls vor einem ungeheuren Umstellungsprozeß standen, hineinversetzen konnte. Es wurden fünf Kompanien aufgestellt: 1. Komp. Georgier, 2. Komp. Nordkaukasier, 3. Komp. Aserbeidschaner, 4. Komp. Georgier, 5. Komp. Georgier und ein Zug Armenier.

Geburtsort und örtliche Kenntnisse jedes einzelnen wurden genau registriert. Zu den Kriegsgefangenen aus dem Jahr 1941 stieß noch eine andere interessante Gruppe, die ebenfalls einen wichtigen Teil der Einheit ausmachte, die Georgier aus Frankreich, etwa 70 georgische Emigranten, die 1921 nach dem Bruch der sowjetischen Versprechungen Georgien verlassen und in der französischen Armee gedient hatten. Diese kamen nun mit ihren Landsleuten zusammen, die 20 Jahre länger die Bolschewisierung ihrer Heimat erlebt hatten. Sie sprachen französisch, waren militärisch gut ausgebildet, hatten sich in der franz. Armee zum Teil bis zum Offizier hochgedient und wurden bei uns als Unteroffiziere und Offiziere eingestellt. Alle trugen die deutsche Uniform. Für die kaukasischen Offiziere hatten wir eine kurze Zeit lang gewisse Phantasieabzeichen, bis sie später auch äußerlich deutsche Offiziere wurden.

Zu diesen Emigranten stießen noch drei frühere sowjetische Offiziere, die nach falscher Behandlung in ein Straflager eingeliefert waren. Wir wurden von höherer Stelle befragt, ob wir bereit wären, diese drei Leute zu übernehmen, da sie offensichtlich durch Fehler in der Behandlung zur Opposition getrieben worden seien. Es ist bezeichnend für den Geist der Einheit, daß diese drei angeblich so obstinaten Offiziere, die drei verschiedenen Nationalitäten und drei verschiedenen Religionen angehörten, sich in Kürze in die Einheit einlebten und sich später vor dem Feinde sehr gut bewährten. – In Neuhammer wurde eifrig exerziert. Alles wuchs zusammen. Und wer die Einheit Ende Dezember 1941 besuchte, mußte zu dem Ergebnis kommen, daß hier über Schranken hinweg sich die Bewohner eines großen Gebirges, das sich in Dutzende Stämme und in mehreren Religionen und Konfessionen aufgliederte, für eine große Aufgabe vorbereiteten und daß sie alle gemeinsam von der Richtigkeit und Wichtigkeit dieser Aufgabe überzeugt waren.

Mitte Januar 1942 kamen noch 50 Aserbeidschaner neu hinzu, im Februar 1942 verschiedene Kaukasier, die aus mehreren Gefangenenlagern ausgewählt waren. Der Unterricht über den Kaukasus nahm seinen Fortgang, und die Einheit bereitete sich fleißig auf ihren Einsatz vor. Am 10. 3. 1942 fand die erste Vereidigung statt. Nach den Erfahrungen mit ‚Nachtigall‘ war es hier noch schwieriger, eine Eidesformel zu finden, die dem OKW einerseits und dem Freiheitswillen der Kaukasier andererseits entsprach. Die Eidesformel enthielt den entscheidenden Passus ‚Im Kampf um die Befreiung ihrer Heimat‘. Am 20. 3. 1942 besuchte uns eine japanische Militärmission unter den Obersten Schibuti und Yamamoto. Sie waren sehr erstaunt über Geist und Disziplin der Truppe und daß es möglich war, aus Kriegsgefangenen Soldaten zu machen.

Die Einheit erfreute sich bereits eines hohen Ansehens. Die Anhänger der politischen These, daß wir nur mit Hilfe der Russen beziehungsweise der Völker Rußlands Rußland vom Bolschewismus befreien könnten, stützten sich bei ihren Behauptungen auf die psychologischen Erfolge, die in der Einheit Bergmann sichtbar wurden. Dieses rief natürlich auch Gegner auf den Plan, und wir fühlten bis auf unsere Truppenübungsplätze, wie der Wind in Berlin wehte.

Sollte die Einheit ihre Aufgabe erfüllen, war eine Ausbildung auf einem Truppenübungsplatz der schlesischen Ebene, wie in Neuhammer, nicht ausreichend. Einige Monate Hochgebirgsausbildung waren unbedingt notwendig. Nach längeren Verhandlungen gelang es, das Übungslager Luttensee bei Mittenwald für die Einheit zu bekommen. Am 26. 3. traf die Einheit in Mittenwald ein. Unsere norddeutschen Kameraden staunten nicht wenig über die Höhe des Karwendelgebirges. Lager und Übungsplatz Luttensee waren allein für ‚Bergmann‘. In dieser Bergwelt fühlten sich die Kaukasier äußerst wohl, sie waren gewissermaßen in ihrer Heimat. Wir fanden auch ein Übungsgelände, das dem Terektal an der Grusinischen Heerstraße sehr ähnlich war, und bereiteten eine Übung mit Freund und Feind und scharfem Schuß vor. Am 1. 5. 1942 fand die zweite Vereidigung in Luttensee statt. Am 20. 5. führten wir eine Übung im Karwendeltal durch, zu der auch General Hähling und andere hohe Offiziere vom OKW anwesend waren. Der Ausbildungsstand der Truppe hatte bereits dank des vollen Einsatzes der deutschen Ausbilder einen hohen Grad erreicht.

Der Juni stellte die Führung der Einheit vor zwei schwierige Probleme: Erstens hatte Gen.d.Res. von Niedermayer den Plan, die Einheit Bergmann auf die von ihm aufzustellende Mohammedanische Legion aufzuteilen. Ich wurde nach Mirgorod befohlen, wo ich einen völlig unorganisierten Haufen mohammedanischer Kriegsgefangener vorfand. Die psychologischen Probleme einer musterhaften kameradschaftlichen Behandlung, wie sie bei Bergmann im Mittelpunkt standen, spielten dort bis dato eine geringe Rolle. Jede Verdünnung der Einheit, jede Aufteilung hätte das Ende von

Bergmann bedeutet. Zwar war die Zerschlagung der Einheit am 22. 6. beschlossen, aber am 23. 6. erreichte ich im Hauptquartier in Lötzen, daß der Befehl zurückgenommen wurde. Die Einheit der Einheit war gerettet. Nach Luttensee zurückgekehrt, erwartete uns neues Unheil. Der ehemalige sowjetische Hauptmann Ziklaouri versuchte, eine kleine Gegengruppe zu gründen, die der Einheit im Ernstfall großen Schaden hätte zufügen können. Es ist bezeichnend, daß diese Gruppe von der Masse der Georgier abgelehnt und der Führung der Einheit rechtzeitig gemeldet wurde. Ihre Aburteilung durch ein Kriegsgericht in Garmisch beendete diesen Versuch. Am 27. 6. 1942 wurde ich zu dem Prozeß Ziklaouri in Garmisch als Zeuge gehört.

Eine kleine Gruppe von Männern, die unter der Diskrepanz zwischen den Erfahrungen innerhalb der Einheit und den Fehlern in der Behandlung der Bevölkerung der besetzten Gebiete litten, benutzten in dieser Zeit ihre freien Stunden, um an einer Denkschrift zu arbeiten, die unsere positiven Erfahrungen auf die gesamten von Deutschland besetzten Gebiete Osteuropas übertragen wollte. Im Juli 1942 erschien eine solche Denkschrift, die wie alle späteren Denkschriften der Einheit auf das Unmenschliche und Verbrecherische der Untermenschen-Theorie hinwies und zu einer Behandlung aufforderte, die zu einer freiwilligen Mitarbeit der befreiten Völker bei der Verwaltung der besetzten Gebiete führen konnte.

Am 7. und 8. Juli besuchte uns der Chef der Deutschen Abwehr, Admiral Canaris. Er wollte sich kurz vor unserem Einsatz im Kaukasus von unseren militärischen Leistungen überzeugen, und wir zeigten auf den verschiedensten Gebieten, was wir gelernt hatten. Im Juli–August wurde die Einheit an die Front verlegt.“[77]

Inzwischen hatten die schnellen deutschen Panzerverbände das Gebiet bis zur Niederung des Terek erreicht. Obwohl seit rund zweitausend Jahren alle Völker den Kaukasus ostwärts umgingen, wählten die Deutschen für ihre Gebirgstruppe die schwierigere Westroute entlang der Schwarzmeerküste und über den Zentralkaukasus. Wen wundert es da noch, daß sie sowohl vor Ssuchum und Maikop als auch vor Tuapse liegenblieben und auf den Hochgebirgsregionen schwere Verluste erleiden sollten?

„Am 25. 8. zogen wir in Pjatigorsk ein und am 28. 8. wurde der Bataillonsgefechtsstand nach Rusky II verlegt“, berichtete Theodor Oberländer weiter. „Vom 28. 8. bis zum 31. 12. blieb die Einheit im wesentlichen in dieser Stellung liegen. Sie war links ohne Deckung mit einer mehr oder weniger offenen Flanke zum Kaspischen Meer, so daß wir in die Steppe erkunden mußten und dabei auch mit Hilfe von Artillerie einen auf einer neu gebauten und uns unbekannten Strecke bei Kisljar stehenden russischen Panzerzug erledigen konnten. Hierbei zeichnete sich unser Pionierzug, der sogenannte S-Zug, besonders aus. Rechts waren wir angelehnt an Teile des LII. Korps beziehungsweise zeitweise an die SS-Standarte Germania. In dieser Zeit bewährte sich die Erziehung aus Neuhammer und

Luttensee in besonderem Maße. Vor unseren Gräben lagen Sonnenblumen- und Baumwollfelder. Die sowjetische Stellung war etwa 2 km entfernt, dahinter erhob sich das Vorgebirge zum Kaukasus. An einigen schönen Tagen konnten wir das ganze Gebirge, besonders den Kasbek in nächster Nähe beobachten. Die sowjetische Armee südlich des Terek war zwar nicht völlig abgeschlossen von der Sowjetunion, aber im Grunde doch nur über das Kaspische Meer und die Wolga mit ihr verbunden, die sowjetischen Divisionen waren nicht-russischer, sondern so gut wie ganz kaukasischer Herkunft.

Als die Georgier abends mit ihrem Chor vor der Stellung ihre Kampflieder sangen, hörten das ihre Kameraden in der sowjetischen Division, deren politischer Kommandeur der spätere Cheftheoretiker der Sowjetunion, Suslow, war. Jeder von uns wird sich jener Sommerabende erinnern, an denen einzelne Überläufer sich durch Sonnenblumen- oder Baumwollfelder heranschlichen und von ihren Kameraden in deutschen Offiziers- und Unteroffiziersuniformen bei einem guten deutschen Weinbrand empfangen wurden. Wir brauchten ihnen damals nicht gleich die Waffen abzunehmen, denn sie umarmten sich meistens sehr schnell, weil sie oft aus demselben Dorf stammten, verwandt waren oder dieselbe Schule besucht hatten. Es bedurfte auch keiner Erklärung, denn Leute, die noch vor ein oder zwei Jahren in Tiflis in der Roten Armee gedient hatten, trugen heute die deutsche Uniform und waren als Unterführer in der deutschen Armee. Wir haben es auch jedem erlaubt, wieder zurückzugehen, denn wir wußten, welche Wirkung das haben würde. Von der Georgischen Division, die uns gegenüber lag, kamen in wenigen Tagen etwa 800 Überläufer, darunter eine ganze Batterie mit Batterie-Chef und dessen Frau. Zeitweise war es etwas riskant. Da sie nachts kamen und das Schießen verboten werden mußte, war für alle Fälle die Artillerie auf eine Sperrfeuerabriegelung vorbereitet. Aber alle diese Vorsichtsmaßnahmen waren nicht notwendig.

An einem schönen Vormittag beobachteten wir gewaltige Staubwolken hinter der Front des Gegners, die von Lkw-Kolonnen stammen mußten, ohne daß wir uns diese Bewegung erklären konnten. Nachmittags allerdings erhielten wir diese Erklärung: Die Georgische Division, die Division Suslow, war wegen Unzuverlässigkeit aus der Front gezogen worden und durch eine Aserbeidschanische Division ersetzt worden. Wir mußten den Chor wechseln, die Georgier hatten ihre Werbekraft verloren.

Links oben: Die legendäre Brücke im Teberdatal – hier erreichten die deutschen Gebirgsjäger ihren 4000. Marschkilometer!

Rechts oben: Mit bergsteigerischem Elan dem Elbrus entgegen

Links unten: Bergführer Kaspar Schwarz mit dem Stander der 1. Gebirgs-Division

Rechts unten: Die Edelweiß-Hütte

144

Es muß hier eingefügt werden, daß um diese Zeit des Krieges sich bereits das Unglück von Stalingrad vorbereitete. Es darf als sicher gelten, daß die sowjetische Propaganda die Möglichkeit eines Verlustes Stalingrads in jeder Weise auszuwerten versuchte. Bei einem Besuch beim Chef des Stabes in Pjatigorsk sah ich die Lagekarte und wurde mir des Ernstes der Lage bewußt. Bei der Rückkehr zur Truppe traf ich einen aserbeidschanischen Major aus der neuen, uns gegenüber liegenden Division, der anbot, mit seinem ganzen Bataillon zu uns überzugehen und mit uns zu kämpfen. Was tun? Die menschliche Verantwortung war ungeheuer groß. Aber wer hätte jemandem, der mit uns kämpfen wollte, absagen können?

Ende Oktober war Naltschik genommen worden, und so dehnte sich unser Frontabschnitt von der Steppe mit der linken Flanke in Galjugajewskaja im Osten bis weit über Naltschik nach Westen aus. Wir hatten etwa eine Frontstrecke von 40 Kilometern.

In diese Zeit fällt ein Befehl an mich, nach Stavropol zu einer Besprechung mit Gen.Feldmarschall v. Kleist zu kommen. Der Feldzeugstab 205 stellte einen Fieseler Storch zur Verfügung, und in wenigen Stunden traf ich in Stavropol bei Gen.Feldmarschall v. Kleist, General Köstring und Kleist's Ordonnanzoffizier ein; letzterer hat dieses Gespräch in seinem Tagebuch vermerkt. Der Empfang war eisig; ich fühlte mich vor Gericht. Ehe der Gen.Feldmarschall mit dem Essen begann, fragte v. Kleist: ‚Seit wann ist es üblich, daß Hauptleute meine Armee kritisieren?' Ich sagte, ich wüßte nicht, was gemeint sei, aber wenn es um Fragen der Menschlichkeit und des Rechts ginge, würde ich es auch einem Hauptmann zubilligen, wenn er auf dem Dienstwege seine Meinung vertrete. Kleist: ‚Wo werden in meiner Armee Hunderte von Gefangenen erschossen?' Ich zog mein Tagebuch und las die Ziffern vor, die ich an erschossenen oder umgekommenen Gefangenen vermerkt hatte. Kleist verlangte sofort ein Kriegsgericht; er übertrug uns die Beobachtung der Gefangenenlager hinter der kaukasischen Front in seinem Armeebereich mit der Erlaubnis, in jedes Gefangenenlager einen Beobachter zu entsenden. Wir suchten beste Leute aus und haben in den Gefangenenlagern äußerst segensreich wirken können. Auch einzelne übergelaufene kaukasische Juden wurden nicht ausgeliefert, sondern voll berechtigt aufgenommen.

Man muß sich in die Schwierigkeiten hineindenken, denen die Einheit damals begegnen mußte. Mit 1100 Mann war sie ausgezogen. Durch Verluste, besonders im Kaukasus, an Toten, Verwundeten und Kranken war sie auf knapp 900 Mann zurückgegangen. Am Terek hat sie sich durch neu hinzugekommene Freiwillige auf 2883 Mann verstärkt, also verdreifacht. Bekleidung, Bewaffnung, Verpflegung, alles kam vom Feind. Wenn der

Oben: Das Elbrushaus in 4100 Meter Höhe

Unten: Vorbereitungen für den Gipfelsturm

145

Alte Fritz seinen Kerls befahl, sich die Waffen beim Feind zu holen, so holten wir uns Menschen und Waffen beim Feind. Wir teilten uns also in 12 Kompanien und zwei Schwadronen und legten einige Kompanien in die Stadt Naltschik, für deren Sicherheit wir mit verantwortlich waren.

Schwierigkeiten machte auch die Beschaffung des deutschen Rahmenpersonals, denn die Einheit hatte durch die Kämpfe im Kaukasus und am Terek beträchtliche Ausfälle und bekam nur wenig Ersatz. Das Rahmenpersonal, das früher für fünf Kompanien ausgereicht hatte, mußte jetzt für 12 Kompanien und zwei Schwadronen ausreichen. Ein großer Teil der Unteroffizier- und Feldwebelstellen wurde mit Kaukasiern besetzt. Am 21. Dezember 1942 wurden die Mannschaften, die neu zu uns gekommen waren, vereidigt. Am 23. Dezember landete in der Nähe von Naltschik eine sowjetische Fallschirmabteilung in deutscher Uniform mit den gleichen Abzeichen wie die Angehörigen von Bergmann und mit ausgezeichnet gefälschten Papieren. Sie hatten sich in der Nähe von Naltschik auf einem Gehöft versteckt und einige waren in die Stadt gekommen, wo sie fast durch Zufall erkannt wurden, denn die Kompanien waren neu und noch nicht so weit zusammengewachsen, daß jeder seine nächsten Kompanieangehörigen genau kannte. Es gelang wenige Stunden nach der Landung, die gesamte Gruppe gefangen zu nehmen.

So zog sich der Aufbau der Einheit angesichts der feindlichen Front im Oktober, November und Dezember hin. Während die Lage in Stalingrad immer bedrohlicher wurde, dachten unsere kaukasischen Männer nach vorne, an ihre Heimat, die sie befreien wollten, für sie lag die Möglichkeit eines Rückzugs außerhalb ihrer normalen Gedankengänge. So kam Weihnachten 1942 heran.

Am 24. 12. 1942 feierte die Einheit abends Weihnachten in einer unsicheren Stimmung, was uns die Zukunft bringen würde. Auch die Tage zwischen Weihnachten und Neujahr wurden bis zur letzten Stunde zur besseren Ausbildung benutzt. – Am 31. Dezember 1942 abends wurde der Kommandeur Bergmann zum Regimentsgefechtsstand des daneben liegenden deutschen Infanterieregiments geholt. Dort wurde ihm der Rückzugsbefehl aus dem Kaukasus mitgeteilt. Jene Neujahrsnacht bildete den entscheidenden Wendepunkt in der Geschichte von Bergmann. Die Katastrophe von Stalingrad wirkte sich aus. Die Gefahr, daß die Kaukasus-Armee bei Rostow abgeschnitten würde, war so groß, daß der gesamte Kaukasus geräumt werden mußte. Zu dem Rückzugsbefehl gehörte, daß die gesamte dort gelagerte Artilleriemunition zu verschießen war. Die Geschütze schossen die ganze Nacht. Wir versuchten, unseren Männern die Notwendigkeit dieser Maßnahmen klar zu machen, aber wir fanden wenig Verständnis.

Silvester 1942 abends lagen wir zum letzten Mal in unserem Quartier. Dann begann der Rückmarsch, dabei hatten wir Glück. Über Grosny lag in diesen Tagen schwerer Nebel, die sowjetische Luftwaffe konnte nicht aufsteigen und unseren Rückmarsch über die Malka, den Terek und ande-re Brücken nicht stören. Der Rückmarsch vollzog sich zu Fuß. In Solsko-je war noch einmal der Gipfel des Elbrus in herrlicher Klarheit in der Mor-gensonne zu sehen. Die Einheit zog sich wie eine lange Schlange durch die Gegend. Es ist erstaunlich, wie trotz des Rückzugs und ernstester Lage auch in den völlig neuen Kompanien, die noch in keiner Weise zusam-mengewachsen waren, der militärische Gehorsam erhalten blieb. Die Bevölkerung nahm uns freundlich auf, sie bedauerte unseren Abmarsch. Ich erinnere mich vieler Gespräche mit Angehörigen aller Bevölkerungs-gruppen, die unseren Abzug tief bedauerten, nicht nur die Angehörigen der Kosakenbevölkerung oder der Tscherkessen.

Das Wetter war uns hold, es herrschte eine leichte Kälte mit wenig Schnee, die Straßen waren so gefroren, daß wir verhältnismäßig große Entfernun-gen zu Fuß pro Tag zurücklegen konnten. Der Feind bedrängte unseren Frontabschnitt wenig, es können uns nur sehr schwache Kräfte Ende Dezember 1942 gegenüber gelegen haben, sonst hätte der Rückzug weit mehr gestört werden müssen. So zog die Einheit den gesamten Januar über zu Fuß von den Ufern des Terek bis auf die Taman-Halbinsel. Am 6. Fe-bruar 1943 gelangte die Einheit auf die Taman-Halbinsel. Angesichts der Vorwürfe über Unmenschlichkeiten, die der Einheit ohne jede Unterlage später von sowjetischer Seite gemacht wurde, bedarf es der Erwähnung eines Ereignisses, das sich am 8. Februar 1943, kurz vor der Taman-Halb-insel in Korschewski, zutrug. Ein Teil von Bergmann hatte dort Quartier gemacht, ein Block von 1000 Sowjetgefangenen durchzog den Ort und 50 von ihnen, die zu schwach waren weiterzumarschieren, wurden abgeson-dert. Ein ukrainisches Kommando sollte sie erschießen. Die Erschießung konnte verhindert werden, denn ein dort liegender Kompaniechef unserer Einheit gab dem Ortsvorsteher – Starosten – den Befehl, die 50 Mann auf die dortigen Bauern zu verteilen, sie gut zu ernähren und sie in 5 Tagen zur gleichen Uhrzeit auf der Ortskommandantur antreten zu lassen. Nach 5 Tagen erschienen sämtliche Gefangene, jeder mit einem Lebensmittelpa-ket, und wurden dem nächsten Gefangenenblock angeschlossen, ein Beweis für die Hilfsbereitschaft der dortigen Bevölkerung, aber auch für die Art von Bergmann, Angehörige fremden Volkstums menschlich zu behandeln.

Dem Rückmarsch aus dem Kaukasus schloß sich ein mehrwöchentli-cher Aufenthalt auf der Taman-Halbinsel an. Die Ernährung machte gewis-se Schwierigkeiten. Wir waren eingeschlossen und halfen den dortigen Baubataillonen, die grundlosen Wege herzurichten. Wir hatten genug Scha-fe, und wenn wir ein Loch ins Eis schlugen, zogen wir aus dem Wasser statt eines Eimers voll Wasser einen Eimer voll Fische; aber der Mensch lebt nicht nur von Brot allein, sondern noch viel weniger vom Eiweiß allein. Wir hatten Eiweißüberschuß, aber akuten Kohlehydratmangel; die Erkran-kungen an infektiöser Gelbsucht nahmen bedenklich zu, aber nur beim deutschen Rahmenpersonal, nicht bei den Kaukasiern, die die Hausgärten der Taman-Halbinsel durchstreiften und sich mit dem so wichtigen Knoblauch reichlich versorgten. Die Anordnung, täglich eine Zehe dieser ‚Medizin' zu genießen, machte allen Gelbsuchterkrankungen ein schnelles Ende. Am 14. Februar 1943 versandte die Einheit wieder eine jener Denkschriften, die aus unseren täglichen Erfahrungen erwuchsen und die unser kleiner ‚Braintrust' erarbeitete. Am 22. Februar 1943 wurde die Einheit in Sturmbooten und Segelflugzeugen im Schlepp unter Zurücklassung aller motorisierten Fahrzeuge und schweren Waffen auf die Krim überführt. Dort begann ein völlig neuer Abschnitt."[78]

Und der sollte so aussehen: Am 1. August 1943 wurde der Sonderverband „Bergmann" auf der Halbinsel Krim aus dem im Winter 1942/43 aufgestellten Abwehr-Unternehmen „Bergmann" neu formiert – und zwar I. Bataillon mit 4 Kompanien (deutsch), II. Bataillon mit 4 Kompanien (aserbaidschanisch), III. Bataillon mit 4 Kompanien (nordkaukasisch) sowie 13. und 14. Schwadron. Der Verband wurde dann der Heeresgruppe Süd in Südrußland unterstellt.[79]

Und was geschah mit dem „Bergmann"-Kommandeur Professor Dr. Dr. Theodor Oberländer? 1943 wurde er auf Drängen Himmlers aus der Deutschen Wehrmacht entlassen und in Prag „in Stadtarrest" genommen, wo er seine Professorentätigkeit an der dortigen Universität wieder aufnahm. 1945 wurde er reaktiviert und kam in den Stab des Generals Wlassow. Als Major war er nun Leiter des Schulungslagers der „Russischen Befreiungsbewegung" in Berlin. Bei Kriegsende geriet er in amerikanische Gefangenschaft, aus der er 1946 entlassen wurde. Danach gründete er in Bayern den „Bund der Heimatvertriebenen", dessen Vorsitzender er bis zu seinem Austritt 1955 bleiben sollte. 1950 wurde er Mitglied des Bayerischen Landtages und 1951 bayerischer Staatssekretär für das Flüchtlingswesen. 1953 ging er nach Bonn und wurde Bundesvertriebenenminister. Seit 1956 gehörte er der CDU an. Am 3. Mai 1960 trat er nach einer beispiellosen linken Verleumdungskampagne als Minister zurück. 1959 erhobene Anklagen wegen Oberländers Vergangenheit führten 1960 in Ost-Berlin zu einer Verurteilung zu lebenslangem Zuchthaus; in Bonn jedoch zur Einstellung des Verfahrens. Ein Prozeß wies 1960 alle Beschuldigungen gegen ihn als unbegründet zurück.[80]

5. Erste Rückschläge

Am Tage der Elbrusbesteigung, an jenem für die gesamte deutsche Gebirgstruppe so denkwürdigen 21. August 1942, fertigte Helmuth Greiner, neben Percy Ernst Schramm einer der beiden Führer des „Kriegstagebuchs des Oberkommandos der Wehrmacht", nach einem Lagevortrag folgende Aufzeichnung an:

„Die Operationen der Heeresgruppe A im Kaukasus werden durch starke Regen- und Schneefälle sehr behindert. Der Führer ist über die langsamen Fortschritte beim Kaukasus-Übergang verärgert und weist auf straffe Zusammenfassung der Kräfte, vor allem beim XXXXIX. Gebirgskorps, hin. Um dessen Ansatz zu klären, wird Hauptmann von Harbou von der Operationsabteilung Heer des Wehrmachtführungsstabes mit Aufträgen des Generals Jodl zum XXXXIX. Gebirgskorps entsandt [...]"[81]

Die ersten schwerwiegenden Differenzen hinsichtlich der operativen Kriegsführung im Kaukasus zwischen Hitler und der Heeresgruppe A sowie dem ihr unterstellten XXXXIX. Gebirgs-Armeekorps des Generals der Gebirgstruppe Konrad waren nicht mehr zu kaschieren. Nach den glanzvollen militärischen und alpinistischen Erfolgen der deutschen Gebirgsjäger im Kampf um die Hochgebirgsregionen und die Pässe des Zentralkaukasus kam ein Rückschlag, der die sieggewohnte Truppe vom General bis zum einfachen Frontsoldaten bis ins Mark treffen sollte. Aber allzu viele Hunde sind bekanntlich des Hasen Tod. Unter der Tarnkappe der „Hunde" verbargen sich die überdehnten deutschen Fronten mit ihren Versorgungs- und Nachschubproblemen: Täglich stürzten wertvolle Tragtiere ab, die nicht ersetzt werden konnten; um einen Verwundeten zu bergen, wurden nicht selten acht Mann und mehr benötigt, vier Mann vorne und vier Mann hinten an der Bahre. Der einsetzende Winter mit seinen meterhohen Schneeverwehungen und ein Gegner, der sich nun mit aller Macht gegen die angeschlagenen deutschen Angreifer stemmte, waren weitere unüberwindbare Hindernisse.

Von welchem Zeitpunkt an die Sowjets das Gesetz des Handelns immer mehr übernahmen, das schildert uns Marschall Gretschko in seinem Werk „Die Schlacht um den Kaukasus". Dort faßt er das Kampfgeschehen zwischen dem 25. August und dem 20. Oktober 1942 – also vom deutschen Vormarsch bis zum Beginn der sowjetischen Gegenoffensive – wie folgt zusammen:

„In der Richtung Ssantscharo-Paß begannen Kampfhandlungen am 25. August. Im Tal der Großen Laba hatte der Gegner dazu mehr als ein Regiment der 4. Gebirgsdivision gegen eine Kompanie des 808. Regiments der 394. Schützendivision und eine gemischte NKWD-Abteilung konzentriert. Es gelang ihm, den Ssantscharo-Paß zu besetzen und fast ohne Schwierigkeiten weiter nach Süden vorzugehen.

Zur Wiederherstellung der Lage wurde die Ssantscharo-Gruppe gebildet, in die das 307. Regiment der 61. Schützendivision, zwei Bataillone der 155. und 51. Schützenbrigade, das 25. Grenzregiment des NKWD, ein gemischtes NKWD-Regiment und eine Abteilung der 1. Infanterieschule von Tbilissi eingingen.

Diese Gruppe erhielt die Aufgabe, von drei Richtungen aus den Gegner anzugreifen, seine Hauptkräfte zu vernichten und den Ssantscharo-Paß zurückzugewinnen.

Inzwischen besetzte der Gegner am 28. August das Dorf Pschu. Nachdem er am 29. August seine Gruppierung durch Luftlandetruppen verstärkt hatte, rückte er auf die Pässe Dou und Atschawtschar vor. Aber das herankommende gemischte NKWD-Regiment griff aus der Bewegung heraus an und warf den Gegner auf das Nordufer des Bsyb zurück.

Am 1. September arbeitete der Stab der 46. Armee, die jetzt Generalleutnant K. N. Lesselidse kommandierte, einen Plan zur Einkreisung und Vernichtung dieser Gruppierung aus. Durch das ungenügende Zusammenwirken der Abteilungen konnten diese Aufgaben jedoch nicht erfüllt werden, obwohl die Möglichkeiten dazu bestanden. Dem Gegner gelang es, seine Hauptkräfte auf den Ssantscharo, Adsapsch- und Tschmachara-Paß zurückzuführen.

Am 6. September gingen die Truppen der Ssantscharo-Gruppe zum Angriff über und besetzten zwei Tage das Dorf Pschu. Es gelang ihnen aber nicht, den Gegner einzukreisen und völlig zu vernichten. In den Kämpfen um Pschu zeichnete sich besonders das II. Bataillon unter Oberleutnant Ultschenko aus, das 120 Soldaten des Gegners vernichtete und die Übersetzstelle über den Bsyb zerstörte.

Nach einer Umgruppierung gingen die Truppen der Ssantscharo-Gruppe am 16. Oktober erneut zum Angriff über und besetzten zum 20. Oktober den Ssantscharo-Paß. Die Reste der gegnerischen Truppen zogen sich auf die Nordhänge des Großen Kaukasus zurück. Bei Eintritt des Winters endeten in dieser Richtung die aktiven Kampfhandlungen.

Allein in der Richtung Umpyrski-Paß war die Verteidigung besser organisiert. Ihn verteidigten zwei Kompanien des 147. Regiments der 20. Gebirgsschützendivision. Der Gegner setzte etwa zwei Bataillone der 4. Gebirgsdivision, verstärkt durch eine große Anzahl Granatwerfer, ein."[82]

Während sich der sowjetische Widerstand vor den Linien der Gebirgsjäger im Hochkaukasus immer mehr versteifte, schmiedete Hitler in seinem Hauptquartier in Winniza in der Ukraine immer noch Pläne für weitausholende Operationen der Deutschen Wehrmacht in den asiatischen Raum hinein. Albert Speer schrieb darüber in seinen „Spandauer Tagebüchern":

„Das ganze Hauptquartier war blendender Laune. Nach einer dieser Besprechungen saß Hitler im Schatten der Bäume, die seinen Holzbungalow umgaben, an einem einfachen Holztisch auf einer Bank. Es war ein friedlicher Abend, wir waren allein. Hitler begann mit seiner tiefen, durch vieles Reden rauhen Stimme: ‚Seit langem habe ich alles vorbereiten lassen: als nächsten Schritt werden wir südlich des Kaukasus vorstoßen und dann den Aufständischen im Iran und Irak gegen die Engländer helfen. Ein anderer Stoß wird am Kaspischen Meer entlang gegen Afghanistan und gegen Indien geführt. Dann geht den Engländern das Öl aus. In zwei Jahren sind wir an der Grenze Indiens. Zwanzig bis dreißig deutsche Elite-

Divisionen genügen. Dann bricht auch das britische Weltreich zusammen. Singapur haben sie bereits an die Japaner verloren. Ohnmächtig müssen die Engländer zusehen, wie ihr Kolonialreich zusammenbricht.' Das klang nicht überheblich", bemerkte Hitlers Rüstungsminister zu den Ausführungen seines Führers. „Tatsächlich schien es für Hitler in Europa keinen Widerstand mehr zu geben. Lakonisch fuhr er fort: ‚Napoleon wollte über Ägypten und Rußland die Welt erobern. Er wäre zum Ziel gekommen, wenn er nicht große Fehler gemacht hätte. Die werde ich vermeiden. Verlassen Sie sich darauf!'"[83]

Daß es dem Obersten Befehlshaber dennoch nicht gelang, alle Fehlerquellen auszuschließen, das mußten die Gebirgsjäger am eigenen Leibe bitter erfahren. Die zugesagten Verstärkungen – wie das italienische Alpini-Korps mit 3 Gebirgs-Divisionen, rumänische Truppen, Versorgungseinheiten und ausreichende Luftunterstützung – mußten lagebedingt allesamt Richtung Stalingrad beordert werden. Das Ende des deutschen Vormarsches zeichnete sich bereits deutlich ab. „Der Widerstand [des] Fein-

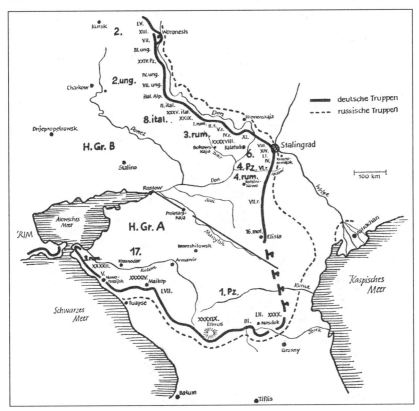

Das deutsche Ostheer hat seinen Zenit erreicht. Lage der Heeresgruppen A und B im Kaukasus und bei Stalingrad Mitte September 1942

des festigte sich. Ruoff hatte vor den Kaukasusstädten am Schwarzen Meer Schwierigkeiten; Anapa, Noworossisk, Tuapse wurden von Tscherwitschenko geschickt verteidigt."[84]

Albert Speer hielt in seinen „Erinnerungen" fest: „[...] die Einheiten waren am Ende. Trotz aller Befehle Hitlers kamen sie nicht mehr voran. In den Lagebesprechungen wurden Hitler Luftfotos von den undurchdringlichen Nußbaumwäldern vor Sotschi gezeigt. Generalstabschef Halder versuchte Hitler zu überzeugen, daß das Unternehmen im Süden erfolglos bleiben müsse; denn durch Sprengungen der Steilabhänge könnten die Russen die Küstenstraße auf lange Zeit unpassierbar machen, die ohnehin für den Vormarsch größerer Truppeneinheiten zu schmal sei. Doch Hitler zeigte sich unbeeindruckt: ‚Diese Schwierigkeiten sind überwindbar, wie alle Schwierigkeiten zu überwinden sind! Zuerst einmal müssen wir die Straße erobern. Dann ist der Weg in die Ebenen südlich des Kaukasus frei. Dort können wir in Ruhe unsere Armeen aufstellen und Nachschublager anlegen. Dann starten wir in ein oder zwei Jahren eine Offensive in den Unterleib des britischen Empire. Mit geringen Kräften können wir Persien und den Irak befreien. Die Inder', so Hitler voller Zuversicht, ‚werden unsere Divisionen begeistert begrüßen.'"[85]

Wie die Briten damals die Möglichkeiten einer deutschen Offensive in den „Unterleib des britischen Empire"[86] beurteilten, darüber gibt uns kein Geringerer als der damalige Premierminister Sir Winston Churchill in seinen Memoiren Auskunft:

„Selbst nach meinem Besuch und der Konferenz in Moskau im August 1942 hielt General Brocke, der mich begleitet hatte, an der Auffassung fest, daß die deutschen Streitkräfte den Kaukasus überschreiten und das Kaspische Meerbecken beherrschen würden, weshalb wir uns in größtem Umfang auf einen Defensivfeldzug in Syrien und Persien vorbereiteten."[87]

Während sowohl Hitler als auch seine westlichen Kriegsgegner sich mit möglichen weitgesteckten strategischen Zielen im asiatischen Raum befaßten, mußten die deutschen Gebirgssoldaten von Tag zu Tag verbissener mit einem sich immer erfolgreicher zur Wehr setzenden Gegner ringen – gegen Stalins Rote Armee.

Das XXXXIX. Gebirgs-Armeekorps, das über die Hochpässe des westlichen Kaukasus auf Ssuchum angesetzt worden war, hatte sein Ziel aus den bereits dargelegten Gründen nicht erreichen können. Kurz vor dem Austritt aus den Bergen wurde der sowjetische Widerstand immer stärker. Was der Gegner an Truppen zusammenraffen konnte, warf er fortan massiv in den Kampf. Tagelang wogten die Gefechte um den Austritt aus dem Gebirge hin und her.

Regen setzte ein und erschwerte bald jede Truppenbewegung; insbesondere das Vorwärtskommen der schweren Artillerie und der motorisierten Fahrzeuge. Die Versorgung über den hohen Bergkamm wurde für die Gebirgssoldaten äußerst schwierig. Noch viel schwieriger gestaltete sich aber der Abtransport der zahlreichen Verwundeten. Tag und Nacht arbeiteten die Chirurgen und Sanitäter meist in unmittelbarer Nähe der HKL, um die weiten Distanzen der Verwundetentransporte auf diese Weise spürbar zu verkürzen.

Die Gebirgsjäger versuchten immer wieder durch tollkühne Umgehungen, den Feind im Rücken zu packen. Tagelang wartete man mit Sorge auf den Erfolg und die Rückkehr der Kameraden. Dann kamen sie endlich völlig erschöpft und abgerissen, ihre Verwundeten mitschleppend, zurück.

Es war nicht mehr zu übersehen, daß die sowjetische Führung alles daransetzte, um den Deutschen den begehrten Weg nach Süden zu versperren. Aus dem Schwarzmeerraum kamen ununterbrochen neue Verstärkungen. Die eigenen Reihen wurden dagegen immer lichter; der Nachschub immer zeitraubender und dürftiger. So war es kein Wunder, daß sich das Schlachtenglück allmählich den Sowjets zuneigte. Da sollte „sich Anfang September, als das Führerhauptquartier noch bei Winniza (Ukraine) untergebracht war, eine schwere Führungskrise entwickeln. [...] Sie hatte zur Folge, daß Hitler zu den gemeinsam eingenommenen Mahlzeiten nicht mehr erschien."[88]

Über Vorgeschichte und Verlauf der Krise der Kaukasus-Operation lassen sich aus dem „Kriegstagebuch der Heeresgruppe A" folgende Einzelheiten entnehmen:

„2. 9.

Fernschreiben des OB an OKH, daß angesichts der feindlichen Überlegenheit im Raum nördlich Tuapse nicht mit schnellem Durchbruch gerechnet werden kann. Zu erwägen sei, ob 4. Geb.Div., die nach Umgruppierung über höchstens 7, zum Teil schwache Batl.e verfügen wird, mit Rücksicht auf die langen Flanken, die dauernden Angriffen ausgesetzt sein dürften, zum Vorstoß auf die Küste angesetzt werden solle. OB weist darauf hin, daß Versorgung schwierig sein wird und dauernd namhafte Kräfte beanspruchen wird sowie daß eine durch die Lage geforderte Zurücknahme der Angriffsgruppe später nicht durchführbar sei. OB erklärt Bereitschaft, diese Gedanken noch einmal dem Führer vorzutragen (H.Gr. A, Ia Nr. 918/42 g.Kdos.).

Befehl an 17. Armee, sofort Bildung starker Angriffsgruppe im Raum 4. Geb.Div. einzuteilen und zur Sperrung der Pässe und Sicherung der Westflanke nur Mindestmaß an Kräften einzusetzen (H.Gr. A, Ia Nr. 920/42 g.Kdos.).

5. 9.

OB bittet Gen. Jodl zur Besprechung über weiteren Einsatz XXXXIX. Geb.K. zu kommen.

Meldung an OKH über Planung des weiteren Angriffs; nach Wegnahme Noworossijsk soll Schwerpunkt zum Stoß auf Tuapse gebildet werden. Dazu LVII. Pz.K. die 125. und XXXIV. AK. die 9. I.D. zuführen. Dem V. AK. verbleibt 73. I.D., dazu 3. rum. Geb.Div., während V. rum. Kav.Korps (5., 6. und 9. K.D.) den Küstenschutz zwischen Noworossijsk und Blogoweschtschenkaja übernehmen und die Inf.-Sicherungen zwischen Krymskaja und Kalushskaja ablösen soll.

Zeitpunkt des Angriffs auf Tuapse wird je nach Wetter- und Betriebsstofflage zwischen 12. und 15. 9. liegen.

Ferner wird auf die Notwendigkeit starker Lw.-Unterstützung hingewiesen.

6. 9.

Erwägungen: Op.Abt. verständigt, daß OB und Kdr.Gen. XXXXIX. Geb.K. den Durchstoß 4. Geb.Div. auf Gudauti nicht verantworten können.

7. 9.

Besprechung OB und Kdr.Gen. XXXXIX, Geb.K. mit Gen. Jodl über Vorhaben 4. Geb.Div. Es wird Übereinstimmung erzielt, daß der Vorstoß auf Gudauti nicht zu verantworten sei.

Begründung: Geländeschwierigkeiten – Angriff muß über einen Gebirgspfad geführt werden. Versorgung über Strecke von 60–70 km Luftlinie mit Tragtieren, was jeweils 6-tägigem Marsch entspricht. Von den benötigten Tragtieren fehlen noch 1900.

Bei Hochwasser würden Brücken zerstört.

Nicht gewährleistet, daß Angriff bis Küste durchdringt.

Gelingt aber der Durchbruch, wird Truppe dauernden Feindangriffen ausgesetzt, vor allem gegen lange Flanken wie durch Lw.- und Seestreitkräfte, dagegen keine Abwehrmittel vorhanden.

Keineswegs gewährleistet, daß Durchstoß auf Tuapse und weiter so schnell gelingt, daß noch vor Winter Verbindung hergestellt werden kann.

Unerläßlich, Führer vorzuschlagen, auf diesen Angriff zu verzichten und Kräfte auf die Pässe des Hauptkammes zurückzunehmen und dadurch noch eine Geb.Div. für Stoß auf Tuapse freizumachen.

8. 9.

Siehe nochmals Begründung OB für Entschluß, auf Vorstoß 4. Geb.Div. auf Gudauti zu verzichten ... Hinzugefügt: die 4. Geb.Div. hätte gar nicht so weit im S gestanden, wie auf Grund bisheriger Meldungen hätte angenommen werden müssen. Neue Beutekarten der letzten Tage hätten größere Gelände- und Bevorratungsschwierigkeiten aufgezeigt, als bisher angenommen wurde.

9. 9.

Führerentscheid, den Vorstoß auf Gudauti betreffend, trifft ein: Falls H.Gr. den Vorstoß 4. Geb.Div. zur Küste nicht durchführen zu können glaube, seien starke Teile des Geb.K. den auf Tuapse vorstoßenden Verbänden zuzuführen. Der Zeitpunkt des Angriffs dürfte hierdurch jedoch nicht verzögert werden.

Weisung H.Gr. A an A.Gr. Ruoff (Ia Nr. 191/42 g.K./Chefs.): Nächste Aufgabe der Armee ist der Durchstoß auf Tuapse unter Zusammenfassung stärkster Kräfte.

‚Angriffsgruppe Tuapse' ist zu bilden aus: 2 von Noworossijsk bzw. der Krim heranzubringenden Div.en (voraussichtlich 125. und 46. I.D.), 198. Div. und slow. schn. Div., 101. Jg. und 97. Jg. Div., der gem. 1. Geb.Div. mit mindestens 5 Btl.en (ohne das dem XXXXIX. AK. zugeführte Hochgeb.Btl.).

Der Angriff ist baldmöglichst zu führen und darf durch die Zuführung des Geb.Verbandes nicht verzögert werden.

SS ‚Wiking' steht mit Pz.n und mot. Teilen an der Tuapser Straße oder, je nach Entwicklung der Lage, zu anderer Verwendung.

Die nicht bei ‚Angriffsgruppe Tuapse' eingesetzten Teile des Geb.K. sperren die gewonnenen Hochgebirgspässe."[89]

„Tuapse" lautete also die neue Parole. Konrads XXXXIX. Gebirgs-Armeekorps und seinen Gebirgs-Divisionen stand damit in vielerlei Hinsicht eine neue Bewährungsprobe bevor. Aber in einer Zeit, in der im Kaukasus nochmals alles auf eine Karte gesetzt wurde, hatte sich das Kriegsglück endgültig der gegnerischen Seite zugewandt, nachdem die deutsche Führung es allzu maßlos überstrapaziert hatte.

„Man kann es als ein Wunder betrachten, daß die deutschen Ost-Armeen den winterlichen Rückschlag überwinden und bis zum späten Frühjahr wieder für den Einsatz in Großkämpfen aufgefrischt werden konnten", schrieb Generalfeldmarschall Albert Kesselring. „So sehr auch Hitler in den kommenden beiden Jahren versuchte, die Initiative wieder an sich zu reißen, alle derartigen Maßnahmen blieben Versuche mit untauglichen Mitteln, da sich Hitler geistig nicht auf eine andere Kriegsführung umstellen konnte und die fachmännisch vorgebildeten Soldaten nicht als selbstverantwortliche, auf ihren Kriegsschauplätzen entscheidende Frontführer anerkennen wollte. Je schärfer die Spannungen im Ostkrieg wurden, um so mehr wurden die Führer für Rückschläge verantwortlich gemacht, die allein im Führungssystem lagen."[90]

Nun mußte also der vielzitierte Sündenbock gefunden werden, der für die ins Stocken geratene Operation im Kaukasus verantwortlich gemacht werden konnte. Einen dieser Sündenböcke fand Hitler im Oberbefehlshaber der Heeresgruppe A, der das XXXXIX. Gebirgs-Armeekorps während der harten Kämpfe im Zentralkaukasus stets vorrangig behandelt hatte. Vergeblich hatte Generalfeldmarschall Wilhelm List um die Zuführung der zugesagten Verstärkungen gebeten. Nichts davon hatte er bekommen, da alles in den Raum Stalingrad beordert worden war.

Angesichts der ausbleibenden Erfolge und immer neuer Hiobsbotschaften wurde die Stimmung im Führerhauptquartier von Tag zu Tag gereizter. So notierte Hitlers Heeresadjutant am 27. August 1942: „Höchste Krise seit August 41, F[ührer] tobt. Am Abend unerfreuliche Aussprache zwischen Chef und Jodl, der zäh Auffassung von List und Kleist teilt. Wir alle haben den Eindruck, daß F[ührer] vor entscheidenden Entschlüssen steht. Jodl wird hart angegriffen. Man drehe ihm die Worte im Munde herum, es werde nun anders werden, er werde sich sichern. Vertrauen sei dahin und er selbst zöge daher persönliche Konsequenzen. Nachts zu Schmundt: ‚Bin froh, wenn ich diesen verhaßten Rock ausziehen und mit Füßen treten kann.'[91]

Am 31. 8./1. 9. 1942 schrieb Major Engel dann: „Vortrag Generalfeldmarschall List in Wolfsschlucht, dabei von Gyldenfeldt, ferner Transportchef, General Gercke. List trägt Lage vor, Ausführungen decken sich mit dem Chef Generalstab in den Vortagen vorgetragenen Beurteilungen. Zunächst sehr unerfreuliche Atmosphäre, F[ührer] unterbricht mehrmals, macht der Heeresgruppe zum Vorwurf, daß zu geringe Kräftekonzentration erfolgt sei und somit eine Verzettelung auf der ganzen Front. Bemerkenswert, daß er sich nunmehr doch dazu bekennt, daß Überwinden des Gebirges nicht möglich. Einigung erfolgt dahin, daß mit bedeutend stärkeren Kräften als bisher von der Krim über den Kuban längs der Küste vorgestoßen werden soll. Hält jedoch am Ziel, Astrachan und Kaspisches Meer zu erreichen, unverrückbar fest, will jedoch über den Kaukasus nur lose Verbindung ohne Bildung besonderer Schwerpunkte durch das Gebirgskorps sichergestellt wissen. – Nach Abschluß der Besprechung allgemein der Eindruck, daß weitgehend Entspannung erfolgt ist. F[ührer] hat auch mit Chef Generalstab seit langem wieder freundliche Worte gewechsel."[92]

Doch der Schein trog. „Vertrauen zu Chef Gen.Stb. ist hin", notierte Engel am 4. September 1942. „Dieser trägt erstmalig sehr massiv üb[er] Zustand der Truppe vor. Chef unterbricht und beschimpft ihn wörtlich: ‚Was wollen Sie, Herr Halder, der Sie nur, auch im ersten Weltkrieg, auf demselben Drehschemel saßen, mir über Truppe [sic] erzählen. Sie, der Sie nicht einmal das schwarze Verw[undeten]abzeichen tragen?' Peinlich. [Ich] sage zu Gen[eral] Heusinger, Chef Gen.Stb. müsse sich krank melden, das sei nicht zu reparieren. Am Abend versucht F[ührer], durch besondere Freundlichkeit zu Halder diesen Ausspruch zu verwischen."[93]

Aber das war noch nicht alles. „Am 7. September kam der Höhepunkt", schrieb der amerikanische Pulitzer-Preisträger John Toland in seiner Hitler-Biographie. „An diesem Morgen schickte Hitler einen der letzten ihm noch genehmen Stabsoffiziere, nämlich Jodl, nach dem Kaukasus; er sollte nachprüfen, warum List die Einnahme der letzten Bergpässe so hinauszögerte. Jodl besprach mit List und dem Kommandeur der Gebirgsjäger ausführlich die Lage und hatte den Eindruck, die Lage dort sei aussichtslos. Hitler meldete er rückkehrend nur, List halte sich genau an die ihm erteilten Befehle. Das war Hitler zuviel, und er sprang auf: ‚Das ist eine Lüge!' schrie er und beschuldigte Jodl, mit List unter einer Decke zu stecken. Er habe aber nur den Auftrag gehabt, einen Befehl zu überbringen. Jodl hatte noch nie einen so wütenden Menschen gesehen und geriet ebenfalls in Wut. Falls Hitler einen Kurier habe senden wollen, warum dann nicht einen jungen Leutnant? Hitler, wütend, weil Jodl ihn im Beisein anderer ‚verletzt' hatte, verließ, zornige Blicke verschießend, den Raum und schloß sich in seinem Bunker ein, mehr denn je überzeugt, hintergangen zu werden."[94]

Als sich die Offensive im Hochkaukasus aus Kräftemangel endgültig festgelaufen hatte, wurde List, über den Hitler sich wegen der mangelhaften Erfolge der Heeresgruppe A am 31. August 1942 nicht nur enttäuscht, sondern sogar abfällig geäußert hatte,[95] am 9. September 1942 entlassen. Die energische Verteidigung durch General der Artillerie Alfred Jodl[96] half nichts. Erst am 22. November 1942 sollte Generalfeldmarschall Ewald von Kleist die Führung der Heeresgruppe A übernehmen. Bis dahin hatte Hitler persönlich den Oberbefehl inne.

Bei einem Gang durch den Berliner Grunewald, wo Jodl sich wegen seines zunehmenden Ischiasleidens untersuchen ließ, erzählte er seiner späteren Frau Luise die Auseinandersetzung mit Hitler, dessen Zorn sich nun auch erstmals gegen den Chef des Wehrmachtführungsstabes richtete:

„Das geht schon lange, seit August. Der Führer hatte mich zu Konrad, dem Kommandierenden General des Gebirgskorps im Kaukasus, geschickt, um zu prüfen, ob wirklich, wie Konrad und List meldeten, keine Fallschirmtruppen bei Tuapse abgesetzt werden könnten. Du weißt ja, daß es südlich des Kaukasus um die Ölquellen geht. Als ich bei Konrad landete, fiel oben bereits der erste Schnee. Man muß die Berge kennen, um zu wissen, wie das dann weitergeht. Fallschirmtruppen in dem Gelände abzusetzen, wäre ein Verbrechen gewesen. Konrad bat mich, die Zurücknahme seiner Truppen zu erwirken, die bereits bis an die Hochpässe Richtung Süden vorgestoßen waren, die Versorgung war kaum mehr möglich. Das mußte ich dem Führer in aller Deutlichkeit vor Augen führen; dabei war mir klar, worum es bei ihm ging – der große Traum eines Durchstoßes nach Persien. Ich kann dir sagen, nie habe ich einen ähnlichen Wutausbruch bei einem Menschen erlebt. [...] Na, und seitdem kommt er nicht mehr zum gemeinsamen Essen, gibt mir nicht mehr die Hand, und bei der täglichen Lage schreiben Stenographen jedes Wort mit. Frontflüge für uns Offiziere vom OKW sind auch verboten."97)

Wenig später, am 24. September 1942, wurde auch Generaloberst Franz Halder entlassen. In seiner Unterschätzung der sowjetischen Widerstandskraft zu Beginn des Unternehmens „Barbarossa" liegt gewiß auch einer der Gründe für das Scheitern des Rußlandfeldzuges. „Es ist wohl nicht zuviel gesagt, wenn ich behaupte, daß der Feldzug gegen Rußland innerhalb von vierzehn Tagen gewonnen wurde", hatte er zunächst voller Zuversicht behauptet. Fünf Wochen später gestand er seinen katastrophalen Irrtum ein, als er am 11. August 1941 notierte: „Wir haben bei Kriegsbeginn mit 200 feindlichen Divisionen gerechnet. Jetzt zählen wir 300."98)

Wie List und Jodl war auch Halder aus der Bayerischen Armee und der Gebirgstruppe hervorgegangen und hatte sich auf Grund dieser Verbundenheit in vielen Fällen für die Belange der Gebirgsjäger und Gebirgsartilleristen eingesetzt. Mit List und Halder waren innerhalb kürzester Zeit zwei profilierte Generale aus der Wehrmacht verabschiedet worden. Neuer Chef des Generalstabes des Heeres wurde der bisherige Chef des Generalstabes des Oberbefehlshabers West, der General der Infanterie Kurt Zeitzler, „einer der eifrigsten Streiter für die einheitliche Führung der Wehrmacht".99)

Den Bruch mit Hitler notierte Halder an jenem 24. September in seinem berühmten Tagebuch mit den Worten: „Nach dem Tagesvortrag Verabschiedung durch den Führer, der erklärt, meine Nerven verbraucht; auch seine Nerven nicht mehr frisch... ‚Wir müssen uns trennen...' Notwendigkeit der Erziehung des Generalstabes im fanatischen Glauben an die [nationalsozialistische, Anm. d. Verf.] Idee. Entschlossenheit, auch im Heer seinen Willen restlos durchzusetzen [...]"100)

Was dachte und fühlte nun die leidtragende Fronttruppe mit ihren permanent überforderten Führern und Unterführern angesichts des Rückschlages im Kaukasus und des Führungskonfliktes zwischen dem Führerhauptquartier und der Heeresgruppe A, der sich schließlich hinunter bis auf die Ebene der Truppenführung auswirken sollte?

„Wie soll man sich verhalten, wenn gegebener Auftrag und erkennbare Möglichkeiten sich dauernd im Widerspruch befinden?" fragte etwa der fronterfahrene Bataillons-Kommandeur Walter Kopp. „Ein solcher Fall war bei unserer Ausbildung im Frieden nicht vorgesehen und so muß man Verständnis für eine gewisse Ratlosigkeit der Truppenführer haben. Im allgemeinen gab es für sie keinen Ausweg, im Einzelfall konnte die untere Führung manches abbiegen oder verhüten, wenn ihr die lebendige Truppe näherstand als das seelenlose Prinzip des unbedingten Gehorsams (wie es etwa in Stalingrad praktiziert wurde). Es sei ehrlich zugegeben, daß diesbezüglich ein kleiner Bataillonskommandeur in einer vorteilhafteren Position war als der Oberbefehlshaber einer Heeresgruppe oder einer Armee."[101]

Als Ursachen der deutschen Niederlage im Kaukasus führte der Truppenführer Kopp folgende Gründe an:

„*1. Geographie*. Für fußmarschierende Mitteleuropäer war das an Asien grenzende Ziskaukasien ein uferloses Gebiet. Wir verloren uns einfach in der Weite des Landes. Es war, als ob man nach der harmlosen Mädelegabel sich am Monte Rosa versuchen würde.

2. Nachschub. Der Nachschub tröpfelte nur. Wir lebten von der Hand in den Mund. Zum Essen konnten wir zwar im Lande selbst noch genügend auftreiben und mit der Munition hauszuhalten, waren wir gewöhnt. Das Haupthandikap war der Mangel an Betriebsstoff, den zwar das Bataillon nicht spürte, wohl aber die 1. Panzerarmee (Generaloberst von Kleist), der wir angehörten.

3. Zerstreuung der Kräfte. Wir benahmen uns, als ob der Feind geschlagen sei und es sich nur darum handle, das Land der Besiegten zu besetzen und dort Beute zu machen, vor allem Öl. Ein Teil der deutschen Kräfte stieß nach Osten vor (Stalingrad), ein anderer nach Südosten (Baku am Kaspischen Meer) und der dritte nach Süden (Georgien jenseits des Kaukasus). Die 1. Gebirgsdivision zum Beispiel war schließlich in drei Teile zerlegt, die Hunderte von Kilometern voneinander getrennt waren. Ein Teil stand im Westkaukasus, der zweite am Elbrus und der dritte war mit der 1. Panzerarmee auf dem Weg zum Kaspischen Meer.

4. Überspannung der Kräfte. Am 6. 11. 1942 schlugen sowjetische Panzerkräfte vor den Toren von Ordshonikidse die 13. Panzerdivision in offenem Gefecht. Die 13. Panzerdivision war schon stark geschwächt in dieses Gefecht gegangen und ihre vorgeschobene Linie (als Angriffsspitze) glich in fataler Weise einem Gummifaden kurz vor dem Zerreißen. Die 13. Panzerdivision wurde eingeschlossen und das unterstellte I./99 mit. Von diesem Tage an ging die Initiative auf den Feind über, vom 6. bis zum 12. November kämpften wir um unsere Existenz und dann begann der lange Rückzug.

Schon vor dem 6. November hatte die 1. Panzerarmee bedeutende Kräfte nach Stalingrad abgeben müssen und auch nach diesem unheilvollen Datum blieben ihr weitere Abgaben nicht erspart.

5. Aktionen der Sowjetunion. Die Sowjetunion hatte mit anerkennenswerter Energie jenseits des Kaukasus und jenseits des Kaspischen Meeres neue Verbände aufgestellt, die sie nach flüchtiger Ausbildung an die Front schickte. Zwar konnten diese Verbände keinen hohen Kampfwert haben, aber für uns sah es so aus, daß viele Hunde des Hasen Tod sind.

Die Ursachen unserer Niederlagen (die wir damals nicht als solche empfanden) hatten also mehrere Ursachen, von denen sich aus der Sicht eines Bataillonskommandeurs nicht entscheiden läßt, wer sie im einzelnen zu vertreten hat."[102]

6. Truppenführung im Gebirge

„Gebirge sind schlechthin Barrieren. Sie begrenzen oder umschließen Ebenen und Becken; Flußtäler durchschneiden und öffnen sie auf natürliche Weise; Straßen und Eisenbahnen machen sich diese zunutze. Abseits der großen Verkehrswege bieten sich Pässe zur Überschreitung an. Mittelgebirge sind meist stark bewaldet und auch dadurch bewegungshemmend, Hochgebirge erheben sich darüber zur Fels- und Eisregion. Gebirge begünstigen die Abwehr. Der Angreifer muß sich bei operativem Ansatz seiner Kräfte an Täler und Pässe halten, der Verteidiger kann beiderseits derselben aus überhöhenden Stellungen durch Feuer sperren",[103] schrieb Karl Wilhelm Thilo, ehemals Generalstabsoffizier der Stammdivision der deutschen Gebirgstruppe, später Kommandeur der 1. Gebirgs-Division der Bundeswehr.

Meist werden die Operationen im Gebirge im Zusammenhang mit Operationen außerhalb desselben stehen. Erst das Zusammenwirken beider Operationsbereiche nach Raum und Zeit ermöglicht den Erfolg, denn, so der Kommandierende General Konrad, „der Gebirgskrieg ist kein Ding an sich, doch muß er in seiner Bedeutung und Eigenart und in seinen Schwierigkeiten von der Führung und Truppe erkannt und gemeistert werden".[104]

Auf die zweigeteilte Heeresgruppe Süd gemünzt, bedeutete dies, daß es nicht gelungen war, die zeitgleichen Operationen der Heeresgruppe A im Kaukasus und der Heeresgruppe B am Don mit Zielrichtung Stalingrad so anzusetzen und mit ausreichenden Kräften zu versehen, daß der Gegner sowohl hier wie dort niedergerungen werden konnte. Statt dessen legte sich der Rückschlag an der Wolga wie ein langer Schatten über die Hochgebirgsfront im Kaukasus und brachte auch hier den Angriff schließlich ganz zum Stehen.

Aus dieser Erkenntnis heraus skizzierte General der Gebirgstruppe Rudolf Konrad die ersten Grundrisse seiner Studie „Der Gebirgskrieg",[105] die alle Möglichkeiten der Operation und Taktik enthält. In einer Stellungnahme bewertete Generaloberst Franz Halder Konrads Studie „für sehr gut. Sie bringt", so der ehemalige Chef des Generalstabes des Heeres, „die im deutschen Heer bestehenden Auffassungen über den Gebirgskrieg eingehend, klar und übersichtlich zum Ausdruck":[106]

„A. Allgemeine Gesichtspunkte
Die großen Führungs- und Kampfgrundsätze gelten auch uneingeschränkt für den Krieg im Gebirge. Der Ablauf der Operationen unterscheidet sich jedoch durch den Einfluß des Gebirges mitunter stark von

denen in der Ebene – und zwar vor allem in bezug auf den Ansatz der Kräfte, die Durchführung der Gefechte und den hohen Zeitbedarf bei allen Bewegungen. Die erste Voraussetzung des Erfolges ist eine genaue Kenntnis des Gebirges und die Berücksichtigung seiner Eigenarten. Hier seien insbesondere die Formen der Berge und Täler, der Verlauf der Gebirgszüge und Flüsse, die Bodenbeschaffenheit und Bedeckung, die Witterung und deren Einfluß auf die Jahreszeiten, der Zustand der Straßen und Wege, die Bevölkerung und die Unterkunftsverhältnisse angeführt.

Die oberen Führer sind den vielseitigen Anforderungen des Gebirgskrieges nur dann voll gewachsen, wenn sie eine eigene, reiche Gebirgserfahrung, bergsteigerisches Können und eine gründliche Kenntnis des Gebirges und seines Kampfraumes besitzen.

Im Gebirge ist allein die Gebirgstruppe voll verwendungsfähig. Das Gebirge verlangt bergerfahrene, besonders ausgerüstete und geschulte Führer und Soldaten, denn der Kräfteverbrauch ist im Gebirge bedeutend höher als im Flachland. Eine gute Gebirgstruppe zeichnet sich durch Mut, einen eisernen Willen und Zähigkeit aus.

Der Kampf im Gebirge ist ohne die entscheidende Mitwirkung der Luftwaffe nicht denkbar. Ihre Aufgaben sind vielseitig. Enge Zusammenarbeit zwischen der Gebirgstruppe und der Luftwaffe ist schon im Frieden notwendig, um die Leistungsfähigkeit für den Gebirgskrieg voll zu gewährleisten.

Dem Kraftfahrzeug kommt auch im Gebirge eine entscheidende Bedeutung zu. Gebirgsgängigkeit ist daher der oberste Grundsatz bei der Ausstattung.

Operationen und Unternehmungen müssen im Gebirge gründlicher als im Flachland vorbereitet werden. Höchste Sorgfalt verlangt die Sicherstellung ausreichender gebirgsgängiger Nachschubmittel, denn ohne diese Grundlage muß jede Operation im Gebirge auf Grund der Nachschubschwierigkeiten scheitern. Das mußte die deutsche Gebirgstruppe besonders bitter im Kaukasus zur Kenntnis nehmen.

Von großem Einfluß auf die Leistungen der Truppe im Gebirge sind die Jahreszeiten und die Witterung. Die stärksten Einwirkungen auf die Bewegung und das Gefecht bringen die Übergangszeiten Herbst und Frühjahr sowie der Winter. Auch der leistungsfähigsten Gebirgstruppe werden hier durch Schlamm, Hochwasser und Nässe, durch Kälte und widrige Schneeverhältnisse, durch Dauerregen und Nebel, durch Frost und Lawinengefahr bestimmte Grenzen gesetzt. Die Mittelgebirge bilden im Winter kaum geringere Witterungsschwierigkeiten als das Hochgebirge. Es wäre fatal, das zu unterschätzen.

B. Führungsgrundsätze

Der Erfolg von Operationen und Gefechten wird im Gebirge – mehr noch als in der Ebene – von der Verwirklichung der obersten Führungsgrundsätze abhängen, nämlich den Gegner sowohl operativ, taktisch als auch technisch zu überraschen; stark zu sein; den Gegner nicht frontal niederzuringen, sondern zu umfassen.

Das Straßen- und Wegenetz ist für den Ansatz der Kräfte von einem bestimmenden Einfluß, denn die großen Gebirgsstraßen haben immer operative Bedeutung. Eine rasche Instandsetzung von schlechten oder zerstörten Straßen kann von entscheidender Bedeutung sein.

Die Bildung eines Schwerpunktes mit starken und nachhaltigen Kräften ist im Gebirgskrieg am wirkungsvollsten. Maßgebend sind hierfür eine wirkungsvolle Stoßrichtung, günstige Nachschubbedingungen und genügende Entwicklungsmöglichkeiten zur erforderlichen Durchführung der Gefechte.

Einzelne Kolonnen und Trupps, die, um ihren Auftrag zu erfüllen, meist für längere Zeit im Gebirge auf sich allein gestellt sind, müssen von Anfang an so stark sein, daß sie wirkungsvoll operieren können.

Der Angriff muß im Gebirge zielbewußt geführt werden. Er kann oft mit weniger Kräften auskommen als die Verteidigung. Die hinhaltende Verteidigung kann auch mit schwachen Kräften große Erfolge erzielen. Sie verlangt jedoch eine überlegene Führung.

Der Platz der Führer ist im allgemeinen hinter dem Schwergewicht und so weit vorne, daß persönliche Beobachtungen und Erkundungen möglichst in kurzer Zeit durchgeführt werden können. Nachrichtenverbindungen – ob Draht oder Funk – verringern den Zeitbedarf für die Übermittlung von Befehlen und Weisungen. Sichere Verbindungen sind im Gebirge noch bedeutungsvoller als in der Ebene, da sie durch die Einflüsse der Natur wie Wettersturz mit Steinschlag oder durch Erd- und Steinlawinen oft unterbrochen werden können. So kommt der verläßlichen Arbeit der Nachrichtentruppe eine ganz besondere Bedeutung zu. Verbindungsflugzeuge sind da eine willkommene Ergänzung der Vermittlungsmöglichkeiten.

Ein Irrtum der Führung im Ansatz der Kräfte ist im Gebirge auch durch noch so überragende Truppenleistungen nur selten auszugleichen. Der hervorragendste Gebirgsverband wird seinem Gegner unterliegen, wenn das Nachführen an schweren Waffen, an Munition und Verpflegung nicht dem Bedürfnis der Truppe entspricht.

Das Erkennen des einfachsten und schnellsten Weges zur Erreichung des Operations- und Gefechtszweckes ist im Gebirge wegen der größeren Macht des Unbekannten schwieriger als in der Ebene, aber von entscheidender Auswirkung. Der Durchbruch durch eine starke Gebirgsverteidigung kann nur durch die schärfste Konzentration der Mittel im Schwerpunkt, der Artillerie- und der Luftwaffenwirkung erzwungen werden.

Die zunehmende Motorisierung der Bewegungsmittel aller Art kommt im Gebirge sowohl dem Angreifer als auch dem Verteidiger in gleicher Weise zugute. Sie führen zu einer wesentlichen Verkürzung der Bewegungszeiten im Gebirgskampf. Hier kann der Schnellere die Entscheidung suchen.

C. Aufklärung und Erkundung

Das Schwergewicht der Fernaufklärung liegt im Gebirge bei der Luftwaffe. An der Nahaufklärung partizipiert auch die Erdtruppe. Die Gefechtsaufklärung wird überwiegend von ihr wahrgenommen.

Der Operations- und Gefechtsraum wird auch durch technische Mittel von Sonder-Abteilungen aufgeklärt und überwacht. Dabei sind der Elektronik im Gebirge auf Grund von Störungen gewisse Grenzen gesetzt.

Aussagen von vertrauenswürdigen Bergeinwohnern wie Jäger und Holzarbeiter, Hirten und Händler, Geologen und Meteorologen über die Beschaffenheit von Gebirgsübergängen, Pässen und Flüssen, von Wäldern, Tälern und Wegen sowie über das Klima und die Witterungseinflüsse können die eigenen Erkenntnisse erweitern und vertiefen.

Die Fernaufklärung der Luftwaffe soll frühzeitig Grundlagen für die Operationsentschlüsse der Obersten Führung bringen durch Feststellung der Bewegungen des Feindes, seines Kräfteeinsatzes und seiner Entfaltung. Eine intensive Gelände- und Straßenerkundung ist im Gebirge wichtiger als in der Ebene.

Die Eindringtiefe der motorisierten Aufklärungsabteilungen kann auch im Gebirge groß sein. Schnelligkeit und Durchschlagskraft bestimmen ihren Erfolg. Die Stärke und Zusammensetzung der Aufklärungsabteilung ist durch den Auftrag festgelegt. Dabei ist die Aufklärung durch das Gefecht die Regel.

Bei enger werdender Feindberührung der Vortruppen gewinnt die Nahaufklärung der Luftwaffe zunehmend an Bedeutung. Dagegen wird die motorisierte und berittene Aufklärung immer mehr eingeengt und durch die Aufklärung zu Fuß abgelöst.

Die Spähtrupps und Erkundungsabteilungen der Gebirgstruppe haben Anteil an der Nahaufklärung. Sie sind die wesentlichsten Träger der Gefechtsaufklärung. Die Luftwaffe und die technische Aufklärung ergänzen ihre Ergebnisse.

Im Gebirgsgelände kann die Entfaltung der Nah- und Gefechtsaufklärung durch den Einsatz leichter Flugzeuge oder Hubschrauber entscheidend beschleunigt werden, wenn diese Spähtrupps oder Erkunder in günstige Ausgangspunkte bringen.

Die Ausrüstung der Erkundungsspähtrupps mit gebirgseigentümlichem Gerät und Kleinstfunkgeräten ist von wesentlicher Bedeutung.

Die Wege- und Geländeerkundung für das Gefecht und die Verkürzung der Meldezeiten sind für die Truppenführer und die Führer der Einheiten von besonderem Wert, da im Gebirge meist nur ein Teil des Geländes einzusehen ist.

Die Markierung des Weges ist im Gebirge außerordentlich wichtig, da Wetterumstürze die Orientierung nicht selten erschweren.

Gerade im Gebirge haben sich auch hinter der Front und im Bereich der Kolonnen und Kompanien alle Soldaten gegen feindliche Überraschungen zu sichern.

D. Sicherung und Marsch

Der Marsch in langen, mehr oder minder zusammenhängenden Kolonnen – wie er im Flachland meist durchgeführt wird – ist bei der Gebirgstruppe ein Wagnis. Der unerwartete Angriff feindlicher Luftstreitkräfte auf die Kolonne muß gerade im Gebirge – wo man nicht nach allen Seiten ausweichen kann – zu schweren Verlusten und Rückschlägen führen. Große Marschbewegungen bedürfen daher im Gebirge einer starken Luftflotte. Ist sie nicht vorhanden, so marschiert man in kleinen Kolonnen während der Nacht oder im künstlichen Nebel.

Dem Anmarsch der Hauptkräfte eilen starke Vorausabteilungen und Vorhuten weit voraus, um wichtige Pässe für die Truppe zu sichern oder Brücken zu nehmen. Sie erkundigen die weiteren Wege und das Gelände, sie sichern und führen Wegverbesserungen durch. Der Vorsprung dieser Vorausabteilungen kann – je nach der zu überwindenden Entfernung – Tagesmarschentfernungen und mehr betragen.

Bei guten Straßen geschieht die Bewegung der Truppe zur Schonung der Kräfte für den Kampf auf Kraftfahrzeugen. Auf schmalen und steilen Gebirgswegen und Steigungen müssen sich die Bewegungen zu Fuß vollziehen.

Schon beim Kampf der Vorausabteilungen und Vorhuten wirken die Luftstreitkräfte in entscheidender Weise mit. Die Entscheidungen in der Luft sind auch im Gebirgskampf von großer Auswirkung auf alle Bewegungen auf der Erde, insbesondere auf die weitere Durchführung der Märsche.

Das Nachfolgen des Gros erfolgt bei unsicherer Luftlage in Gruppen. Bei Bewegungen am Tage müssen diese unter starkem Luftschutz und sorgsam organisiertem Flakschutz erfolgen. Bei Luftüberlegenheit des Gegners müssen die Bewegungen in die Nacht verlegt werden.

Große Zwischenräume zwischen den Hauptkolonnen sind im Gebirge nicht zu scheuen. Das Ausscheiden von Nebenkolonnen ist nur gerechtfertigt, wenn es der eigenen Gefechtsentwicklung dient. Wichtig sind auch die Abstände innerhalb der Kolonnen, die gehalten werden müssen. Denn wenn die Kolonne an steilen Wegen marschiert, entstehen Ballungen, die bei den Tragtieren zu Abstürzen führen können.

Der Platz des Truppenführers hat im Gebirgskrieg so weit vorne wie irgend möglich zu sein. Sobald die Gesamtführung es erlaubt, begibt er sich auf das Gefechtsfeld der Vorhut.

Die Berechnungen der Marschzeit sind im Gebirge nicht leicht festzustellen, da die Steilheit des Geländes, die Schneelage und andere Witterungsbedingungen lähmend wirken. Als Anhalt dient, daß für 300 bis 400 Meter Aufstieg je eine Stunde zur Kartenentfernung hinzuzurechnen sind. Mit Tragtieren ist der Aufstieg gleich schnell, der Abstieg dagegen langsamer. Die Marschlängen betragen das 4- bis 6fache wie in der Ebene. Bei tiefem Schnee sind Männer mit Skiern an den Anfang der Marschkolonne zu setzen. Schneehöhen über 40 cm sind für die Tragtiere nicht mehr gangbar.

Die Unterbringung größerer Kräfte in festen Unterkünften ist im Gebirge nicht immer leicht, da die Besiedlung abseits der Haupttäler ständig abnimmt. Almen und Heustadel sind letzte Unterkünfte der Truppe. Zelte und Biwakplätze bieten oft den einzigen Schutz gegen die Kälte und schlechte Witterung.

E. Das Gefecht

In einem Gebirgsgefecht sind die Kampftüchtigkeit der Gebirgsjäger und die Leistungen der Artillerie nicht allein ausschlaggebend. Das bergsteigerische Können der Truppe und eine im Gebirgskrieg erfahrene Führung müssen hinzukommen. Psychologische Gesichtspunkte spielen im Gebirge eine größere Rolle als im Flachland.

Gerade die Verteidigung erfordert im Gebirge eine starke Zahl an Kräften, während der Angriff durch überraschendes Handeln und zielbewußte Schwerpunktbildung mit geringfügigeren Kräften auszukommen vermag. Die Überlegenheit der Kräfte an entscheidender Stelle bleibt naturgemäß die erste Forderung an die Führung. Die Überraschung des Gegners ist im Gebirge umso wirksamer, je mehr die Schwierigkeiten des Geländes und die räumliche Trennung der Kräfte ein schnelles Heranführen von feindlichen Verstärkungen erschweren. Geglückte Überraschungen können im Gebirge große operative und taktische Erfolge bringen.

Der einmal gefaßte Anfangsentschluß hat im Gebirge eine größere Bedeutung als im Flachland. Größere Änderungen in dem einmal getroffenen Kräfteeinsatz lassen sich nach Beginn des Vormarsches infolge der bestehenden Geländeschwierigkeiten meist nicht mehr durchführen. Durch frühzeitige Erd- und Luftaufklärung muß sich die Führung daher die notwendigen Unterlagen für die weittragenden Anfangsentschlüsse verschaffen.

a) Das Bewegungsgefecht

Eine häufige Form des Gefechts in kleinen und beweglichen Verhältnissen ist im Gebirge das Bewegungsgefecht. Aus dem Anmarsch der beiderseitigen Kräfte entwickelt es sich bei den Vortruppen fast immer in einer Reihe von Bewegungsgefechten auf breiter Front, die die Schlacht im Gebirge einleiten.

Im Bewegungsgefecht im Gebirge wird jeder der beiden Gegner in seinem Streben nach baldiger Entscheidung zunächst ein zweites, zeitraubendes Ausholen zur Umgehung oder zur ausgreifenden Umfassung vermeiden. Dagegen wird man versuchen, den Angriff in der Flanke und im Rücken zu suchen, da er stets am schnellsten und wirksamsten die Lebenslinien des Feindes trifft.

Die Aufgabe der Vortruppen – wie der Aufklärungsabteilungen, der Vorausabteilungen und der Vorhuten – beim Vormarsch ist es, durch entschlossenes Zupacken wichtige Geländeabschnitte wie Pässe und dergleichen zu gewinnen und für die nachfolgenden Hauptkräfte zu erkämpfen. Auch bei noch wenig geklärter Lage muß der Führer von Vortruppen entscheidende Ziele gewinnen, die später nur unter großem Zeitaufwand und Kräfteeinsatz gewonnen werden können.

Die Vortruppen müssen für ihren Auftrag von Anfang an stark genug und zweckmäßig ausgestattet sein. Das unmittelbare Zusammenwirken mit der Luftwaffe in allen Phasen der Erdkämpfe ist sorgsam vorzubereiten und sicherzustellen. Durch sie wird Zeit gewonnen, und die Verluste der angreifenden Truppe werden in einem erheblichen Maße gemindert.

Die örtliche Zurücknahme von Vortruppen, die im Gefecht nicht zum Ziele durchdringen konnten und in ungünstiger Lage schweren Verlusten ausgesetzt sind, kann in die nächstgünstige Stellung als gerechtfertigt erscheinen. Der Führer trägt hier die volle Verantwortung und hat immer nach den örtlichen Verhältnissen zu urteilen und zu entscheiden.

Der Truppenführer muß sich so früh wie möglich ein Bild über die ersten Grundlinien des Gefechtsplanes machen, wenn er die Entscheidung erzwingen will.

Die Größen, die den Angriff formen, sind sehr verschieden und haben im Gebirge in jeder Lage ein anderes Gewicht. Es sind dies der bisherige Verlauf der Gefechte bei den Vortruppen, die Ergebnisse der Aufklärung über den Feind, die Ergebnisse des Kartenbildes im Großen und der allgemeine Eindruck des Geländes sowie die Ergebnisse der Erkundung des Geländes nach der Form, der Gangbarkeit und der Beschaffenheit des Wegenetzes. Die Stoßrichtung und weitere Führung des Angriffes im Gebirge müssen sowohl räumlich als auch zeitlich der großen Lage entsprechen. Dabei müssen im Gebirge alle Ungewißheiten über den Feind und das Gelände vor der Entschlußfassung zum Angriff geklärt werden.

Wie in der Ebene wird der entscheidende Angriff durch den Truppenführer als Durchbruch durch die feindliche Front oder als Flügel- und Umfassungsangriff gegen den feindlichen Flügel oder aus der Umgehung des Gegners in den Rücken des Feindes geführt. Hier spielt die Beschaffenheit des Geländes eine große Rolle.

Oberste Forderung an die Führung bei der Wahl des Angriffsraumes ist die Sicherstellung einer überlegenen Feuerkonzentration für den entscheidenden Angriff. Artillerie und Luftwaffe müssen den Feind voll treffen. Um das zu erreichen, muß auch die Wetterlage berücksichtigt werden.

Der Durchbruch im Bewegungsgefecht erfordert einen großen Vorsprung im Anmarsch der Kräfte, verbunden mit den Vorteilen des Geländes für die eigene Truppe gegenüber der des Gegners.

Der Vormarsch stärkerer Kräfte in mehreren Kolonnen kann die Flügelangriffe oder die Umgehung des Gegners vorbereiten und wesentlich erleichtern.

Das Vorführen und die Entfaltung der Kräfte des Gros zum Gefechtseinsatz aus der Tiefe des Aufmarsches erfordert je nach dem Gelände und den Wegeverhältnissen Zeit. Diese kann verkürzt werden, je gründlicher die Vorbereitungen zu ihrem Einsatz durchgeführt wurden. Hier seien nur die vorgeschobenen Sicherungen, die Erkundung und die Durchführung von Straßenverbesserungen genannt. Der reibungslose Ablauf des Anmarsches aus der Tiefe ist eine wesentliche Voraussetzung für die erfolgreiche Führung eines Bewegungsgefechtes.

b) Angriff gegen einen zur Verteidigung eingerichteten Feind

Die Entscheidung wird meist im Durchbruch zu suchen sein, denn Lücken in der feindlichen Front können unter Umständen die Möglichkeit zu gleichzeitiger örtlicher Umfassung oder Umgehung bieten. Zweck und Ziel des Durchbruches, der Umfassung und Umgehung eines abwehrbereiten Feindes ist es, starke Teile des Gegners von seinen Versorgungslinien zu trennen, sie einzuschließen und zu vernichten.

Der Angreifer eines abwehrbereiten Feindes ist während des Anmarsches speziell im Gebirge in einem Zustand der Schwäche, den ein aktiver Verteidiger ausnutzen wird. Der abwehrbereite Verteidiger befindet sich je nach Vorbereitungszeit auf Grund der organisierten Beobachtung, der raschen und überlegenen Feuerkraft und -konzentration, der zweckmäßigen Gefechtsgliederung und der genauen Kenntnis des Geländes und der Wegeverhältnisse im feindlichen Raum und hinter der eigenen Stellung in der Überlegenheit.

Die Schwächen des Angreifers können durch eine gut eingesetzte und überlegene Luftwaffe kompensiert werden. Ihre Aufgabe ist vielseitig und besteht unter anderem in der Unterbindung der feindlichen Nachschubeinrichtungen, im unmittelbaren Schutz des Anmarsches der Angriffskräfte und in der Niederhaltung der feindlichen Artillerie.

Starke Vortruppen der Artillerie müssen an die feindlichen Stellungen herangebracht werden, um in ihrem Schutze die planmäßige Erkundung des Geländes durchzuführen, die als Grundlage für den Angriffsplan dient. Alle Waffen sind daran zu beteiligen. Der persönlichen Erkundung der Führer kommt im Gebirge eine besondere Bedeutung zu. Der mit der sorgfältigen Erkundung verbundene Zeitbedarf ist in Kauf zu nehmen und zahlt sich später aus.

Vor dem Heranführen der Angriffskräfte an ihre Angriffsabschnitte haben die Grundlinien des Angriffes festzuliegen. Dies sind die Stoßrichtung und das Schwergewicht des Angriffes, die Gruppierung und das Zusammenwirken der Artillerie sowie die Mitwirkung der Luftwaffe. Die Möglichkeiten des Nachschubes müssen geklärt und die benötigte Leistung gesichert sein.

Die Angriffskräfte werden abschnittsweise in die Bereitstellungsräume geführt. Die Pioniere wurden mit den Nachrichtentruppen als Wegbereiter der Truppe bereits mit den Vorhuten nach vorne gebracht. Erst kurz vor Angriffsbeginn verschiebt sich die Masse der Angriffskräfte in ihre

Angriffsstellungen, um den Feind so lange wie irgend möglich über die wahren Ziele des Angriffes, des Ortes und der Zeit im ungewissen zu lassen.

In Verbindung mit Artillerie und Luftwaffe ist die Zerschlagung des feindlichen Widerstandes im Hauptkampffeld sicherzustellen. Die Zusammenfassung starker Teile der Luftstreitkräfte im Schwergewichtsraum während der letzten Vorbereitungen des Angriffs und beim Sturmreifschlagen des Hauptkampffeldes ist von gewaltiger moralischer und materieller Wirkung.

Die Angriffsstellungen haben so nahe an der feindlichen Stellung zu liegen, daß die Angriffstruppe gerade noch Deckung und Tarnung findet. Je kürzer der Angriffsweg ist, desto schwungvoller kann der Angriff selbst vorgetragen werden.

Die Dauer der Feuervorbereitung für den Angriff hängt von der Anlage der feindlichen Stellung im Gelände und von der Stärke ihres Ausbaues ab. Die Durchschlagskraft des Vorbereitungsfeuers hat in kurzer Zeit wirkungsvoll zu erfolgen.

Der Einbruch in die feindliche Stellung ist im Gebirge meistens schwieriger als in der Ebene, denn der Feind wird, wo immer möglich, seine Hauptkampflinie über schwieriges Gelände legen. So werden die Einbrüche in die feindlichen Stellungen meist durch kleinere und kleinste Einheiten erfolgen. Dabei muß mit örtlichen feindlichen Gegenstößen kurz vor oder während des Angriffes gerechnet werden.

Erfolgt ein Einbruch in die feindliche Stellung, so muß dieser sofort erweitert und vertieft werden. Härtester Einsatz ist dabei erforderlich, um nunmehr noch größere Ergebnisse rasch und leicht zu erzielen. Verstärkte Meldetätigkeit und Aufklärung sichert die notwendige Einwirkung auf den Gang des Ereignisses am schnellsten.

Das rechtzeitige Heranführen der Reserven der örtlichen Front und der Führungsreserven aus der Tiefe ist für die Ausweitung der gewonnenen Erfolge entscheidend.

Der Durchstoß in die Tiefe des feindlichen Raumes muß von einem Aufreißen der Front nach der Seite hin begleitet sein, um die Bewegungsfreiheit auch zur Seite hin sicherzustellen. Um den Angriffsschwung nicht erlahmen zu lassen, werden Luftlandetruppen an den entscheidenden Stellen eingesetzt.

c) Die Verfolgung

Im Gebirge kann man meist nur aus einer überholenden Verfolgung, die aus den Auswirkungen eines breiten und tiefen Durchbruches oder einer entscheidenden Umfassungs- oder Umgehungsoperation erwächst, große Ergebnisse erwarten. Der Verlauf einer Verfolgung wird durch Bewegungsschwierigkeiten im gebirgigen Gelände, durch die Wegeverhältnisse und zuweilen auch durch die Witterung erschwert. Es kommt darauf an, diese Schwierigkeiten in den Plänen einzubeziehen und dementsprechend zu planen.

Eine frontale Verfolgung bereitet im Gebirge wesentlich größere Schwierigkeiten als in der Ebene. Sie findet an Pässen und Schluchten immer wieder Widerstand des zurückweichenden Gegners, der das Gelände zu seinen Gunsten auszunutzen versucht. Die Verfolgung wird dabei oft zu opfervollen, operativ ergebnislosen oder nicht gewinnbringenden Gefechten.

Mit der zunehmenden Verwirrung der Ordnung beim Gegner wächst seine Unfähigkeit zum Widerstand und seine innere Erschütterung. Sie zu steigern und auszunutzen, führt zum schließlichen Durchbruch. Beim Einsatz von Luftlandetruppen ist es wieder das Ziel, starke Teile des Gegners abzudrängen, einzuschließen und zu vernichten.

Ausgesuchte Truppen der Gebirgsartillerie und der Gebirgsjäger übernehmen die Verfolgung des Gegners. Tatkräftige Führer übernehmen die Führung.

d) Die Verteidigung im Gebirge

Der Verteidiger betrachtet das Gebirge als eine naturgegebene Stärke. Dennoch ist die Verteidigung eines Gebirgsraumes gegen einen überlegenen, modern ausgerüsteten und gut geführten Feind schwierig und erfordert dementsprechende Mittel und eine Führung mit großer Gebirgserfahrung.

Das Bedürfnis nach starker Besetzung der verschiedenen Frontabschnitte und der Bedarf an Reserven in vielen Räumen der Gebirgsfront binden relativ viele Kräfte und führen leicht zur Verzettelung. Nur durch eine klare Schwerpunktbildung kann auf breiten Fronten der Widerstand gesichert und einer Zersplitterung der Verteidigungskräfte entgegengewirkt werden. Um wirkungsvolle Schwerpunkte bilden zu können, ist es notwendig, sich Klarheit über die beabsichtigte Hauptstoßrichtung des Gegners zu verschaffen.

Die Verteidigung ist trotz aller Hindernisse aktiv zu führen, um dem Feind in Gegenangriffen und Gegenstößen die Initiative und Geländegewinne zu entreißen.

Der Verteidiger befindet sich während der Entfaltung und Annäherung des Gegners an die Stellungen im Vorteil, denn er konnte seine Artillerie gut organisieren, die Verteidigungslinie ausbauen, Sperren anlegen und Übergänge unpassierbar machen. Die genaue Kenntnis des Geländes verschafft einen weiteren Vorteil gegenüber den oft vagen des Angreifers. Für den Verteidiger gilt es, diese Vorteile zu nutzen und die Schwächen des Feindes zu treffen.

Je geringer die Zeit der Verteidigungsvorbereitung im Gebirge ist, desto schwieriger ist ihr Aufbau. Somit steigern sich mit der geringeren Zeit die Möglichkeiten des Angreifers. In erster Linie kommt es darauf an, den andrängenden Gegner an den Hauptstraßen durch wuchtige Luftangriffe und stärkste artilleristische Kampfführung aufzuhalten und durcheinander zu bringen. Besondere Aufmerksamkeit verlangt die Beobachtung des gesamten feindlichen Annäherungsraumes durch Erd- und Luftaufklärung, um die Verteidigung dementsprechend zu gestalten.

Tote Räume vor der Front und schluchtenartige Einrisse im Hauptkampffeld erschweren oft die Wirkung der Abwehrwaffen. Geschickte Anpassung der Waffen an die Verhältnisse des Geländes ist daher notwendig, um einen optimalen Erfolg zu erreichen. Die durch das Gelände und die Wetterlage bestimmten Verhältnisse im Artillerieraum sind für die Verteidigungskraft des Hauptkampffeldes und der gesamten Verteidigung im Gebirge von größter Bedeutung.

Die Führung der Hauptkampflinie ist bestimmend für die Gestalt des Hauptkampffeldes und damit von entscheidendem Einfluß auf die Stärke und die Wirkung seiner Feuerkraft. Zuweilen kann es von Vorteil sein, die HKL über den Hinterhang eines Gebirgszuges zu legen.

Zur Verschleierung der Hinterhangstellung kann es zweckmäßig sein, eine Scheinstellung – verbunden mit einer Vorstellung am Vorderhang – anzulegen, wobei die Vorstellungen weit vorgeschoben sein können.

Gefechtsvorposten können im Gebirge nicht immer vorgeschoben werden. In vielen Fällen genügt tagsüber ein stehender Spähtrupp im Vorgelände, der bei Dunkelheit verstärkt und in eine häufig wechselnde Vorpostenstellung einbezogen wird.

Das Zusammenwirken des Feuers der schweren Waffen der Infanterie und der Artillerie vor der HKL bedarf im Gebirge wegen der außerordentlichen Unterschiede der Zielhöhen, der Deckungsverhältnisse und der Höhe der Feuerstellungen sehr grundlegender Vorbereitung. Die Feuerpläne sind sorgfältig zu durchdenken und die ballistischen Möglichkeiten der jeweiligen Batterien voll auszunutzen. Flankierende Feuerabwehr ist im Gebirge so weit wie möglich anzuwenden.

Der Zusammenhang der Verteidigung und das taktische Zusammenwirken durch Feuer und Reserven an den Nahtabschnitten der großen und kleineren Verbände ist im Gebirge besonders sicherzustellen und durch die Truppenführung zu überprüfen. Die Kenntnis der besonderen Gebirgsverhältnisse und Kampfbedingungen der Nachbarabschnitte ist in schwierigen Lagen für das eigene zweckmäßige Handeln von großer Bedeutung.

Eine bewegliche Führung der Verteidigung ist im Gebirge ebenso unerläßlich wie im Flachland. Sie wird aber räumlich durch Gelände- und Bewegungsschwierigkeiten erheblich eingeengt und erschwert. Die Verteidigung des Hauptkampffeldes kann im Endkampf nur im engen Zusammenwirken mit der Luftwaffe und der Artillerie durchgeführt werden.

e) Das hinhaltende Gefecht

Das hinhaltende Gefecht findet im Gebirge oft günstige Kampfbedingungen. Es wird je nach der Absicht, der Lage und dem Gelände, je nach der Stärke und dem Verhalten des Gegners als hinhaltende Verteidigung oder als hinhaltender Angriff durchgeführt. Der Zweck des Gefechtes besteht in der Täuschung des Gegners, im Zeitgewinn und in dem Zufügen von Verlusten.

Die hinhaltende Verteidigung ist die primäre Kampfart des hinhaltenden Gefechts. Der hinhaltende Angriff richtet sich im überraschenden Stoß gegen eine sich bietende Schwäche des Gegners, zum Beispiel in den Flanken.

Das Gebirge erleichtert die Durchführung von hinhaltenden Gefechten. Die hinhaltende Verteidigung findet günstige Kampfbedingungen an starken Abschnitten oder auf Höhenstellungen. Die Möglichkeiten eines schnellen und reibungslosen Absetzens sind für das Gelingen die wesentlichen Grundlagen. Der Übergang von der hinhaltenden zur entscheidenden Verteidigung bedarf vorausschauender Vorbereitung hinsichtlich der Bereitstellung der Kräfte, des Ausbaues und dem Beziehen von Verteidigungsstellungen.

Der hinhaltende Angriff muß den Gegner überraschen und hat die größte Auswirkung, wenn er den Flügel, die Flanke oder den Rücken trifft.

Alle wesentlichen Führer eines hinhaltenden Gefechtes müssen über den Zweck des Gefechtes unterrichtet sein. Eine Überspannung der Ziele ist zu vermeiden, denn sie führt leicht zum Verlust des bereits Erreichten.

f) Absetzbewegung und Rückzug

Der planmäßige Rückzug in großer Breite aus der Tiefe eines Gebirgsraumes bedarf meist einer großen Vorbereitungszeit. Je geringer der Straßenausbau und die Transportleistung sind, umso höher ist der Zeitbedarf. Mit den Räumungsbewegungen hinter der Front setzt zugleich eine Entlastung der Kampfverbände von den schwierigsten Transporten ein. Zu gleicher Zeit haben die Gebirgspioniere bei der Vorbereitung großer Sprengungen und Zerstörungen schwierige und zeitraubende Aufgaben zu lösen. Das gleiche gilt für die Nachrichtentruppe bei der Anlage neuer Verbindungen.

Die schweren Waffen der Artillerie müssen mit dem taktisch möglichen Zeitmaß der Zurücknahme der Front in die nächste Verteidigungsstellung gebracht werden.

Erst nach der Herstellung voller Bewegungsfreiheit der Frontverbände nach rückwärts ist die Führung in der Lage, die Absetzbewegung an der Front zu beginnen. Bei breiter Front ist das Absetzen aus dem Gebirge nicht in einem Zuge möglich. Die Loslösung vom Feinde erfolgt meist bei Nacht nach einem bestimmten Zeitplan; auch unter dem Schutz von Nachtruppen wie der Gebirgsjäger, der schweren Waffen und der Artillerie.

Nachhaltige Zerstörungen an den wesentlichen Straßen und Wegen erleichtern das Loslösen vom Feinde bedeutend. Andererseits sind wichtige Rückzugsstraßen und Brücken durch starken Flakeinsatz für die Truppe zu sichern.

Das Bilden von Nachhuten an geeigneten Abschnitten erfolgt, sobald die Gelände- und Wegeverhältnisse einen raschen Abfluß der Masse der Kräfte aus dem Gebirge erlauben. Die Absetzbewegung und der Übergang zum Rückzug werden erleichtert, wenn der Führung Kräfte zur Aufnahme zur Verfügung stehen.

Nur außergewöhnliche operative Verhältnisse können den Verzicht auf eine planmäßige Durchführung des Rückzuges rechtfertigen, da eine Überstürzung in jedem Falle zu außerordentlichen Materialverlusten führt.

F. Die Zusammenarbeit mit der Luftwaffe

Die Schwierigkeiten, die das Gebirge der Verwendung des Flugzeuges[107] noch entgegensetzt, liegen in den Felsformationen, in den tiefen Tälern und in der unterschiedlichen Dichte sowie in den Strömungen der Luft. Rasche Witterungswechsel, dichte Nebel und Schneestürme halten das Flugzeug genauso vom Gebirge fern wie schwierige Start- und Landebahnen.

Dennoch kann das Flugzeug auch im Gebirge wirkungsvoll zum Tragen kommen, wenn alle anderen Mittel in schwierigen operativen Gefechtslagen versagen. Es ist vor allem eine Frage der Typenentwicklung und der Schaffung einer speziellen Organisation, um höchste Wirkungen bei der Zusammenarbeit zwischen der Gebirgstruppe und der Luftwaffe zu erzielen. So können Hubschrauber im Gebirge auf kleinstem Raum landen und Gebirgsjäger schnell an die Brennpunkte des Kampfgeschehens transportieren.

Enge Zusammenarbeit während einer laufenden Operation und auf dem Gefechtsfeld zwischen den Verbindungsstäben stellt eine optimale Koordination zwischen der Luftwaffe und der Gebirgstruppe dar.

Der Einsatz der Luftwaffe im Rahmen der Gebirgstruppe ist vorwiegend ein Einsatz auf dem Gefechtsfeld in enger Verbindung mit der Entwicklung des Kampfes und in engem Zusammenwirken mit der Kampfführung der Artillerie. Ihre Einsätze bestehen darin, das eigene Artilleriefeuer zu ergänzen oder ganz zu ersetzen, Transporte von Verbänden durchzuführen, Sicherungsverbände im steilen Hochgelände auszusetzen, genaue Aufklärungsergebnisse zu liefern und Zerstörungen und Sperrungen zu gewährleisten.

Mit der Leistungsfähigkeit der Luftwaffe und ihrer Überlegenheit über die feindlichen Luftverbände wächst einerseits die Sicherheit und andererseits die Durchschlagskraft der Gebirgsverbände.

G. Versorgung

Die Versorgung ist im Gebirge für den Ansatz und Erfolg der Operationen entscheidender und in der Durchführung schwieriger als in der Ebene. Der Bedarf und die Wegeverhältnisse sind genauestens zu berücksichtigen. So verlangt die Führung des Nachschubes Gebirgserfahrung. Die Leistung des Nachschubes liegt bei der Armee und den Divisionen. Bei weiträumigen und abgesetzten Operationen wird es zweckmäßig sein, dem Gebirgs-Armeekorps die Versorgungsaufgaben und die nötigen Mittel zu übertragen. Ein Gebirgs-Nachschubverband setzt sich aus Gebirgs- und Nachschubstäben, aus Tragtierkolonnen, Ketten- und Krad-Kompanien sowie aus Träger-Bataillonen und Hubschrauber-Staffeln zusammen.

Im Gebirge verlangt das verminderte Verkehrsnetz die Festlegung der für die Operation wesentlichen Versorgungslinien. Soweit wie möglich ist das Kraftfahrzeug zur Nachführung der Frontbedürfnisse auszunützen. Straßen und Bahnen sind oft von den Fronten durchschnitten und gestatten daher keinen Ringverkehr. Diese Verhältnisse erfordern sogenannte Umschlagstellen. In schwierigen Situationen kann auch die Luftwaffe zur Sicherstellung des Nachschubes herangezogen werden.

Das Armee-Oberkommando oder die Generalkommandos der Gebirgs-Armeekorps müssen über Lager verfügen, in denen alles Ausrüstungsmaterial bereitgestellt ist, über das eine Gebirgsfront im Sommer wie im Winter verfügen muß: Gebirgsbekleidung und Winterausrüstung wie Schlitten, Skier, Schneereifen und Zelte, ferner über alpines Gerät wie Tragesättel, Seile und Haken, Schneepflüge und Schneefräsen, Seilzüge, Brückengerät und dergleichen.

Die Fürsorge für die Verwundeten und ihr Abtransport in die Lazarette ist im Gebirge oft außerordentlich schwierig und bedarf neben den ärztlichen Maßnahmen einer besonderen Betreuung durch die Truppenführer. Die Gebirgs-Sanitäts-Kompanien benötigen für die Erfüllung dieses Dienstes einen alpin ausgestatteten und geschulten Sanitäts-Hochgebirgszug, um die Verwundetentransporte und die Verwundetenversorgung im schwierigen Gelände mit allen Hilfsmitteln sicher durchzuführen."[108]

Den Abschluß dieses Exkurses bilden zwei persönliche Erfahrungsberichte hoher deutscher Truppenführer. Zunächst kommt General der Gebirgtruppe Rudolf Konrad über die ausschlaggebende Bedeutung der Korpstruppen und Nachschubdienste zu Wort:

„Als im August 1942 das im Süden Rußlands kämpfende Geb.-Armeekorps (XXXXIX. AK) nach der Wegnahme von Rostow und Überwindung des Don, völlig überraschend für das Korps, zum Durchstoß durch den Hochkaukasus, westl. am Elbrus vorbei auf Ssuchum angesetzt wurde, verfügte es über keine Gebirgsnachschubeinrichtungen, auch nicht das westl. von ihm von Maikop auf Tuapse durch den Waldkaukasus angesetzte Jägerkorps (XXXXIV. AK).

Die günstige operative Lage erforderte kühnsten Versuch, die Lage dennoch durch Improvisationen zu meistern. 4000 bis 5000 Panjepferde mit

Behelfssätteln wurden beim Geb.-AK. zu Tragtiereinheiten formiert, die Hochpässe in erfolgreichen Gebirgskämpfen genommen und gegen die Küste weit überschritten. Eine große Nachhilfe wußte ja das Geb.-AK. von Anfang an im Anmarsch: 3 gebirgstüchtige italienische alpine Divisionen mit ihren voll ausgerüsteten Tragtieren, die den Nachschub-Improvisationen doppelte Kraft und Stabilität geben würden.

Da wurde das Alpinikorps auf Wunsch des OKW Anfang September von Rostow auf Stalingrad abgedreht. Versorgung auf dem Luftweg als Ersatz konnte aber nicht gegeben werden. Der Nachschub an Tragtieren (lediglich 1500 ohne die erforderlichen Tragesättel) war noch im Anrollen auf der Bahn.

Ab Ende September aber schließen sich die Hochpässe des Kaukasus mit metertiefem Schnee! Der Durchstoß zur Küste des Schwarzen Meeres auf Tuapse und Ssuchum mußte eingestellt werden, allein aus Mangel an Nachschubeinrichtungen und dem hieraus erwachsenden Zeitverlust.

Als der Angriff des XXXXIV.(Jäg.)-Korps auf Tuapse Anfang September und der Angriff des XXXXIX.(Geb.)-AK. auf Ssuchum Mitte September eingestellt worden war, erhob das OKW die Anklage des falschen Ansatzes der beiden Korps für den Durchbruch durch den Kaukasus.

Das OKW mochte diese Auffassung von Anfang an gehabt haben. Sein grundlegender Operationsplan, den ich nach den Ereignissen beim OKW vorgelegt bekam, brachte diesen Gedanken nicht entsprechend zum Ausdruck, sondern mußte zu einer Ausdehnung führen, wie sie bei der Heeresgruppe erfolgte. Dazu bleibt die Frage offen, warum das OKW, das den Anmarsch der Gebirgsdivisionen auf seine Gebirgsziele tagelang in den Meldungen verfolgen konnte und verfolgte, nicht eingegriffen hat, solange es noch Zeit war.

Mit keinem Wort aber spricht der OKW-Befehl von den umfangreichen Gebirgsnachschubeinrichtungen, die hier wie dort fehlten und Grundlage jeder Gebirgsorganisation sind. Sollte dieser Mangel den obersten Kommandostellen entgangen sein?"[109]

Generalfeldmarschall Wilhelm List, der im Sommer 1942 die Heeresgruppe A mit dem Auftrag übernommen hatte, sich der Schwarzmeerküste und des Transkaukasischen Raumes zu bemächtigen, faßte seine Gedanken über die Operationen im Kaukasus folgendermaßen zusammen:

„Anfang Juni 1942 eröffnete mir Hitler auf dem Obersalzberg, daß er mir das Kommando über die neu zu bildende Heeresgruppe A auf dem Südflügel der Ostfront übertragen wolle. Er entwickelte sodann in ganz großen Zügen den Plan der beabsichtigten Operationen. Von einem Kampf um den Kaukasus war dabei nicht die Rede, über die letzten Ziele äußerte er sich nicht.

Überrascht von der Weiträumigkeit der Operation und den weit gesteckten Zielen warf ich spontan ein: Auf Grund der Erfahrungen des Balkanfeldzuges hielte ich – abgesehen von der großen Zahl der Truppen – das sichere und rechtzeitige Nachbringen des Nachschubes, in erster Linie an Betriebsstoff, aber auch der Rollenorganisationen der Luftwaffe für entscheidend. Er tat das mit einer kurzen Bemerkung ab in dem Sinne, daß er dafür sorgen werde.

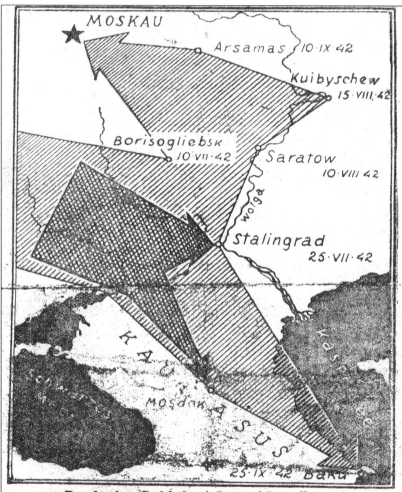

Tatsächlich hat, nachdem die Front von südlich Rostow bis in die Gegend von Stalingrad gespannt war, sowohl die erforderliche Zahl Kampftruppen wie eine nur annähernd ausreichende Luftwaffe und der rechtzeitige Nachschub an genügendem Betriebsstoff gefehlt.

Die Schwierigkeiten, so groß sie waren, hätten vielleicht doch noch

---

Lesen und an die Kameraden weitergeben!

Deutsche Soldaten und Offiziere

Die Sommer- und Herbstoperationen der deutschen Wehrmacht an der sowjetrussisch-deutschen Front neigen zu Ende. Der harte russische Winter steht vor der Tür, an einigen Stellen, wie bei Stalingrad, trat er bereits seine Rechte an. Es ist an der Zeit die Bilanz dieser Operationen zu ziehen, das Erreichte mit dem Geplanten zu vergleichen.

Der Plan *Hitlers, des OKW ging auf die Abschnürung Moskaus, der Moskauer Front von ihrem Hinterland im Ural und an der Wolga aus, mit der Zielsetzung, sie vom Osten her zu umgehen und schliesslich die Stadt zu besetzen.*

Der Angriff in der Richtung der Bakinsker Ölfelder bezweckte in der Hauptsache die Ablenkung der Hauptreserven der Roten Armee nach dem Süden und dadurch die Schwächung der Moskauer Front. *Dem Plane nach sollten Borisoglebsk bis zum 10. Juli, Stalingrad — 25. Juli; Saratow—10. August; Kuibyschew—15. August; Arsamas—10. September und im Süden Baku bis zum 25. September besetzt werden.*

Hitler, das OKW dachten auf diese Weise die Rote Armee vernichten, Sowjetrussland auf die Knie zwingen und den Krieg vor dem Winter, noch in diesem Jahre beenden zu können.

Erreicht *hat Hitler und das OKW, dass die deutschen Divisionen seit über zwei Monaten vor Stalingrad und in der Richtung auf Baku verbluten und keinen Schritt vorwärts kommen.*

Dutzende der besten deutschen Divisionen sind in diesen Kämpfen aufgerieben worden. Hunderttausende deutsche Soldaten und Offiziere liessen ihr Leben für den wahnwitzigen, abenteuerlichen Plan der Eroberung Moskaus, der Vernichtung der Roten Armee!

Diesmal, genau wie im Vorjahre erlitten die abenteuerlichen Pläne Hitlers einen schmächlichen Schiffsbruch! Die Rote Armee ist nicht zu vernichten, Sowjetrussland kann nicht besiegt werden!

Sowjetisches Flugblatt für deutsche Soldaten (Vorder- und Rückansicht)

gemeistert werden können, wenn nicht ein Abzug namhafter Kräfte in jeweils entscheidenden Phasen erfolgt wäre, der sich maßgeblich auch auf die beiderseits des Kaukasus entlang führenden Operationen auswirkte. [...]

Schließlich war die Zuteilung dreier italienischer Alpini-Divisionen zur Heeresgruppe vorgesehen. Der Führer dieser meldete sich frühzeitig beim O.B. der 17. Armee, dem dort gleichzeitig anwesenden O.B. der Heeresgruppe und dem Kommandierenden General des XXXXIX. Geb.-Korps. Er war begeistert von seiner voraussichtlichen Aufgabe und versprach beschleunigten Anmarsch der 3 Divisionen. Der Einsatz dieser Divisionen war auf dem rechten Flügel des XXXXIX. Geb.-Korps geplant. Damit war der – wie aus den Ausführungen Konrads hervorgeht – vom OKW später betonten Absicht einer Schwerpunktbildung in Richtung Tuapse von Anfang an Rechnung getragen worden. Es sollte nicht dazu kommen. Auch diese Divisionen wurden auf Befehl des OKW der Heeresgruppe entzogen. Sie fehlten später bitter.

Es wäre müßig, den Gedanken weiter zu verfolgen, wie die Operation verlaufen wäre, wären all diese Kräfte einschließlich der Luftwaffe ohne hemmende Befehle des OKW rechtzeitig zum Einsatz gekommen. [...]

Ein Durchstoß zur Schwarzmeerküste wäre auch bei der Lage, die sich entwickelt hatte, noch möglich gewesen. Doch wären die dazu eingesetzten Kräfte vergeblich geopfert worden. Hätten sie sich nicht im Kampf bis zum Erreichen der Küste verzehrt, so wären sie danach zum Erliegen gekommen. Zu ihrer Nährung war eine dauernde, gesicherte Verbindung über Tuapse oder auf dem Luftwege erforderlich. Beides lag außer dem Bereich der Möglichkeit. [...]

Ebensowenig wie auf dem Luftwege war eine Dauerversorgung über den Kaukasus möglich. Hierfür fehlten die erforderlichen Nachschubformationen. Zudem mußte mit dem baldigen Eintritt winterlichen Wetters gerechnet werden, das den Nachschub auch beim Vorhandensein ausreichender Nachschubdienste zeitweise zum Erliegen gebracht hätte.

Rückschauend ist zu sagen, es war eine Gunst des Schicksals, daß die Operation am Kaukasuskamm zum Stehen kam. Generaloberst Jodl meinte bei seiner Anwesenheit im Hauptquartier der Heeresgruppe:

‚Wir stehen für den Winter sehr günstig.‘

Eine Wendung im Großen, im Sinne des Endsieges war auch bei weiterem Vordringen nicht zu erreichen. Die Rückwirkung der Tragödie von Stalingrad aber wäre weit empfindlicher geworden, sie hätte zu einer Katastrophe namhafter Kräfte auch der Heeresgruppe A geführt.

Oben: Aufgrund schlechter Sicht Orientierung mit dem Kompaß

Unten: Flaggenhissung auf dem sturmumbrausten Elbrusgipfel
am 21. August 1942

Es erschien mir erforderlich, auf diese Vorgänge wenigstens soweit einzugehen, als es notwendig war, um [...] noch einmal herausstellen zu können:

Den Zusammenhang und die enge Wechselbeziehung und Wechselwirkung zwischen den Operationen im und denen außerhalb des Gebirges, die Möglichkeiten, aber auch die Beschränkungen der Luftwaffe im Gebirge, die Bedeutung des Nachschubs, den entscheidenden Einfluß der Jahreszeiten und der atmosphärischen Verhältnisse."[110]

Noch ein Nachtrag, der zumindest nachdenklich stimmt: Vom 26. bis 30. Dezember 1946 war Hans Brandner zusammen mit dem österreichischen Minister Übeleis auf dem Appelhaus im Toten Gebirge eingeschneit. Während einer abendlichen Unterhaltung erzählte der ehemalige Generalstabsoffizier unter anderem auch vom Winter 1942/43 im Westkaukasus und davon, daß damals viele Soldaten, insbesondere auch aus Österreich, an Erschöpfung gestorben seien. Übeleis entgegnete darauf, daß er als Bahnhof-Offizier in Bukarest Transporte für den Kaukasus fehlgeleitet hätte – und zwar als österreichischer Widerstandskämpfer...![111]

7. Die Angriffs- und Abwehrkämpfe im Waldkaukasus

Mitte September 1942 verstärkte sich der sowjetische Druck auf die deutschen Hochgebirgsstellungen immer mehr. „Es waren andere Verbände als die wilden Haufen der letzten Wochen. Alles junge Leute. Gut ausgebildet, mit neuen khakifarbenen Uniformen und kurzen Mänteln bekleidet. Doch nichts daran war russischer Herkunft: Uniformen, Unterwäsche, Strümpfe und Schuhe trugen den amerikanischen Stempel: ‚GI' (Government Issue). Nur die Haut der Soldaten war russisch. Auch die Handfeuerwaffen stammten aus den USA, und in den Taschen hatten die russischen Soldaten Camel-Zigaretten: Roosevelts unerschöpfliche Kriegsproduktion war nun auch an der europäisch-asiatischen Grenze gegen die deutschen Armeen im Spiel."[112]

Die ungeheuren Waffenlieferungen der Amerikaner an die Sowjets machten sich zusehends bemerkbar. Jetzt wurde auch dem einfachen Landser klar, daß der deutsche Vormarsch im Hochkaukasus gestoppt war. An allen Ecken und Enden fehlte es bereits an ausreichenden Kräften, um den Durchbruch von den erreichten Höhenstellungen zum Schwarzen Meer noch erzwingen zu können. Trotz großer Anfangserfolge der Truppe mußte das eroberte Gebiet nach und nach wieder preisgegeben werden.

Worin lagen nun die Gründe für das Scheitern der deutschen Offensive im Hochkaukasus?

Die deutschen Truppen verloren sich buchstäblich in der Weite des ufer-

Tage später: Die Reichskriegsflagge wird bei schönem Wetter auf dem Westgipfel des Elbrus für Propagandazwecke nochmals gehißt

losen Landes. Der Nachschub kam auf Grund der gewaltigen Entfernungen nicht annähernd in jenem Umfang zu den kämpfenden Einheiten, wie es erforderlich gewesen wäre, um den Angriffsschwung der Vorausabteilungen voll zu unterstützen. Die sowjetischen Anmarschwege waren dagegen bedeutend kürzer als die der Deutschen!

Die Ursachen der deutschen Niederlage im Kaukasus lagen aber auch in der Zersplitterung und Überspannung der eigenen Kräfte. So war beispielsweise die 1. Gebirgs-Division vorübergehend in drei Kampfgruppen gegliedert, welche Hunderte von Kilometern voneinander getrennt kämpften. Andererseits hatte die UdSSR unter Aufbietung aller ihrer Kräfte jenseits des Kaukasus und des Kaspischen Meeres ungehindert neue Verbände aufgestellt, die verbissen um jeden Meter Boden kämpften und den erschöpften deutschen Truppen empfindliche Verluste beibrachten.

Nach dem fehlgeschlagenen Versuch, das transkaukasische Gebiet um Ssuchum über den Hauptkamm des Hochkaukasus antretend zu nehmen, sollte nun ein weiter westlich geführter neuer Stoß Richtung Tuapse den Deutschen doch noch die erwünschte Unterbrechung der für die Sowjets so wichtigen Straßen- und Bahnverbindung entlang der Schwarzmeerküste ermöglichen. Der operative Gedanke dieses entlang der Linie Maikop–Tuapse durch den Westkaukasus führenden Angriffs, der spätestens bei Wintereinbruch abgeschlossen sein sollte, führte die deutsche Gebirgstruppe zu ihrem denkwürdigen Einsatz im Waldkaukasus.

Mitte September 1942 wurde die 1. Gebirgs-Division unter Zurücklassung ihres Gebirgs-Jäger-Regiments 99 im Elbrusgebiet aus der Hochgebirgsfront gelöst und über Maikop in den Wald- oder Pontischen Kaukasus verlegt. Man wollte nun auftragsgemäß versuchen, zwischen Maikop und Tuapse die Schwarzmeerstraße nach Ssuchum zu gewinnen und auf Tuapse vorzustoßen. Im Hochkaukasus wurde jetzt nur mehr verteidigt.

Am 27. und 28. September 1942 fand in über 4000 Meter Höhe im Elbrusgebiet eines der ungewöhnlichsten Gefechte des Zweiten Weltkrieges statt. Hierüber berichtet Major Hans Mayr, der Abschnitts-Kommandeur, wie folgt:

„Gefechtsstand Elbrusabschnitt am 27. 9. 1942: Um 17.00 Uhr treffen die Tagesmeldungen der Stützpunkte ‚Storch', ‚Traktorenweg', ‚Krugosor', ‚Felskopf', ‚Tschiper-Asau', ‚Asau-Paß' und ‚Chotju-Tau-Paß' ein. Aus fast allen Meldungen ist zu entnehmen, daß der Gegner am Tage aus dem Baksan-Tal heraus an mehreren Stellen vorgefühlt und sich bei Abwehrfeuer zurückgezogen hat. Mit einem Feindangriff ist zu rechnen. Deshalb werden von den eigenen Stellungen Horchposten vorgeschoben.

Mit einem selten erlebten Farbenspiel an den umliegenden Bergen, Elbrus-Ost- und Westgipfel, Dongus-Orun und Uschba senkt sich die Dämmerung auf den Hochkaukasus. Im letzten Sonnenlicht leuchten die Schneefelder in glitzernden Farben.

Um 21.00 Uhr setzt überraschend auf die deutschen Stellungen ein feindlicher Feuerüberfall ein, der auch den Gefechtsstand im Meteorologenhaus oberhalb des Elbrushauses nicht verschont. Alarm in allen Stellungen und Stützpunkten. Am ‚Traktorenweg', an der ‚roten Platte' und bei ‚Krugosor' schiebt sich der Gegner unter Feuerschutz seiner schweren Inf.-Waffen an die eigenen Stellungen heran, bleibt aber im Abwehrfeuer der deutschen Granatwerfer und Maschinengewehre liegen. Undenkbar scheint es, daß der Gegner in der Nacht zwischen den Gletscherbrüchen des Asau-Gletschers durchzusickern versucht.

Mehrfache Feuerzusammenfassungen des Gegners auf einzelne Stützpunkte, aber der Infanterieangriff bleibt aus. Wir stellen das Feuer ein, um Munition zu sparen, denn wir können uns bei den Transportverhältnissen keine Munitionsverschwendung erlauben.

Gegen 23.00 Uhr läßt das Feindfeuer nach und verstummt schließlich ganz. Ich finde keine Ruhe. Was hat der abendliche Feuerzauber für eine Bedeutung?

Gegen 4.00 Uhr bellen in die Morgendämmerung hinein die Garben eines eigenen sMG am ,Storchennest', der höchsten Sicherung am Osthang des Elbrus in etwa 4800 m Höhe. Alarm! Das Unglaubliche ist geschehen. Der Gegner ist in der Nacht von Norden her durch die Gletscherbrüche angestiegen und versucht, unsere Stellungen am Elbrushaus von oben her aufzurollen. Alle Reserven in die Stellungen! 200 m vor dem Stützpunkt ,Storchennest' bleibt der Feindangriff in einer Gletschermulde liegen und kann nicht mehr von unseren Inf.-Waffen erfaßt werden. Unsere Gebirgskanone 36 kann wegen der kurzen Entfernung und Winkelschwierigkeiten nicht eingesetzt werden. Unser IIG-Zug ist bei der Meteorologenstation in Stellung, hat aber nur ein Geschütz einsatzbereit, und auch dieses fällt nach den ersten Schüssen wegen Rücklaufschaden aus. Inzwischen schießen die Russen mit Granatwerfern. Irgendwo müssen sie einen guten Beobachter haben, die Einschläge liegen gut. Sie sparen auch nicht mit Munition. Auch wir setzen jetzt unsere Granatwerfer ein.

Das Gewehrfeuer flackert wieder auf. Die Sowjets schieben sich aus der Mulde in breiter Front heran. In ihrer Tarnkleidung und im Zwielicht des Tages sind sie schwer auszumachen. Endlich ist Tag. Um Munition zu sparen, stellen wir das Feuer ein und setzen Zielfernrohrschützen ein. Wo sich ein Kopf über dem Firngrat zeigt, peitscht von unserer Seite ein Schuß hin. Wir schätzen den Gegner auf Kompaniestärke. Über seine Absichten sind wir im Unklaren, zumal an allen anderen Stützpunkten Ruhe herrscht und der Gegner auch nicht mit seiner Artillerie aus dem Baksantal und dem Dongus-Orun-Sattel eingreift.

Um 5.00 Uhr steht ein eigener Stoßtrupp im Rücken des Gegners; er hatte sich in weiter Umfassung über Blankeis, Spalten und Brüche herangearbeitet. Ein Angriff auf die feindbesetzte Schneemulde könnte nur unter großen Opfern erfolgen und unterbleibt. Der Stoßtrupp erhält den Auftrag, das Zurückgehen des Gegners zu unterbinden. Ein in unseren Diensten stehender Hilfswilliger erhält den Auftrag, so nah wie möglich an die russischen Stellungen heranzukriechen und die Russen zur Übergabe und Gefangennahme aufzufordern. Doch der Erfolg ist gering. Der Hiwi kommt mit drei verwundeten Sowjets zurück. Ihr Verhör ergibt, daß eine rund 100 Mann starke Feindgruppe aus ausgesuchten Bergsteigern unter Führung eines Oberleutnants und eines Kommissars gegenüber liegen. 20 Mann seien bereits gefallen und 20 Mann verwundet.

Ein zweiter Stoßtrupp bricht gegen die feindbesetzte Schneemulde vor. Wieder fordert der Hiwi die Sowjets zur Übergabe auf. Unsere Granatwerfer schießen abermals in die Mulde. Dann Angriff der beiden Stoßtrupps. 57 Russen werden gefangengenommen. Unter ihnen der Führer, ein Oberleutnant, der vor dem Kriege als Bergführer am Elbrus tätig war. Er wurde durch einen Schuß des Kommissars verwundet. Der Kommissar beging Freitod beim deutschen Angriff, nachdem er die Aussichtslosigkeit des Kampfes eingesehen hatte.

Die Feindgruppe hatte den Auftrag, das Elbrushaus wieder in Besitz zu nehmen. Drei Nächte waren sie von Norden her gegen den Elbrus-Ostgipfel angestiegen und hatten sich tagsüber in Mulden und Brüchen versteckt. Ihre Bewaffnung bestand aus automatischen Waffen. Der Angriff auf das Elbrushaus sollte am 27. 9. um 23.00 Uhr erfolgen, aber unvorhergesehene Schwierigkeiten beim Durchstieg durch einen Gletscherbruch hatten den Anmarsch so verzögert, daß der Angriff erst am 28. 9. um 4.00 Uhr beginnen konnte.

Am Nachmittag überfliegen russische Flugzeuge die deutschen Stellungen. Sie suchen vergeblich nach ihren Kameraden. Über der meteorologischen Station weht noch die deutsche Flagge."[113]

Wenden wir uns nun den Angriffs- und Abwehrkämpfen im Waldkaukasus zu. Bereits am 28. August 1942 war ein erster Angriff auf Tuapse durchgeführt worden. Aus Kräftemangel drang das XXXXIV. Jägerkorps jedoch nicht durch. Das Abdrehen des in zweiter Linie folgenden Alpinikorps Richtung Stalingrad, das dem Stoß die nötige Unterstützung gegeben hätte, war ein wesentlicher Grund für das Scheitern. Jetzt sollte zum zweiten Male versucht werden, durch den Pontischen Kaukasus ans Schwarze Meer vorzustoßen. So entwickelten sich Angriffs- und Abwehrkämpfe, die vom 13. September 1942 bis zum 27. Januar 1943 dauern sollten. Wir werden im folgenden gespannt verfolgen, wie diese Kampfhandlungen verlaufen sind.

Vor Beginn der neuen Operation wurden die im Kaukasus eingesetzten deutschen Armeekorps und Divisionen umgegliedert. Davon waren das XXXXIV. Jägerkorps mit der 97. und 101. Jäger-Division sowie das

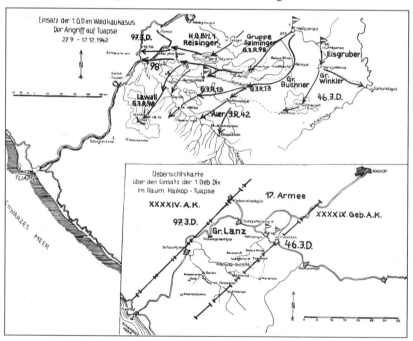

Der Einsatz der deutschen Verbände im Waldkaukasus vom 27. September bis 17. Dezember 1942

XXXXIX. Gebirgs-Armeekorps mit der 46. Infanterie-Division und der Gruppe bzw. „Division Lanz" betroffen.[114] Dieser letztgenannte Truppenkörper setzte sich aus dem Gebirgs-Jäger-Regiment 98, der Masse der 1. Gebirgs-Division sowie aus zahlreichen Verbänden der 4. Gebirgs-Division, wie dem Gebirgs-Jäger-Regiment 13 (ohne dessen I. Bataillon) und dem I./Gebirgs-Jäger-Regiment 91 zusammen.

Am 24. September übernahm das Gebirgs-Jäger-Regiment 98 die bisherigen Stellungen der 97. Jäger-Division, welche zur Neuaufstellung ins Alpenvorland zwischen Murnau und Rosenheim verlegt wurde.[115]

Drei Tage später, am 27. September, wurde nach der Erstürmung zahlreicher Bunker und gegen zähe sowjetische Verteidigungskräfte der wichtige Gunai-Berg (1687 m) genommen. Trotz schwerer Stuka-Angriffe, die hier nach langer Zeit wieder von der deutschen Luftwaffe durchgeführt wurden, verteidigten die Sowjets ihre Schützengräben, Erdlöcher und ihre über 2000 Holzbunker oft bis zum letzten Atemzug. Léon Degrelle, der Kommandeur der 28. SS-Freiwilligen-Division ‚Wallonien', erinnerte sich an seinen Einsatz im Waldkaukasus wie folgt:

„Wir sahen wohl ein paar sowjetische Soldaten, die auf der Flucht über den felsigen Kamm liefen. In Wirklichkeit konnten die Stukas nicht mehr als wir sehen. Der Eichenwald war ein richtiges Dach. Es war unmöglich, die Bunker der Roten ausfindig zu machen. So wirkten die Stukas mehr durch Hervorrufen von Angst als durch Vernichtung.

Dann stürmten die deutschen Gebirgsjäger durch das Dickicht vor.

Wir hörten die Schießerei des Nahkampfes. Die Fortschritte unserer Freunde konnten wir genau beobachten, denn in regelmäßigen Abständen stiegen die weißen Raketen der Angreifer aus dem Walde empor. Es war unerhört aufregend. Der Vormarsch ging schnell weiter. Die Raketen stiegen bis auf unsere Höhe, immer höher, bis zu den Berggipfeln. Nach zwei Stunden gingen die Raketen fast auf der Höhe des Indjuks hoch. Voller Erregung dachten wir an die ersten Gebirgsjäger, die den Gipfel erreichten. Und wir erinnerten uns an das Thalatta! Thalatta! der ‚Anabasis'. Auch sie würden ‚Das Meer! Das Meer!' rufen können, wie jene zehntausend Helden des Altertums, deren Rückzug Xenophon schilderte.

Aber sie riefen nicht. Die Raketen gingen nicht höher. Das MG- und Maschinenpistolenfeuer wurde seltener. Die Stukas stürzten nicht mehr zwischen die beiden Berge hinunter. Selbst die Artillerie schwieg immer längere Zeit.

Die Unentschlossenheit hielt lange an. Einige grüne Raketen sprühten noch auf, aber sehr viel tiefer. Wildes Geknatter ertönte noch von Zeit zu Zeit, doch hier war das Ende. Die Gebirgsjägerkompanien hatten den riesigen Berg nicht bezwingen können. Durch die Mühen und Hindernisse des Aufstiegs schrumpften sie immer mehr zusammen.

Der Angriff war gescheitert. Am Abend erschien uns der Indjuk im violetten Schein der Dämmerung wilder und abweisender denn je. Er hatte uns endgültig den Weg versperrt."[116]

Das Hochgebirgs-Jäger-Bataillon 1 – ebenfalls der „Division Lanz" unterstellt – erstürmte noch den 1060 Meter hohen Geyman-Berg, der das Gunaika-Tal beherrscht. Dann war die Angriffskraft erschöpft.

„Der Nachschub von Futter für die Tragtiere in das Gunaika-Tal blieb aus", erfahren wir vom Bataillons-Veterinär des II./Gebirgs-Jäger-Regiment 98. „Die Tragtierführer holten für ihre Schützlinge das Laub von den Bäumen, solange es vorhanden war. Dann blieb nur mehr Tannenreisig, das auch der gesündeste Mulimagen kaum mehr verdauen kann. Eingesetzt wurden die Tiere aber notgedrungen trotzdem weiter. Wir mußten tatenlos zusehen, wie sie halb verhungert und entkräftet immer öfters stehen blieben, dann umfielen und im Morast verendeten. Das Sterben der Tiere erreichte den Höhepunkt, als wir täglich über den Pioniersattel die kärgliche Verpflegung in das Pschysch-Tal bringen mußten. Der ganze Weg von etwa 4 km war mit toten Tragtieren gepflastert. In dem Morast wurden sie willkommene Stütze, um nicht bei jedem Schritt bis übers Knie einsinken zu müssen."[117]

Der Operationsbefehl Nr. 1 des Oberkommandos des Heeres vom 14. Oktober 1942 beinhaltete schließlich die Anordnungen für die weitere Kampfführung im Osten, die mit der rauhen Wirklichkeit der arg strapazierten Fronttruppe nur mehr wenig übereinstimmten:

Der Führer	H.Qu. OKH, 14. Oktober 1942
OKH/Gen.St.d.H./Op.Abt. (I)	
Nr. 420817/42 g.Kdos.Chefs.	
Geheime Kommandosache	55 Ausfertigungen
Chefsache! Nur durch Offizier!	29. Ausfertigung

Operationsbefehl Nr. 1

Der diesjährige Sommer- und Herbstfeldzug ist, mit Ausnahme der im Fluß befindlichen Operationen und einzelner noch beabsichtigter örtlicher Angriffshandlungen, zum Abschluß gebracht.

Großes ist erreicht. In einer gewaltigen Offensive wurde der Gegner auf den Kaukasus und Don zurückgeworfen und die Landverbindung Zentralrußlands mit dem für die weitere Kriegführung lebenswichtigen Kaukasusgebiet im wesentlichen abgeschnitten. An der übrigen Front wurden alle russischen Entlastungsoffensiven mit einem Mindestmaß an Kräften unter hohen blutigen Verlusten für den Feind erfolgreich abgewehrt.

Die Leistungen von Führung und Truppe in dem Ringen dieses Sommers und Herbstes reihen sich wiederum würdig an die Kämpfe der vergangenen Kriegsjahre an. Sie geben die Gewähr, daß sich auch in den kommenden Zeiten dieses Krieges das deutsche Volk in jeder Lage auf sein Heer verlassen kann.

Vor uns steht der Winterfeldzug. In ihm hat die Ostfront die Aufgabe – mit Ausnahme der noch laufenden bzw. beabsichtigten Angriffsoperationen – die erreichten Linien gegen jeden Durchbruchsversuch des Feindes unbedingt zu halten und dadurch die Fortsetzung unserer Offensive 1943 zur endgültigen Vernichtung unseres gefährlichsten Gegners zu ermöglichen.

Die Vorbereitungen für den Winterfeldzug sind in vollem Gange. Dieser zweite russische Winter wird uns rechtzeitig und besser vorbereitet finden.

Der Russe selbst ist durch die letzten Kämpfe sehr geschwächt und wird im Winter 1942–43 nicht mehr die Kräfte wie im vorhergehenden aufbringen. Strenger und schwerer kann dieser Winter jedenfalls nicht werden.

Allen Kommandostellen und Truppenkommandeuren mache ich es nun zur Pflicht, die Wintervorbereitungen so schnell und so umfassend wie möglich zu Ende zu führen und dadurch der Truppe nicht nur die Grundlage zur Erfüllung ihrer Aufgaben zu geben, sondern ihr auch die bestmöglichen Lebensbedingungen während der Winterzeit zu schaffen. Hierbei ist es wichtig, sich nicht allein darauf zu verlassen, daß die notwendigen Anforderungen bei der vorgesetzten Stelle ja eingereicht sind. Jeder Truppenkommandeur muß bestrebt sein, durch Improvisationen aller Art sich selbst zu helfen und zusätzliche Mittel, Einrichtungen und Erleichterungen für seine Truppe zu schaffen.

Ich werde durch großzügige Erfassungs- und Aufstellungsmaßnahmen dafür sorgen, daß die fechtende Truppe verstärkt wird und die jetzt 1 1/2 Jahre ununterbrochen kämpfenden Frontsoldaten in diesem Winter im Wechsel vorübergehend Ruhe erhalten.

Ich erwarte aber von Führung und Truppe, daß sie im stolzen Bewußtsein der errungenen Siege, im festen Vertrauen auf ihre eigene Kraft mit dem unbeugsamen Willen, den Gegner auch in diesem Winterfeldzug niederzuschlagen, wo er es etwa versuchen sollte, unsere Front anzugreifen, in den Winterfeldzug 1942/43 hineingehen.

Als grundsätzliche Forderungen gelten:

1. Die Winterstellung ist auf jeden Fall zu halten.

2. Es wird überall eine aktive Verteidigung geführt, die den Feind nicht zur Ruhe kommen läßt und ihn über unsere eigenen Absichten täuscht.

3. Bei feindlichen Angriffen gibt es kein Ausweichen oder operative Rückwärtsbewegungen.

4. Örtliche Einbrüche sind sofort durch Gegenstoß oder Gegenangriff zu bereinigen.

5. Große Einbrüche sind zu lokalisieren, die stehengebliebenen Teile der eigenen Front aber sind als Eckpfeiler unbedingt zu halten, um die Gegenmaßnahmen zu erleichtern.

6. Abgeschnittene oder eingeschlossene Teile haben sich so lange zu verteidigen, bis sie ersetzt werden.

Für die bedingungslose Durchführung dieser Forderungen haften mir die Kommandeure.

Im einzelnen befehle ich

I. Der Verlauf der Winterstellung:

Die endgültige Winterstellung verläuft in folgender Linie:

a) *H.Gr. B:* Jaschkul – entlang der Höhenstufe nach Norden bis an die Wolga – Stalingrad – derzeitige Front der 6. Armee – 8. ital. – 2. ung. und 2. Armee.

b) *H.Gr. Mitte:* Derzeitige Front der 2. Pz., 4., 3. Pz. und 9. Armee sowie des LIX.A.K.

c) *H.Gr. Nord u. AOK 11:* Derzeitige Front (einschl. des durch ‚Winkelried' und die Bereinigung bei Pustynja noch zu gewinnenden Geländes) bis zum Ladoga-See – derzeitige Leningradfront, unbeschadet der weiteren Absicht ‚Nordlicht'.

An Stellen, an denen noch örtliche Stellungsverbesserungen nach vorwärts geplant sind, ist trotzdem die derzeitige Front auszubauen. Sie dient hier dann später als willkommene Rückhaltstellung. H.Gr. A erhält Sonderbefehl.

II. Der Stellungsneubau:

a) Der *Stellungsneubau* muß bis zum Eintritt des Frostes im wesentlichen beendet sein. Alle Mittel sind aufzuwenden, um dieses Ziel auch überall dort zu erreichen, wo bisher für den Ausbau noch wenig geschehen konnte. Die in der Front eingesetzte Truppe ist hierbei durch Kommandierung von Arbeitskräften aus den rückwärtigen Diensten weitgehend zu unterstützen. Kriegsgefangene, Zivilbevölkerung und Frauen sind rücksichtslos, insbesondere für den Ausbau rückwärtiger Anlagen, heranzuziehen. Dem Erfindergeist und der Improvisationsgabe der Truppe ist durch die höheren Kommandostellen jegliche Unterstützung zu gewähren. Besondere Erfahrungen einzelner Frontabschnitte sind den anderen Abschnitten unverzüglich zugänglich zu machen. Jeder einzelne muß helfen, das Bestmögliche zu schaffen, ohne erst auf Befehle oder Anordnungen von oben zu warten.

b) Die *Führung der HKL* muß berücksichtigen, daß Flüsse, Seen und Sümpfe im Winter keine Hindernisse bilden, sondern im Gegenteil dem Feind vielfach ein gutes Vorkommen ermöglichen können. Infolge der erhöhten Gangbarkeit sonst ungangbaren Geländes ist daher die Schaffung und Besetzung einer *durchlaufenden* HKL noch wichtiger als im Sommer. Hierzu müssen frühzeitig heizbare Wohnunterkünfte außerhalb der Ortschaften geschaffen werden. Es darf nicht wieder vorkommen, daß die Truppe sich zwangsläufig in den Ortschaften zusammendrängt, um sich gegen die Kälte zu schützen.

c) Die Erfahrung des vorigen Winters hat gezeigt, daß sich *Schneestellungen* vielfach gut bewährt haben. Sie sind schnell herzurichten und dienen zur Verstärkung der vor Beginn des Frostes ausgebauten Erdstellungen.

d) Die *Minenverwendung* vor der Front muß erheblich gesteigert werden. Dabei ist zu berücksichtigen, daß Minenfelder bei Frost und Schnee rasch unwirksam werden können. Sie müssen daher so liegen, daß sie ständig überprüft werden können. Zusätzliches Auslegen neuer Minensperren nach Eintritt der strengen Frostperiode und des hohen Schneefalles ist außerdem vorzubereiten.

Auch der Anlage von Minenfeldern *hinter* der HKL ist besondere Bedeutung zuzumessen. Bei planmäßigem Auslegen von Minenfeldern hinter der HKL besteht die Möglichkeit, etwaige feindliche Einbrüche zu kanalisieren und dadurch die Wirkung der eigenen Abwehrwaffen besonders wirkungsvoll zu gestalten.

e) Wo die *Panzersicherheit* einer Stellung nicht durch die Wahl der HKL ohne weiteres erreicht werden kann, müssen neben den Minenfeldern weitere Panzerhindernisse aller Art geschaffen werden. An einzelnen Stellen haben sich im vorigen Winter Eishänge besonders bewährt. Sie wurden durch Übergießen auch flacher Hänge mit Wasser in kurzer Zeit wirkungsvoll geschaffen.

f) Planmäßige Verteilung der vorhandenen Schneeräummittel muß besonders sorgfältig erfolgen, um nicht nur die Hauptstraßen freizuhalten, sondern auch innerhalb des Hauptkampffeldes die für die Führung des Kampfes erforderliche Beweglichkeit der Truppe und ihrer schweren Waffen z. B. Panzer, Sturmgeschütze, Pak usw. zu gewährleisten.

III. Kampfführung und Truppeneinsatz:

a) Wenn auch die Gesamtaufgabe an der Ostfront während des Winters mit bestimmten Ausnahmen defensiver Art ist, so muß diese Defensive doch eine höchst *aktive* Verteidigung sein. Diese aktive Verteidigung muß sich äußern in immer wiederholten Stoßtruppunternehmungen, angriffsweisem Ausnutzen günstiger Gelegenheiten und in dem Bestreben, den Gegner nicht zur Ruhe kommen zu lassen und ihm immer wieder Verluste beizubringen. Nur durch eine solche aktive Führung der Verteidigung wird der eigene Angriffsschwung stets aufs neue belebt, das Überlegenheitsgefühl des deutschen Soldaten über den Russen erhalten und damit auch die Zuversicht der eigenen Truppe gehoben. Gleichzeitig wird es dem Gegner erschwert, die Initiative auch im kleinen an sich zu reißen.

b) Im Zusammenhang hiermit muß während des Winters die *Aufklärung* mit allen zur Verfügung stehenden Mitteln betrieben werden. Nur wenn durch rege Aufklärung der Überblick über die Verhältnisse in und hinter der feindlichen Front laufend erhalten bleibt, wird es möglich sein, rechtzeitig etwaige Angriffsabsichten des Gegners zu erkennen und die entsprechenden Gegenmaßnahmen zu treffen. Es darf nicht vorkommen, daß ein Frontabschnitt durch einen feindlichen größeren Angriff wie im letzten Winter so oft völlig überrascht wird.

c) *Entscheidend* für alle Fragen des Truppeneinsatzes ist die Erhaltung der Kampfkraft der Truppe während der Wintermonate und eine Gliederung, die jeden russischen Versuch, unsere Stellungen einzudrücken, unbedingt verhindert.

d) Die Bedeutung einer *durchlaufenden HKL* muß nochmals besonders betont werden. Nur auf diese Weise ist zu verhindern, daß der Gegner zunächst mit schwachen Teilen durch die Front durchsickert, sich hinter der Front festsetzt und sich dann erfahrungsgemäß rasch verstärkt.

e) Die *Reserven* müssen, wie bereits mehrfach befohlen, planvoll verteilt so dicht hinter der HKL bereitgehalten werden, daß sie bei feindlichen Einbrüchen unverzüglich zum Gegenstoß antreten können. Dies wird im Winter nur möglich sein, wenn in den voraussichtlichen Stoßrichtungen für die Reserven die erforderliche Bewegungsmöglichkeit geschaffen und laufend erhalten wird.

f) Der bereits befohlenen Bereitstellung *winterbeweglicher* Panzerabwehrmittel kommt besondere Bedeutung zu.

g) Bei der angeordneten Zusammenstellung *winterbeweglicher Verbände* sind kleine Verbände mit wirklich guter Skiausbildung wichtiger als zahlenmäßig stärkere, deren Ausbildung im Kampf auf Skiern noch nicht genügend fortgeschritten ist.

h) Die *Ablösung* der in der Front eingesetzten Verbände muß auch dort ermöglicht werden, wo größere Einheiten zur Ablösung nicht zur Verfügung stehen. Die gemäß grundl. Befehls Nr. 1 befohlenen Alarm-Einheiten sind vorübergehend an der Front zur Ablösung einzusetzen. Wenn sich auf diese Weise oft auch nur eine Ablösung kleinerer Einheiten für kurze Zeit ermöglicht, so wird die Truppe dieses Verfahren dankbar empfinden, während die Verbindung zwischen der Front und den rückwärtigen Einheiten dadurch nur enger gestaltet wird. Weitere Möglichkeiten für die Durchführung einer Ablösung auch im kleinsten Rahmen werden sich finden lassen.

Darüber hinaus wird von dem Austausch ganzer Div. an besonderen Kampffronten gegen solche an ruhigeren Frontabschnitten weitgehend Gebrauch gemacht werden.

i) *Aus der Heimat oder dem Westen im Winter nach dem Osten verlegte Verbände sowie neu eintreffender Ersatz,* sind, soweit es die Lage irgend zuläßt, nicht sofort in der Front einzusetzen. Es ist ihnen vielmehr Gelegenheit zu geben, sich einige Zeit hinter der Front an die Verhältnisse des russischen Winters und die damit verbundenen Kampfbedingungen zu gewöhnen.

k) Jeder Vorgesetzte ist während der Wintermonate doppelt verpflichtet, sich der *geistigen Betreuung und Fürsorge* der Truppe besonders anzunehmen. Verbesserungsvorschläge und Anregungen auf diesem Gebiet sind so rasch wie möglich und ohne langwierige Bearbeitung durch die Zwischendienststellen dem OKH vorzulegen, da eine Hilfe auf diesem Gebiet nur wirksam ist, wenn sie rasch erfolgt und nicht erst nach Monaten.

l) Der Erhaltung des wertvollen *Pferdematerials* muß *ebenso wie der des Kraftfahrmaterials* besondere Bedeutung geschenkt werden. In Frontnähe sind nur so viele Pferde zu belassen, wie für die Durchführung von Kampfhandlungen erforderlich ist. Alle übrigen sind zurückzuziehen und weiter rückwärts in Räumen unterzubringen, in denen sie besser gepflegt und versorgt werden können.

IV. Bereits gegebene Befehle:

Auf bereits gegebene Befehle für die Winterkriegführung weise ich hin. Es sind dies:

a) Grundsätzlicher Führerbefehl über die *Aufgaben der Verteidigung* (OKH/Gen.St.d.H./Op.Abt. (I) Nr. 11 153/42 g.K. vom 8. 9. 42).

b) Ausbau der *Winterstellungen* (OKH/Gen.St.d.H./Op.Abt. (Ia) Nr. 420 587/42 g.K. Ch. vom 9. 8. 42). Soweit die darin genannte Winterstellung von Ziffer 1 abweicht, ist Ziffer 1 maßgebend.

c) Ausbau von *Riegelstellungen* und *befestigten Räumen* im rückwärtigen Gebiet (OKH/Gen.St.d.H./Op.Abt. (Ia) Nr. 420 210/42 g.K.Ch. vom 26. 4. 42).

d) Einsatz der *Zivilbevölkerung* zum Stellungbau (OKH/Gen.St.d.H./Op.Abt. (I) Nr. 11 051/42 g.K. vom 30. 8. 42).

e) Schaffung heizbarer *Unterstellmöglichkeiten* für Panzer und Kraftfahrzeuge (OKH/Gen.St.d.H./Op.Abt. (I) Nr. 11 208/42 g.K. vom 18.9.42).

f) Schaffung von *Abstellräumen* für Kraftfahrzeuge (OKH/Gen.St.d.H.).

g) Richtlinien für *Wintervorbereitungen* (Anlage 3 zu OKH/Gen.St.d.H./Gen. Qu./Op.Abt. (V) Nr. 50 213/42 g.k. vom 9. 9. 42).

h) Abwehr feindlicher *Luftlandungen* (OKH/Gen.St.d.H./Op.Abt. (I) Nr. 11 302/42 g.K. vom 1. 10. 42).

i) Bildung von winterbeweglichen *Jagdkommandos* (OKH/Gen.St.d.H./Op.Abt. (I) Nr. 11 058/42 geh. v. 31. 8. 42).

j) Richtlinien für die *Ausbildung* im Winter 1942/43 (OKH/Gen.St.d.H./Ausb.Abt. (Ia) Nr. 3000/42 geh. vom 21. 9. 42).

V. Meldungen:

Außer den zu den Verfügungen gem. 4. einverlangten Meldungen werde ich von Fall zu Fall weitere Meldungen über den Fortschritt des Stellungsbaus, den Einsatz der Truppen, die Bereitstellung der Reserven usw. in einzelnen Div.-Abschnitten einverlangen. Wenn somit vorerst von einer terminmäßigen monatlichen Vorlage von Karten 1:100 000 der Div.-Abschnitte abgesehen wird, so geschieht dies im Vertrauen auf das unermüdliche Bestreben aller Kommandostellen, den gegebenen Befehlen und Anordnungen mit allen Mitteln gerecht zu werden.

gez. Adolf Hitler
Für die Richtigkeit
gez. Graf Kielmansegg
Major i.G."[118]
[folgt Verteiler]

In der zweiten Novemberhälfte verlegten der Divisions-Stab der 4. Gebirgs-Division, das II. und III./Gebirgs-Jäger-Regiment 91 und das I./Gebirgs-Jäger-Regiment 13 an die Front vor Tuapse. Damit war die „Enzian"-Division in zweierlei Hinsicht geschwächt worden: zum einen durch die starken Verluste in den vorangegangenen schweren Hochgebirgskämpfen (durchschnittlich betrug die Stärke der Kompanien oft nur noch 30 bis 50 Mann!), zum anderen durch das Auseinanderreißen des Gebirgsgroßverbandes. So bedeutete der zersplitterte Einsatz des Gebirgs-Jäger-Regiments 13 im Hochkaukasus für die Führung der Division und des Regiments eine immense Belastung.

Da die verbliebenen Truppenteile der 4. Gebirgs-Division nun auch den Abschnitt der 1. Gebirgs-Division übernommen hatten, dehnte sich die Hochgebirgsfront der „Vierten" im Zentralkaukasus schließlich über 100 Kilometer – mit größtenteils nur schwer zugänglichen Abschnitten – aus. Diese Front in Fels und Eis wurde von folgenden Verbänden weiter gehalten und verteidigt: Im Osten, im ehemaligen Abschnitt der 1. Gebirgs-Division, vom verminderten Gebirgs-Jäger-Regiment 99 (ohne I. Bataillon) und dem Hochgebirgs-Jäger-Bataillon 2. Auf den Hauptpässen, im Bereich der 4. Gebirgs-Division, vom I./Gebirgs-Jäger-Regiment 91, im Malaja-Laba-Tal vom Feld-Ersatz-Bataillon 94/Gebirgs-Jäger-Bataillon 94 und im Uruschten-Tal von der Gebirgs-Aufklärungs-Abteilung 94. Diese Front sollte im Winter 1942/43 solange gehalten werden, bis sie im Januar 1943 infolge des allgemeinen Rückzugsbefehls in Richtung Kuban-Halbinsel aufgegeben werden mußte.

„Unbemerkt war es Winter geworden", schreibt der sowjetische Generalleutnant Sachar Iwanowitsch Kondratjew. „Alle Angehörigen des 21. Selbständigen Straßenbaubataillons wurden zur Schneeräumung auf der Trasse eingesetzt.

Kaum hatten sie den Schnee beseitigt, setzte Tauwetter ein, und die Lawinengefahr steigerte sich beträchtlich. Dann fiel wieder Schnee. Die Menschen waren völlig erschöpft. Am 18. November stürzte eine Schneelawine vom Kislaja-Gipfel zu Tal. Aber die rauhe Natur war nur die eine Seite des Übels. Der Gegner näherte sich Ordshonikidse. Dort entbrannten heftige Kämpfe. Die Versorgung der Armee durfte keinesfalls abreißen. Die Folgen der Lawine mußten schnellstens beseitigt werden. Jarzew ließ die Soldaten schildförmige Schleppvorrichtungen anfertigen, die von Pferden gezogen wurden. Außerdem befahl er, mit Sägen Blöcke aus dem festen Schnee zu schneiden und sie den Abhang hinunterzustürzen.

Gegen Mittag war der Graben durch die Schneemassen gebrochen. Erschöpft setzten sich die Männer in einer geschützten Ecke zur Rauchpause nieder. Es schneite ununterbrochen. Keiner wußte, wann die nächste Lawine herunterkam. Jarzew, Major Benkewitsch und der Soldat Jerizjan besichtigten den Durchlaß, als plötzlich Warnschüsse ertönten. In dem Moment hörte man auch schon das Donnern einer niedergehenden Lawine. Jarzew sprang auf den Rand des steilen Abhangs und rollte die Böschung zur Baidarke hinunter. Benkewitsch und Jerizjan gerieten unter den Schnee, der Steine und Eis mit sich gerissen hatte.

Selten war es gelungen, jemanden lebend einer Lawine zu entreißen, doch bei den beiden glückte es. [...]"[119]

Bevor wir uns dem Verlauf der deutschen Operationen im Waldkaukasus widmen, wollen wir die sowjetische Verteidigungsposition im Raum von Tuapse näher betrachten:

„Zu Beginn der Verteidigungsoperation von Tuapse verteidigten sich die Truppen der Schwarzmeergruppe der Transkaukasischen Front entlang der Linie (ausschließlich) Dachowskaja–Tschernigowsk (ausschließlich) Nephtegorsk–Chadyshenski–südlich Gorjatschi Kljutsch und weiter nach Westen bis an den ostwärtigen Stadtrand von Noworossisk. Die Truppen der Schwarzmeergruppe befestigten die bezogenen Stellungen, bauten sie pioniermäßig aus und klärten auf. In einigen Abschnitten wehrten sie die Versuche des Gegners ab, einzelne wichtige Höhen zu erobern. Inzwischen erhielten sie auf Anweisung des Hauptquartiers eine verstärkte Gefechtsausbildung. Das war dringend erforderlich, da die Gruppe in der Hauptsache aus Feldtruppen bestand, die keine ausreichenden Erfahrungen im Gebirgskrieg und in Kämpfen im bergigen Waldgelände besaßen. Den

Truppen der Schwarzmeergruppe stand die 17. Armee des Gegners gegenüber. [...]"[120)

Die Soldaten des XXXXIX. Gebirgs-Armeekorps, welche im Verband der 17. Armee kämpften, hatten sich zwar in schmalen Angriffskeilen in die offenen Flanken des Gegners gebohrt und ihm schwere Verluste zugefügt. Doch im urwaldähnlichen Waldkaukasus, der seinem Namen alle Ehre machte, konnten die Jäger nicht so rasch vordringen, wie sie wollten. Die schweren Zugmaschinen kamen durch die engen Pfade nicht durch. Die Tragtiere, die Tag und Nacht eingesetzt wurden, um die immer länger werdenden Versorgungswege zurückzulegen, waren durch die vorangegangenen Strapazen in den Hochgebirgsregionen schon so geschwächt worden, daß sie nicht mehr voll einsatzfähig waren. Dennoch gelang es den Deutschen zunächst, weiter vorzudringen. Das „Kriegstagebuch des Oberkommandos der Wehrmacht" berichtet am 16. Oktober 1942:

„Im Pschysch-Tal gingen Truppen der Gr[uppe] Lanz weiter zum Angriff gegen die Straße nach Tuapse vor. Mehrere Angriffe in den Gebirgstälern im Bsybtal und Kljutsch-Tal wurden abgewiesen. Westl[ich] Maiskij vergebliche Feindangriffe. Eigener Vorstoß südl[ich] Mosdok hatte Erfolg. In der tiefen Nordflanke verstärkt sich der Gegner."[121)

Am folgenden Tag finden wir folgende Eintragung: „Die Mitte der 17. Armee hat am 16. Oktober Schaumjan (30 km nordöstlich von Tuapse) genommen. Beim weiteren Angriff auf Tuapse soll die 97. Jäger-Div[ision] auf der Straße, die Div[ision] Lanz [...] durch das Gebirge und die slowakische Schnelle Div[ision] in allgemein südöstlicher Richtung vorgehen."[122)

Nach und nach gelang es der Roten Armee schließlich, der Wehrmacht im Kaukasus das Gesetz des Handelns zu entreißen:

„Um die Lage im Mittelabschnitt der Front bei Tuapse wiederherzustellen, wo der Gegner am tiefsten eingebrochen war, befahl das Hauptquartier, aus den Reserven der Schwarzmeergruppe und der Front eine Stoßgruppierung zu bilden und sie im Raum Roshet–Maratuki zu konzentrieren, um von dort einen Stoß auf Chadyshenski in die Flanke und den Rücken der eingebrochenen gegnerischen Gruppierung zu führen. Gleichzeitig befahl das Hauptquartier dem Oberbefehlshaber der Front, Maßnahmen zur weiteren Verstärkung der Schwarzmeergruppe auf Kosten der Frontreserven zu treffen.

Der Oberbefehlshaber der Front und der Oberbefehlshaber der Schwarzmeergruppe führten die Anweisungen des Hauptquartiers des Oberkommandos nur zögernd aus. Dadurch wurde die Lage an der Front vor Tuapse komplizierter. Der Gegner hatte seine angreifenden Verbände verstärkt und überwand den Widerstand der 236. Schützendivision. [...] Dadurch drohte die Schwarzmeergruppe, die die Front vor Tuapse besetzt hielt, in zwei Teile aufgespalten zu werden. Außerdem brachte das Vordringen des Gegners an die Eisenbahnlinie und an der Chaussee südlich Chadyshenski die nordwestlich und nördlich davon eingesetzten Truppen in eine schwierige Lage.

Wegen der Verschlechterung der Lage an der Front der Schwarzmeergruppe forderte das Hauptquartier des Oberkommandos, den in die sowjetische Verteidigung eingedrungenen Gegner zu beseitigen. Dafür sollten zusätzliche Truppenteile aus der Reserve eingesetzt werden. Das Hauptquartier war der Ansicht, daß die Truppen der Schwarzmeergruppe vor allem den Gegner, der südlich von Chadyshenski an die Eisenbahnlinie und an die Chaussee vorgedrungen war, zu vernichten und die Front in Richtung Schaumjan sicher abzuriegeln hatten. Weiterhin sollten sie einen stärkeren Gegenangriff in die Flanke der angreifenden Gruppierung des Gegners führen. Nach den Anweisungen des Hauptquartiers des Oberkommandos bereiteten sich die Truppen der Schwarzmeergruppe, die alle Angriffe des Gegners abgewiesen hatten, in drei Tagen darauf vor, einen Stoß gegen die eingebrochene gegnerische Gruppierung im Raum südlich der Station Chadyshenski zu führen.

[...] Bis zum 14. Oktober gruppierten die Deutschen ihre Truppen um, verstärkten ihre Stoßgruppierung durch zwei Divisionen und zogen im Raum nördlich von Chatyps anderthalb Divisionen zusammen.

Die gespannte Lage forderte vom Oberkommando der Schwarzmeergruppe weitere Maßnahmen, um die Verteidigung zu stärken und der Anweisung des Hauptquartiers des Oberkommandos nachzukommen, einen Gegenstoß in die Flanke und den Rücken der eingebrochenen gegnerischen Gruppierung nordostwärts von Schaumjan zu führen. Doch das schwach ausgebaute Straßennetz und die schlechten Straßen machten es unmöglich, die Truppen der Schwarzmeergruppe schnell umzugruppieren und die Reserven in den Räumen zu konzentrieren, aus denen die Gegenstöße geplant waren. Die teilweise Umgruppierung im Raum der Tuapser Chaussee ermöglichte es, einige Verbände in die zweite Staffel zurückzunehmen und sie aufzufüllen. Viele andere Maßnahmen waren dagegen noch nicht abgeschlossen. [...]

Vor Tuapse entbrannten erneut erbitterte Kämpfe. Auf den Gebirgswegen und -pfaden, in den tiefen Schluchten und in den Flußtälern wurde gekämpft. Der Motorenlärm der Flugzeuge, die Bombenexplosionen, die Geschützsalven und die Abschüsse aller Waffenarten verschmolzen zu einem unaufhörlichen Grollen, das viele Kilometer weit zu hören war. [...]

Am 25. Oktober führte die Schwarzmeergruppe den Gegenschlag. Die sowjetischen Truppen stießen in Bewegungsgefechten auf die Deutschen, die in Richtung Tuapse vorstießen, warfen sie aus einigen wichtigen Stellungen und begannen sie nach Norden und Nordosten abzudrängen.

In den einige Tage während Angriffskämpfen säuberten die sowjetischen Truppenteile mehrere wichtige Täler und Höhen von den Deutschen.

Im Raum südlich von Tschernigowski wurde der Gegner auf dem rechten Flügel der Schwarzmeergruppe 5–6 km nach Norden zurückgeworfen. Im Zentrum der Gruppe, im Raum des Pschysch, säuberten die Truppen das Tal dieses Flusses vom Gegner. In den Bergen südlich davon wurden mehrere Einheiten der 97. Jägerdivision des Gegners eingekreist. [...] Südostwärts Gorjatschi Kljutsch wurden mehrere wichtige Höhen vom Gegner gesäubert und dabei ein Regiment der 125. Infanteriedivision völlig aufgerieben.

Im Mittelabschnitt der Front, südlich des Pschysch, im Raum der Berge Indjuk, Semaschko, Kamenistaja, Dwa Brata (Zwei Brüder), entbrannten ebenfalls hartnäckige Kämpfe. Die sowjetischen Verbände drängten den Gegner nach Norden zurück, kreisten viele kleine Einheiten des Feindes ein und vernichteten sie. An den Nordhängen des Berges Kamenistaja wurde ein Infanteriebataillon der 97. Jägerdivision, das sich in den Felsen und Wäldern festgesetzt hatte, eingeschlossen und durch Angriffe aus verschiedenen Richtungen zerschlagen.

Um die erreichten Stellungen zu halten und die sowjetischen Gegenangriffe abzuschwächen, verstärkte die deutsche Führung die Tätigkeit ihrer Luftwaffe und versuchte an anderen Frontabschnitten der Schwarzmeergruppe anzugreifen. Sie wollte die sowjetische Führung zwingen, die Truppengruppierung an der Front vor Tuapse zu schwächen. Allein diese Maßnahmen der Eroberer wurden von der sowjetischen Führung schnell durchschaut. In zehntägigen Kämpfen hielten die sowjetischen Truppen durch ihre Gegenangriffe nicht nur die feindliche Offensive auf, sondern warfen den Gegner in einzelnen Abschnitten sogar bis 10 km nach Norden zurück."[123]

Am 18. Oktober 1942 schweigt sich das „Kriegstagebuch des Oberkommandos der Wehrmacht" über die Kampfhandlungen der „Division Lanz" im Waldkaukasus aus. Dafür erwähnt es das Auftreten der „russischen Flotte im Schwarzen Meer".[124] Das konnte für die Deutschen nichts Gutes bedeuten. In der Tat setzten die Sowjets jetzt alles auf eine Karte, nachdem sie auch im Raum von Noworossisk, dem bedeutenden Schwarzmeerhafen, die deutschen Truppen in schwere Kämpfe verwickelt hatten.

Obwohl die Sowjets sowohl in personeller als auch in materieller Hinsicht laufend Verstärkungen an die Kaukasusfront warfen, konnten die Gebirgsjäger einen wichtigen, wenn auch mit viel Blut bezahlten Schritt in Richtung Tuapse tun. Am 24. Oktober 1942 nahmen nämlich Teile der „Division Lanz" den Ssemaschcho-Gipfel und gewannen Berg 3 km nördl[ich] davon. Starke feindl[iche] Gegenangriffe wurden zurückgewiesen.[125]

Der Kriegsberichter Peter Weber hat fünf Tage an diesem heißumkämpften Berg miterlebt. Hier ist sein fesselnder und zugleich erschütternder Bericht:

„(PK). Der Kampf im Gebirge des Westkaukasus hat seinen eigenen Charakter. Er wird mit einem Wagemut und einer Kühnheit geführt, daß er fast abenteuerlich erscheint und die alten Regeln der Strategie über den Haufen wirft. Die Vorstöße die Paßstraße hinauf und hinüber, mit wenigen Kräften nur und oft über 100, 200 km den Verbänden voraus, gaben den charakteristischen Auftakt. Und der folgende Kampf gegen die tiefgestaffelten Sperrstellungen um die Straßen behielt diesen Charakter. In weitausholenden Umgehungen wurden und werden sie von der Flanke und vom Rücken her angepackt und aufgebrochen. Es ist ein Kampf, gekennzeichnet durch überraschende Vorstöße zwischen den Feind und durch den Feind durch, über urwaldartige Hänge und Höhen, durch fast weglose Täler und Schluchten, Feind an den Flanken und im Rücken, manchmal abgeschnitten und eingekesselt und in scheinbar aussichtsloser Lage. Eine harte Bewährungsprobe für Truppen und Führung, doch zugleich ein Zeichen für das Entscheidende in diesem Krieg: das Bewußtsein der Überlegenheit und die innere Selbstsicherheit. Beides äußert sich in einer höchst einfachen Form: in der Selbstverständlichkeit, mit der die Jäger und Grenadiere die unmöglichsten Dinge anpacken und durchstehen.

Ein Beispiel für diesen Kampf im Gebirge sind der Sturm einer Handvoll Gebirgsjäger auf den Ssemaschcho und die folgenden Kämpfe. Man muß sich ein Bild von diesem Berg machen, um ihn bewerten zu können. Ein tiefes Tal, das in etwas spitzem Winkel auf die Paßstraße und Bahn nach Tuapse stößt. Steil ansteigend dahinter von Schluchten durchfurcht ein Höhenkamm, dessen Gipfel der S.-Kegel ist. Dieser Kamm hat für den Kampf hier entscheidende Bedeutung: Er bildet die Wasserscheide, und vom S.-Berg aus sieht man über den Südhang des Gebirges hinüber das Ziel; das Schwarze Meer und die Hafenstadt. Und sieht dem Feind in seine ganzen Nachschubwege. Hier war begreiflicherweise heftiger Widerstand zu erwarten. Der Feind mußte also möglichst überraschend angegriffen und durchstoßen werden, ehe er recht begriffen hatte.

Wie das geschah, ist bezeichnend für die Gebirgsjäger. Sie machten sich Regen und Sturm zunutze. Man muß wissen, was ein mehrtägiger Regen in den Tälern und Schluchten dieses Urwaldgebirges bedeutet. Die wenigen Wege und Pfade werden grundlos, alles verschlammt und verlehmt, und die Bäche machen in kurzer Zeit die Furten ungang- und unbefahrbar; fast unmöglich, Nachschub, Verpflegung und Munition heranzuschaffen. Es ist verständlich, wenn die Sowjets glaubten, bei diesem Wetter sei an einen Angriff nicht zu denken. Und gerade da wurde er angesetzt. Und er gelang. Zwei Regimenter stießen in das Tal hinunter, mitten in einem sintflutartigen Regen, auf zwei kleine Ortschaften zu. Und sie überrumpelten und überrannten den Gegner völlig, machten mehrere hundert Gefangene, erbeuteten Geschütze, Flak, Maschinengewehre, Granatwerfer und Fahrzeuge und trieben die Flüchtenden talauf und talab und die Hänge hinauf. Und ein Bataillon stürmte – buchstäblich, um die Überraschung auszunutzen – durch Schluchten und über die steilen Hänge hinauf auf den Berg, ein Anstieg von drei Stunden. Den Kegel und die beiden Schultern des Berges hatte inzwischen eiligst der Feind besetzt, und weitere starke Kräfte stiegen den Südhang herauf. Ohne Zögern griffen die beiden Kompanien die beiden steilen und mit Geröll durchsetzten Schultern durch eine Lücke zwischen zwei Kompanien durch, um die Stürmenden vom Rücken her anzupacken. Doch ohne Rücksicht auf diese Gefahr stürmten die Kompanien den letzten Steilhang hinauf und warfen in vehementem Stoß den Feind hinunter. Dann erst wandten sie sich und griffen den Gegner im Rücken an und schlugen ihn zurück.

Am Abend hatten zwei Jägerbataillone die Schultern des Berges besetzt und fest in der Hand. Und sofort setzten die Angriffe des Feindes ein mit zwei Regimentern. Sie wurden in kurzem, aber hartem Kampf zerschlagen. Doch schon hatte der Feind zwei Brigaden herangeführt und zu je fünf Bataillonen, vollstark, jedes je 400 bis 500 Mann. Dazu kamen die Reste der zerschlagenen Regimenter. In erbitterten Kämpfen Tag und Nacht, zum Teil Mann gegen Mann, wurden alle Angriffe abgewehrt. Angriffe, die zugleich von vorn wie von den Flanken her vorgetrieben wurden, vorgetrieben im wahrsten Sinne des Wortes.

Indessen stieß eine feindliche Brigade an der rechten Bergschulter vorbei, sperrte den Weg vom Tal herauf zu den beiden Jägerbataillonen ab und drang weiter hinunter, bis zum Gefechtsstand des Regiments am unteren Hang. Und hier entwickelte sich bis in die Nacht hinein ein ähnlicher Kampf wie oben. 1500 bis 2000 Bolschewisten standen an hundert Mann gegenüber: dem Stab, Telefonisten, Funkern, Tragtierführern und einigen Kanonieren. Immer wieder rannten die Bataillone gegen den Halbkreis der Stellung des Gefechtsstandes an, dem es gelang, eine kleine Verstärkung heranzuziehen und seine Stellung zu halten. Mit Tagesgrauen setzte der Angriff verstärkt wieder ein. Die Bolschewisten glaubten, hier dem Schwerpunkt des deutschen Angriffs gegenüberzustehen, und begriffen nicht, daß der Weg ins Dorf und Tal hinunter frei und ungeschützt war. Die Verbindung mit dem anderen Gebirgs-Regiment war nur sehr lose, wie fast überall in diesem Waldgebirge, in dem es geschlossene Fronten nicht gibt und nicht geben kann.

Auch in der zweiten Nacht gab der Feind keine Ruhe, unaufhörlich griff er an. Wieder ohne jeden Erfolg, und er hatte bei dem rücksichtslosen Einsatz seiner Truppen schwere blutige Verluste. Während dessen traf eine weitere Verstärkung beim Gefechtsstand ein, und am nächsten Tag, dem dritten des Angriffs, zwei weitere Kompanien Jäger. Sie erhielten den Auf-

Oben: Das Einsatzgebiet der Hochgebirgsjäger – Blick vom Mysti-Paß gegen Osten

Unten: Rückmarsch der Hochgebirgsjäger von J 105 auf dem mittleren Axautgletscher

trag, den Versorgungsweg zu den beiden Bataillonen auf der Höhe frei-zukämpfen. Zwei Tage und drei Nächte waren sie nun schon ohne Ver-pflegung und Munitionsnachschub und auf sich allein gestellt, einem zah-lenmäßig weit überlegenen Feind gegenüber, der immer wieder angriff. Der nächste, der dritte Tag dieser Kämpfe, war der gefährlichste. Wohl gelang es den Weg zum Berg hinauf vom Feind frei zu machen. Doch zu gleicher Zeit stieß der Feind mit einem Bataillon in das Tal hinunter und besetzte das Dorf. Damit waren der Regimentsgefechtsstand und die Jäger-bataillone oben, denen eben der Weg zum Gefechtsstand freigekämpft wor-den war, abgeschnitten. Nimmt man dazu die völlig aufgeweichten und verschlammten Wege, für Fahrzeuge unpassierbar und auch für schwere Waffen und Artillerie, so ergab sich eine äußerst kritische Lage.

Hier schafften Führung und Truppe das scheinbar Menschenunmögli-che. Am gleichen Tage warfen zwei Züge einer Kompanie, vielleicht 40 Jäger, das ganze bolschewistische Bataillon aus dem Dorf hinaus. Aus den Stellungen des dritten Bataillons des Regiments, das über 6 km entfernt, selber auch im schwersten Kampf gegen eine ganze Brigade stand, muß-te sich der kleine Trupp durch Wald, Schlamm und Wasser durchschlagen und dann den mehr als zehnfach überlegenen Feind angreifen. Es waren die Jäger der Kompanie, die den Paß gestürmt hatten. Sie trieben den Feind aus dem Dorf zurück in seine Ausgangsstellung: den Flankenbogen um den Regimentsgefechtsstand. Damit war der Nachschubweg aus dem Tal zum Gefechtsstand wieder frei und zugleich der Weg zu den Bataillonen auf den Schultern des Berges. Knapp eine Stunde später zogen die ersten Tragtierkolonnen hinauf, an ihrem Regimentsführer vorbei, der am vier-ten Tag dieser Kämpfe das Ritterkreuz erhielt.

Gefährlich war die Lage noch immer. Auf der Kuppe des Berges saß der Feind, und zahlenmäßig weit überlegene Kräfte hielten die Stellungen der beiden Jäger-Bataillone umklammert. Er flankierte immer noch den ganzen Nachschubpfad den Hang hinunter bis um den Regimentsstab her-um. Und er gab keine Ruhe, griff da und dort immer wieder an, bei Tag und Nacht. Es hatte wieder angefangen zu regnen. Die Nachschubfrage wurde von Stunde zu Stunde brennender, die Bäche rissen die Tragtiere um, und stellenweise war der Schlamm so tief, daß sie nicht mehr durch-kamen. Aber auch das schafften und schaffen die Jäger. Sie fluchen, doch daß sie sich hier durchkämpfen müssen, das ist für sie selbstverständlich. Und es schreckt sie nichts, kein Feind und kein Regen und Schlamm. Sie wissen: diesen Berg und den ganzen Höhenrücken müssen sie haben und halten! Er ist in dem ganzen Kampf hier um die Paßstraße entscheidend, gleich ob er jetzt noch oder später zu Ende geführt wird. Denn mit dem

Berg haben sie das Tal und die gute, feste Talstraße und sind damit all die schweren Nachschubsorgen los, all den Schlamm und Dreck und Morast auf den fürchterlichen Notwegen dieses lehmigen Urwaldgebirges, und das ewige Durchfurten durch all die tückischen Bäche und Gewässer.

Ihre Gebirgs-Division ist, seit sie hier Ende September eingesetzt wurde, mit allen fertig geworden: sechs Schützen-Divisionen, die der Feind ihr nacheinander in den Weg warf, dazu noch einige Schützen-Brigaden.

ICH SPRECHE DEM
OBERLEUTNANT
ANTON MOSANDL
FÜR SEINE HERVORRAGENDEN
LEISTUNGEN
AUF DEM SCHLACHTFELDE
AM SSEMASCHCHO AM 25.10.1942
MEINE
BESONDERE ANERKENNUNG AUS.

HAUPTQUARTIER-DEN 26.JANUAR 1943
DER FÜHRER

Der Führer spricht seine besondere Anerkennung aus…

Beste Truppen zum Teil. Dreieinhalbtausend Tote ließ der Feind liegen, und an sechstausend Gefangene wurden gezählt. Und eine ansehnliche Menge Material verlor er dabei, an Geschützen, Granatwerfern, Maschinengewehren, schweren und leichten, Maschinenpistolen, Panzerbüchsen, Gewehre, Munition und Lastkraftwagen und Bespannfahrzeuge. Und mit 234 Bunkergruppen mit über 1500 Kampfanlagen war der Stoßweg der Gebirgsjäger-Division gesperrt gewesen: ein Weg von über 50 km, durch Täler und Schluchten, über Hänge und Höhen. Immer durch Wald, Wald ohne Ende, auf einen Feind zu, der getarnt und gedeckt überall lauert. Der Nachschub wurde mit jedem Kilometer schwieriger, Pfade und Wege mußten gehauen und gebaut, Brücken geschlagen und Knüppeldämme gelegt werden. Acht bis neun Stunden mit einem guten Pferd ist der eine Nachschubweg, den sie geschaffen, fast lang. Dazu die drei Stunden vom Tal auf den Berg.

Und all das wäre mit einem Schlag überwunden, wenn sie oben den Berg und den Kamm und damit das ganze Tal unten fest in der Hand hätten. Lastkraftwagen könnten dann von der schönen Paßstraße her heranfahren und der Rest wäre ein Kinderspiel. Und darum kämpfen und halten und kämpfen die Gebirgsjäger gerade um diesen Berg – bis der Feind von dem ganzen Höhenkamm heruntergeworfen ist. Und wenn er weiter Brigade um Brigade heranführt, diese Jäger und ihre Führer werden nicht locker lassen. Es ist eine harte, eine äußerst harte Sache, nicht nur um den Berg – auch bei den Kämpfen rechts und links. Doch sie haben das alte Gefühl der Sicherheit, daß sie es schaffen werden, auch hier."[126]

Um den Ssemaschcho, der im Waldkaukasus zum Schicksalsberg der „Division Lanz" werden sollte, wurde auch in den kommenden Tagen und Wochen weiterhin erbittert gekämpft. Aber nicht nur hier, sondern auch an anderen Abschnitten dieser im wahrsten Sinne des Wortes undurchdringlichen, undurchsichtigen subtropischen Front. So stieß zum Beispiel die Gruppe Buchner, der auch zeitweilig das I./42 unterstellt worden war, in einem Seitental des Gunaikabaches auf die Siedlung Kotlowina vor und wurde dabei in heftige Kämpfe verwickelt. Oft riß die Verbindung in dem unwegsamen Gelände zwischen den Einheiten ab, so daß die Truppe den Anschluß verlor und auf eigene Faust weiterkämpfen mußte.

Die hervorstechende Persönlichkeit der Kämpfe im Waldkaukasus war eindeutig General Lanz. General Konrad, der als nachtragend galt, hinterließ dagegen keinen besonderen Eindruck bei der Truppe.[127] Im Gegenteil: Konrad war ein Mann, der nach Aussage des amerikanischen Historikers Burdick „nicht gerade für gute Manieren bekannt war".[128] Noch weiter ging der jahrzehntelang diffamierte Generalfeldmarschall Ferdinand Schörner, der unter anderem seinen „greisenhaften Größenwahn"[129] verspottete.

Auf Grund des unwegsamen Geländes konnte die Artillerie den Kampftruppen meist nicht folgen. Nur verlastete Gebirgs-Geschütze kamen – sofern die Tragtiere überhaupt durchhielten – zu den kämpfenden Verbänden und Einheiten nach vorn. Der Bau von Straßen und Wegen mußte eingestellt werden, weil das gesamte Gelände mit dem Beginn der Regenzeit regelrecht verschlammte. Eile tat not, wollte das XXXXIX. Gebirgs-Armeekorps nach Tuapse an die Schwarzmeerküste durchstoßen. Deshalb wurde trotz aller Widrigkeiten der Angriff über den Pschysch nach Süden weiter fortgesetzt.

Im Kriegstagebuch des Oberkommandos der 17. Armee finden wir unter dem 24. Oktober 1942 eine aufschlußreiche Eintragung, die uns Einblick in die harten Kampfhandlungen und die weiteren operativen Absichten im Waldkaukasus gewährt:

„Besuch Chef Gen.St.d.H. am 24. 10. 42
1. Feindlage:
a) ...
b) Angriffsgruppe Tuapse: Hauptwiderstand an und beiderseits der großen Straße. ... Ganzer Raum bis Tuapse an der Straße stark ausgebaut, auch vorbereitete und z. T. besetzte feindliche Höhenstellungen.
c) Hochgebirgsfront: Wahrscheinlich, daß Gegner wegen eintretenden Winterwetters von dort Kräfte weggezogen hat.
d) Schiffsverkehr auf Schwarzem Meer.
Größere feindliche Angriffsabsichten zeichnen sich im Augenblick nicht ab. Solange Angriff auf Tuapse fortdauert, auch weniger wahrscheinlicher.
Hauptgefahrenpunkte: Rechter Armeeflügel, besonders wegen Rumänien.
2. Eigene Absicht:
... Immer wieder stückweises Herausschlagen aus der großen Straße, da diese für Versorgung XXXIV. und XXXXIX. (Geb.) A.K. unerläßlich.
Bisher noch keine Verfolgungslage. Gegner hat immer wieder in rückwärtigen, vorbereiteten Stellungen seine zurückgeworfenen Kräfte aufgefangen. Daher planmäßiges, schrittweises Vorgehen, umsomehr, als immer Kräfte in der Tiefe fehlen. Auch Bewegungs- und Versorgungsverhältnisse der eigenen Truppe, die in ihrer Masse keine Geb.-Ausstattung hat, erzwingen dieses zeitraubende Verfahren. Letzter Witterungssturz hat starke Verzögerungen herbeigeführt. Auswirkungen auf Kampfbedingungen und Versorgung der Truppe. ...
3. Weitere Absicht:
Nach Erreichen Tuapse Auftrag:
a) Beseitigen Gegner zwischen Noworossijsk und Tuapse,
b) Vorstoß Suchum.
Zu a): Auf rechtem Flügel, bei sehr beschränktem Kampfwert der Rumänen, vordringlich Zusammenfassen genügend starker deutscher Kräfte zum Angriff auf Gelendshik. Dies nur möglich durch späteres Heranziehen einer Div. aus dem Bereich Tuapse.
Noworossijsk kann wegen seiner Bedeutung und Landungsgefahr nicht den Rumänen überlassen werden.
Nach Erledigung von Tuapse Angriff auf Gelendshik vordringlich, weil Gegner damit seinen letzten brauchbaren Hafen verliert. Gleichzeitig mit Angriff auf Gelendshik Kräfteansatz von Osten her etwa aus Raum Schaumjan und südlich und an der Küste. (Wenn dann durch Vorstoß auf Gelendshik 73. I.D. frei wird, kann diese aus Raum südwestlich Krasnodar in allgemeiner Südwestrichtung angesetzt werden.)

Für Weiterführen Operation sind bestimmend Witterungsverhältnisse für Bewegungen, Unterstützung durch Luftwaffe und Marine, Küstenschutz, später vor allem durch freiwerdende Rumänen.

Zu b): Richtung Suchum erwünscht zunächst wenigstens Erreichen Gegend Lasarjewskoje, um Front hier auf das Äußerste abzukürzen. Wegen Kräftemangels kann vor Beseitigen Gegners bei Noworossijsk und Tuapse Richtung Suchum mehr nicht gemacht werden.

Chef GenSt.d.H. vertritt Auffassung: Zuerst Tuapse, dann Gelendshik, dann wird Gegner zwischen beiden Orten ,ausgehungert'. Daher vor Tuapse noch Lasarjewskoje! Luftwaffe Schwerpunkt im Wechsel mit 1. Pz.-Armee.

I. Einzelfragen: ...

1.–4. ...

5. Luftversorgung im Winter für einzelne Teile im Gebirge kann unvermeidlich sein.

6. Masse der Bautruppen in Kampf bzw. bei vordersten Teilen für Wegebau eingesetzt. Für rückwärtigen Wegebau daher nur wenig Kräfte mit Landeseinwohnern verfügbar.

II. Versorgung:

1. Versorgung muß weitere Operationsabsichten berücksichtigen:

a) ...

b) Besonders wichtig aber Pferdefutter, da im Gebirge nichts zu finden. Sonst nicht ersetzbare Ausfälle vor allem bei Mulis nicht zu vermeiden.

c) Bekleidung, vor allem Regenschutz.

2. Ausnutzung des Landes: ...

3. ...

4. Täglich höchstens 1 ¹/₂ Züge statt 3–4 Züge.

5. Wintervorbereitungen durch schlechte Bahnlage erheblich verzögert. ...

III. ...“ [130]

Am 25. Oktober jährte sich zum zweiten Mal der Jahrestag der Formierung der 4. Gebirgs-Division. Mit Stolz konnte sie auf zahlreich geschlagene Schlachten und Siege zurückblicken. Angesichts der angespannten Lage blieb jedoch keine Zeit zum Feiern.

In diesen Tagen verließ der Gründer und erste Kommandeur, Generalmajor Karl Eglseer, die Division. Er sollte später, bis zu seinem tödlichen Flugzeugabsturz mit Generaloberst Eduard Dietl, als Kommandierender General das XVIII. Gebirgs-Armeekorps auf dem finnischen Kriegsschauplatz führen. Ihm folgte am 22. Oktober 1942 Generalmajor Hermann Kreß, der zuletzt Kommandeur des Gebirgs-Jäger-Regiments 99 gewesen war, nach. Lanz war mit diesem Wechsel überhaupt nicht einverstanden. Er hätte seinen tüchtigen Regiments-Kommandeur gerne als seinen eigenen Nachfolger gesehen. So mußte er später verbittert zusehen, wie der wenig geschätzte Kommandeur des Gebirgs-Jäger-Regiments 91, Walter Stettner Ritter von Grabenhofen, nach ihm die Division übernahm.

Immer häufiger wird in den Monaten Oktober bis Dezember 1942 im „Kriegstagebuch des Oberkommandos der Wehrmacht" über die Kampfhandlungen im Pontischen Kaukasus berichtet. Am 27. Oktober finden wir folgende Eintragung:

„Südl[ich] Schaumjan sind Teile der Gruppe Lanz im Angriff auf Höhenstellungen westl[ich] des Pschysch-Flusses. Die harten Kämpfe am Gipfel des Ssemaschcho halten an [...] Durch die schlechten Wegeverhältnisse, hervorgerufen durch die letzten starken Regen- und Schneefälle im Hochgebirge, ist der Nachschub nur durch Träger möglich, Munition (auch Granaten) müssen z. T. bis über 30 km getragen werden."[131]

Als im Hochgebirge der erste Schnee fiel und es gleichzeitig in den Tälern anfing, in Strömen zu regnen, wurde auch das spätere Heeres-Gebirgs-Pionier-Bataillon 74[132] unter seinem tatkräftigen Kommandeur Oberstleutnant Dr. Ing. Kurt Schroeder zur Unterstützung der Angriffs- und Abwehr-

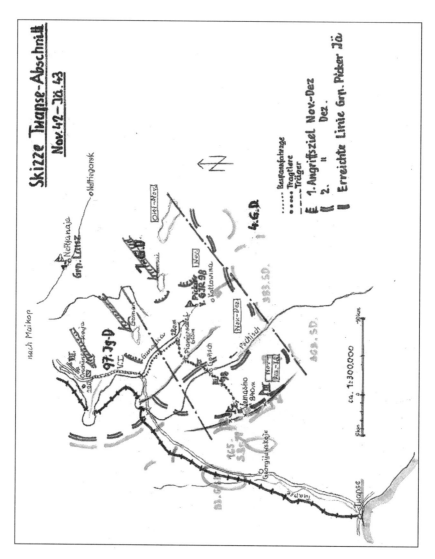

kräfte im Waldkaukasus herangezogen. Es unterstand dem Generalkommando des XXXXIX. Gebirgs-Armeekorps. Zeitweise wurde es direkt der 1. bzw. der 4. Gebirgs-Division zugewiesen. Nach erbitterten Kämpfen gelang es den Pionieren, die Sowjets aus ihren Stellungen hinauszuwerfen, sie teilweise gefangenzunehmen und über den Fluß zurückzudrängen. Nach rund zwei Tagen war der Sieg erkämpft. Kein Rotarmist befand sich mehr nördlich des Flusses. Dieser Brückenkopf war für die Fortsetzung des Vorstoßes Richtung Tuapse sehr wichtig. „Der Kampf war ein lärmarmes Ringen Mann gegen Mann. Es war im höchsten Maße schwierig, sich in dem Gelände zurechtzufinden. Der Sieg über die Russen, die sich verzweifelt wehrten, war eine hervorragende Leistung [...]"[133)]

Am 28. Oktober 1942, vier Wochen nach der Eroberung des Gunai-Berges, gelang es der Gruppe Lawall, den 1036 Meter hohen Ssemaschcho in Besitz zu nehmen. Von diesem beherrschenden Berg übersah man nun das gesamte Vorfeld des Waldkaukasus bis zum Schwarzen Meer. Mehr noch: Die Gebirgsjäger und Gebirgspioniere konnten sogar „die Promenade von Tuapse und die winzigen kleinen Menschen, die sich dort bewegten, erkennen".[134)]

Noch einmal lebte die Hoffnung bei den Gebirgssoldaten auf, doch noch das Schwarze Meer zu erreichen. Aber schon die nächsten Tage sollten sie eines Besseren belehren. Mit fanatischer Verbissenheit griffen die Sowjets die Bergstellungen der Gebirgtruppe von allen Seiten an. General Lanz mußte am Abend des 29. Oktober 1942 melden:

„Die Gesamtlage auf dem Grat wird von Stunde zu Stunde ernster. Ich habe im Laufe des heutigen Nachmittags meine letzten Reserven in Form der Pioniere von ihren Baustellen weg zur Stützung der schwerkämpfenden Front herangezogen. Auch die schon seit Tagen aus den Trossen ausgekämmten Fahrer, Tragtierführer, Angehörige von Stäben sind in Stärke von 200 Mann als letztes Aufgebot an den Feind geführt. Ich verfüge nunmehr über keine Reserven mehr und muß mich im Vertrauen auf die Kampfkraft meiner Truppe darauf verlassen, daß diese die jetzige Stellung hält. Dabei sinken die Gefechtsstärken stündlich, so daß die Kompanien heute abend 40 Köpfe zählen. Der Ausfall an Offizieren, jetzt über 100, ist dabei besonders ernst.

Im vollen Bewußtsein meiner Verantwortung und der Bedeutung des umkämpften Geländes muß ich melden, daß ich das Halten des Grates bei Fortsetzung der feindlichen Angriffe nur noch kurze Zeit gewährleisten kann. Sollte dazu noch schlechtes Wetter eintreten, so müßte die Zurücknahme der Front erwogen werden, wenn nicht das 44. Jäg[er]-AK morgen, spätestens übermorgen durch Angriff nach Süden Entlastung bringt.

Es geht bei diesem Kampf in den nächsten Tagen nicht nur um das Halten der Stellung, sondern um den Bestand der Division, der mich mit Sorge erfüllt."[135)]

Die hohen Verluste durch den Feind und durch Erschöpfung konnten trotz Auskämmens der Trosse und Stäbe nicht ersetzt werden. Die wertvollen Tragtiere verendeten in großer Anzahl im Morast. Der anfangs massiert vorgetragene Angriff zersplitterte in Stoßtruppunternehmungen mit begrenztem Ziel. Hartnäckiger sowjetischer Widerstand mußte oft umgangen und von der Flanke oder vom Rücken her gebrochen werden. Als wirksamste Waffe zeichneten sich im undurchdringlichen Waldkaukasus Maschinenpistolen und Handgranaten aus. Die Unterstützung durch schwere Waffen und Artillerie war dagegen sehr erschwert. Der dichte Waldbestand mit seiner subtropischen Vegetation zwang die Gebirgssoldaten zu einem noch engeren Zusammenhalt, zu größter Vorsicht und zu einer Kampfweise auf eigene Faust ohne fühlbare Anlehnung an einen Nachbarn. Ein geschlossener Ansatz der Bataillone wurde durch das Gelände völlig unterbunden. Die Stoßtrupps waren oft nur noch per Funk mit dem eigenen Regiment verbunden.

Von einer durchgehend besetzten HKL konnte man schon lange nicht mehr sprechen. Die Gebirgsjäger richteten sich deshalb stützpunktartig zur Verteidigung ein. Im unübersichtlichen Berggelände des Pontischen Kaukasus, dessen dauernd wechselnde Hänge steil und zerschnitten abfallen, bestanden zwischen den einzelnen Kompanien daher große Lücken, die nur durch Verbindungsspähtrupps überbrückt werden konnten.

Anfangs wurde das Aufrechterhalten der Verbindung in unmittelbarer Feindnähe in Gruppenstärke durchgeführt. Als sich die Ausfälle aber in einem erschreckenden Ausmaße häuften, schrumpfte diese Gruppe zu kleinsten Trupps zusammen, bis schließlich oft nur mehr ein oder zwei geländekundige Gebirgsjäger übrig blieben, die nun den Auftrag mutterseelenalleine ausführen mußten. Wieviel stille Pflichterfüllung und Tapferkeit hier von den Einzelkämpfern abverlangt wurden, vermag keine Feder zu Papier zu bringen.

Am 1. November 1942 stand die „Division Lanz" auf der gesamten „Front in erbittertem Abwehrkampf am Ssemaschcho-Berg"[136)] und auf dem nördlich davon gelegenen Bergrücken.

„Urrää – Urrää – Urrää!" hallte der markdurchdringende Angriffsschrei zu den nur noch dünn besetzten Linien der Gebirgsjäger herüber. Kaum war ein Angriff erfolgreich abgewehrt worden, setzte sich schon eine neue rote Angriffswelle Richtung Ssemaschcho in Bewegung. Die Sowjets konnten noch so oft geworfen werden. Sie schienen sich wie eine tausendköpfige Hydra zu vermehren.

Die Sowjets griffen Anfang November in rücksichtslosen Einsätzen mit der 9. und 10. Schützen-Brigade am Schicksalsberg der „Division Lanz" an.

„Urrää – Urrää – Urrää!" hallte ihr Angriffsgeschrei durch den zerschossenen Waldkaukasus. Immer wieder stampfte die rote Menschenmauer an die Stellungen der Gebirgssoldaten heran.

Wiederholt wechselten Grat und Gipfel den Besitzer. Schließlich blieben die Gebirgsjäger Sieger. Nun aber setzte der befürchtete Wettersturz ein, und es regnete Tag und Nacht. Harmlose Bäche verwandelten sich plötzlich zu reißenden Gewässern, der lehmige Boden wurde zu einem zähen Brei. Der Nachschub kam teilweise völlig zum Erliegen. Pferde und Tragtiere, entkräftet und ausgemergelt, versanken im Schlamm. Die Kraftfahrzeuge blieben stecken, und nur wenigen Zugmaschinen gelang es, sich durch den Morast zu wühlen.

Immer unhaltbarer und verzweifelter wurde die Lage der Gebirgstruppe im Waldkaukasus. Die täglichen Meldungen der „Division Lanz" an das vorgesetzte XXXXIX. Gebirgs-Armeekorps klangen wie Hilferufe. Eine Meldung vom 2. November 1942 gibt ein düsteres Bild der Gesamtlage wieder:

„Die feindliche Führung wirft immer neue Reserven in den Kampf. Das Kräfteverhältnis ist bedrohlich. Während der Gegner in Stärke von etwa 3 Korps (XI. Garde-Schützenkorps, 353. und 383. Sch.Div., 40. mot. Brig., 257. Kav.Rgt., 2 weitere Brigaden) aus einem mit guten Straßen versehenen Hintergelände heraus angreift, schmilzt die an sich schon kleine Schar der tapferen Verteidiger immer mehr zusammen. Setzt der Feind in der bisherigen Stärke seinen Angriff fort, so ist es nur eine Frage weniger Tage, bis die Verteidiger in ihrer exponierten Bergstellung erliegen. Angesichts dieser ernsten Lage, die mich mit großer Sorge erfüllt, melde ich, daß die Stellung nur gehalten werden kann, wenn dort in den nächsten Tagen ausreichende Kräfte eingesetzt werden. [...]"[137]

In immer neuen Wellen rannten die aufgefrischten und neu ausgerüsteten Verbände der Roten Armee gegen die Stellungen der tapferen Gebirgssoldaten, die sich im blutgetränkten Ssemaschcho eingegraben hatten. Aber das Verteidigen ohne Ersatz, ohne ausreichende Verpflegung, mit rationierter Munition und ohne trockene Bekleidung kostete einen hohen Preis. Viele Offiziere, Unteroffiziere und Mannschaften starben an Verwundung, Unterkühlung und Entkräftung.

Mit unverminderter Heftigkeit dauerten die Abwehrkämpfe der „Division Lanz" im Waldkaukasus während des ganzen Novembers an. In wechselseitigen, verlustreichen Kämpfen konnte das Gelände am Ssemaschcho und im Pschysch-Tal vorläufig noch gehalten werden.[138] Aber die Wende zugunsten der Sowjets zeichnete sich immer deutlicher ab.

Die Versorgung der Stellungen, die nur noch durch abgerackerte Tragtiere und Trägertrupps möglich war, wurde von Tag zu Tag schwieriger. Ebenso der Abtransport der Verwundeten. Die Bergpfade über den sogenannten Pioniersattel und das Gunaika-Tal versanken regelrecht im Schlamm.

Am Abend des 12. November 1942 stieß endlich das I. Bataillon nach seinem Einsatz im Laba-Tal wieder zum Gebirgs-Jäger-Regiment 13. Die Kampfkraft des traditionsreichen Regimentes wurde damit etwas gestärkt.

Doch die Sowjets glichen diese Zubuße schnell wieder aus. Ihre Menschenreserven schienen noch immer unerschöpflich zu sein.

Am 21. November 1942 verwandelte sich der Regen in Schnee. Der erste Frost trat auf. Die Bataillone und Kompanien gruben sich am Ssemaschcho immer tiefer ein. Behelfsmäßige kleine Bunker schützten die Gebirgsjäger vor den unbarmherzigen Naturgewalten.

Anfang Dezember übernahm Generalmajor Kreß einen Frontabschnitt im Waldkaukasus. Er war, wie man aus der Abendmeldung der „Division Lanz" vom 1. Dezember 1942 unschwer ersehen kann, um diese schwierige Aufgabe nicht zu beneiden:

> „Lage am Brückenkopf äußerst ernst. Feindangriff mit neuen Kräften in beiden Flanken nach Feindverhalten und Gefangenenaussagen morgen zu erwarten.
> Hoher Erschöpfungszustand der Truppe. Bisher gemeldete Fälle an Erschöpfung: 2 Tote, 10 Zusammengebrochene. Täglich 60 Pferde Totalverlust.
> Steigendes Hochwasser des Pschysch verhindert Versorgung. Munition nur noch drei Tage vorhanden. Verpflegung für einen Tag; für Pferde kein Futter mehr. Abtransport Verwundeter nicht möglich.
> Beziehen der Pschysch-Stellung, sobald es Hochwasser erlaubt, unerläßlich, da sonst Truppe verloren.
> Versorgung durch Gunaikatal infolge Hochwasser völlig unterbunden. Alle Anstrengungen, zerstörte Verbindungen wieder herzustellen, vergeblich. Nachschubeinrichtungen von rückwärts leisten nur mehr ein Drittel des Bedarfs. Heranbringen von Munition zur Zeit nicht mehr möglich. Sofortiger Einsatz mehrerer Ju's notwendig, da sonst Truppe in zwei Tagen ohne Verpflegung."[139]

Der Oberbefehlshaber der 17. Armee bemühte sich bereits seit Tagen ohne Erfolg um die Genehmigung zur Räumung des Ssemaschcho. Die Oberste Führung schwieg. Sie konnte sich trotz – oder gerade wegen? – der schweren Rückschläge bei Stalingrad noch nicht dazu entschließen, den Angriff Richtung Tuapse aufzugeben.

Die von der Luftwaffe abgeworfenen Versorgungsgüter im Waldkaukasus waren zwar recht bedeutend und brachten eine zeitweilige Entlastung. Sie waren jedoch nicht so umfangreich, daß sie die deutschen Operationen im Kaukasus vorangebracht hätten. Das kam auch in einer ungeschminkten Meldung der „Division Lanz" über den Kampfraum am Ssemaschcho am 10. Dezember 1942 zum Ausdruck:

> „Seit dem letzten Hochwasser (am 1. Dezember) kann die Truppe nur noch mit halben Portionen verpflegt werden. Der Kälteeinbruch hat die Auszehrung gesteigert; 14 Erschöpfungstote in den letzten sieben Tagen.
> Das Pferdesterben hält an ...
> Die Bekleidung ist durch die Beanspruchung der neunwöchigen Waldkämpfe völlig abgerissen; infolge der Nachschubschwierigkeiten kann sie trotz großer Bestände nicht verbessert werden. Offizier und Mann kommen seit Wochen nicht mehr aus den nassen Kleidern. Die Wäsche verfault buchstäblich am Körper. Erkältungen, Furunkulose und Infektionen sind die Folge.

Der Abschub der Verwundeten zu den Hauptverbandsplätzen und von da nach rückwärts ist äußerst schwierig. Soweit ihr Abtransport aus der Stellung unter stundenlangen Mühen gelingt, liegen sie auf dem Hauptverbandsplatz oft viele Tage dichtgedrängt in nassen Zelten. Der Abflug durch Störche fällt infolge schlechten Wetters oft aus. Die Träger sind so beansprucht, daß für einen Verwundeten acht Träger notwendig sind. Von den kürzlich überwiesenen 170 Mann sind am 9. Dezember noch zehn einsatzfähig; von 72 am 7. Dezember überwiesenen Trägern ist nur die Hälfte dienstfähig.

Munition für Handfeuerwaffen in den nächsten Tagen noch vorhanden; Handgranaten in begrenztem Umfang. Ungünstig steht es mit Artilleriemunition, die infolge des Hochwassers im Gunaikatal nicht mehr durchkommt.

Die Witterung wechselt mit Schnee und Regen zwischen Temperaturen von +5°C und – 5°C und ergibt bald knietiefen zähen Schlamm, bald eine durchbrechende Frostschicht darüber. Dieses Wetter hält wahrscheinlich noch wochenlang an.

Hilfe durch Luftwaffe bedeutsam; ein Drittel der Güter ging verloren.

Grundsätzliche Besserung der Versorgungslage oder die Truppe geht zugrunde!"[140]

Beim rechten Nachbarn, dem XXXXIV. Jäger-Korps, war es nicht gelungen, das erkämpfte Pschysch-Tal offen zu halten, so daß die artilleristische Unterstützung der am Ssemaschcho kämpfenden Truppe wieder über die Berge erfolgen mußte. Unaufhörlich drang General Lanz auf die Rücknahme der Front. Auch das XXXIX. Gebirgs-Armeekorps hatte die Räumung des Berges beim Oberkommando der 17. Armee beantragt, da ein operativer Zweck mit dem Festhalten nicht mehr verbunden und die Versorgung dieser weit vorspringenden Bastion wegen des Hochwassers und der Verschlammung kaum mehr möglich war. General Konrad schrieb dazu:

„Der Oberbefehlshaber mühte sich seit 10 Tagen um die Genehmigung zur Räumung des Berges. Aber noch immer blieb die Zustimmung aus.

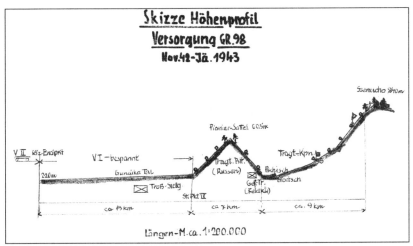

Skizze vom Höhenprofil der Versorgung des Gebirgs-Jäger-Regiments 98 vom November 1942 bis Januar 1943

[...] Die oberste Führung blieb weiterhin stumm. Sie zögerte, die Angriffs-operation am Ssemaschcho gegen Tuapse aufzugeben und dem Gegner ihren Verzicht einzugestehen. Die schweren Rückschläge bei Stalingrad schienen die oberste Führung zu bestimmen, an allen Brennpunkten der Front dem Feinde die allerhärteste Haltung zu zeigen."[141]

Die Luftwaffe drang nicht mehr durch. Dafür kam aber etwas anderes, auf das man so lange vergeblich gewartet hatte: Am 12. Dezember 1942, um 12 Uhr, erteilte der Oberbefehlshaber dem Kommandierenden General des XXXXIX. Gebirgs-Armeekorps endlich die Genehmigung zur Räumung des Ssemaschcho. Dieser Schicksalsberg hatte von den Gebirgs-jägern einen außerordentlich großen Blutzoll gefordert. Vom 21. Oktober bis zum 13. Dezember 1942 hatten die Verluste 823 Gefallene, 2412 Verwundete und 199 Vermißte betragen. Eine erschreckend hohe Zahl!

Aber noch waren das Leiden und Sterben nicht beendet. Der Rückzugsbefehl konnte nicht schnell genug an die Kampftruppe weitergegeben werden. Daher meldete General Lanz am 14. Dezember 1942 an das XXXXIX. Gebirgs-Armeekorps:

„Das Verhängnis nimmt seinen Lauf. Die von Stunde zu Stunde erwartete Entscheidung bleibt aus. Ohne einen positiven Beweis zu besitzen, habe ich den Eindruck, daß die Meldungen von Division und Korps nicht an die entscheidende Stelle gelangen. Was meine tapferen Männer in den vergangenen Wochen geleistet haben, übertrifft das bisher Dagewesene. Man kann nur mit Dankbarkeit und Bewunderung vor diesen Soldaten stehen, denen ich jeden Einsatz schuldig bin. Dieser Einstellung und meiner Verantwortung als Führer der Kampftruppe entspricht dieser Bericht."[142]

Noch am selben Tag wurden die Bataillone über die bevorstehende Räumung des Ssemaschcho informiert. In der Nacht wurde ein Teil der schweren Infanteriewaffen abgebaut. Eine halbe Stunde vor Einbruch der Dämmerung des 16. Dezember 1942 setzten sich die ersten Truppenteile vom Feind unbemerkt ab. Diese Absetzbewegung führte in die Zwischenstellung nördlich des Pschysch und in weiterer Folge auf die ehemals hart erkämpften Kämme des Pioniersattels. Auf den Höhen nördlich des Pschysch wurde der rechte Flügel des XXXXIX. Gebirgs-Armeekorps umgegliedert und nach Möglichkeit wieder die Ordnung der Divisionsverbände hergestellt. Links vorne lag die 1. Gebirgs-Division, rechts neben ihr die 4. Gebirgs-Division (Gebirgs-Jäger-Regiment 13, Gebirgs-Jäger-Regiment 91, Pionier-Bataillon 213 und die Artillerie-Gruppe Sommer, bestehend aus III./Gebirgs-Artillerie-Regiment 94, II./Gebirgs-Artillerie-Regiment 79 und IV./Gebirgs-Artillerie-Regiment 79 mit insgesamt sechs Gebirgs- und vier schweren Batterien).

Bärtig und ausgezehrt, durchnäßt, durchfroren und verlaust erlebten die Gebirgssoldaten ihre zweite Kriegsweihnacht in Rußland. Jetzt hatten die Divisionspfarrer alle Hände voll zu tun. Mehr denn je stand die Seelsorge im Vordergrund. Es ging in erster Linie darum, „am Mann zu bleiben".

Wie das im Kaukasus aussah, schildert uns der evangelische Divisionspfarrer Schwarz:

„Ein ganz anderes Gepräge als der Dienst im Sommer während des Vormarsches und Einsatzes hatte der Dienst der Pfarrer im Winter, besonders an Weihnachten, während welcher Zeit die Truppe in festen Stellungen in Schnee und Eis eingegraben war. Den im Westkaukasus eingesetzten Teil der Division betreute an Weihnachten der katholische Divisionspfarrer, den im Hochkaukasus der evangelische. Schon allein die Anfahrt vom West- zum Hochkaukasus dauerte mit einigen Übernachtungen und großen Umwegen über Armavir, wobei auch einmal eine einzelfahrende Lok gerne benützt wurde, volle drei Tage, vom 12. bis 14. Dezember.

Vom 15. bis 18. Dezember mußte man dann unterwegs sein, um bei den verschiedenen Einheiten (Feldlazarett, Ortskommandanturen, Regimentskommandanten, Nachschubeinheiten) die Gottesdienste für die Weihnachtszeit überhaupt erst einmal festzulegen. Darunter hat man als Pfarrer oft gelitten, daß so viel Zeit auf diese äußeren Vorbereitungsmaßnahmen verwandt werden mußte. Sie fehlte einem oft für die eigentliche Vorbereitung der Predigt. Aber es war einfach nicht anders zu machen, vor allem auch deshalb nicht, weil man ja zuerst einmal die Lage der Leute kennenlernen mußte, um ihnen auch recht dienen zu können. Außerdem war bei persönlicher statt fernmündlicher Vorbereitung und Einladung der Besuch meist viel besser. Während dieser ganzen Weihnachtswochen war ich ganz allein, ohne Küster, der krank geworden war, und mußte in meinem Rucksack außer dem persönlichen Gepäck alles, was für die Gottesdienste benötigt wurde (z. B. Altardecke, Kreuz, Leuchter) verstauen.

Am 19. Dezember erfolgte dann der eigentliche Aufbruch zur Truppe mit Wagen bis zum ersten Stützpunkt. Die Truppe stellte ein Tragtier für das Gepäck und ein Pferd für den Pfarrer zur Verfügung. Der Stützpunkt war auch so freundlich, die Mitteilung an die Truppe durchzugeben, daß der Pfarrer zu einem Gottesdienst komme. Das hat eine gute und freundliche Aufnahme und Bereitschaft vorbereitet. Am Abend dieses Tages hieß es dann nach einem langen Ritt noch an der Predigt zu arbeiten.

Tags darauf fand nach einem Aufstieg mit einem Hauptmann zusammen bereits um 10 Uhr der erste Gottesdienst in der Feuerstellung einer Batterie unserer Gebirgsartillerie statt, und zwar im Freien bei schönstem Sonnenschein vor dem windgeschützten Bunker, der allerdings nichts weiter als eine unter einer meterhohen Schneedecke versteckte Bretterhütte war. Trotz des hellen Sonnenscheins durfte der Gottesdienst kaum eine halbe Stunde dauern, da es bei dieser Kälte und dem Wind in dieser Höhe ohne Bewegung einfach nicht lange auszuhalten war. Dann ging es weiter zum Bataillonsgefechtsstand, in dessen Nachbarschaft sich auch ein großer Sanitätsbunker befand. Dieser war ein eigens im Herbst für die Winterstellung erbautes starkes Blockhaus, ebenfalls nun mit einer meterhohen

Schneedecke auf dem Dach, so daß die Ofenrohre immer verlängert werden mußten, um dem Rauch den Abzug zu verschaffen. Das Tageslicht drang in diese Bunker und Hütten überhaupt nicht mehr hinein. Es waren jedesmal kleine Räume, so daß auch immer nur wenige Leute dabeisein konnten. Um so größer mußte natürlich die Zahl der Gottesdienste sein. Im ersten Gottesdienst zählte ich 45 Mann und zwei Offiziere. Selbstverständlich wurden die Verwundeten dort oben – es waren Nichttransportfähige – besonders betreut.

Am 21. Dezember ging es dann mit dem Kommandanten von Bunker zu Bunker, sechs bis sieben an der Zahl, das heißt also ganz nach vorn in Paßhöhe, um wenigstens die Leute, die an dem Gottesdienst nicht teilnehmen konnten, sondern ständig ihre Stellungen halten mußten, zu besuchen. Nach dem Abstieg am gleichen Tag zum sogenannten Serpentinen-Haus wurde dort um 14 Uhr gleich Gottesdienst in dem sehr schön gerichteten Eßsaal bei einer Beteiligung von 70 Mann und zwei Offizieren gehalten. Zum Heiligen Abendmahl blieben elf evangelische Leute. Die Mehrzahl waren ja Katholiken gewesen und nahmen deshalb nur am Gottesdienst teil. Am nächsten Tag mußte ich wieder weiter absteigen zum sogenannten Sanatorium, um dort für diesen Stützpunkt einen Gottesdienst – Beteiligung 25 Mann, das waren fast alle, die kommen konnten – zu halten. Ihm schloß sich in einer anderen, wieder tiefer gelegenen Hütte für eine besondere Einheit ein Gottesdienst für 35 Mann an, die allerdings auf ganz engem Raum zusammengepfercht waren. Sehr lebendig in Erinnerung ist mir dann der weitere Abstieg, wiederum ganz allein, in mondheller Nacht zu dem vorhin erwähnten Stützpunkt Knie, wo man mich wiederum freundlichst aufnahm.

Der 23. Dezember, der Vortag des Heiligen Abends, begann mit einem Ritt zur Hochgebirgskompagnie, für die um 10.30 Uhr ein Gottesdienst angesetzt war. Die Beteiligung von zirka 80 bis 90 Mann ist als besonders gut anzusprechen. Leider war es nicht möglich, für die neun Evangelischen, die es wünschten, das Heilige Abendmahl zu halten, da ich ja zu Pferd das Gerät nicht mitnehmen konnte. Ein zweiter Gottesdienst in dem erwähnten Stützpunkt Knie nach dem Abstieg war ebenfalls sehr gut besucht (ca. 90 Mann). Fünfzehn Männer, über deren innere Teilnahme ich mich sehr freute, nahmen das Heilige Abendmahl. Das war ja das Schöne bei diesem Dienst, daß man bei diesem Umherziehen eine große Zahl von Leuten kennenlernen und mit ihnen in eine persönliche Beziehung kommen durfte. Am Abend fuhr ich noch nach Teberda, dem Regimentsgefechtsstand, zurück.

Dort war für den 24. Dezember 9 Uhr für die dortigen Einheiten (Regimentsstab, Nachrichtentruppe usw.) ein Gottesdienst angesetzt. Beteiligung 100 Mann, fünf Offiziere. Um 14.30 Uhr folgte der nächste Gottesdienst in dem sowjetischen Kurort Mikojan Schachar, der sich schon in ziemlicher Entfernung von Teberda befindet. Hier machte ich wieder die alte Erfahrung, daß Gottesdienste für nicht zu einer geschlossenen Division gehörende Einheiten, also für verschiedene miteinander nicht in Verbindung stehende Transporteinheiten, Nachschubeinheiten usw., die lediglich von der Ortskommandantur verständigt werden, meist schlecht besucht sind. Es waren 50 Leute da, davon jedoch, was wohl besonders erwähnenswert ist, 15 Offiziere. Für den Heiligen Abend hatte der mir befreundete Chef einer Sanitätskompanie um einen Gottesdienst gebeten. In dem weihnachtlich geschmückten großen Kursaal waren alle Ärzte und Angehörige der Sanitätskompanie mit fast allen Verwundeten da. Für diese waren Stühle bereitgestellt; die Schwerverwundeten waren auf Tragen hereingebracht worden. Ich glaube, es war dieser Weihnachtsgottesdienst für alle ein besonderes Erlebnis. Seitdem ist es in der Division Sitte geworden, daß der Pfarrer am Heiligen Abend immer den Hauptverbandplatz der Sanitätskompanie besucht. Dazu wurde auch schon vorher immer besonders gebeten und eingeladen, und diese Gottesdienste wurden besonders dankbar aufgenommen."[143]

Echte Weihnachtsstimmung kam dennoch nicht auf. Ausgerechnet in der Nacht vom 24. auf den 25. Dezember 1942 mußte an mehreren Abschnitten ein Stellungswechsel durchgeführt werden. Der überwiegende Teil der 4. Gebirgs-Division campierte in Viermannzelten. Die Grabenstärken betrugen zu diesem Zeitpunkt beim I./Gebirgs-Jäger-Regiment 13 = 136 Mann, beim II./Gebirgs-Jäger-Regiment 13 = 138 Mann, beim III./Gebirgs-Jäger-Regiment 13 = 103 Mann, beim I./Gebirgs-Jäger-Regiment 91 = 184 Mann, beim III./Gebirgs-Jäger-Regiment 91 = 175 Mann und beim I./Gebirgs-Jäger-Regiment 98 = 222 Mann. Die niedrigste Grabenstärke hatte das III./Gebirgs-Jäger-Regiment 98 mit ganzen 89 Mann. Bei den anderen Bataillonen sah es ähnlich aus. Dabei betrug die normale Grabenstärke eines Gebirgs-Jäger-Bataillons über 500 Offiziere und Mann!

Die Mißerfolge im Waldkaukasus drückten sehr stark auf die Stimmung der Kampftruppe. Neben den Nachschubschwierigkeiten lähmten vor allem die hohen Verluste den Angriffsschwung der deutschen Gebirgstruppe im Kaukasus. So verlor das XXXXIX. Gebirgs-Armeekorps vom Antreten aus der Winterstellung am Mius im Sommer 1942 bis zum Jahresende 2942 Gefallene und 11.039 Verwundete. Darunter befanden sich allein 124 Tote und 315 Verwundete der Sanitätstruppe, einschließlich der aufopferungsvollen Krankenträger!

Insgesamt hatte die „Division Lanz" in der Zeit vom 27. September bis 31. Dezember 1942 folgende Verluste zu beklagen: 232 Offiziere (davon 35 gefallen, 1 vermißt, 128 verwundet, 68 erkrankt abtransportiert), 754 Unteroffiziere (davon 164 gefallen, 7 vermißt, 472 verwundet, 111 erkrankt abtransportiert) und 6884 Mannschaften (davon 1267 gefallen, 183 vermißt, 4009 verwundet, 1426 erkrankt abtransportiert).

Der vom 27. September bis zum 31. Dezember 1942 eingetroffene Ersatz umfaßte dagegen nur 18 Offiziere, 174 Unteroffiziere und 2619 Mannschaftsdienstgrade.

Im gleichen Zeitraum betrugen die Tierverluste bei der 1. Gebirgs-Division 4226 Stück. Davon wurden 996 bei Kampfhandlungen getötet, 251 verendeten durch Krankheiten und 2979 an Erschöpfung. Zwischen dem 22. Oktober und 13. Dezember 1942 waren am Ssemaschcho 2970 Pferde verhungert und 1245 durch Feindeinwirkung getötet worden.

Eine wahrhaft traurige Bilanz am Ende des Kriegsjahres 1942!

Dritter Akt

Abstieg

„[...] über alle Zeiten hin künden [...]
Opfermut [...] Kampfgeist und [...]
Kameradentreue der Gebirgler. Die-
se hohen Eigenschaften habe ich bei
den Gebirgstruppen, die meiner
Armee beim Vorstoß zum Kaukasus,
in diesem selbst und auf dem Kuban-
brückenkopf unterstanden, mit
besonderer Freude immer feststellen
können."

Generaloberst Richard Ruoff

1. Der Rückzug auf die Kuban-Halbinsel

Die Ende 1942 eingetretene Wende zugunsten der Alliierten wurde nun bereits an allen Fronten spürbar. Die Rote Armee konnte ständig weiter nach Westen vordringen, nachdem es ihr gelungen war, die 6. Armee des Generalfeldmarschalls Paulus einzukesseln und zu vernichten. Etwa 110.000 deutsche Soldaten gerieten nach der Schlacht an der Wolga in die erbarmungslose sowjetische Gefangenschaft, 60.000 waren bereits vorher gefallen, erfroren oder verhungert. Die Gesamtverluste des deutschen Ostheeres betrugen 40 Prozent von rund 3,2 Millionen Mann. Besonders hoch war der Blutzoll bei der deutschen Gebirgstruppe. Von der alten, voll-ausgebildeten Mannschaft waren bei den verschiedenen Einheiten noch ganze 15 bis 25 Prozent übrig. Durch die Kräfteanspannung an den vielen Fronten traf der zugesagte Nachersatz nie im erforderlichen Umfang ein. Der Fehlstellen bei den Kampfeinheiten wurde zwangsläufig immer mehr.

Zu Jahresbeginn 1943 fiel eine ganze Reihe militärischer und strategi-scher (Vor-)Entscheidungen. Auf der Konferenz von Casablanca (14. Januar bis 25. Januar) wurde Präsident Roosevelts Forderung nach der „bedingungslosen Kapitulation" Deutschlands angenommen.[1] Die deut-sche U-Boot-Kriegführung sollte auf Grund des Einsatzes neuester alli-ierter Radargeräte zusammenbrechen. Auf den entlassenen Großadmiral Raeder folgte der bisherige Befehlshaber der Unterseeboote Dönitz. Reichspropagandaminister Goebbels verkündete am 18. Februar im Ber-liner Sportpalast den „totalen Krieg".

Die Kriegsjahre 1942/43 sollten – die deutsche Seite betreffend – Jahre der verpaßten Gelegenheiten sein. Gerade in rassenideologischer Hinsicht wurden Fehler gemacht, die sich später, als man sie endlich eingesehen hatte, nicht mehr korrigieren ließen. In diesem Zusammenhang sei das „Russische Komitee von Smolensk" unter Führung des vormaligen sowje-tischen Generals Andrej Andrejewitsch Wlassow genannt. Wlassow hatte sich im Herbst 1942 den Deutschen angeschlossen und aus sowjetischen Kriegsgefangenen eine Freiwilligenarmee geschaffen, um damit gegen den verhaßten Bolschewismus zu kämpfen. Doch am 8. Juli 1943 verbot Hit-ler den Einsatz dieser Befreiungsarmee. Keitel, Himmler und Bormann befürchteten nämlich, daß es dem übergelaufenen sowjetischen General letztlich nur darum ginge, unter seiner Führung das russische Großreich wiederherzustellen.

Erst am 16. September 1944 wurde die Armee auf Basis eines Abkom-mens zwischen Himmler und Wlassow zum „Kampf gegen den Bolsche-wismus" aufgerufen. Doch zu diesem Zeitpunkt sollte der Einsatz der Wlassow-Armee für die an allen Fronten überstrapazierte Deutsche Wehr-macht bereits viel zu spät kommen, um noch eine Kriegsentscheidung her-beizuführen.

Die Worte „Zu spät!" sollten im Verlauf der kommenden Kriegsmonate noch so manchem verantwortlichen Truppenführer mit resignierendem Unterton über die Lippen kommen. So urteilte General Konrad Anfang 1943 voller Bitterkeit, „daß unsere Kräfte im letzten Jahr verpufft worden seien von Leuten, die sich auf alles andere verstünden als auf die Kriegsführung. Besonders dilettantisch sei die Vernachlässigung der Schwerpunktbildung: Clausewitz würde sich im Grabe umdrehen. Man folge jeder Begierde, jeder flüchtigen Idee, und Propagandaziele verdrängten die strategischen. Man könne den Kaukasus, Ägypten, Leningrad und Stalingrad angreifen, doch nicht zu gleicher Zeit und dabei noch mit einigen Nebenplänen beschäftigt sein."[2]

Das Schicksal der 6. Armee lag wie ein langer Schatten über dem Südabschnitt der Ostfront, wo eine Hiobsbotschaft die andere jagte. Der sowjetische Durchbruch beiderseits Stalingrad war nicht ohne weitreichende Folgen für die gesamte Südostfront geblieben.

Anfang 1943 sah es ganz danach aus, als ob der deutschen Kaukasus-Armee ein ähnliches Schicksal wie der Stalingrad-Armee bevorstünde. Doch die Heeresgruppe A unter Generalfeldmarschall Ewald von Kleist, die durch den Rückzug der nördlich des Don anschließenden deutschen Kräfte plötzlich der drohenden Gefahr ausgesetzt gewesen war, den Zusammenhang mit der benachbarten Heeresgruppe B zu verlieren, wich mit einem Teil ihrer Verbände über Rostow und Taganrog in die Ukraine aus, während sie sich mit der 17. Armee und Teilen der 1. Panzerarmee ab Januar 1943 auf die Kuban-Halbinsel zurückzog. Unter diesen Verbänden befanden sich das V. Armeekorps, das XXXXIV. Jäger-Korps und das XXXXIX. Gebirgs-Armeekorps. Diesem unterstanden kurzfristig siebeneinhalb Divisionen: die 13. Panzer-Division, die 2. rumänische Gebirgs-Division, die 46. Infanterie-Division, die 1. und die 4. Gebirgs-Division, das Sicherungs-Regiment 4 und zahlreiche Bau-Bataillone.

Am 31. Dezember 1942 erhielten die Truppen des XXXXIX. Gebirgs-Armeekorps den verschlüsselten Befehl, die Räumung des Gunaika-Tales vorzubereiten und sich auf die sogenannte B-Linie („Seilbahn") zurückzuziehen. Gleichzeitig begann das Generalkommando, das wertvolle Wehrmachtsgut – hierbei handelte es sich vor allem um Waffen, Gerät und Ausrüstungsgegenstände – in einer von ihm festgelegten Dringlichkeitsfolge so vollständig wie möglich auf der Bahn und der Straße zurückzuführen. Der Traum vom Besitz der kaukasischen Ölfelder war endgültig ausgeträumt.

„Vorwärts Kameraden, wir müssen zurück!" lautete von nun an die am häufigsten verkündete Parole.[3] Oder im Klartext: „Rückzug!"

Aber wer berichtet schon gerne davon? Dem Chronisten bringt dies in den meisten Fällen genausowenig Meriten wie dem Feldherrn. Nicht umsonst stehen Rückzüge, auch die erfolgreichen, stets im Schatten der Kriegsgeschichte. Meist folgen sie einer Niederlage; seltener einem operativen Entschluß, um das Kräfteverhältnis durch freiwilliges Zurückwei-

chen auf die eigene Versorgungsbasis zu verbessern,[4] oder durch Ein-
sparung von Kräften für andere Aufgaben zur Stabilisierung der Gesamt-
front beizutragen.[5]

Dem Entschluß zum Rückzug war ein nervenaufreibendes Tauziehen
vorausgegangen. Auf Grund der schwierigen Lage im Kessel von Stalin-

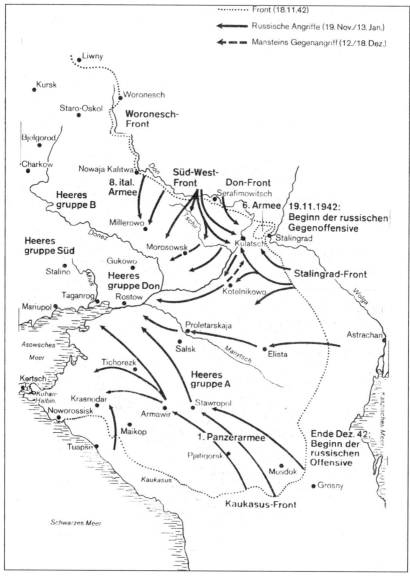

Die sowjetische Gegenoffensive und der deutsche Rückzug 1942/43 im Südabschnitt der Ostfront

grad beschwor Generaloberst Zeitzler schließlich in der Nacht vom 28. auf den 29. Dezember 1942 Hitler, den Rückzug der Heeresgruppe A aus dem Kaukasus zu genehmigen. Nach längerem Zögern entschloß sich der Oberste Befehlshaber endlich, den Befehl zum Rückzug zu geben, den das Oberkommando des Heeres noch in derselben Nacht weitergab.

Carl von Clausewitz, der große Kriegstheoretiker, nennt uns in seinem klassischen Werk „Vom Kriege" zwei Arten des Rückzuges: zum einen den „Rückzug nach verlorener Schlacht", der „bis zu demjenigen Punkt geht, wo sich das Gleichgewicht der Kräfte wieder hergestellt haben wird, sei es durch Verstärkung oder durch den Schutz bedeutender Festungen oder durch große Abschnitte des Bodens oder durch die Ausdehnung der feindlichen Macht",[6] zum anderen den „Rückzug in das Innere des Landes" als „eine eigene mittelbare Widerstandsart, bei welcher der Feind nicht sowohl durch das Schwert als durch seine eigenen Anstrengungen zugrunde gehen soll".[7]

Der Kriegsphilosoph betrachtete den „Rückzug" als eine Gefechtsführung, die dazu angewandt wird, um den Gegner zu bezwingen. In der Vorschrift „Truppenführung" wird der Rückzug wie folgt definiert: „Der Rückzug will die Truppe weiterem Kampfe entziehen. Das Gefecht muß dazu abgebrochen, der Abzug der Truppe gesichert werden."[8]

Im Kapitel „Abbrechen des Gefechts" heißt es dann weiter: „Der Entschluß zum Rückzug darf nur gefaßt werden, wenn alle Möglichkeiten zum Siege erschöpft sind und die Fortsetzung des Gefechts zu einer Niederlage oder doch zu Verlusten führen würde, die in keinem Verhältnis zum Gefechtszweck stehen. Nur äußerste Not kann daher einen Rückzug aus dem Gefecht rechtfertigen. [...] Bei zweifelhaftem Stand der Dinge ist auszuharren. Kein Unterführer ist berechtigt, entgegen seinem Auftrag auf Nachrichten über eine ungünstige Lage an anderer Stelle den Rückzug anzutreten. Auch dort, wo die Lage schlecht ist, muß der Befehl von oben abgewartet werden."[9]

Unterbrochen und beendet wird der Rückzug, so lesen wir dann weiter, durch „Frontmachen in einer neuen Stellung. [...] Der Rückzug wird zum Rückmarsch", wenn das Verhalten des Gegners nicht mehr zum Zurückgehen in entwickelter oder entfalteter Form zwingt. „Im Verlauf des Rückmarsches muß das Bestreben dahin gehen, den Abstand vom Feinde immer mehr zu vergrößern und neue Freiheit des Handelns zu gewinnen."[10]

Das setzt allerdings operatives Handeln voraus. Da die Oberste Führung aber „immer wieder mit Nachdruck forderte, den Raum festzuhalten, und auf jeden Verlust an Boden empfindlich reagierte",[11] sollte es den deutschen Truppen in den entscheidenden Phasen der Rückzugskämpfe nie gelingen, sich so weit vom Gegner zu lösen, um sich dadurch zu verstärken und die Front auf Dauer zu stabilisieren. So aber „blieb die Handlungsfreiheit beim Gegner und konnte nur in wenigen Ausnahmefällen vorübergehend zurückgewonnen werden".[12]

Befehlsgemäß setzte sich das XXXXIX. Gebirgs-Armeekorps auf einer Frontbreite von rund 400 Kilometern vom Hoch- und Waldkaukasus in einer über drei Monate verlaufenden, aber letztlich erfolgreich durchgeführten Operation in den Kuban-Brückenkopf ab. Es entzog sich damit gerade noch rechtzeitig dem sowjetischen Zugriff, der die Gebirgssoldaten einschließen und vernichten sollte.

Die Truppen in den Hochgebirgsregionen wurden zu einer Kampfgruppe unter dem Obersten Carl von Le Suire, dem Kommandeur des Gebirgs-Jäger-Regiments 99, zusammengefaßt. Am 4. Januar 1943 löste sich diese Gruppe von den Hochgebirgspässen des Chotja Tau, des Kluchor, des Dombai Ulgen und des Maruchkoj, um sich Richtung Nordwesten abzusetzen. In der Nacht zum 14. Januar wurde das Gunaika-Tal geräumt. Nach unbeschreiblichen Strapazen und ungewöhnlich hohen Verlusten an Pferden und Tragtieren wurden die neuen Stellungen am Gunai-, Lysseja- und am Geyman-Berg bezogen. Äußerst vorsichtig und mißtrauisch folgte die Rote Armee. So richtete der Oberste Befehlshaber Stalin am 8. Januar 1943 folgendes Fernschreiben an den Oberbefehlshaber der Transkaukasusfront, I. W. Tjulenew, und an den Oberbefehlshaber der Nordgruppe, I. I. Maslennikow:

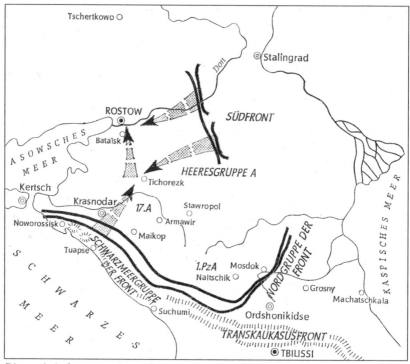

Die sowjetischen operativen Planungen zur Zerschlagung der deutschen Truppen im Kaukasus

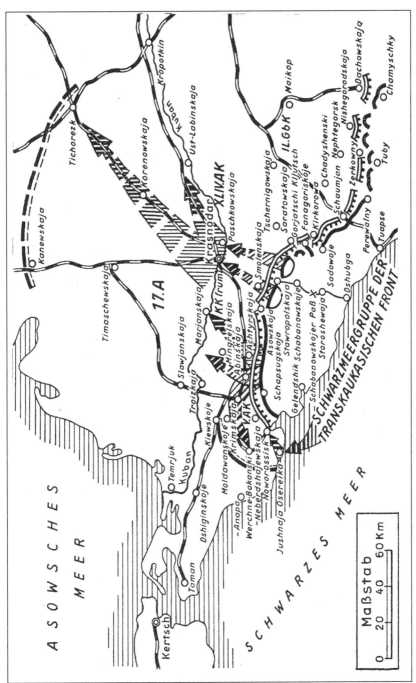

Die sowjetischen Operationen der Schwarzmeergruppe der Transkaukasischen Front

„Schon seit drei Tagen haben wir von Ihnen keine Angaben über das Schicksal Ihrer Panzer- und Kavalleriegruppen. Sie haben sich von Ihren Truppen gelöst und die Nachrichtenverbindung zu ihnen verloren. Bei diesem Mangel an Ordnung und dem Fehlen der Nachrichtenverbindungen innerhalb der Nordgruppe besteht die Gefahr, daß Ihre beweglichen Truppenteile von den Deutschen eingekreist werden. Dieser Zustand ist untragbar.

Ich verpflichte Sie, die Nachrichtenverbindung zu den beweglichen Truppenteilen der Nordgruppe wiederherzustellen und dem Generalstab regelmäßig zweimal täglich über die Lage an Ihrer Front zu berichten.

Ich mache Sie persönlich dafür verantwortlich.

J. Stalin"[13]

Tags zuvor hatte das Hauptquartier in einer Direktive beide Oberbefehlshaber angewiesen:

„1. Die den Truppen gestellten Aufgaben sind irreal und berücksichtigen weder die Verhältnisse noch die tatsächliche Lage. So wird dem Kubankosaken-Kavalleriekorps die Aufgabe gestellt, zum 6. 1. 43 Woronzowo-Alexandrowskoje und zum 9. 1. 43 Sablinskoje, Sadowoje und sogar Woroschilowsk zu nehmen. Tatsächlich aber kämpfte das Korps am 6. 1. im Raum Solomenskoje, 40 Kilometer von der erst- und rund 200 Kilometer von der letztgenannten Ortschaft entfernt. Die 58. Armee aber soll innerhalb von zwei Tagen über 100 Kilometer zurücklegen und am 8. 1. Mineralnyje Wody nehmen. Genauso irreal ist die Aufgabe der 44. Armee.

2. Abgesehen von der zeitlich nicht realisierbaren Aufgabenstellung, wird ein Teil der Truppen absichtlich in ihrem Vormarsch aufgehalten. So soll die 9. Armee mit der größten Vormarschleistung in die Reserve genommen werden und bis zum 9. 1. 43 im Raum Nowopawlowskaja–Staropawlowskaja verbleiben.

3. Die Kräfte der Kavalleriekorps und Panzergruppen werden zersplittert. Statt die Rückzugswege des Gegners tief zu umgehen und zu durchschneiden, sollen sie den Gegner durch frontale Handlungen hinausdrängen.

4. Die ohne Rücksicht auf die reale Lage verfaßte Direktive wird von Anfang an nicht verwirklicht. Die Panzergruppe Filippows, die den Gegner in Richtung Prochladny–Marjinskaja–Pjatigorsk verfolgen soll, handelt faktisch in Richtung Georgijewskoje.

Diese sowie andere Fehler in der Planung der Operation und der Aufgabenstellung für die Truppen dienen nicht dem Hauptziel, die zurückgehende Gruppierung des Gegners zu zerschlagen, sondern versetzen ihn geradezu in die Lage, ungehindert seine Kräfte und Mittel unseren Stößen zu entziehen.

Ich erachte es deshalb für geboten:

1. den Vormarsch der 9. Armee auf Georgijewskoje und Mineralnyje Wody unverzüglich fortzusetzen;

2. die faktisch bereits in der zweiten Staffel befindliche 58. Armee in der Reserve zu halten;

3. die Hauptkräfte der beweglichen Truppen am rechten Flügel einzusetzen, um je nach der Lage die Rückzugswege des Gegners ungefähr im Raum der Station Newinnomyssk und womöglich noch tiefer zu erreichen;

4. am linken Flügel der Gruppe ein Minimum an Kräften zu halten, den Gegner nicht aus dem Vorgebirge des Großen Kaukasus zu verdrängen und künftig unnötige Umgruppierungen zu vermeiden;

5. die Operation, ausgehend von der realen Lage und den Möglichkeiten der Truppen, zu planen, den letzteren konkrete Aufgaben zu stellen und deren Erfüllung zu fordern;

6. der ununterbrochenen Führung und Versorgung der Truppen die gebührende Beach-

tung zu schenken, die Haupteisenbahnlinie Mosdok–Mineralnyje Wody–Armawir im rückwärtigen Raum der Truppen sofort instand setzen zu lassen."[14]

Vor Beginn des Angriffs der sowjetischen Schwarzmeergruppe findet sich im Kriegstagebuch der Heeresgruppe A folgende Eintragung:
„Der Chef des Stabes der Heeresgruppe A legt seinen Standpunkt zur Frage des Rückzuges dar. Er erklärt [...] daß die im Befehl des Heeresgruppenkommandos A erwähnten Räume unter allen Umständen zu halten seien. Das habe zu geschehen, um dem Gegner keine uneingeschränkte Handlungsfreiheit zu lassen und zu verhüten, daß der Rückzug im letzten Augenblick [...] in eine reine Flucht ausartet. Sollte es hier und da zu kritischen Momenten kommen, müssen diese, selbst um den Preis, einige Truppenteile zu verlieren, durchgestanden werden."[15]

Am 14. Januar 1943 bezogen die total übermüdeten Gebirgssoldaten die verschneite „Seilbahn-Stellung" hinter dem Gunaika-Tal. Die nur langsam vorstoßenden Sowjets wurden verlustreich abgewiesen. Über mehrere Zwischenstellungen zurückgehend, setzte sich die 4. Gebirgs-Division weiter aus dem Waldkaukasus entlang der Bahnlinie über Chadishenskaja – Muck-Beloretschinskaja ab, um schließlich bei Usti-Labinskaja den Kuban zu überschreiten. Dort waren durch Vorkommandos neue Stellungen erkundet, durch Bautrupps optimal ausgebaut worden. Durch diese gelungenen Maßnahmen hatte man der Truppe das Gefühl vermittelt, daß man sie nach besten Kräften unterstützen und versorgen werde. Dieser unschätzbare psychologische Effekt war für die weiteren Rückzugskämpfe in den Kuban-Brückenkopf außerordentlich wichtig. Denn nur eine seelisch und körperlich gefestigte Truppe konnte in der Lage sein, die bevorstehenden schweren Kämpfe zu meistern.

Als besonders schwierig erwies sich die Rückführung der Artillerieverbände. Die Verbringung der Artillerie und der Truppenfahrzeuge mit den dazugehörenden Munitionsbeständen wurde dem Artillerie-Kommandeur des XXXXIX. Gebirgs-Armeekorps, dem tüchtigen Oberst Max Winkler, der später als Generalmajor Artillerie-Kommandeur 101 werden sollte, anvertraut. Diese generalstabsmäßig geplante Rückzugsbewegung blieb dem Gegner verborgen und wurde bis zum 15. Januar 1943 abgeschlossen. Das erste Ferngespräch führte der Kommandierende General des XXXXIX. Gebirgs-Armeekorps mit seinem technisch und taktisch äußerst versierten Artillerie-Kommandeur, der den Ablauf und das Ergebnis des Vortages, die Zahl der arbeitsfähigen Zugmaschinen und die Planung für den neuen Tag meldete. Die Rücknahme der Artillerie samt Munition und aller Truppenfahrzeuge war die Voraussetzung für das Gelingen des deutschen Rückzuges in den Kuban-Brückenkopf. Winkler, der durch seine Tatkraft, Bergerfahrung und organisatorischen Fähigkeiten bei den Gebirgsjägern und Gebirgsartilleristen hoch angesehen war, schreibt über die von ihm geleiteten Bewegungen:

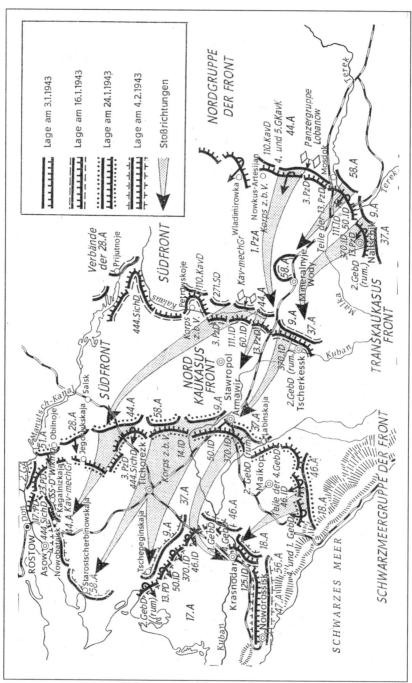

Die Angriffsoperationen der sowjetischen Nordgruppe Richtung Stawropol

218

„Der erste Eindruck war, daß es unmöglich sei, in der gegebenen Zeitspanne die wertvolle Artillerie aus dem 25 km langen, unerhört verschlammten Tal über 42 Furten des Gunaika und des Pschysch herauszuziehen. Eine normale taktische Rückzugsbewegung der Artillerie über den Gaimann-Gunaika-Kamm hinter die neue Stellung war nicht möglich.

Die wenigen noch vorhandenen Tiere leisteten diesen Stellungswechsel nicht, und für die motorisierte Artillerie kam er erst recht nicht in Frage. Nur 3 Gebirgsbatterien zu je 3 Gebirgs-Geschützen konnten in diesem Sinne einen Stellungswechsel vornehmen. Für die Masse der Artillerie und für die im Tal festliegenden Feldküchen, Kraftfahrzeuge, Munitionslager und sonstiges Heeresgut mußte ein etappenweiser Transport mit den verfügbaren schweren Zugmaschinen organisiert werden. Jedes andere Transportmittel versagte. [...]

Der Zugmaschinentransport ging, zwischen den vier ‚Artilleriestützpunkten' pendelnd, von Kotlowina über einen Paß ins obere Gunaika-Tal (Punkt 1), dann zum Gunaika-Knie (Punkt 2), von da ins untere Gunaika-Tal (Punkt 3) und schließlich über den Pschysch an den Eisenbahndamm (Punkt 4); erst hier war eine einigermaßen feste Fahrbahn gewonnen – hinaus zur Tuapse-Straße. Also ein Transportunternehmen quer zur Front bei unerhörter Verschlammung. Eine hoffnungslose Aufgabe!

Täglich standen durchschnittlich zehn Zugmaschinen zur Verfügung. Bei der ungewöhnlichen und ununterbrochenen Überbeanspruchung war der Ausfall an Maschinen, wie erwartet, sehr hoch. Er wurde in höchster Anspannung der Werkstattleute während der Transporte meist wieder durch Flottmachen anderer Zugmaschinen ausgeglichen.

Bei den Transporten eines Geschützes oder Fahrzeuges waren oft zwei und drei Zugmaschinen notwendig, um die vorgespannte und ebenfalls eingesunkene Zugmaschine aus dem Schlamm zu ziehen. Ein Glück war, daß es während der ersten zehn Tage kein Hochwasser gab. Am elften und zwölften Tag aber steigerten Hochwasser und anschließender Frost die Lage zur Katastrophe. Eine Maschine nach der anderen fiel aus. Der Schlamm war so zäh gefroren, daß sich die Ketten der schweren Zugmaschinen nicht mehr durchwühlen konnten. Unmittelbar darauf regnete es wieder in Strömen. Hochwasser trat ein und vertiefte die Furten des reißenden Pschysch derart, daß die Zugmaschinen jeden Augenblick in Gefahr waren, mitgerissen zu werden.

Auch diese kritische Zeitspanne wurde überstanden. Die Bewegung wurde wieder planmäßiger. Und endlich wurde es klar: das gesteckte Ziel würde am 15. Januar erreicht!"[16]

Und an anderer Stelle erfahren wir: „Der Schlamm ließ unterwegs alle Fahrzeuge bis zur Achse versinken, aber nachts und am Morgen zu Eis erstarrt, hielt er sie wie mit Eisenklammern fest. Mancher Personenwagen mit zu geringer Bodenfreiheit mußte geopfert werden. Was da ganz besonders die Artillerie mit ihren schweren Lasten, Fahrzeugen und Geschützen an Arbeit leisten mußte, spottet jeder Schilderung und doch war sie von der ‚Gotenkopf-Stellung' über die ‚Hubertus-, Diana-, Poseidon-, Paula-, Anna-, Susanna-Stellung' bis zur letzten und endgültigen ‚Katinka-Stellung' immer und immer wieder rechtzeitig feuerbereit, um den Russen mit gebührendem Eisenhagel zu empfangen, so oft er angriff."[17]

Sehr groß waren auch die Schwierigkeiten bei den Jäger- und Infanterie-Divisionen, die einen Teil der Batterien auf schmalen Serpentinenwegen über steile Bergflanken zurückführen mußten. Ganz anders wiederum vollzog sich der Stellungswechsel der Gebirgsartillerie über die winterlichen Pässe des Hochkaukasus und in den Hochtälern westlich des Elbrus-Massivs. Hier mußten die einzelnen Geschütze – in Traglasten zerlegt – zuerst über lange Strecken und steile Abstiege von der Truppe getragen werden, ehe sie auf Schlitten gesetzt, auf Tragtiere verlastet beziehungsweise von Zugmaschinen gezogen werden konnten. Dank der unermüdlichen Tatkraft der Truppe gelang es dem Korps, seine gesamte Artillerie – einschließlich der bei ihm eingesetzten Heeresartillerie – und sämtliche Infanteriegeschütze zurückzunehmen. Allerdings ging ein Großteil der Artillerie der 198. Infanterie-Division im Waldgebiet des Pssechup-Tales verloren. Pferde- und Menschenkraft reichten dort nicht mehr aus, um die im Schlamm festsitzenden Batterien herauszuziehen. Konrads Gebirgs-Armeekorps stand eine viel zu geringe Anzahl an Zugmaschinen zur Verfügung, um das wertvolle Kriegsgerät wieder zurückzuführen.

In der Nacht vom 22. auf den 23. Januar 1943 räumte die 1. Gebirgs-Division mit den ihr unterstellten Einheiten die letzten Bergstellungen am Lyssaja. Am 27. Januar vereinigte sich die Division mit der Gruppe von Le Suire bei Maikop. Damit war die Stammdivision der deutschen Gebirgstruppe nach viermonatiger Trennung wieder vereint. Um so mehr traf die Soldaten die Nachricht, daß sie nun ihren bewährten Kommandeur verlieren sollten. Hubert Lanz wurde im Februar 1943 unter Beförderung zum General der Gebirgstruppe zum Befehlshaber der Armee-Abteilung „Lanz" ernannt und erhielt den Auftrag, die Stadt Charkow unter allen Umständen zu halten. Das war jedoch eine Aufgabe, an der er letztlich scheitern sollte. Er wurde deshalb später mit der Aufstellung des XXII. Gebirgs-Armeekorps betraut.[18]

Neuer Kommandeur der 1. Gebirgs-Division wurde der von seinem Vorgänger Lanz unerwünschte Walter Stettner Ritter von Grabenhofen, dem eine gewisse Neigung zum Kadavergehorsam nachgesagt wurde.[19]

In der Nacht vom 30. zum 31. Januar 1943 ging die Nachhut der 46. Infanterie-Division unter Zerstörung beider Kriegsbrücken als letzter Truppenteil des XXXXIX. Gebirgs-Armeekorps über den Kuban in den abwehrbereiten Brückenkopf zurück. Damit stand die deutsche Gebirgstruppe am Anfang eines neuen Kapitels des Unternehmens „Barbarossa". Die Phase des Rückzuges mit ihren opfervollen Kämpfen an der gesamten Ostfront hatte endgültig begonnen.

Die Ursachen für die große Wende waren nicht bei der kämpfenden Truppe zu suchen. Es war die Oberste Führung, die die Truppe laufend überforderte, den Nachschub vernachlässigte und die riesigen Entfernungen und geographischen Gegebenheiten oft genug am Kartentisch falsch beurteilte. War es nicht Wahnsinn, hinter der 17. Armee ein Korps mit Sommeruniform und -ausrüstung in der Absicht nachzuführen, nach dem Überschreiten des Kaukasus und der Vereinigung mit Rommels Afrika-Korps über Persien nach Indien zu stoßen und das britische Empire zu zerschlagen?[20]

Mit dem Rückzug hinter den Kuban bei Ustj-Labinskaja wurde Ende Januar die sogenannte „Goten-Stellung" bezogen. Unter starkem sowjetischen Druck setzte man die Absetzbewegung in den Kuban-Brückenkopf fort. Am 31. Januar 1943 finden wir im „Kriegstagebuch des Oberkommandos der Wehrmacht" folgende Eintragung:

„Bei der 17. Armee erfolgreiche Abwehr- und Nachhutkämpfe. Das XXXXIX. (Geb.)A.K. begann, in die ‚Gotenstellung' (Kuban-Halbinsel) einzuziehen."[21]

General von Stettner verlangte von seinem versorgungsführenden Ib Brandner „ein Ehrenwort, daß der gesamte Betriebsstoff dazu verwendet werde, möglichst alles an Gerät, Waffen, Munition und Fahrzeugen in die Gotenstellung zu schaffen, unter Hinweis der Bedeutung ‚Gotenstellung' im Roman ‚Der Kampf um Rom'! – Zu diesem Zweck war der Ib beim Nachkommando zugeteilt! Allerdings", so Hans Brandner, „ergab sich nach einigen Tagen Abwehrkampf in der Gotenstellung, daß eines nachts der Komm[andierende] General des Korps [...] anrief und fragte, für wieviele km Absetzbewegung der noch vorhandene Betriebsstoff reichen würde! Antwort 0! Da dennoch in der nächsten Nacht ein Zurückklappen der Front um 42 km erfolgte, mußten aus den Tanks der nicht geländegängigen bzw. vierrad-angetriebenen Fahrzeuge das ganze Benzin abgezapft werden, um Führungs- und Artilleriefahrzeuge fortbewegen zu können! Ca. 800 Kfz wurden gesprengt! ... Meine größte Pleite als Generalstabsoffizier! Auf meine Bitte um Ablösung nahm von Stettner die Schuld auf sich, während ich verlangte, von mir kein Ehrenwort mehr zu verlangen!! ..."[22]

Die Namen der Stellungen im Kuban-Brückenkopf waren der Nibelungen-Sage entliehen: „Goten-Stellung", „Gunther-Riegel", „Siegfried-Riegel", „Gernot-Riegel", „Hagen-Riegel", „Rüdiger-Riegel". Aber der sowjetische Gegner schien vor diesen Namen wenig Respekt zu haben.

Den Ansturm dieser Menschenmassen beschrieb General Manteuffel so: „Der Vormarsch der russischen Armee ist etwas, das sich ein westlicher Mensch nicht vorstellen kann. Hinter den Panzerspitzen rollt eine riesige Horde heran, zum großen Teil auf Pferden. Jeder Soldat trägt einen Rucksack mit trockenen Brotresten und rohem Gemüse, das er auf dem Marsch in den Feldern und Dörfern aufgesammelt hatte. Die Pferde essen das Stroh

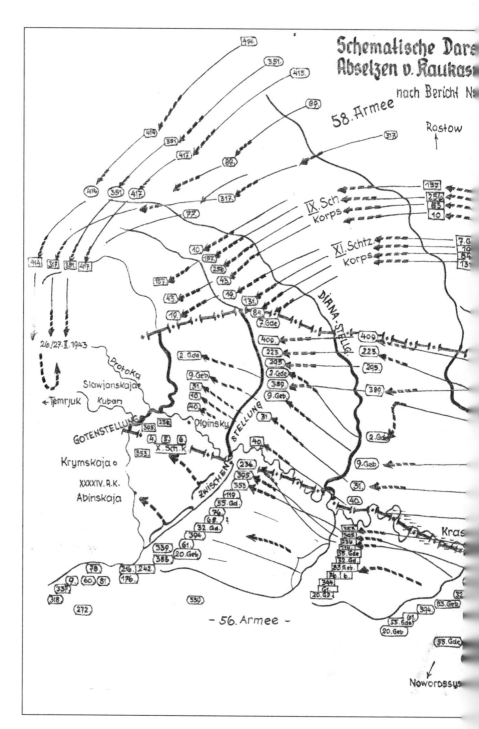

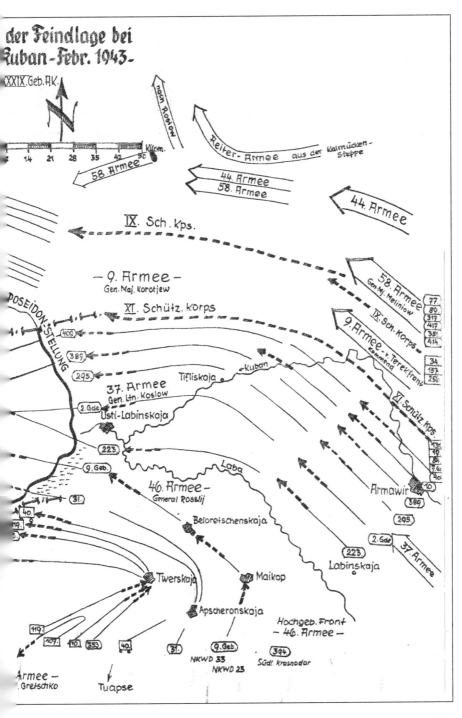

der Feindlage bei
Kuban - Febr. 1943 -

XXIX. Geb. AK.

N

14 21 28 35 42 50 Kilom.

58. Armee

nach Roslow

Reiter-Armee aus der Kalmücken-Steppe

44. Armee
58. Armee

44. Armee

IX. Sch. Kps.

- 9. Armee -
Gen. Maj. Korotjew

POSEIDON-STELLUNG

XI. Schütz. Korps

58. Armee
Gen. Mj. Melinkow

IX. Sch. Korps

9. Armee - v. Terek front
Kommand

XI. Schütz. Kps.

409

389

295

37. Armee
Gen. Ltn. Koslow

Tifliskaja

Kuban

2. Gde.

Usti-Labinskaja

223

9. Geb.

31.

46. Armee -
General Rosslij

Laba

40
2

Beloretschenskaja

Twerskaja

Maikop

119.1

107.

10 253.

40

31.

9. Geb.

NKWD 33
NKWD 23

394
Südl. krasnodar

Armee -
. Gretschko

Tuapse

77
89
319
417
351
414

34
157
256

Armawir

389

295

2. Gde.

223

37. Armee

Labinskaja

Hochgeb. Front
- 46. Armee -

131
10
84
7. Gd.
40

10

223

223

von den Hausdächern – sie bekommen kaum etwas anderes. Die Russen sind gewohnt, bis zu drei Wochen auf ihren Vormärschen so primitiv zu leben.“[23] So sah der sowjetische Soldat aus, mit dem es der deutsche Gebirgsjäger nun schon seit über eineinhalb Jahren zu tun hatte.

Hören wir nun von General Lanz, wie die 1. Gebirgs-Division versuchte, die ihr ungewohnten defensiven militärischen Aktionen im Kuban-Brückenkopf zu meistern:

„Am 1. 2. wird die Umgliederung für den Durchbruch befohlen. Alles Gerät und alle Fahrzeuge – darunter mehr als 1000 Kraftwagen – was nicht unmittelbar zum Kampf gebraucht wird, muß vernichtet werden. Schweren Herzens geben wir dieses wertvolle Gut preis. Aber es muß sein. Die Radfahr-Abt. und das Feld-Ersatz-Batl. werden ebenso aufgelöst wie das Trägerbataillon, die Veterinär- und Nachschubkompanie, ja schließlich sogar das Hochgebirgsbatl. Bauer, um mit den dadurch frei werdenden Kräften die anderen Verbände wieder auf die nötige Kampfstärke zu bringen.“[24]

Von der „Goten-Stellung“ (30. Januar bis 5. Februar) ging es zunächst über die „Hubertus-Stellung“ (5. bis 10. Februar) in die „Diana-Stellung“, wo die Panzerschlacht bei Troitzkoje geschlagen wurde. „Am 22. Februar beginnt dann der grauenhafte Weg über die ‚Reisstraße‘ in die Poseidon-Stellung. Unvergeßlich bleibt dieser Rückzug im Schneetreiben durch die unter Wasser stehenden Reisfelder, in deren unergründlichem Schlamm die Fahrzeuge zu Hunderten, nicht selten mit Pferden und Kanonen, versinken. Kaum ist dieser Weg des Schreckens hinter uns, als am 28. Februar die schweren Kämpfe bei Sswistelnikow am Rande der Lagunen des Asowschen Meeres beginnen.“[25]

Bei der Rückzugsoperation kämpfte sich die 4. Gebirgs-Division über Kurinski, Twerskaja und Beloretschenskaja nach Norden durch.

„Anfang Februar 1942 ging es dann Nacht für Nacht von einer Stellung in die andere, wobei es der kampferfahrenen Truppe in der Regel gelang, den immer wieder anrennenden Feind abzuschütteln und in der Dunkelheit zu verschwinden.

Sehr viel kritischer wurde die Lage aber, als sich das Korps – dem mittlerweile sämtliche Divisionen nördlich des Kuban unterstellt worden waren, was bei dem Mangel an Führungsmitteln eine hohe Belastung für den Kommandierenden General und seinen Stab bedeutete – dem wasserreichen Abschnitt der Protoka nähert. Nur eine brauchbare Brücke führt in Slawianskaja über dieses breite Hindernis. Hier beabsichtigten die Sowjets, die ‚Faschisten‘ abzuschneiden und zu vernichten. Aber die Trup-

Oben: Im Dienste der Deutschen Wehrmacht stehende Don-Kosaken ... und Karatschaier

Unten: Verwegene Reiter der Karatschaier

224

pe behielt die Nerven und so gelang es unter beweglicher Absicherung der bedrohten Flanken, den schwierigen Uferwechsel zu vollziehen. Am 25. Februar hatte das Gebirgskorps seinen Auftrag erfüllt und stand sogar mit der gesamten Artillerie abwehrbereit hinter der Wasserbarriere der Protoka.

Doch schon lauerten neue Gefahren! Auf dem rechten Flügel bei Troizkaja mußte dem XXXXIV. Jägerkorps geholfen werden, wieder den Anschluß an die Front zu finden, der durch einen russischen Panzerangriff verloren gegangen war. Trotz Hochwasser und Eisgang des Kuban schaffte es das Regiment Eisgruber, Troizkaja dem Feind zu entreißen... Etwa gleichzeitig hatte die Funkaufklärung verdächtige Bewegungen im Rücken der eigenen Stellung festgestellt. Rasches Handeln tat not. Nach flüchtiger Bereitstellung griff die Gruppe von Stettner, bis zu den Hüften durch das eiskalte Wasser der Sumpfwiesen vorgehend, an und warf den Gegner in die Sümpfe der Lagunen zurück.

So jagte eine Krise die andere, und es gehörte schon ein fundiertes Stehvermögen und ein grimmiger Humor dazu, all diese Wechselfälle gelassen zu bestehen."[26]

Das gesamte Gelände war hoffnungslos verschlammt und schien oft grundlos zu sein. Erst als die 4. Gebirgs-Division über Marjanskaja nach Slawjanskaja verlegte, kam sie in der „Protoka-Stellung" zwei Wochen lang zur wohlverdienten Ruhe. Bevor es allerdings soweit war, mußte sie noch durch das Joch der berühmt-berüchtigten Reisfelder, die jedes zügige Vorwärtskommen immer wieder hemmten; durch ein Gebiet, in dem Fahrzeuge aller Art förmlich im Schlamm versanken und wo sich die Tragtiere im Sumpf zu Tode trampelten. Die mörderische Reisstraße wird den Kubankämpfern immer in grauenhafter Erinnerung bleiben...

Aber trotz all dieser Widrigkeiten hatte auch diese sumpfige Gegend gewisse Vorteile. Die Reisvorräte, die der deutschen Gebirgstruppe in die Hände fielen, entledigten sie mit einem Male ihrer Verpflegungsprobleme. Sogar die Tragtiere konnten sich mit dem ungeschälten Reis endlich einmal wieder so richtig sattfressen. Auch sonst sorgte die seltsam reizvolle und kontrastreiche Lagunenlandschaft mit dem fruchtbaren Kuban-Tal und den schilfbewachsenen Küstenniederungen auf Grund ihres Fischreichtums für einen reichhaltigen Speisezettel.

Das war auch gut so, denn Stärkung tat not. Mit äußerster Verbissenheit wurden die immer wieder aufflammenden Kämpfe geführt. Von Norden her versuchten die sowjetischen Truppen in den Rücken des Kuban-Brückenkopfes zu gelangen, um damit die gesamte Front zum Einsturz zu

Oben: Gräber der Karatschaier

Unten: Soldatengräber der Hochgebirgsjäger

bringen. Aber die Gebirgssoldaten hielten stand. Am 17. März hatte die 1. Gebirgs-Division die sowjetischen Angriffe bei Sswistelnikow endgültig abgewehrt, so daß die gesamte Front zum Stehen kam. Während sich die „Edelweiß"-Division auf weitere Abwehrmaßnahmen einstellte, wurde über ihren weiteren Einsatz an höchster Stelle anders entschieden. Im „Kriegstagebuch des Oberkommandos der Wehrmacht" steht am 15. März 1943 folgende Eintragung:

„Der OB Südost hat am 14. 3. seine Absichten für den Aufmarsch zum Unternehmen ‚Schwarz' gemeldet, das nicht vor Anfang Mai beginnen kann und durchgeführt werden soll mit: SS-Div. ‚Prinz Eugen', 718. Jg.Div., 1 verst. Rgt.-Gruppe der 369. (kroat.) Div., der 2. und 3. (kroat.) Geb.-Brig., der 1. Geb.-Div., Teilen der 704. Jg.-Div. und Teilen des bulg. Okkupationskorps. Die durch die 2. (kroat.) Geb.-Brig. abzulösende 717. Div. wird Ende März/Anfang April nach Attika verlegt. Die 1. Geb.-Div. muß aus Eisenbahntransportgründen über Rumänien–Bulgarien herangeführt werden. Der OB Südost hat um Unterstützung bei der im Hinblick auf den geplanten Einsatz vordringlichen Umbildung der 717. Div. in eine Jg.-Div. gebeten.

Der WFSt [Wehrmachtführungsstab] nimmt dazu folgendermaßen Stellung:
1. Die 1. Geb.-Div. wird aus der Gotenstellung als erste der dortigen Div.en herausgelöst, was erst nach Abschluß der Schlammperiode möglich ist. Da mittlerweile Trockenheit eingetreten ist, muß beim Gen[eralstab] d[es] H[eeres] die zeitgerechte Zuführung gefordert werden, da nach Angabe des Feldtransportchefs der Abtransport von der Krim spätestens am 26. 3. beginnen muß, um die Div. rechtzeitig heranzuführen. [...]"[27]

Da stand es also schwarz auf weiß: Die 1. Gebirgs-Division war für das Unternehmen „Schwarz" auf dem Balkan vorgesehen. Am 21. März 1943 erhielt die Division den überraschenden Befehl für die anderweitige Verwendung. Als sie tags darauf aus dem Verband des XXXXIX. Gebirgs-Armeekorps schied, ahnte freilich niemand, daß sie den sowjetischen Kriegsschauplatz für immer verlassen sollte und daß den „Blumenteufeln" der Stammdivision der deutschen Gebirgstruppe noch schwere Monate im aufreibenden Partisanenkampf auf dem unruhig gewordenen Balkan bevorstanden.[28]

Eine Woche zuvor, am 16. März 1943, erreichte die 4. Gebirgs-Division in der „Protoka-Stellung" der Befehl für den Weitermarsch. Für die „Enzian"-Division wurden die Weichen anders gestellt. Sie blieb in Südrußland und sollte in den folgenden Jahren dort noch schwere Rückzugskämpfe bestehen. Zunächst mußte sich die Division am 30. März aus der Abwehrlinie bei Krasnij Oktabrj lösen und in den Raum von Gostagajewskaja–Krassno Medwedowskaja verlegen. Ohne das II./Gebirgs-Jäger-Regiment 13 allerdings, das noch einige Tage im Rahmen der 97. Jäger-Division verblieb.

Am 5. April 1943 wurde nördlich des Kuban im „Gotenkopf" die endgültige Stellung bezogen. Damit stand die 17. Armee des Generalobersten Ruoff mit der Gruppe Wetzel (V. Armeekorps), dem XXXXIX. Gebirgs-

Armeekorps des Generals der Gebirgstruppe Konrad und dem XXXXIV. Jägerkorps unter General der Artillerie de Angelis in der vorbereiteten Verteidigungsstellung.[29]

2. Schicksalsberg Myschako

Es gibt Berge, die haben, nachdem sie im Brennpunkt heftiger Kampfhandlungen gestanden hatten, eine geradezu mythische Bedeutung erhalten. Zu ihnen zählen – um nur einige wenige Beispiele zu nennen – aus dem Ersten Weltkrieg der Monte Pasubio, der Schicksalsberg der Kaiserjäger; der Col di Lana, der blutgetränkte Berg der Kaiserschützen. Aus dem Zweiten Weltkrieg der Ssemaschcho, der blutgetränkte Berg der „Division Lanz", und der Myschako, der Schicksalsberg der 4. Gebirgs-Division. Alle diese Berge haben eines gemeinsam: sie waren, ehe sie in den Mittelpunkt heftiger kriegerischer Auseinandersetzungen gerieten, so gut wie unbekannt. Als sie der Feuersturm des Krieges plötzlich erfaßte, wurden sie über Nacht so bekannt, daß mit ihrem Namen stets die Erinnerung an einen bestimmten Truppenkörper verbunden ist. Der Myschako bildet da keine Ausnahme.

Wie ist es dazu gekommen?

Der Kuban-Brückenkopf war bekanntlich im Frühjahr 1943 nach dem Rückzug der 17. Armee gebildet worden. Obwohl die sowjetischen Truppen durch rücksichtslose Frontalangriffe und durch Landungsoperationen im Rücken der deutschen HKL versuchten, den Brückenkopf aufzubrechen, sollte dieser vier schwere Abwehrschlachten hindurch gehalten werden. Und das, obwohl es den Sowjets im Februar 1943 gelang, von See her im Gebiet des Myschako-Berges einen Landekopf zu bilden.

Aus sowjetischer Sicht werden die Kämpfe so dargestellt:

„Der Kampf gegen die deutschen Eindringlinge in den Kuban-Niederungen war sehr schwer.

Während der Angriffsoperationen vom Februar bis zum Juni 1943 fügten die Truppen der Nordkaukasusfront dem Gegner in erbitterten Kämpfen, die unter den schwierigen Bedingungen des Geländes und der Frühjahrsschlammzeit geführt wurden, große Verluste zu und erzielten bedeutende Erfolge. In dieser Zeit wurden etwa 40.000 Soldaten und Offiziere des Feindes getötet und über 500 gefangengenommen, 339 Geschütze, 180 Granatwerfer, 26 Panzer und vieles andere Kriegsgerät erbeutet.

In den Angriffskämpfen bewiesen die sowjetischen Soldaten, Sergeanten und Offiziere Kühnheit, Tapferkeit, Findigkeit und Initiative und zeigten, daß sie die Kunst des Kriegführens beherrschen. Von April bis Juni wurden über 38.000 Soldaten und Offiziere für Mut und Tapferkeit mit Orden und Medaillen der Sowjetunion ausgezeichnet.

Doch den sowjetischen Truppen war es trotzdem nicht gelungen, den

Gegner vollständig zu zerschlagen. Er hielt weiterhin seinen in operativer Hinsicht wichtigen Brückenkopf auf der Tamanhalbinsel besetzt.

Folgende Ursachen wirkten sich nachteilig für die Kampftätigkeit der Truppen der Nordkaukasusfront aus:

1. Den Kommandeuren und Stäben fehlten die Erfahrungen im Führen von langwierigen Angriffshandlungen und die Fähigkeit, während ihres Verlaufs die Lage richtig zu beurteilen und die Truppen so zu gruppieren, daß im erforderlichen Augenblick in der Hauptstoßrichtung stets eine Überlegenheit über den Gegner vorhanden war.

2. Den angreifenden Truppen fehlten genügend Panzer. Deshalb konnten sie einen errungenen Erfolg nach dem Durchbruch der gegnerischen Verteidigung nicht schnell ausweiten. Dadurch konnte der Feind, der über gute Transportmöglichkeiten verfügte, Zeit gewinnen, seine Truppen auf einen neuen Verteidigungsabschnitt zurückzuführen und sich erneut festsetzen.

3. Durch das ungünstige Wetter und das Schlammwetter am Kuban wurden die rückwärtigen Dienste auseinandergezogen, die Artillerie blieb hinter der Infanterie und die Infanterie hinter den Panzern zurück.

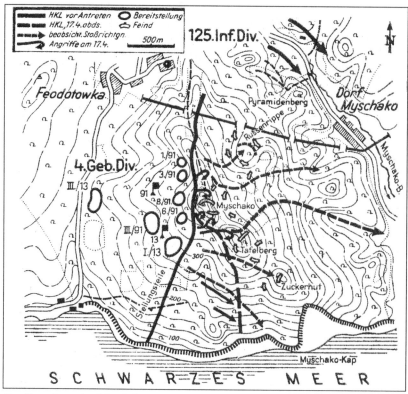

Der Kampf um den Myschako im April 1943

4. Die gegnerische Luftwaffe war zeitweilig überlegen. In der Zeit der härtesten Kämpfe fehlten die notwendigen Flugzeuge und ein gut funktionierendes System der Luftabwehr. Dadurch konnten die Truppen dem Feind ungenügend entgegenwirken und keine massierten Angriffe gegen seine Gefechtsordnungen führen."[30]

Der Verlust des Myschako bedeutete für die deutschen Truppen eine ernsthafte Bedrohung ihrer gesamten Front am Kuban-Brückenkopf. Es bestand dadurch ständig die drohende Gefahr, daß der sowjetische Landekopf erweitert werden würde. Die deutsche Führung mußte deshalb unbedingt versuchen, die strategisch wichtige Höhe 446 zurückzugewinnen.

Das war jedoch leichter gesagt als getan. Das Gelände um den Myschako war stark bewaldet und mit dichtem, fast undurchdringlichem Unterholz bewachsen. Nur vereinzelte Schneisen ermöglichten ein Durchkommen. Schluchten, Geländefalten und Rinnen durchzogen die Abhänge. Der steinige Boden war mit wenig Humus bedeckt. Stark zerschossene Bäume und große Granattrichter bildeten im oberen Teil weitere Hindernisse, die für einen Angriff zu berücksichtigen waren. Erschwerend war auch, daß der Berghang zunächst langsam anstieg, am Oberhang jedoch zunehmend steiler wurde.

Die 4. Gebirgs-Division wurde dafür bestimmt, am 6. April 1943 den Myschako anzugreifen. Das Gebirgs-Jäger-Regiment 13 sollte dabei von Westen her und mit seinem rechten Flügel längs der Küste, das Gebirgs-Jäger-Regiment 91 dagegen frontal angreifen. Die Trennungslinie bildeten der Süd- und Südwesthang des Berges. Der Kampfplan der „Vierten" sah im einzelnen folgendermaßen aus:

„a) **Infanteristisch:**
1. Handstreich auf Myschako und dessen Wegnahme durch eine in 3 Stoßtrupps angesetzte Sturm-Kp. (8./91) um 5.20 Uhr von Westen und Norden. Gleichzeitiger Ansatz von Stoßtrupps der 6./91 zur Inbesitznahme von ‚Tafelberg‘.
2. Unmittelbar nach Einbruch der Stoßtrupps Antreten des I./91 nordwestl. Myschako. Auftrag: mit 1./91 auf ‚Russentruppe‘, dort abriegeln und Niederhalten des Feindes vor 125. Inf.-Div. Weiterstoß mit Masse des Btl. – links rückwärts dem eigenen Hauptangriff folgend – bis Myschako-Dorf.
3. III./91 (Rgt.-Res.) greift über 6./91 Richtung letzte Höhe vor der Straße an und erzwingt den Austritt aus dem Gebirge. II./91 folgt nach seiner Wiederversammlung unter Säubern des Geländes hier nach.
4. I./13 tritt nach Wegnahme ‚Tafelberg‘ rechts rückwärts gestaffelt an, erweitert den Einbruch nach Süden und unterstützt das Vorgehen GJR 91 durch Wegnahme des ‚Zuckerhutes‘. Im weiteren Verlauf ist Myschako Swch. zu erreichen.
5. Bisherige Stellungsteile (GJR 13 unterstellt) treten aus der HKL heraus zum Säubern des von I./13 durchbrochenen Geländes an und rollen im Vorgehen nach Süden stehengebliebene Feindteile zwischen I./13 und Küste auf.
6. Geb.-Pi.-Btl. 94 unterstellt je 1 Kp. den beiden Rgtrn. Auftrag für Pioniere: Etwa auftretende Minensperren zu beseitigen und Bunker und Widerstandsnester mit geballten und gestreckten Ladungen auszuräumen. Zusätze zur inf. Kampfführung: Die Btle.

greifen tiefgegliedert an, um den Angriff aus der Tiefe nähren zu können und um ein Zersplittern zu vermeiden. Sie müssen jederzeit in der Lage sein, sich gegenseitig mit Teilkräften zu unterstützen. Es kommt besonders darauf an, starke Widerstandszentren rasch zu erkennen und zu melden, um die Artl. und Luftwaffe dagegen zusammenzufassen.

b) **Artilleristisch:**

1. Die Div. bildet eine artl. Schwerpunktgruppe (I. u. IV./GAR 94, unterstellte 13./173 u. 11./125) im Raum nördl. Denkmalshöhe. Auftrag: Bei Anforderung Feuerzusammenfassungen auf ‚Tafelberg‘, ‚Zuckerhut‘, Schluchten dazwischen, ‚Russenrippe‘ und Myschako-Dorf.

2. II./GAR 94 (9 Gesch. 7,5 cm) unterstützt als einzelne ‚Sturmgeschütze‘ dicht hinter den Btln. den Angriff gegen besonders lästige Feindstützpunkte im direkten Schuß.

3. Bis zu dem zeitlich späteren Antreten der 125. Inf.-Div. unterstützen 3 Abtl. dieser Div. besonders das I./91 bei seinem Vorgehen gegen ‚Russenrippe‘.

4. Bei Angriffsbeginn schießt die gesamte Artl. einen Feuerschlag von 5 Minuten Dauer auf das Myschako-Massiv. Anschließend wirken bis 5.40 Uhr 2 Abtl. auf ‚Tafelberg‘, 1 Abtl. auf ‚Zuckerhut‘, besonders auch mit Nebel zum Blenden der fdl. Beobachtung.

5. Auf Zusammenarbeit für beobachtetes Schießen angewiesen: I./94 auf GJR 13 (nach späterer Abänderung II./94 auf GJR 91). Schwerpunktgruppe überlagert den gesamten Div.-Streifen.

Zusätze zur artl. Kampfführung: Ein allg. vorheriges Einschießen (durch Artl.-Flieger) wird aus Tarnungsgründen nicht durchgeführt. Während des Angriffs hat die Artl. überall dort mit zusammengefaßtem Feuer einzugreifen, wo dieser auf stärkeren Widerstand stößt. Durch schwerpunktartige Feuerschläge ist besonders dem GJR 91 zum Durchbruch zu verhelfen. Insbesondere kommt es bei dem unübersichtlichen Gelände für die VBs (Rgt. 91 8 VB, Rgt. 13 4 VB) darauf an, laufend das eigene Vordringen zu melden, damit unter allen Umständen vermieden wird, daß Angriffsziele noch unter Feuer gehalten werden, während die Jäger schon dagegen antreten. Bei einem Stocken des Angriffs ist sofort gegen mögliche fdl. Gegenstöße Sperrfeuer zu erschießen.

c) **Luftwaffeneinsatz:**

1. 4 Stuka-Gruppen gegen ‚Tafelberg‘ und ‚Zuckerhut‘ und den dazwischenliegenden Mulden, außerdem gegen Myschako-Dorf. Letzte Bombe fällt 5.40 Uhr, letzte Maschine schießt grünes Leuchtzeichen.

2. Schlachtflieger mit Bomben und Bordwaffen in rollenden Einsätzen während des ganzen Angriffs ab 5.45 Uhr.

3. Masse der Stukas zur Bekämpfung der Feindartl. auf dem Ostufer der Zemesskaja-Bucht in laufenden Einsätzen. Zusätze zur Kampfführung: Entscheidend für eine reibungslose Zusammenarbeit mit der Luftwaffe ist die ständige, klare Kenntlichmachung der eigenen vorderen Linie. Zum Bezeichnen von hartnäckigen Feindzielen sind Buntrauchzeichen zu verwenden.

Um die Unterstützung der Luftwaffe und Artl. voll auszunützen, kommt es darauf an, jegliche Scheu vor den eigenen Bomben und Granaten zu verlieren und selbst unter Inkaufnahme von Verlusten noch in die letzten Einschläge hinein anzugreifen.“

Alle Vorbereitungen waren für den Angriff der 4. Gebirgs-Division auf den Myschako bis ins Detail mit den beteiligten Kommandeuren und Verbindungsoffizieren besprochen, die Stuka-Angriffe, die die Sowjets zermürben sollten, mit den Fliegerverbänden und Jagdgruppen abgestimmt. Da machte der Wettergott den Deutschen einen gewaltigen Strich durch die Rechnung. Infolge heftiger Regenfälle und schlechter Sichtverhältnisse mußte der Angriff zunächst vom 6. auf den 10. April 1943 verschoben werden. Aber auch dieser Angriffstermin konnte auf Grund der unverändert schlechten Wetterbedingungen nicht eingehalten werden.

Das belastete naturgemäß die Truppe, die sich zweimal vergeblich auf den bevorstehenden Kampftag bereitgestellt hatte. Viele Gebirgsjäger betrachteten die abermalige Verschiebung des Sturmangriffs als schlechtes Omen. Sie sollten, wie sich wenig später zeigte, recht behalten.

Am 17. April 1943 war es endlich soweit: Die 4. Gebirgs-Division griff mit ihren Regimentern den Myschako an. Die Stukas, die eigentlich die Sowjets zermürben sollten, fügten den Gebirgsjägern vor dem eigentlichen Angriff die ersten schweren Verluste zu. Die Flugzeuge warfen nämlich ihre Bomben derart kurz ab, daß es sogar bei der Kochstelle der 1. Kompanie/Gebirgs-Jäger-Regiment 91, am Fuße des Berges, Tote und Verwundete zu beklagen gab. Verfolgen wir nun den weiteren Einsatz an Hand eines Tagebuchs:

„Das Batl. liegt vorwärts der rumänischen Abriegelungsstellung in einer feindwärts ansteigenden Waldschlucht, die in Richtung auf den Sattel zwischen Myschako und ‚Tafelberg‘ zieht. Außerhalb des Trampelpfades steht eine Wirrnis von halbhohen Eichen, Busch- und Dorngestrüpp. Die Kompanien liegen hintereinander. Das Gelände läßt keine andere Annäherung zu. Der Einbruch soll tiefgestaffelt und eng erfolgen und erst danach, rechts sich ausweitend, an Breite gewinnen. Mühsam arbeiten sich die vordersten Truppen noch näher an die feindliche Stellung heran.

Die Uhr zeigt wenig vor 6.30 Uhr, als das Brummen der Stuka-Gruppen vernehmbar wird. Die nächsten Minuten, in denen die Bombenwürfe einsetzen, lassen uns am Boden festkrallen. Etwa 200 m vor und über uns schlägt es ein. Ein Flugzeug stürzt brennend rechts hinter uns unter gewaltiger Detonation seiner Bomben in den Wald. Den Feuerschlag der Artillerie hören wir in dem Lärm überhaupt nicht mehr. Die Spitze liegt jetzt vor dem Verhau.

Befehlsgemäß soll das Batl. erst nach dem Sturm des Geb.-Jäg.-Rgt. 91 antreten. Den Stoßtrupps des II./91, durch Kurzwürfe der Stukas verwirrt und erheblich geschwächt, war der Einbruch auf den Myschako-Gipfel jedoch nicht gelungen. Wir warten ohne Kenntnis dieser Lage. Der felsig harte Boden bietet keinen Schutz. Die ersten Ausfälle durch feindliche Granatwerfer treten ein. Sie müssen in den Schluchten jenseits der Höhe versteckt sein. Von den Bomben nicht erfaßt und unerreichbar für die eigene Artillerie machen sie uns schwer zu schaffen. Die Verbindung zum linken Nachbar ergibt das Mißlingen des dortigen Angriffs.

Gegen 7.30 Uhr dringt der erste Stoßtrupp des Batl. durch den Verhau, der aus Draht, verkrüppeltem Buschwerk und gefällten Bäumen besteht, gegen den vordersten Feindbunker vor. Er ist von den Russen geräumt. Zugleich setzt aus verschiedenen Richtungen flankierendes MG- und Gr.-

W.-Feuer auf die Einbruchstelle ein. Der Versuch, den rechts davon gelegenen Bunker zu stürmen, wird im Feuer erstickt. Ebenso scheitert der frontale steile Sturm gegen zwei überhöht eingebaute Stellungen. Es erweist sich, daß deren Besatzungen wie auch die dahinter zu erkennenden weiteren Feindbunker fast ungeschoren die Bomben überstanden haben. Trotz des immer noch schwelenden Qualmes entgeht ihnen kaum eine Bewegung des Angreifers. Ihre Eierhandgranaten lassen sie bergabwärts auf uns zukollern.

Auch der zweite Versuch des Batl. um 8.30 Uhr, den zähen Widerstand der beiden nächstgelegenen Bunker im Sturm eines Zuges zu brechen, schlägt fehl. Ein weiteres Angreifen ohne Unterstützung durchschlagender Stoßkampfwaffen (Schartenbeschuß) und Flammenwerfer erscheint sinnlos. Das Batl. gräbt sich, so schlecht wie es geht, dürftig etwas ein. Seine vordersten Truppen liegen in den paar genommenen feindlichen Schützenlöchern. Als auch ein dritter Stoß um 11 Uhr keinen wesentlichen Fortschritt gegen das Feuer aus dem Myschako-Sattel erbringt, halten die Jäger verlustreich die bisherige Einbruchstelle. Das Rgt. befiehlt das Halten bis zum Nachmittag, um sich dann abzusetzen. Inzwischen duckt sich der Feind gleichfalls in seine Bunker und Löcher. Langsam flaut das Art.-Feuer herüber und hinüber ab. Nur die Gr.-W. spucken immer noch ihr ekliges Feuer. Die Verwundeten sind abtransportiert. Es wird dunkel, bis sich das Batl. aus der Einbruchstelle löst. Die gefallenen Jäger werden mitgenommen.

In seinem alten Bereitstellungsraum eingetroffen, zählt es noch 2 Offz. und etwa 40 Jäger. 15 Gefallene und über 200 Verwundete hatte ihm dieser erbitterte Kampftag gekostet. Abgestumpft verstärken seine Reste die rumänischen Sicherungslinien und sinken abgekämpft an Ort und Stelle in den Schlaf."[31]

Der großangelegte erste Gegenangriff der Gebirgsjäger auf den Myschako scheiterte nicht nur wegen der Regenfälle, am steilen und unübersichtlichen Gelände sowie an den unvorhergesehenen starken sowjetischen Geländebefestigungen. Es hatte auch an einer wirksamen Unterstützung durch Artillerie und Luftwaffe gemangelt.

Als der Angriff des I./Gebirgs-Jäger-Regiments 13 nicht so vorankam, wie dies erwartet worden war, stieg Oberst Buchner auf und robbte sich bis zur Angriffsspitze vor, wo sich bereits der Bataillons-Kommandeur befand. Diese Spitze bestand aus einem Zug, „der Mann hinter Mann in einer kleinen bergabziehenden Mulde lag. Jede Bewegung wurde vom Russen sofort unter Feuer genommen. Es bestand keine Möglichkeit, das feindliche M.G. auszuschalten. Sollte ich", stellte der Regiments-Kommandeur in Frage, „nun diese Männer gegen dies ungehindert schießende M.G. anrennen lassen? Der [Bataillons-]Kommandeur hätte versuchen müssen, rückwärtige Teile seitlich vorbei angreifen zu lassen. Da ich wußte, daß links von uns das [Gebirgs-Jäger-Regiment] 91 auch nicht weiterkam und die Artillerie mangels Sicht den Feind nicht niederhalten konnte, ließ ich den Angriff abbrechen – womit mein Divisions-Kommandeur gar nicht einverstanden war!"[32]

Für viele Überlebende der 4. Gebirgs-Division stand später fest, daß die Sowjets offenbar vom bevorstehenden deutschen Angriff Kenntnis erhalten hatten. So berichtete Willy Bischoff, seinerzeit Kompanie-Trupp-Führer bei der 1. Kompanie/Gebirgs-Jäger-Regiment 91, daß in der Nacht vom 16. auf den 17. April ein russischer Feldwebel versucht hatte, Angehörige der „Enzian"-Division gefangenzunehmen. Der Rotarmist hatte sein Gesicht zur Tarnung mit Ruß geschwärzt und war bereits bis zur deutschen Stellung vorgedrungen. Dort wurde er jedoch von einem Gebirgsjäger entdeckt und gefaßt, bevor er sich den Hang hinunterrollen konnte. Die Vernehmung ergab dann, daß die Sowjets über ihre Aufklärung vom bevorstehenden deutschen Angriff auf den Myschako erfahren hatten. Kein Wunder, schließlich war der Angriff bekanntlich mehrmals verschoben worden.[33]

Der mißlungene Sturmangriff hatte der 4. Gebirgs-Division die höchsten Verluste gebracht, die sie an nur einem einzigen Kampftag im Verlauf des gesamten Ostfeldzuges verzeichnen mußte. Die vier eingesetzten Kampf-Bataillone hatten vor Angriffsbeginn eine Gesamtstärke von 1600 Mann. Sie verloren mit 898 Mann (davon 148 Tote) mehr als 50 Prozent ihrer Kampfstärke, darunter 39 Offiziere und 113 Unteroffiziere. Einzelne Verbände konnten nach diesem Aderlaß völlig abgeschrieben werden. So hatte das II./Gebirgs-Jäger-Regiment 91 bei einer Kampfstärke von 443 Mann 11 Offiziere und 310 Mann verloren. Dem I./Gebirgs-Jäger-Regiment 13 verblieben von 13 Offizieren noch drei, dem II./Gebirgs-Jäger-Regiment 91 noch zwei Offiziere. Von der 2. Kompanie des Gebirgs-Pionier-Bataillons 94, die dem Gebirgs-Jäger-Regiment 91 unterstellt war, kamen von 80 Mann nur noch 15 zurück!

In völliger Verkennung der schwierigen örtlichen Verhältnisse bestand die Oberste Führung trotz dieser gewaltigen Blutsopfer weiterhin auf einer Fortsetzung des Angriffs. Er sollte nun im Gefechtsstreifen der 125. Infanterie-Division geführt werden. Das nur mehr knapp eine Kompanie umfassende I. Bataillon des Gebirgs-Jäger-Regiments 13 wurde hierzu in der folgenden Nacht dem Infanterie-Regiment 419 unterstellt. Es griff am 19. April 1943 südöstlich von Poklaba gemeinsam mit einem fast ebenso schwachen Bataillon dieses Regiments aus einer Igelstellung von 100 Metern Durchmesser an. Aber auch dieser neuerlich verlustreiche Angriff brachte nicht den gewünschten Erfolg. Der Myschako konnte wieder nicht genommen werden.

Doch die Deutschen wollten sich am blutgetränkten Schicksalsberg der 4. Gebirgs-Division weder mit einem Remis, geschweige denn mit einer Niederlage abfinden. So kam es Monate später, am 27. und 28. Juli 1943, unter der Führung des Ia der „Enzian"-Division, dem Major i. G. Dr. Kreuzer, abermals zu einer Reihe von Angriffen, die das Ziel hatten, den sowjetischen Landekopf endgültig zu beseitigen.

Im Juli 1943 waren von deutscher Seite folgende Feindkräfte an der Kubanfront erkannt worden: 13 Schützen-Divisionen, 3 Schützen-Brigaden, 4 Panzerverbände und 2 Minen-Bataillone.

Im Bereich des Kuban-Brückenkopfes lagen zu dieser Zeit folgende deutsche Kräfte: die 4. Gebirgs-Division und die 97. Jäger-Division, die 50., 98. und 370. Infanterie-Division sowie die 19. rumänische Division und das Sicherungs-Regiment 4.

Verfolgen wir nun Verlauf und Ausgang der folgenden Kampfhandlungen aus der Sicht des Gebirgs-Jäger-Bataillons 94 (ehemals Feld-Ersatz-Bataillon 94), das auf Grund des permanenten Mangels an einsatzfähigen Kampftruppen zum Fronteinsatz kam. Dieses Bataillon war schon seit einigen Wochen als Reserve der 4. Gebirgs-Division zum Bau von Unterkünften herangezogen worden. Parallel dazu wurde es mit Nachersatz, der allerdings noch wenig Fronterfahrung hatte, aufgefüllt. Der Kampfgeist der Truppe war vorbildlich. Die Verteidigungsstellungen in diesem Abschnitt waren von rumänischen Truppen besetzt.

Das Gebirgs-Jäger-Bataillon 94 erhielt nun von der Division den Auftrag, gemeinsam mit dem Gebirgs-Jäger-Regiment 91, mit Teilen des Gebirgs-Pionier-Bataillons 94 und des Gebirgs-Artillerie-Regiments 94 den heißumkämpften Berg anzugreifen, die Höhe 446 einzunehmen und dann weiter bis zur Schwarzmeerküste durchzustoßen. Hierzu wurde folgende Durchführung befohlen:

1. Ein zugstarker Stoßtrupp hatte den Auftrag, mit Beginn des Artilleriefeuers anzutreten und die Geländebefestigungen der Sowjets auszuschalten.

2. Pioniere mit Flammwerfern unterstützen den Angriff.

3. Die Gebirgs-Jäger-Bataillone hatten noch während des Artilleriefeuers aus den rumänischen Stellungen heraus zum Angriff anzutreten.

4. Die Verlagerung des Artilleriefeuers in die Tiefe der feindlichen Stellungen sollte durch die vorgeschobenen Beobachter gelenkt werden.

5. Die rumänischen Truppen hatten den Befehl, nachzurücken, um das Gelände zu säubern.

Die X-Zeit des Angriffs rückte immer näher. Hauptmann Hans Essig hat den tragischen Verlauf des letzten Angriffs deutscher Gebirgstruppen auf ihren Schicksalsberg für uns niedergeschrieben:

„Das Gebirgs-Jäger-Bataillon 94 verlegte in den Morgenstunden des 26. 7. in den Bereitstellungsraum am Fuße des Myschako und traf dort gegen Nachmittag bei glühender Hitze ein. Eine stabile Schönwetterlage mit fast tropischen Temperaturen hatte den ganzen Juli bestimmt.

Störungsfeuer zwang die Jäger immer wieder in Deckung, da russische Beobachter aus ihren überhöhten Stellungen heraus das Gelände am Bergfuß sehr gut einsehen konnten. In kleinen Erdhöhlen wurde Biwak bezogen.

Nach einer relativ ruhig verlaufenden Nacht, erfolgte am Morgen des 27. 7. für die Kompanie-, Zug- und Gruppenführer des Bataillons die Einweisung in das Gelände. Der Kampfraum wurde durchgesprochen. Jedem war klar, wie schwer dieser Auftrag werden würde. Wichtig war vor allem das Antreten des Stoßtrupps und das sofortige Nachrücken des Bataillons, solange noch das Artilleriefeuer auf den feindlichen Stellungen lag.

In den Morgenstunden des 28. Juli traten die Jäger zum Aufstieg gegen den Myschako an. Lautlos hintereinander ging es in langer Reihe den Berg hoch. In der Ferne zuckende Blitze und immer näher kommender Donner kündigten einen Wetterumschwung an. Der Himmel verfinsterte sich und schwere Gewitterwolken zogen über uns hinweg. Erste Regentropfen fielen, die sich schnell zu einem starken Wolkenbruch steigerten. Die Wassermassen kamen in Sturzbächen den Berg herab. Der Boden wurde glitschig wie Schmierseife; an ein geordnetes Vorrücken war nicht mehr zu denken. So suchte jeder einen kleinen Unterschlupf, um sich wenigstens etwas vor der Nässe zu schützen. Ich selbst", erfahren wir von Hptm. Essig weiter, „war mit meinem Kameraden Hans Riegler, einem Steiermärker, in den Unterstand eines Funktrupps geschlüpft. Die Zeit lief uns hier davon, aber es war unmöglich, auf dem nassen Untergrund, im zudem noch steilen Gelände, weiter aufzusteigen.

Blitz und Donner übertönten die Verständigungsrufe zwischen der Kompanieführung und den Zügen. In dieses Inferno hinein fiel um 5.00 Uhr der Feuerschlag unserer Artillerie. Wir konnten den Donner und das Bersten der Granaten nicht mehr unterscheiden. Aber schon kamen die Befehle, sofort zum Angriff anzutreten. Dabei hatten wir die Ausgangsstellungen noch gar nicht erreicht. Der Regen ließ zwar nach, der Boden jedoch blieb glatt wie eine Eisbahn. Mühselig und langsam kamen wir vorwärts. Schließlich gelangten wir in die rumänischen Stellungen. Starkes Abwehrfeuer der Russen zwang uns sofort in Deckung. Wie Tote lagen die rumänischen Soldaten flach am Boden in den Laufgräben und rührten sich nicht. Mit unseren genagelten Bergschuhen sprangen wir über sie hinweg. Lautes Wehgeschrei der Getretenen vermischte sich mit dem Gefechtslärm. Dazwischen die Kommandorufe für den Angriff.

Die Gruppen suchten in den vereinzelten Schneisen ein Durchkommen durch das Unterholz. Jede Verbindung zwischen den Zügen und den Gruppen ging damit verloren. Ein Dickicht aus dornigem Gestrüpp lag plötzlich vor uns. Von den russischen Stellungen war nichts zu erkennen. Mit meinem Kameraden Riegler an der Spitze drangen wir im Laufschritt in das Hindernis ein. Rasch hatten wir es überwunden. Vor uns lag der Berggipfel.

Aus den Erdbunkern der Russen schlug uns starkes Abwehrfeuer entgegen. Von Deckung zu Deckung huschten wir vorwärts. In einem großen Granattrichter gingen wir mit dem MG in Stellung. Im Nu war unsere Munition verschossen. Von unserem Zug war keiner mehr zu sehen, und die Munitionsträger waren nicht nachgekommen.

Riegler rief mir zu: ‚Ich hole Munition, bleib hier.‘

Mit einem Sprung war er aus dem Trichter. In diesem Augenblick schlug neben uns eine Granate ein. Mein Kamerad Hans Riegler lag nur wenige Schritte neben mir. Seine Beine waren zerfetzt. Sofort war ich bei ihm, aber wie konnte ich alleine helfen?

Mit den Worten: ‚Hans, ich hole Hilfe‘, sprang ich auf und lief in Richtung Kompaniegefechtsstand.

Dort traf ich auf unseren Kompanie-Chef, Olt. Garisch. Ich erklärte kurz die Lage, mit der Bitte um Hilfe für meinen Kameraden.

Der gerade anwesende Divisions-Pfarrer, Dr. Fakler, sagte spontan: ‚Ich gehe mit Ihnen.‘

Wieder eilten wir von Deckung zu Deckung den Berg hinauf und trafen dabei auf zwei Kameraden, die Riegler auf einer Zeltplane geborgen hatten. Unser Pfarrer sprach ihm sofort Trost zu und betete ein Vaterunser. Wir waren tief ergriffen – aber auch niedergeschlagen, da wir sahen, wie er durch den starken Blutverlust zusehends schwächer wurde. Mit einem Händedruck nahm Hans von mir Abschied und sagte: ‚Schreibe bitte meiner Braut und meinen Eltern.‘

Unser Pfarrer und ein leichtverwundeter Kamerad trugen ihn in einer Zeltbahn zurück zum Verbandsplatz. Von mir nahm ein Kamerad Abschied, der mit mir zusammen viele Kampfsituationen überstanden hatte", erzählt uns Hans Essig, dessen Wort ein ergreifendes Beispiel für tausende Beweise der unverbrüchlichen Kriegskameradschaft sind. „Ein Kamerad", so Essig weiter, „auf den man sich immer verlassen konnte. Mit letzter Hingabe hat er für sein Vaterland gekämpft. In Liebe und Ehrfurcht hatte er mir von seinen Eltern, seiner Braut und seiner Heimat erzählt. So haben wir uns in vielen Stunden in Sehnsucht nach dem Frieden Mut gemacht. Mit letztem Einsatz hat er gekämpft, in der Hoffnung, daß dieser unselige Krieg bald zu Ende sei. Nicht für den ‚Führer‘ oder seine Partei, nein einfach in Liebe zur Heimat und für eine glückliche Heimkehr.

Wenige Minuten nach dem Abtransport von Hans Riegler wurden wir von einer Handgranate, die in das Loch fiel, wo ich mit dem Kameraden Peter Weiß in Stellung gegangen war, verwundet. Als wir zum Verbandsplatz kamen, war Hans Riegler verstorben. Aus seiner geöffneten Feldbluse hing sein Halskettchen mit der Aufschrift: ‚Kehre wieder‘.

Am Fuße des Myschako-Berges fand er seine letzte Ruhe; mit vielen Kameraden, die an diesem Tage im Felde geblieben sind.

Die 2./94 war mit 170 Mann angetreten. Am Abend nach dem Angriff zählte der Kompanie-Melder Hermann Gerstner noch 35 Männer."[34]

Der Myschako konnte von den Gebirgsjägern nicht mehr genommen werden. Für viele ist er seit jenen verlustreichen Tagen des Kriegsjahres 1943 eine leidvolle Erinnerung an jene tapferen Kameraden, die dort gefallen sind. Dieser Berg sollte aber auch dem Kommandeur der 4. Gebirgs-Division zum Verhängnis werden.

„Meine Seilbahn", so berichtet der Seilbahnspezialist Herbrechtsmeier, „beförderte täglich Munition, Verpflegung und Stellungsbaumaterial auf den Myschako; Verwundete wurden abtransportiert, Personentransport war verboten. Eines Morgens erschien unser Div.-Kommandeur, General Kreß, und besichtigte unsere Seilbahn. Er wünschte hinaufgefahren zu werden. Ich machte den General darauf aufmerksam, daß Personen-Transport verboten sei. Er bestand auf seinem Befehl, den ich auch ausführte. Nach einer Viertelstunde habe ich den toten General wieder zu Tal gefahren. Trotz der Warnung des rumänischen Stellungskommandanten, daß russische Scharfschützen lauerten, hatte er in der Stellung mit seinem Glas über die Deckung beobachtet und im selben Augenblick einen Kopfschuß erhalten."[35]

Das geschah am 11. August 1943, morgens um 6.00 Uhr. Mit Generalleutnant Hermann Kreß starb auch sein rumänischer Begleiter, Rittmeister Nicolesco. Die sterblichen Überreste des Kommandeurs der 4. Gebirgs-Division wurden dann in einem Soldatengrab in Krassno Medwedowskaja zur letzten Ruhe gebettet. Nachfolger von Kreß wurde Generalmajor Julius Braun, der am 13. August 1943 bei der „Enzian"-Division eintraf.

3. Die Kampfhandlungen um Noworossisk

Der Myschako war der eine besonders heißumkämpfte Abschnitt am Schwarzen Meer; Noworossisk, das schon in Friedenszeiten einen großen, bedeutenden und leistungsfähigen Hafen besaß, der andere. Diese Industrie- und Hafenstadt bildet den Ausgangspunkt der Schwarzmeerstraße Tuapse–Suchum–Batum und führt vom europäischen Rußland an die türkische Grenze.

Im Januar 1943 hatte Stalin unter äußerster Geheimhaltung die Oberbefehlshaber der Kaukasusfront und der Schwarzmeer-Flotte in die Befehlszentrale der STAWKA nach Moskau befohlen. Dort trug er ihnen einen kühnen Plan vor: Die 17. deutsche Armee sollte durch eine kombinierte Land- und Seeoperation von der Taman-Halbinsel abgeschnitten werden. Das konnte die Einschließung und Vernichtung von ca. 400.000 deutschen Soldaten bedeuten. Der rote Diktator wollte also ein zweites Stalingrad!

Der Operationsplan sah vor, daß die 18. und die 46. sowjetische Armee in den Raum Krasnodar – mit Ziel Slawjansk – vorstießen, während die 47. Armee gegen die Front von Noworossisk angesetzt wurde. Gleichzeitig sollte ein starkes Landungskorps, das sich aus Spezialtruppen der Marine und des Heeres zusammensetzte, von der Schwarzmeer-Flotte im Zuge

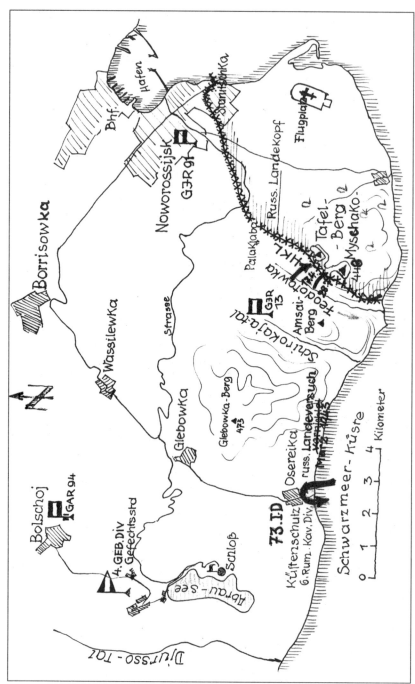

Einsatz im Kuban-Brückenkopf vom April bis September 1943

eines nächtlichen Überraschungsangriffs im Rücken der deutschen Front landen. Neben den regulären sowjetischen Truppen bereiteten sich auch die Partisanen auf die Befreiung von Noworossisk vor. In einem Aufruf wandten sie sich an die Einwohner der Hafenstadt:

„Liebe Genossen!
Kaukasien und das Kubangebiet sind schon von den faschistischen Verbrechern befreit.
Die Stunde der Befreiung unserer Heimatstadt Noworossisk durch die Rote Armee und die Seekriegsflotte naht. Wir sind an Eurer Seite. Mit den Kämpfern der Roten Armee und der Flotte sind wir schon in die Vororte der Stadt eingedrungen und gehen weiter vor.
Noworossisk wird unser sein. Über der Stadt wird wieder die Rote Fahne wehen.
Tod den Okkupanten! Tod den niederträchtigen Verrätern! Tötet die Henker und faschistischen Söldner!
Hindert den Gegner mit allen Mitteln daran zu plündern, zu zerstören und die Wirtschaft der Stadt zu schädigen!
Wartet auf uns, wir kommen. Kämpfend schlagen wir uns mit der Roten Armee und der Seekriegsflotte zu Euch durch.
Wir kommen. Noworossisk wird wieder unsere, eine sowjetische Stadt sein.
Die Partisanen von Noworossisk."[36]

Am 4. Februar 1943 war es soweit. Eine stattliche sowjetische Flotte steuerte die Osereika-Bucht bei Noworossisk an. Drei Marine-Brigaden und ein Luftlande-Regiment – zusammen etwa 6000 bis 7000 Mann – wurden für diese Landeoperation eingesetzt. Dennoch endete dieses großangelegte Unternehmen für die Sowjets mit einem Fiasko. Abseits der Hauptoperation gelang es jedoch, sich festzusetzen. In derselben Nacht wurde nämlich zur Bindung deutscher Reserven nur wenige Kilometer entfernt ein sowjetischer Kommandotrupp von einigen hundert Mann in der Nähe der Noworossisker Vorstadt Stanitschka an Land gesetzt. Ohne auf nennenswerten Widerstand zu stoßen, bildete dieser einen kleinen Landekopf, der den Namen „Kleines Land" erhielt. Diese Aktion, die von Major Kunikow, einem Offizier der Marine-Infanterie, geleitet wurde, führte schließlich auch zur Besetzung des heißumkämpften Myschako durch die Sowjets. „Bis Ende Februar hatten 2 Korps – ein Landungskorps und ein Schützenkorps – den Brückenkopf erweitert und seine Grenze bis zum Stadtrand von Noworossisk vorgeschoben. Die Frontlänge betrug jetzt 45 Kilometer."[37]

Wie aus mehreren Quellen[38] hervorgeht, betrachteten die Sowjets die Angriffsoperationen auf Noworossisk als Voraussetzung zur Umfassung und Vernichtung der 17. deutschen Armee im Kuban-Brückenkopf. Entsprechend groß waren daher ihre Anstrengungen, dieses weitgesteckte Ziel zu erreichen.

Der erste Stoß auf die Hafenstadt war für die Sowjets, der kleine Brückenkopf am Myschako ausgenommen, im großen und ganzen enttäuschend verlaufen, weil die deutsche Führung die Landung schnell erkannt, auf-

239

gehalten und durch gezieltes Feuer der Artillerie zerschlagen hatte. Im September 1943 wurde daher in Moskau der Entschluß gefaßt, die Landeoperation im Raum von Noworossisk mit stärkeren Kräften zu wiederholen.

„Diese Hauptstoßrichtung wurde gewählt, weil mit dem Fall von Noworossisk, dem mächtigen Widerstandszentrum in der Verteidigung des Feindes, die Verteidigung der Deutschen an der ‚Blauen Linie‘ ihre Bedeutung verlor und die hier eingesetzten deutschen Truppen mit der Einschließung bedroht wurden.

Die deutsche Führung hatte während eines Jahres Noworossisk und seine Zugänge befestigt und war davon überzeugt, daß diese Stellungen unüberwindlich seien. Sie erwartete hier den sowjetischen Vorstoß am allerwenigsten. Daher hatte der Gegner einen großen Teil seiner Reserven im Raum Gladkowskaja konzentriert. Der Schlag gegen den Noworossisker Verteidigungsraum, geführt vom Land und von der See aus, mußte für den Gegner überraschend erfolgen.

Im Raum Noworossisk war für den Durchbruch der gegnerischen Verteidigung eine Gruppierung geschaffen worden, die durch einen gleichzeitigen Schlag vom Land und von der See her mit Unterstützung der Schwarzmeerflotte in zielstrebigem Vorgehen Noworossisk einnehmen sollte. Große Bedeutung kam bei der Lösung der Aufgabe den Truppen zu, die im ‚Kleinen Land‘, dem kleinen Brückenkopf Myschako südlich von Noworossisk, operierten. Die übrigen Truppen der Front sollten, sobald sich in der Noworossisker Richtung ein Erfolg abzeichnete, zum Angriff antreten."[39]

Die Sowjets hatten sich also auf die Großlandung sorgfältig vorbereitet. In der Nacht zum 10. September 1943 griffen die roten Truppen an. Den Schiffen der Schwarzmeer-Flotte gelang es im ersten Ansatz, die Schwimm- und Netzsperren der Deutschen zu durchbrechen und zielstrebig auf die vorgesehenen Landungsplätze anzusteuern.

Wie sahen und erlebten nun die Gebirgssoldaten der 4. Gebirgs-Division, die die Hauptlast der deutschen Abwehrkämpfe zu tragen hatten, die sowjetische Großlandung? Oberst Ludwig Hörl, der Kommandeur des Gebirgs-Jäger-Regiments 91, der mit seinem bewährten Regiment und den ihn während dieser Kämpfe unterstellten Truppen (III./Gebirgs-Jäger-

---

Oben: Gefangene Rotarmisten auf dem Vormarsch zum Kaukasus...

Mitte: ...und während des Hochgebirgskrieges

Links unten: Sowjetischer Kommissar auf Kompanie-Ebene

Rechts: Sowjetische Träger in deutschen Diensten

Regiment 13, Gebirgs-Jäger-Bataillon 94 und 3. Kompanie des Gebirgs-Pionier-Bataillons 94) den Abwehrkampf führen sollte, beschreibt den Ablauf der Kampfhandlungen aus seiner Sicht:

„Die Front zog sich im Südteil von Noworossisk bis zur Zemesskaja-Bucht bei Stanitschka durch den äußeren Stadtrand. Hier lag nun seit etwa einem halben Jahr das Geb.Jäg.Rgt. 91 mit seinen 3 Batl. in Stellung. Den Schutz des Hafens selbst hatten unter dem Befehl des Regts. Teile des III./91, 1 Marine-Kp. der Hafenkommandantur in Stärke von ca. 150 Mann und Teile der 16./91 (Pz.Jäg.Kp.) mit ihren Paks übernommen.

Dabei waren eingesetzt von rechts angefangen: I. Btl. (Hptm. Stapper), II. Btl. (Hptm. Wolferseder), III. Btl. (Hptm. Seebacher). Den Schutz der Ostflanke in der Hafenbucht von Stanitschka bis zum Str.Bad I einschließlich hatten Teile der 16. Pz.Jäg.Kp./91 übernommen. Da es sich hier um eine Wasserfront handelte, schien dieser Einsatz gerechtfertigt. Hier konnte der Gegner nur mit Booten angreifen. Zur Abwehr eines solchen Unternehmens waren Pakgeschütze besonders geeignet. Ihr Feuer war in der Lage, die Boote schon bei der Annäherung im Wasser zu fassen und zu vernichten.

Der Verteidigungsabschnitt des Regiments, besonders soweit er im Südteil von Noworossisk verlief, also im Abschnitt des II. und III. Btls., war immer unruhig. Das ergab sich aus der Eigenart der Ortsverteidigung. Da die Stellungen sich oft nur auf Straßenbreite gegenüberlagen und die Unübersichtlichkeit des Geländes (Häuser, Mauern, Zäune, Gärten, Bäume usw.), verbunden mit den damit beschränkten Sichtverhältnissen, überraschende Unternehmen begünstigte, erforderte diese Verteidigung von den eingesetzten Btl. höchste Aufmerksamkeit und stetige Einsatzbereitschaft. [...]

Anfang September wurde der Russe vor der gesamten Front der 4. Geb.Div. im Landekopf unruhig und begann mit häufigen Stoßtruppunternehmen unsere Verteidigungsstellungen nach schwachen Stellen abzutasten. Es lag etwas in der Luft. Gerüchte sprachen von bevorstehenden Landungen. Da man vor allem auch einen größeren Angriff aus dem Landekopf gegen Noworossisk vermutete, wurde am 8. 9. noch das Geb.Jäg.Btl. 94 nach Noworossisk verlegt, wo es zusammen mit der 3./Geb.Pi.Btl. 94 eine sofort greifbare Reserve bildete. [...]

Es war kurz nach Mitternacht, in den ersten Stunden des 10. 9., als gegen 1.50 Uhr ein in dieser Stärke noch nicht erlebtes feindliches Vernich-

---

Oben: Ssemascho und Pschysch-Tal im Waldkaukasus

Mitte: Der Waldkaukasus – Keine Sicht, nur das ewige Rauschen der Bäume

Unten: Morastige Nachschubstraße im verregneten Pschysch-Tal

tungsfeuer aller Rohre und Kaliber auf Hafen, Stadt und die südlichen Stellungen begann. Sowjetische Landbatterien aus dem Landekopf, schwere Küstengeschütze von der Ostseite der Zemesskaja-Bucht und die Schiffsartillerie der in der Bucht aufgekreuzten Einheiten der Roten Schwarzmeer-Flotte schossen ununterbrochen Schnellfeuer und rollende Breitseiten.

Stalinorgeln (17,2 cm), 22 cm Langrohrkanonen und Schiffsgeschütze trommelten wie wild geworden. Sowjetische Bomber flogen in einem nicht

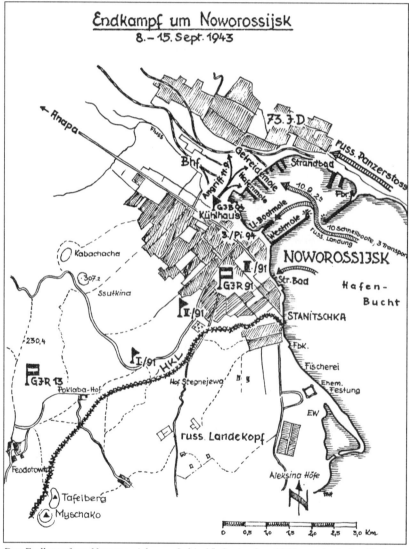

Der Endkampf um Noworossisk vom 8. bis 15. September 1943 aus deutscher Sicht

abreißenden, rollenden Einsatz an und luden ab – ganz Noworossisk glich einem Hexenkessel.

Einzelne Feuerschwerpunkte ließen sich bald nicht mehr ausmachen. Ununterbrochen schlug es überall donnernd, berstend und krachend ein. Es schien, als ginge die Welt unter. Der Erdboden zitterte und bebte, Stadt und Hafen brannten an zahlreichen Stellen lichterloh, ganze Häuserreihen stürzten unter den vernichtenden Salven und Reihenwürfen zusammen. Große Brände erhellten schaurig die Bilder der Verwüstung und Zerstörung, bis dichte Wolken von Qualm, Rauch und Staub die flammende helle Mondnacht verdunkelten.

Und immer stärker schwoll vom Ostrand und von See her das Mündungsfeuer aus den Geschützen an, bis nach zwei Stunden endlich der rasende Beschuß etwas nachließ und das Feuer weiter zurücksprang.

Schätzungen sprechen von ca. 12.000–15.000 Granaten und Bomben aller Kaliber, die in diesem Zeitraum von zwei Stunden niederhagelten. Dies bedeutete rund jede Minute etwa 100 Granaten.

Soweit in dem ganzen entstandenen Durcheinander, den Bränden und den dichten Rauchschwaden festzustellen war, drang der Gegner bis gegen 4 Uhr morgens trotz der vorhandenen Seesperren in den inneren Hafen ein. Voraus kamen etwa 10 Schnellboote, dahinter 3 oder 4 größere Transportschiffe.

Erst allmählich, da alle Verbindungen zerstört und Teile der Hafenverteidigung zerschlagen worden waren, zeichnete sich ein genaueres Bild der feindlichen Anlandungen auf der Westseite des Hafens ab. So ließen sich drei größere Schwerpunkte feststellen:

a) Den Sowjets – ausgesuchten Eliteverbänden, die aus Marinetruppen und Kriegsschülern bestanden, jedem dieser Männer hatte man eine hohe Auszeichnung und Beförderung zum nächsthöheren Dienstgrad versprochen – war es gelungen, mit einer größeren Gruppe bei Strandbad I südlich der Westmole an Land zu kommen. Sie brachen dort in die Stadt durch, und überall konnte man bereits Russen durch die Straßen hasten sehen. Auch beim Rgts.Gef.Stand wimmelte es plötzlich von Sowjets.

b) Eine zweite starke Gruppe klammerte sich an die West- und U-Boots-Mole fest, wo sie an der Westmole sogar ein größeres Schiff ausladen konnte.

c) Weitere stärkere Kräfte landeten an der Getreidemole und beim Kühlhaus, großen, festungsartigen Betonklötzen, wo sie sich festsetzen und einnisten konnten, nachdem sie die Gegenwehr gebrochen hatten.

Der Feind im Hafen von Noworossisk! Alarm! Heraus aus den Deckungen! Noch ist nicht alles verloren! Obwohl der Rgts.Abschnitt gleichzeitig vom Hafen aus und nun auch am Südrand von Noworossisk berannt wird, verlieren die Verteidiger nicht den Kopf – sie kennen den Krieg und sind sich ihrer Kampfkraft bewußt. Sofort schießen die Verteidiger aus allen Rohren in die dichten Haufen der Gegner. Befehle werden blitzschnell gegeben und jagen hinaus. Die Funkverbindungen werden wieder hergestellt. Die Gefechtsstände werden freigekämpft. Verbindungsspähtrupps und später Melder, Ordonnanzoffiziere, Störungssucher machen sich auf den Weg und kämpfen sich teilweise durch die Sowjets. Das Regiment wird wieder ein Ganzes.

Die Nacht ist durchglüht vom Feuerschein der Brände. In Hast und Eile werden Kampfgruppen gebildet, was greifbar und noch kampffähig ist, herangezogen und eingesetzt. Langsam, aber sicher setzt eine energische Abwehr ein. Schon laufen die ersten Gegenmaßnahmen an, werden die ersten Gegenschläge geführt.

Das Geb.Jäg.Btl. 94 greift mit Teilen zuerst ein. Die 2. Kp. voraus stürzt mit etwa 50 Mann zum Hafen hinunter. Ein Zug stürmt gegen die Westmole, ein zweiter mit Hurra gegen die U-Boots-Mole. Dort krachen jetzt die Handgranaten, bellen Gewehrschüsse auf, knattern M.Pi. los. An der U-Boots-Mole hängt und klammert sich der Gegner in ganzen Trauben und Klumpen fest, klatscht und stürzt im flankierenden Feuer eines in Stellung gegangenen M.G.-Zuges ins Hafenwasser. Es gelingt, die gelandeten Russen unter Verlusten zurückzudrängen und die beiden Molen abzuriegeln. Von hier aus kommt niemand mehr in die Stadt.

Sofort mit Tagesanbruch setzen eigene Artillerie und Paks ein. Stichflammen zucken an dunklen Schiffsschatten. Volltreffer auf den ersten Transporter, der zweite bekommt einen vor den Bug, beim dritten kracht es donnernd auf das Deck. Doch – was ist das? Die Verteidiger trauen ihren Augen nicht. Von den brennenden Schiffen schwimmen sie an Land. Doch nicht um sich zu retten. Der Gegner schwimmt zum Angriff heran. Ein unheimliches Bild, wie da in dichten Scharen Dutzende, ja Hunderte von Schwimmern mit raschen Schlägen und schnellen Stößen das ölige Wasser des Hafens teilen und dem Lande zustreben, viele davon nackt. Ihre Waffen haben sie in wasserdichten Beuteln auf dem Rücken verpackt.

M.G. rasseln ihnen entgegen", fährt Oberst Hörl in seinem spannenden Bericht über die sowjetische Landung bei Noworossisk fort. „Doch diese verwegenen Burschen schwimmen scheinbar unbekümmert um jedes Abwehrfeuer heran, kommen an Land und erreichen die Molen, wenn auch viele von ihnen gurgelnd versacken und versinken.

Der Feind hatte seine Landung in drei Wellen unternommen. Mit der 1. Angriffswelle setzte er überraschend Stoßtrupps von etwa 2–3 Bataillonen an Land. Eine 2. Welle von rund 30–40 Landungsbooten konnte zum Teil unter wirksamen Beschuß genommen werden (Angriffsschwimmer!). Eine 3. Welle von größeren Schiffseinheiten mit anscheinend der Masse der Truppe an Bord und gedeckt durch Zerstörer und Kanonenboote wird durch gutliegendes Artilleriefeuer noch zum Abdrehen auf See gezwungen.

Unterdessen konnte bereits eine in die Stadt durchgebrochene schwächere Feindgruppe von annähernd 50 Mann gestellt und bis in die Morgenstunden aufgerieben werden. Teils nackt, teilweise in völlig durchnäßten Uniformen, ausgepumpt und restlos durchfroren, sammelten sich die Gefangenen, von denen viele verwundet waren.

Am gefährlichsten sah es im inneren Hafen aus, wo der Gegner an mehreren Stellen hatte landen und sich festsetzen können. Die dort um das sogenannte ‚Kühlhaus' sich verteidigende Marine-Kp. war aufgerieben und zurückgeworfen worden.

Bis zum frühen Morgen, der mit milchigen Nebeln und weißen Schleiern über den Wassern kam, konnte die 1. gelandete Angriffswelle teilweise vernichtet werden. Ein Großteil der Schiffe in den Hafengewässern war zusammengeschossen, zerstört oder bewegungsunfähig. 11 Landungsboote und 3 Transporter waren als versenkt oder in Brand geschossen gemeldet. Auch draußen vor den langen Molen lagen Bootswracks. Hier hatten die durch die enge Hafeneinfahrt eindringenden Russen versucht, eine breite Bresche für ihre Landungsfahrzeuge zu schlagen. So schossen sie Torpedos gegen die beiden großen Hafenmolen (Ost- und Westmole), zielten dabei aber zu hoch. Es gab wohl Riesenlöcher, doch die herausgerissenen Mauertrümmer wirkten nunmehr wie Riffe. Mehrere Landungsboote blieben darauf hängen und wurden eine leichte Beute der Artillerie und Pak.

Fortgesetzt hallte überall starker Kampflärm im Hafen und auch schon in der ganzen Stadt. Noch war die ganze Lage sehr kritisch, insbesondere im Innenhafen und auf dem linken Flügel der 4. Geb.Div. zur anschließenden 73. Inf.Div. Hier hatte sich der Gegner nicht nur festsetzen können, sondern er war bereits zwischen Noworossisk-Nord und -Süd über den Bahnhof mit einer schwächeren Gruppe (etwa 60 Mann) an den Nordwestrand durchgestoßen, die die Zufahrtsstraße von Westen in die Stadt verlegte.

Der Russe unterstützte seine gelandeten Teile zwar jetzt nicht mehr durch Artillerie. Dafür aber kamen, kaum lichtete sich der Tag, die sowjetischen Tieffliegerstaffeln in laufenden Einsätzen und kämmten aus allen Rohren feuernd systematisch das Stadtgebiet ab.

Den ganzen 10. 9. über hielten die schweren Kämpfe an, und nur eine Truppe mit einem Höchstmaß an innerer Kraft konnte sie bestehen und vielfach auf sich allein gestellt den Zusammenhalt wahren. [...]

Am Abend des 10. 9. war zunächst das Schlimmste überstanden. Die Verteidiger von Noworossisk hatten dem Schlag des Feindes widerstanden. Der Durchbruch der Sowjets war nicht gelungen, wenn sie auch an verschiedenen Stellen Einbrüche erzielen konnten.

In unverminderter Stärke ging auch in der Nacht vom 10./11. 9. das feindliche Artilleriefeuer und die Fliegertätigkeit fort. Kaum war nach 2 Uhr der Vollmond untergegangen, brach die Hölle erneut los. Wieder droschen Tonnenlasten an Stahl und Explosivstoffen auf die geschundene und gemarterte Stadt ein.

Unter dem Schutz dieser Feuerglocke wurden nun neue Feindteile im Innenhafen gelandet. Landungsboote und Transporter fuhren auf die verschiedenen Molen zu, die meisten gegen die Getreidemole und den dahinterliegenden Kriegshafen. 3 Boote landeten unmittelbar vor dem Kühlhaus. Zwei wurden noch während des Ausladens von der 2-cm-Flak erledigt, das dritte mit M.G. beschossen.

Im Morgengrauen des 11. 9. erstürmten Kompanien des III./13. unter Mithilfe von Pak und Flak die West- und U-Boots-Mole. Nach harten Kämpfen zum Teil Mann gegen Mann wurde der Feind ins Wasser geworfen. Etwa 300 Tote wurden gezählt. Unter den gemachten Gefangenen befand sich auch ein Brigadestab.

Mittags um 12 Uhr trat das Jäg.Btl. 94 zusammen mit der 3./Pi. 94 und den Sturmgeschützen wiederum zum Gegenangriff, und zwar zunächst gegen die durchgebrochenen Bolschewisten zwischen Noworossisk-Nord und -Süd an. Dabei konnte der Gegner aus dem Bahnhof geworfen und weiter unter Säuberung des größten Teiles des Hafengeländes auch an anderen Stellen zurückgedrückt werden. Dann wurde die starkbesetzte Getreidemole abgeriegelt, um einen neuen feindlichen Ausbruch zu verhindern.

Außerdem hatten im Morgengrauen des 11. 9. Teile des rechts anschließenden Geb.Jäg.Rgt. 13 einen Teil des Abschnittes des I./91 übernommen. Dadurch konnten 2 verst. Kompanien herausgelöst werden. Aus diesen und den bereits am 10. 9. freigemachten Teilen des Rgts. wurde am Vormittag eine Kampfgruppe unter Führung des Kommandeurs III./91 gebildet mit dem Auftrag, die südlich der Westmole eingeschlossenen Sowjets (ca. 400 Mann) zu vernichten. In einem erbitterten Häuserkampf wurde der Gegner, der sich hartnäckig bis zum letzten Mann wehrte, allmählich immer mehr zusammengedrängt, und gegen Abend konnten die letzten Reste außer Gefecht gesetzt werden. [...]

Bis zum Abend konnte die Lage in Noworossisk im Abschnitt der 4. Geb.Div. als gesichert angesehen werden. In einzelnen größeren Stützpunkten und Widerstandsnestern, so im Kühlhaus, bei der Getreidemole und im Kriegshafen konnten sich allerdings noch stärkere Teile des Feindes behaupten. Doch waren diese Kräfte abgeriegelt, eingeschlossen und ihnen die Bewegungsfreiheit genommen. Feindverstärkungen in den Hafen hinein kamen nicht mehr durch. Als sich in der Nacht zum 12. 9. neue Boote einzeln, scharf links um die Hafeneinfahrt zu schieben versuchten, um Kurs auf die Getreidemole und den Kriegshafen zu nehmen, wurden sie sofort durch die gut eingeschossene Artillerie unter Feuer genommen. Durch Leuchtzeichen von den wachsamen Verteidigern am Hafenrand zu Hilfe gerufen, schoß sie die meisten Boote zusammen, noch ehe sie anlanden konnten.

Steuerlos trieben sie im Hafenbecken umher und sanken dann.

Der 12. 9. verging mit weiteren Abriegelungen und Einschnürungen und

dem Versuch, die wieder entstandene Lücke zur 73. Inf.Div. zu schließen.
Die eingeschobenen Rumänen hatten, da sie der Anforderung dieser Kämpfe eben nicht gewachsen waren, nicht standgehalten, wodurch insbeson-
dere das Jäg.Btl. 94 nach zwei Seiten verteidigen und sperren mußte.
Am 13. 9. wurde der im Kriegshafen eingenistete Gegner unter kon-
zentriertes Feuer genommen. Stukas flogen an und warfen heulend ab. Die
Artillerie schoß Vernichtungsfeuer in die Hafenanlagen und Molen. Leider fehlte schweres Kaliber, da nur die Div.Artillerie zur Verfügung stand.
[...]
Die angelandeten Sowjets gaben nicht auf. Unermüdlich flogen die roten
Schlachtflieger, um ihnen Unterstützung zu geben. An Fallschirmen segel-
ten Verpflegungs- und Versorgungsbomben herab, die allerdings zum Teil
ins Wasser fielen. [...]
Am 14. 9. schien es nochmals kritisch zu werden. Um 10 Uhr brach –
nachdem der an der Küste angreifende Feind bei Mefedjewski und um das
Hafenbecken herum durchgebrochen war – ein starker Angriff von etwa
2000 Mann und 20 Panzern an der Bahnlinie nach Süden vor. Unter zusammengefaßter Artilleriewirkung aus Norden, Westen und Südwesten wurde er unter schweren Verlusten abgeschlagen. [...]
Auch am 15. 9. abends fanden wieder mehrere schwere eigene Stuka-
Angriffe auf ihren größten Landekopf im Kriegshafen statt.
Dies war endlich der Tag, an dem mit der notwendig gewordenen Räumung des Kuban-Brückenkopfes auch unten im Süden begonnen werden
konnte.
Völlig unbemerkt wurde nun der Abschnitt Noworossisk befehlsgemäß
geräumt und in der Nacht zum 16. 9. verließen um 24 Uhr die letzten Nachhuten das gänzlich verwüstete Hafengelände.
Wie sehr dem Gegner an einer Wegnahme von Noworossisk lag", resü-
mierte Oberst Ludwig Hörl, der für den Kampf um den sowjetischen
Schwarzmeerhafen mit dem Ritterkreuz des Eisernen Kreuzes ausgezeichnet wurde, am Ende seines packenden Berichts, „zeigte sich, als er
frühmorgens einen großen Landungsversuch vorbereitete. Ab 4.30 Uhr
beschoß und bombardierte er wieder erneut die auflodernden Brandstät-
ten und das Trümmerfeld der Stadt. Doch der ganze riesige Feuerzauber
ging in nunmehr völlig leere und verlassene Stellungen. Als im Morgen-
dämmern feindliche Schlachtfliegerschwärme über die ausgebrannten und
öden Straßen fegten, war kein deutscher Verteidiger mehr zu entdecken.
Nur schwarzer Qualm und dunkle Rauchfahnen hingen überall über der
toten Stadt. Und es war gegen Mittag, da konnten wir aus unserer neuen
Stellung bei Borrisowka beobachten, wie das mächtige NKWD-Gebäude,
das bisher jedem Beschuß standgehalten hatte, in die Luft flog. Unsere
Pioniere hatten es liebevoll und fachgerecht zur Sprengung vorbereitet und
mit einem Zeitzünder versehen, der auf 12 Uhr stand.
Der Feind hatte sein vergebliches Landeunternehmen gegen Noworos-

sisk mit 1380 gezählten Toten und 450 Gefangenen bezahlen müssen, wobei seine tatsächlichen Verluste, besonders im Wasser und auf See ungleich höher anzunehmen sind. Außerdem wurden 7 Geschütze, 21 Granatwerfer und 85 M.G. erbeutet."[40]

Aber auch die Gebirgsjäger hatten während der Kampfhandlungen um Noworossisk viele Tote und Verwundete zu beklagen. Es ist deshalb abschließend die Frage zu stellen, ob die äußerst verlustreichen Gefechte um diesen bedeutenden Schwarzmeerhafen überhaupt noch notwendig gewesen sind? Auf deutscher Seite war man nämlich längst entschlossen, die Kaukasus-Armee unter Aufgabe von Noworossisk weiter in den Kuban-Brückenkopf zurückzunehmen und diesen in weiterer Folge ganz zu räumen.

Diese Frage kann jedoch eindeutig mit einem Ja beantwortet werden. Die generalstabsmäßig durchgeführte Räumung des Kuban-Brückenkopfes war letztlich deshalb reibungslos möglich, weil es der 4. Gebirgs-Division zuvor gelungen ist, die sowjetischen Landeoperationen bei Noworossisk zu unterbinden und den angelandeten Truppen derart empfindliche Verluste zuzufügen, daß sie die Rückzugsbewegungen der deutschen Verbände nicht mehr ernsthaft gefährden konnten.

Kaum hatten die letzten Nachhuten der Gebirgsjäger Noworossisk verlassen, krochen sowjetische Soldaten, die durch die Kanalisation in die Hafenstadt eingedrungen waren, aus den unterirdischen Abwässersystemen hervor und vereinigten sich mit den neuen Landungstruppen. Später konnten einige Gebirgssoldaten beobachten, wie in der völlig zerstörten Stadt Tauben aufstiegen und Richtung Kabadinka flogen.[41]

„Die Befreiung von Noworossisk hatte sowohl für die Schlacht um den Kaukasus als auch für die Ereignisse an der gesamten Südflanke der sowjetisch-deutschen Front eine sehr große Bedeutung", wurde auf sowjetischer Seite konstatiert.[42] „Nach der Befreiung von Noworossisk mußte man zunächst die gesamte Halbinsel Taman vom Gegner säubern. Damit sollten günstige Voraussetzungen für die Forcierung der Straße von Kertsch geschaffen werden. Das faschistische Oberkommando war mit allen Mitteln bestrebt, den Brückenkopf auf der Halbinsel Taman zu halten, um seine Truppen auf der Krim zu schützen."[43]

Chef der Politverwaltung der sowjetischen 18. Armee, die den Landungsangriff auf die Hafenstadt durchgeführt hatte, war kein Geringerer als Oberst Leonid J. Breschnew, der spätere Generalsekretär der KPdSU, Vorsitzender des Präsidiums des Obersten Sowjets und langjähriger Staats- und Parteichef der UdSSR. Er entging seinerzeit nur um Haaresbreite dem Tod, als sein Fischkutter auf eine Mine lief und er dabei über Bord geschleudert wurde. Als Breschnew von Matrosen bewußtlos aus dem Wasser gezogen wurde und an Land wieder zu sich kam, soll er gemeint haben: „Einen Sowjetmenschen kann man wohl töten, aber niemals besiegen!" So berichtet jedenfalls das amtliche Geschichtsbuch des „Großen Vaterländischen Krieges".[44]

Die weiter nördlich eingesetzte 56. Armee führte Generalleutnant A. A. Gretschko. Er sollte später als Marschall der Sowjetunion Verteidigungsminister werden. Breschnew hat den Kampf um Noworossisk nach dem Krieg in einem Buch beschrieben. Kommunistische Diktion und propagandistische Verzerrung sind unübersehbar:

„[...] ‚Das ist damit zu erklären, daß jeder unter den Waffen stehende Arbeiter und Bauer weiß, wofür er in den Kampf geht, und bewußt sein Blut vergießt für den Triumph der Gerechtigkeit und des Sozialismus.'

Diese bemerkenswerten Leninschen Worte zeigen zutiefst und präzis die Quellen der moralischen Kräfte des Volkes, die Quellen der unsterblichen Heldentaten unseres Volkes, die es in den Jahren des Großen Vaterländischen Krieges im Namen des Sieges der Gerechtigkeit und des Sozialismus vollbracht hat. Am 16. September schoß Moskau Salut für die tapferen Soldaten der Nordkaukasusfront und der Schwarzmeerflotte. Die große Konfrontation war zu Ende. In einem kahlen Streifen mit der kleinen Siedlung Stanitschka haben unsere Truppen einer sieben Monate währenden Belagerung standgehalten und gesiegt. Die Faschisten hatten die große Stadt genommen, sie in eine unzugängliche Festung verwandelt, aber wir haben sie in sechs Tagen verjagt.

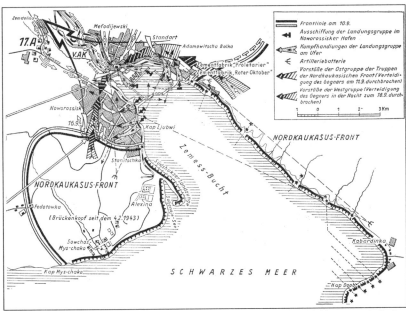

Die Angriffsoperation auf Noworossik vom 10. bis 16. September 1943 aus sowjetischer Sicht

Die Heimat hat die beispiellose Tapferkeit und den Heldenmut der Befreier von Noworossisk hoch gewürdigt. Neunzehn Verbände und Truppenteile erhielten den Ehrennamen Noworossisker. Tausende Soldaten und Offiziere wurden mit Orden und Medaillen ausgezeichnet. Dutzende Soldaten, die großartige Heldentaten vollbracht hatten, wurden mit dem hohen Titel ‚Held der Sowjetunion‘ geehrt.

Die Noworossisker Landung, an der alle Waffengattungen teilgenommen hatten, war eine der bedeutendsten Landungen des Großen Vaterländischen Krieges.

Die Schlacht um Noworossisk ist als Beispiel unbeugsamen Willens der sowjetischen Menschen zum Sieg, als Beispiel soldatischer Tapferkeit, Furchtlosigkeit und grenzenloser Treue zur Partei Lenins und zum sozialistischen Vaterland in die Geschichte des letzten Krieges eingegangen.

Den Befehl des Hauptquartiers hörte ich in dem halbzerstörten Gebäude des Stadtkomitees der Partei im Rundfunk. Wir hatten keine Kundgebung für die Bevölkerung organisiert, denn die Stadt hatte keine Einwohner. So gingen wir durch die Straßen, aber auch die gab es eigentlich nicht mehr. Nur Trümmer. Die ganze Stadt war eine einzige Brandstätte. In einem Keller fanden wir eine alte Frau mit einer Katze, sonst niemanden. Ich erinnere mich, in der Nähe stießen wir auch auf einen Getreidespeicher und den Matrosenklub. Am Vorabend der Befreiung hatten sich die Faschisten der Unseren bemächtigt, sie hierher getrieben, mit Benzin übergossen und lebendig verbrannt. Ein schreckliches Bild. [...]

Nach der Befreiung von Noworossisk hätten wir gern etwas verschnauft, aber wir konnten uns nicht eine Stunde gönnen. Der erfolgreiche Sturm

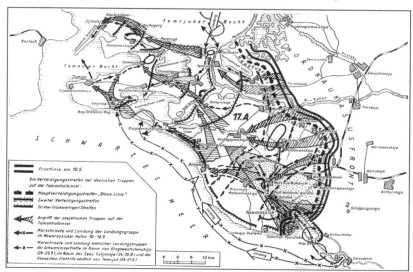

Die Angriffsoperationen der Roten Armee auf der Taman-Halbinsel vom 10. September bis 9. Oktober 1943

eröffnete die Möglichkeit, aus dem gesamten Brückenkopf vorzustoßen. Die Deutschen flohen buchstäblich unter dem Vorstoß unserer Truppen, wir nahmen das sogenannte Teufelstor, und der Weg nach Anapa war frei. Die faschistische Führung war gezwungen, ihre Operation ‚Krimhild' – die planmäßige Räumung der Halbinsel Taman – in ‚Brunhild' – eilige Evakuierung – umzubenennen. Aber auch diese Dame aus der Sage half ihnen nicht."[45]

4. Die Räumung des Kuban-Brückenkopfes

Am 24. Juni 1943 wurde Generaloberst Richard Ruoff als Oberbefehlshaber der 17. Armee abberufen. Obwohl er als einer der besten deutschen Armeeführer galt, sollte er nie wieder verwendet werden. Sein Nachfolger wurde General der Pioniere Erwin Jaenecke.

„Der Kuban wirkte auf die Russen wegen der Ölfelder des Kaukasus wie ein Magnet", schrieb der neue Oberbefehlshaber. „Sie haben sich unendliche Mühe gegeben, ihn wiederzuerobern, und aus dem gleichen Grunde hat Deutschland ihn so lange gehalten. Erst die Entwicklung der allgemeinen Lage nach der Katastrophe von Stalingrad zwang uns, ihn aufzugeben. Der Entschluß dazu wurde frühzeitig gefaßt und sah eine dreiwöchige wirtschaftliche Räumung und erst dann den Beginn des taktischen Rückzuges vor. Die gesamte Operation gelang unter geradezu unwahrscheinlich geringen eigenen Verlusten, während die Russen schwer bluten mußten. Angeblich sollen sie auf ihrer Kriegsakademie in Moskau die Räumung des Kuban als Musterbeispiel eines gut organisierten und geführten operativen Rückzuges über eine Meeresenge gelehrt haben."[46]

Die immer trister werdende Lage der Deutschen Wehrmacht zwang die Oberste Führung, die Ostfront in die Linie Mariupol–Dnjepr–Witebsk zurückzunehmen. Dadurch sollten die überdehnten Frontabschnitte verkürzt und Kräfte für Abschnitte freigemacht werden. Deshalb geriet auch die Front auf dem Kuban-Brückenkopf und damit auch die Verbände des XXXXIX. Gebirgs-Armeekorps in Bewegung. Die Räumung dieses Brückenkopfes, die sogenannte „Krimhildbewegung", die sich in kleinen, je etwa 10 bis 16 Kilometer langen Sprüngen vollzog, und die anschließende Verteidigung der Halbinsel Krim wurden am 4. September 1943 durch das Oberkommando des Heeres festgelegt:

„Geheime Kommandosache
Chefsache!
Nur durch Offizier!

Um Verbände für andere Aufgaben freizubekommen, habe ich mich entschlossen, den Kuban-Brückenkopf zu räumen und die 17. Armee über die Enge von Kertsch auf die Krim zurückzunehmen.

Mit der Vorbereitung und Durchführung der Räumungsbewegung, der Räumungszerstörung und des beschleunigten Verteidigungsausbaues der Krim wird der Oberbefehlshaber der Heeresgruppe A beauftragt. Seine Befehle sind für alle Dienststellen – auch die Nicht-Heeresdienststellen – im Kuban-Brückenkopf und auf der Halbinsel Kertsch bindend.

Es sind für die Räumungsbewegung, die Räumungszerstörung und den Verteidigungsausbau der Krim gesonderte Stäbe verantwortlich einzusetzen, zu denen auch Vertreter der Luftwaffe, Marine, OT usw. zu treten haben.

Die Durchführung aller dieser Maßnahmen muß bis zum Beginn der Schlammperiode beendet sein. Sie muß dem Gegner so lange wie möglich verborgen bleiben.

Es kommt mir auf folgendes besonders an:

1.) **Räumungsbewegung:**

a) Es dürfen keinerlei Waffen, Vorräte und Gerät dem Gegner in die Hände fallen.

b) Sämtliche militärischen und wirtschaftlichen Vorräte, Waffen und Gerät müssen planmäßig abtransportiert werden.

c) Sämtliche Zivilpersonen sind nach der Krim zurückzuführen.

d) Sämtliche sonstigen Landesvorräte, wie Fahrzeuge, Vieh und Schiffsgefäße aller Art usw. sind nach der Krim abzuschieben. Keine neue Feldbestellung.

2.) **Räumungszerstörung:**

a) Alle dem Gegner nutzbringenden Anlagen, Unterkunftsmöglichkeiten, Straßen, Kunstbauten, Dämme usw. müssen nachhaltig zerstört werden.

b) Sämtliche Eisenbahnen und Feldbahnen sind abzubauen bzw. restlos zu zerstören.

c) Sämtliche gebauten Knüppeldämme sind unbrauchbar zu machen und zu beseitigen.

d) Die im Kuban-Brückenkopf befindlichen Anlagen für Ölgewinnung müssen vollständig vernichtet werden.

e) Der Hafen von Noworossisk ist so zu zerstören und zu verseuchen, daß seine Benutzbarkeit durch die russische Flotte auf lange Zeit unmöglich gemacht wird.

f) Zur Zerstörung gehört auch weitgehendste Verseuchung mit Minen, Zeitminen usw.

g) Der Gegner muß ein auf lange Zeit voll unbrauchbares, unbewohnbares, wüstes Land, wo noch monatelang Minensprengungen vorkommen, übernehmen.

3.) **Krimverteidigung:**

a) Alle freiwerdenden Baukräfte und alles Material sind schwerpunktmäßig für den Ausbau der Krimverteidigung zu verwenden. Der Ausbau ist schwerpunktmäßig so zu steuern, daß die besonders gefährdeten Abschnitte (Halbinsel Kertsch, Feodossija, Ssudak usw.) bevorzugt ausgebaut werden. Auf größte Beschleunigung kommt es an.

b) Der zunächst feldmäßige Ausbau der Krimverteidigung ist baldmöglichst durch festungsmäßigen Ausbau zu ersetzen.

c) Die rücksichtslose – ohne jede falsche Weichheit durchgeführte – Erfassung der Zivilbevölkerung für diese Aufgabe, ihr beschleunigter Einsatz und ihre Zusammenfassung in Bau-Btle. (auch Frauen-Bau-Btle.) ist sicherzustellen.

d) Im Rahmen der Krimverteidigung muß mit allen Mitteln erreicht werden, daß eine Durchfahrt russischer Schiffseinheiten durch die Enge von Kertsch in das Asowsche Meer unter allen Umständen verhindert wird. Die notwendige Sperrung und Verseuchung dieser Enge sowie ihre Beherrschung durch ausreichende Artillerie ist daher frühzeitig zu veranlassen.

H.Gr. A meldet zum 10. 9. ihre Absichten mit Zeitplan für Räumung und Räumungszerstörung und für die Krimverteidigung unter der Voraussetzung, daß 3–4 deutsche Div. abzugeben sind.

gez. Adolf Hitler
Für die Richtigkeit:
gez. Graf Kielmansegg"[47]

Die entscheidenden Weisungen wurden herausgegeben und in entsprechende Befehle zur Räumung des Kuban-Brückenkopfes an die Verbände und Einheiten umgesetzt. Die große Räumungsoperation, die in der Kriegsgeschichte ohne Beispiel dasteht, konnte beginnen. Sie sollte, generalstabsmäßig geplant und vorbereitet, bis zur amphibischen Schlußphase mit der Präzision eines Uhrwerkes ablaufen. Jeder einzelne hatte in diesem äußerst komplizierten Räderwerk seine Aufgabe, die er im Sinne der Gesamtoperation zu lösen hatte.

Wenige Tage nach dem Abwehrerfolg der Gebirgsjäger bei Noworossisk, der die Initiative der Sowjets kurzzeitig gelähmt hatte, begann in den Abendstunden des 15. September 1943 die planmäßige Räumung der Front im Landekopf. Gemeinsam mit den Nachbardivisionen, der 6. rumänischen Kavallerie-Division und der 73. Infanterie-Division, zog sich die 4. Gebirgs-Division aus ihrem Abschnitt am rechten Flügel der deutschen Ostfront zurück. Um 23.00 Uhr lösten sich die Nachhuten unbemerkt vom Feind. Nur zögernd fühlten sowjetische Spähtrupps gegen die Gebirgsjäger vor, die sich in der waldreichen „Siegfried-Stellung" verschanzten. Am „Volker-Riegel" bei Krassno-Medwedowskaja war die Kampftätigkeit des Feindes zwei Tage später schon heftiger. Dort drangen auf der Paßstraße, die von Noworossisk her führte, einige Feindpanzer in die deutsche HKL ein. Die gleichzeitig angesetzten Infanterieangriffe konnten jedoch allesamt abgewiesen werden.

Inzwischen hatte auch an den übrigen Fronten des Kuban-Brückenkopfes die deutsche Absetzbewegung begonnen. Auf drei Seiten vom Meer umgeben, führten deutsche und rumänische Truppen die Absetzbewegungen nach den vorbereiteten Plänen der 17. Armee durch. Alle gegnerischen Vorstöße konnten erfolgreich abgewehrt werden, obwohl es nicht an kritischen Gefechtslagen – insbesondere entlang der Schwarzmeerküste – und an kräftezehrenden Nachtmärschen mit anschließendem Stellungswechsel mangelte.

Besonders heftig gestalteten sich die Kampfhandlungen für die 4. Gebirgs-Division am 21. September 1943. Bereits am frühen Morgen griffen die Sowjets massiert mit Infanterie und Panzern an der ganzen Front an:

„Nachdem Myschako und Noworossisk hinter uns lagen", so beginnt der Erlebnisbericht, „grub sich das Geb.Jäg.Btl. 94 und G.J.R. 91 in einem Obstgut und Weingarten links der Straße nach Anapskaja am 20. 9. 1943 ein.
Unsere 2. Kp. unter Oblt. Garisch war vor einer kleinen Häuserzeile in Stellung, hinter uns kamen noch zwei 7,5 Pak der Rumänen. [...]
Die Artillerie schoß heraus, was sie konnte. Bei uns konnten alle Angriffe abgewiesen werden, doch der größte Druck war an der Straße nach Anapskaja, wo die A. A. 94 hielt, rechts über der Höhe an der Küste war

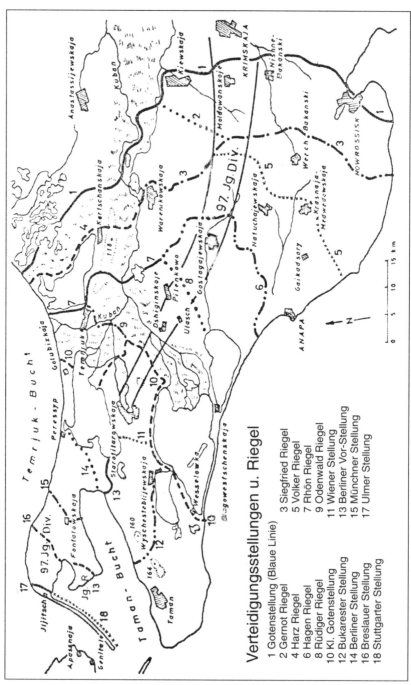

Verteidigungsstellungen u. Riegel

1 Gotenstellung (Blaue Linie)
2 Gernot Riegel
4 Harz Riegel
6 Hagen Riegel
8 Kl. Gotenstellung
10 Kl. Gotenstellung
12 Bukarester Stellung
14 Berliner Stellung
16 Breslauer Stellung
18 Stuttgarter Stellung

3 Siegfried Riegel
5 Volker Riegel
7 Rhön Riegel
9 Odenwald Riegel
11 Wiener Stellung
13 Berliner Vor-Stellung
15 Münchner Stellung
17 Ulmer Stellung

Deutsche Verteidigungsstellungen und Sperriegel auf der Kuban-Halbinsel

Geb.Jäg.Rgt. 13 mit Rumänen. Unsere 1. und 2. Kp. unterstützten zur Straße mit Feuer, solange es ging. Dann brachen die Sowjets, von Panzern unterstützt, dort durch und die A. A. 94 zog sich kämpfend den Hang hinauf, G.J.B. 94 konzentriert ihr Feuer mit allen Waffen auf die Einbruchstelle. Um diese lästige Flankenbedrohung auszuschalten, greifen sie uns massiert an. Jetzt zahlt sich unsere reichliche Munition aus, und aus allen Löchern knallt es. Am Nachmittag greift nun ein Rudel Panzer, das vor Anapskaja abgewiesen wurde, uns von rückwärts an und will die Zange machen. Da die Russen bereits in Scharen im Obstgarten eingedrungen sind, kommt noch rechtzeitig der Absetzbefehl auf den Höhenrücken zu G.J.R. 91, der bis jetzt noch nicht angegriffen war."[48]

Den Gebirgsjägern und Gebirgsartilleristen war es abermals gelungen, sich der drohenden sowjetischen Umklammerung zu entziehen.

Über die „Hagen-Stellung", den „Rüdiger-Riegel" und die „Große- und Kleine Goten-Stellung" wich die 4. Gebirgs-Division schließlich zum „Bukarester Riegel" aus, der mit verkehrter Front bezogen wurde. Der Feind reagierte sichtlich irritiert. Aber schon bald fühlte er gegen die Front des klein gewordenen deutschen Brückenkopfes vor und tastete die Gefechtsvorposten am Komendantskaja-Berg ab. Den Sowjets wurde diese gespenstische Rückzugsoperation, die sich vor ihren erstaunten Augen vollzog, immer unheimlicher. So beantwortete am 8. Oktober 1943 ein Kommandeur des XI. Garde-Schützen-Korps im Raum von Fontalowskaja, ostwärts von Ilitsch, die Anfrage seines Nachbarn, ob er bereits Beute gemacht habe, mit den Worten:

„Wo, zum Teufel, Beute machen, wo der Gegner sich in größter Ruhe und Ordnung zurückzieht und nicht nur die wertvollen Bestände, sondern sogar allen Kleinkram mitnimmt."

An jenem 8. Oktober 1943 bezog das Gebirgs-Jäger-Regiment 13 beiderseits des Gorelaja-Berges seine letzte Stellung auf dem Brückenkopf. Die „Breslauer Stellung" war gut ausgebaut und mit zahlreichen 40-cm-Do-Werfern bestückt. Die Sowjets griffen jedoch nicht mehr an. Sie zogen es vor, die vermutlichen Landestellen mit Störfeuer zu beschießen. Um 18.00 Uhr löste sich das Gebirgs-Jäger-Regiment 13 als letzter Verband vom Feind und sammelte bataillonsweise an den zugewiesenen Anlegestellen. Das Absetzen über See sollte unter dem Feuerschutz weitreichender, schwerer Artillerie erfolgen, die bereits auf der Halbinsel Krim in Stellung gegangen war.

Welch großartige Waffentaten hatten die Gebirgssoldaten bisher vollbracht! Die Rückzugsbewegung hatte sie durch nicht weniger als sechs große Stellungen bis an die Straße von Kertsch geführt. Jetzt war endgültig die letzte Nacht auf dem Kuban-Brückenkopf angebrochen.

Ein PK-Bericht beschrieb die Spannung der letzten Stunden im Brückenkopf:

„(PK.) Dort, wo sich die Reste der Kuban-Armee vom Feinde absetzen, hat das Gelände auf der Karte die Form eines Schlangenkopfes. Vom Oberkiefer des aufgerissenen Rachens aus setzen die Grenadiere mit ihren schweren Waffen in aller Ruhe über die Straße von Kertsch über. Der Unterkiefer aber mit einem hochragenden Berg birgt die Schlüsselstellung, die das letzte Absetzen planmäßig gewährleistet. Hier hält ein württembergisch-badisches Gebirgsjäger-Regiment die Front. In der Nacht zuvor hat es sich unbemerkt vom Feind aus der vorletzten Stellung gelöst und liegt jetzt um den Berg geschart, der wie ein Giftzahn aus dem Maul der Schlange gewachsen ist. Die Landser nannten ihn gleich den ‚Berg der letzten Goten'...

Es ist jetzt vier Uhr morgens. Die aufgehende Sonne erhebt die naheliegenden Ufer aus dem im Frühnebel aufdämmernden Morgen in jene durchsichtige Helligkeit, die Landschaften in voller Erhabenheit zeigt. Die Natur ist noch friedlich, die Herzen der Männer sind voller Spannung. Was bringt der erwachende Tag? Für sie ist es der letzte auf dem Kuban-Brückenkopf. Sie haben den siegreichen Marsch nach dem Kaukasus erlebt, seine Bergwelt, seine Menschen und seine unendliche Fruchtbarkeit. Tief ruht neben diesen Schönheiten in ihnen das gewaltige Erlebnis eines Rückmarsches, bei dem die Natur sich ebenso grausam zeigte, wie sie zuvor üppig erschienen ist. Nur Zähigkeit und große seelische Kraft, aus süddeutscher Heimat geschöpft, ließ sie den Kampf gegen meterhohen Schlamm und einen fanatischen Gegner erfolgreich bestehen. Sechs Abwehrschlachten am Kuban folgten, in denen sie der Sowjetmasse und ihren anrollenden Panzern schwere Verluste zufügten.

Nun hat der Kommandierende General, von dessen Standarte das vom Feind so gefürchtete Edelweiß prangt, seine Gebirgsjäger wieder auf einen entscheidenden Posten gestellt. Sie haben die Flanke zu sichern, damit der Fährbetrieb bei Iljitsch planmäßig weitergeht. Die von der Führung glänzend organisierte Räumung des Kuban-Brückenkopfes, die in ihrer Durchführung auf diesem Gebiet wohl einmal das klassische Beispiel darstellen wird, hat die Gebirgsjäger fast ohne Verluste bis hierher gebracht. Nun hoffen sie alle, daß ihnen das Schicksal, das sie noch für 24 Stunden vom anderen Ufer trennt, auch weiterhin günstig gesinnt sein mag. Die Vorausschau, mit der der General seine Operationen führte, bei denen er sich vor allem durch Schonung auch des letzten Mannes leiten ließ, bestärkt sie in der Hoffnung.

Die Sowjets kommen an diesem Morgen nur zögernd in die Nähe der

Oben: Nachschubzug passiert einen Gebirgsbach auf dem Weg zum Pioniersattel

Mitte: Unterkunft im Waldkaukasus 1942/43

Unten: Durchnäßte Tragtierkolonne im Gunaika-Tal 1942/43

Hauptkampflinie. Wir sehen von unserem Berg aus jeden einzelnen im Gras. Sie durchsuchen die von uns in der Nacht verlassenen Bauernhäuser, sicher in der Hoffnung, vielleicht eine Konserve oder ein paar Zigaretten zu finden, denn wir wissen sehr wohl, wie wütend der bolschewistische General war, als er im geräumten Temrjuk nicht das Mindeste vorfand, was an unsere gute Verpflegung erinnert hätte.

Es ist jetzt Nachmittag geworden, aber die Bolschewisten bleiben immer noch in respektabler Entfernung vor unserer HKL. Weit im Hinterland erkennen wir mächtige Staubfahnen, die auf lebhaften Nachschubverkehr schließen lassen. So sind bald schwere Mörser auszumachen, die, von Traktoren gezogen, in Stellung gebracht werden. Lange brauchen wir nicht zu warten, dann geht auch das Geheul schon los. Der Berg wird mit allen Kalibern bepflastert, denn die Sowjets wissen, daß wir ihnen von dort in die Karten gucken. Schlachtflieger kreisen wild um die Höhe wie Habichte, die ihr Opfer nicht greifen können. Unsere Jäger hindern sie daran, und in aufregender Kurbelei erweisen diese sich nach zwei Abschüssen als die bessere Waffe. Trotzdem versuchen die sowjetischen Flieger immer wieder, an den Berg heranzukommen, doch spürt man bald ihre Kampfmüdigkeit. Auch die Infanterie meidet immer noch die HKL, obwohl es schon Spätnachmittag geworden ist, denn wenn sie angreifen wollten, dann müßte es jetzt geschehen, bevor es dunkel wird. Die Landser sehen jetzt öfters auf die Uhr. Der Feind hat, will er von sich aus etwas erreichen, höchstens noch eine halbe Stunde Zeit. Um halb fünf Uhr bricht die Dunkelheit herein und dann, das weiß er aus Erfahrung, muß er bei Angriffen mit noch größeren Verlusten rechnen als am Tage. Doch bevor die Sonne untergeht, zieht ein Gebrumm nach Osten, das die Landser elektrisiert: Stukas! Gebannt starrt alles nach oben, wir denken alle: hoffentlich geht es auf die Mörser! Dann stürzen die ersten und mitten hinein fallen die schweren Brocken. Der Berg zittert und zwischen ihm und dem Feind steht eine schwarze Wand. ‚Dem reichts für heute da drüben‘, sagen die Landser und blicken den tief abziehenden Stukas nach, nicht ohne sie liebevoll zu zählen. Die Zahl stimmt.

Als aber bald darauf um unseren Berg das letzte Büchsenlicht herrscht, überschüttet ihn der ‚Iwan‘ mit einem derartigen Feuerzauber, daß wir annehmen, er möchte noch einen letzten Versuch machen, uns in einem

---

Oben: Kuban-Brückenkopf 1943: Generalmajor Hermann Kreß, der neue Kommandeur der 4. Gebirgs-Division, mit seinen Kommandeuren Hauptmann Schassner (links) und Major Hörl (rechts)

Links unten: Beobachtungsstand der Gebirgsjäger in den Lagunen des Kuban-Brückenkopfes

Rechts unten: Generalmajor Walter Stettner Ritter von Grabenhofen, der neue Kommandeur der 1. Gebirgs-Division

mit Panzern geführten Angriff doch noch einige Kameraden zu entreißen. Dann fährt plötzlich ein mit Sowjets beladener Lkw in der Nähe des Drahtverhaus die Stellung entlang und läßt einige von den Sowjets fallen, als habe er sie unbemerkt verloren. Die Jäger sind natürlich auf Draht und halten rein, was das Zeug hält. Und jetzt ist es auch schon Nacht. Die von zahlreichen Einschlägen herrührenden Rauchschwaden verfinstern den Mond, und gespenstisch huschen Schatten über das Land. Angestrengt bohren die Gebirgsjäger ihre Augen in die halbdunkle Nacht. Aber vor der HKL rührt sich nichts mehr. Nur das Artillerieduell beherrscht die Stunde, das aber seine Herrschaft an die Werfer abgibt, wenn diese hundertfach gezündet mit feurigem Schweif zum Feind jagen.

Das sind Gedanken, die uns beschäftigten, bevor wir den Brückenkopf verlassen. Diese Stunde naht jetzt heran. In aller Ruhe wird die HKL geräumt, während unsere Artillerie Sperrfeuer schießt. Ob die Bolschewisten merkten, daß wir uns lösten? Er beschießt die Landungsstege, vielleicht als machtlose Demonstration, weil er uns am Abzug nicht hindern kann, weil er seine Verluste fürchtet.

Noch zwei Stunden bis zur Abfahrt", fährt der PK-Berichter fort: „Die Zeit tröpfelt heute. Decken und Zeltplanen werden gepackt...

Als das Regiment unten am Meer steht, kommen... die Fähren. Mitten in diesen Betrieb fallen drei Leuchtbomben. Hoch über dem silbern glänzenden Wasser rattert eine feindliche Maschine. Wird es jetzt schief gehen? Plötzlich entfernt sich das Motorengeräusch. Unglaublich! Sie hat nichts gesehen. Inzwischen sind die Jäger, bis zu den Hüften im Wasser, hinausgewatet zu den kleinen Sturmbooten, die warten, bis die Panzerabwehrgeschütze verladen sind. Da fehlt eine Pak. Keuchend kommt auch schon ein Oberjäger angerannt und meldet, daß seine Pak noch in der Stellung steht, da die Zugmaschine ausgefallen ist... Seine Kameraden sitzen allein oben in der geräumten Stellung und warten. Sie lassen ihre Pak nicht im Stich. Es ist ausgerechnet jene, vor der sich am Abend die Sowjets vom Lkw fallen ließen, um die HKL auszuspionieren. Ein schneller Entschluß wird gefaßt. Eine andere Zugmaschine fährt nochmals hinauf und holt die Pak sowie die Zugmaschine. So kommt das letzte Gerät und der letzte Mann an Bord, ungestört vom Feind. So stark zählt dort die Kampfkraft des Kubankämpfers.

Nicht einen Kameraden verloren."[49]

Der „Berg der letzten Goten" verschwand in der Dunkelheit. Mit voller Kraft voraus fuhren die Schiffe und Boote über die Straße von Kertsch und erreichten gegen Mitternacht das rettende Ufer der Halbinsel Krim. Ohne ein Geschütz oder ein Fahrzeug zu verlieren, war es General Konrad gelungen, sein sechs Divisionen umfassendes XXXXIX. Gebirgs-Armeekorps über den kilometerbreiten Wasserarm in das neue Operationsgebiet zu führen.

Die sowjetische Seite stellte den Abschluß der deutschen Absetzbewegung allerdings ganz anders dar:

„Die von den sowjetischen Truppen verfolgten faschistischen Eindringlinge begannen den Rückzug auf die Krim. Sowjetische Flieger versenkten ein mit Soldaten und Kriegsmaterial beladenes feindliches Schiff nach dem anderen und bekämpften die Truppenansammlungen des Gegners an den Übergängen. Am 9. Okt[ober] 1943 erreichten die sowjetischen Truppen die Straße von Kertsch. Das war ein großer Sieg für die sowjetischen Truppen. In den Kämpfen um die Taman-Halbinsel fügte die sowjetische Armee dem Feind gewaltige Verluste zu. Allein bei der Säuberung der Taman-Halbinsel ließ der Gegner auf dem Gefechtsfeld über 36.000 gefallene Soldaten und Offiziere zurück. Tausende von Soldaten und Offizieren des Gegners kamen an den Übersetzstellen um."[50]

So kann man die planmäßig durchgeführte deutsche Operation zur Räumung des Kuban-Brückenkopfes auch betrachten. Mit objektiver Geschichtsschreibung hat dies allerdings nur mehr wenig zu tun.

Es war eine relativ kalte Nacht, als sich die Gebirgssoldaten nach der Überfahrt etwa zehn Kilometer südlich von Kertsch zwei Kilometer landeinwärts auf der Krim sammelten. Schon brausten die ersten motorisierten Fahrzeugkolonnen heran, um die schlaftrunkenen Gestalten abzuholen und in die vorbereiteten Quartiere zu fahren. Am Morgen jenes denkwürdigen 9. Oktobers 1943 erreichte sie folgende Meldung, die das Armee-Oberkommando 17 aus Anlaß der erfolgreichen Räumung des Kuban-Brückenkopfes herausgegeben hatte:

„Armee-Oberkommando 17   A.Gef.Std., den 9. 10. 1943
Abt. Ia Nr. 14 674/43 geh.

Morgenmeldung 9. 10. 1943

Die Armee hat den Übergang über die Straße von Kertsch beendet. Die als letzte Teile der Armee verbliebene 97. Jg.-Div. und die Geb.-Jg.-Rgter. 13 und 91 der 4. Geb.-Div. lösten sich, gedeckt durch das zusammengefaßte Feuer des nordostw. Kertsch eingesetzten schweren Flachfeuers und die vernichtende Wirkung zahlreicher schwerer Wurfgeräte, vom Feinde. Mit ihnen setzten der Oberbefehlshaber der 17. Armee, General der Pioniere Jaenecke, und der Kommandierende General des XXXXIX. (Geb.) A.K., General der Gebirgstruppen Konrad, über. Anschließend wurde auch die Besatzung der Insel Kossa Tusla nach der Küste von Kertsch übergeführt.

Die Räumung des Kuban-Brückenkopfes ist damit in voller Planmäßigkeit zu Ende geführt. Es ist gelungen, die Armee bis zur letzten Kompanie überzusetzen, keine Waffe, die nicht durch Feindbeschuß zerstört wurde, zurückzulassen. Das entscheidende Verdienst daran hat die über jedes Lob erhabene, hervorragende Haltung der Truppe.

Gesamtübersicht über die Abwehrschlachten im Kuban-Brückenkopf:
Der infolge der Absetzbewegungen der deutschen Kaukasus-Armeen im Winter 1942/43 am 1. 2. 1943 entstandene Kuban-Brückenkopf wurde von der 17. Armee mit 10 deutschen und 5 rumänischen Divisionen in 6 schweren Abwehrschlachten gehalten und ab 7. 9. 1943 auf Befehl planmäßig geräumt.

Im Laufe dieser 8 Monate brachte der Feind unter Führung von 7 Armee-Oberkommandos und 8 Generalkommandos 39 Schtz.-Divn., 39 Schtz.-Brig., 11 Pz.-Verb. und eine große Zahl selbst. Straf- und Marine-Btle. zum Einsatz. Trotz stärkster, scharf zusammengefaßter Artillerievorbereitung, stärkster Luftwaffenunterstützung und Masseneinsatz von Panzern gelang es dem Feind im Laufe der 6 Abwehrschlachten an keiner Stelle, die eigene Front zu durchbrechen und dadurch sein Ziel, die Vernichtung der im Kuban-Brückenkopf eingesetzten deutschen und rumänischen Kräfte, zu erreichen. Auch zur Unterstützung seiner Frontalangriffe im Rücken der eigenen Front durchgeführte Landungsangriffe brachten dem Gegner keinen Erfolg.

Die dem Gegner beigebrachten Verluste schwächten seine Kampfkraft derartig, daß er das schließlich erfolgende Absetzen nicht mehr gefährden konnte.

Die einwandfrei festgestellten Verluste des Gegners betragen: 14.373 Gefangene und Überläufer, 41.271 gezählte Tote.

Die gezählten Toten machen nur einen geringen Bruchteil der Gesamtzahl aus, da bei den meisten Abwehrkämpfen eine Zählung der durch das eigene Feuer erfaßten Angreifer und der Ertrunkenen nicht möglich war. Der Feind führte in den Monaten Februar bis September 123.209 Mann von uns zuverlässig erfaßten Ersatz der Nordkaukasus-Front zu. Da erfahrungsgemäß nur rund 50 v. H. der Ersatzzuführung zuverlässig bekannt werden, ein Teil der aufgefüllten Verbände auch nicht mehr vor der Front der 17. Armee antrat, können die unwiederbringlichen Verluste des Feindes vor dem Kuban-Brückenkopf auf nahezu eine Viertelmillion Mann geschätzt werden.

886 Panzer wurden vernichtet, 158 Panzer bewegungsunfähig geschossen, 55 Flugzeuge durch Infanterie abgeschossen.

Die vernichteten Geschütze, schweren und leichten Inf.-Waffen und sonstiges Kriegsgerät sind zahlenmäßig nicht zu erfassen.

Es wurden in den 6 Abwehrschlachten erbeutet: 83 Geschütze, 243 Granatwerfer, 1066 M.G. sowie eine große Menge an leichten Inf.-Waffen, Gerät aller Art und Munition.

Es wurden im Zusammenwirken der drei Wehrmachtsteile versenkt: 3 Zerstörer, 3 große Transportschiffe zu je 800 BRT, 8 kleinere Schiffe, 20 Landungsboote, 4 Schnellboote, 6 Kanonenboote, 1 Räumboot, 1 Betriebsstoffleichter, 2 Motorboote, 48 Schlauchboote, 10 Ponton, 107 kleinere Boote. Beschädigt wurden: 3 Schnellboote, 6 kleine Schiffe, 1 Motorschiff, 5 Landungsboote. Über die Straße von Kertsch wurden seit 1. 2. 1943 von Pionier- und Marine-Fahrzeugen in beiden Richtungen übergesetzt: 1.147.820 Menschen, 192.463 Pferde, 72.483 Kfz., 60.179 besp. Fahrzeuge, 706.738 Tonnen Güter aller Art.

Die Hauptlast des Kampfes trug der deutsche Grenadier und Jäger überall, wo er stand; in den Kämpfen um Noworossisk, in den Waldgebieten des Westkaukasus, auf den Höhen um Krymskaja und in den Sumpf- und Lagunengebieten am Asowschen Meer. Von der Artillerie, den Sturmgeschützen, Pionieren und Panzerjägern vorbildlich unterstützt, blieb er in 6 schweren Abwehrschlachten gegen zahlenmäßig weit überlegenen Feind Herr des Kuban-Brückenkopfes.

In treuer Waffenbrüderschaft kämpften Schulter an Schulter mit den deutschen Verbänden rumänische Divisionen, die damit einen hohen Anteil an der Verteidigung des Kuban-Brückenkopfes errungen haben.

Die Verluste der deutschen Verbände der 17. Armee in dieser Zeit betragen: 10.008 gefallen, 36.225 verwundet, 3562 vermißt. Die rumänischen Verluste betragen: 1598 gefallen, 7264 verwundet, 806 vermißt.

Insgesamt hat die 17. Armee ihre Aufgabe im Kuban-Brückenkopf mit 59.463 Mann blutigen Verlusten erfüllt. Unter den Gefallenen befinden sich 4 Divisions-Kommandeure: Generallt. Haccius, Kdr. 46. Inf.-Div., Generallt. Rupp, Kdr. 97. Jg.-Div., Generallt. Schmidt, Kdr. 50. Inf.-Div., Generallt. Kreß, Kdr. 4. Geb.-Div.

Mitwirkung von Luftwaffe und Marine:

Luftwaffenverbände des I. Flieger-Korps und Marinestreitkräfte des Admirals Schwarzes Meer unterstützten den Kampf der 17. Armee im Kuban-Brückenkopf in vorbildlicher Weise.

Verbände des I. Flieger-Korps griffen in unermüdlichen Einsätzen mit Kampf-, Sturzkampf- und Schlachtfliegern in die Kämpfe der Divisionen ein und brachten ihnen fühlbare Entlastung. Eigene Jäger kämpften trotz zahlenmäßiger Unterlegenheit den Luftraum über den Kuban-Brückenkopf und der entscheidenden Nachschubstraße über die Meerenge von Kertsch immer wieder frei und erleichterten damit den Kampf und die Bewegungen im Kuban-Brückenkopf und den Nachschub über die Straße von Kertsch. Transportflugzeuge führten zahlreiche Truppen- und Nachschubtransporte durch.

Flak-Artillerie unterstützte den Kampf der Jäger um die Beherrschung des Luftraumes über dem Kuban-Brückenkopf und kämpfte in den schweren Abwehrschlachten Seite an Seite mit den Truppen des Heeres gegen die feindlichen Panzer.

Vom 1. 2. bis 30. 9. führte das I. Flieger-Korps insgesamt 72.395 Einsätze, davon 30.567 zur unmittelbaren Unterstützung des Heeres, und 13.536 mit Transportflugzeugen und 2901 Lastenseglern aus.

1896 Feindflugzeuge wurden im Luftkampf, 338 Flugzeuge durch Flakartillerie abgeschossen. 135.230 Soldaten und Verwundete und 18.757 t Gerät wurden im Lufttransport befördert.

Seestreitkräfte sicherten die weiten Seeflanken des Kuban-Brückenkopfes und stellten den Nachschub über die Straße von Kertsch in Verbindung mit den eingesetzten Pi.-Landungskräften des Heeres sicher.

Für das Armee-Oberkommando
Der Chef des Generalstabes
gez. von Xylander
9. 10. 1943, 7.30 Uhr"

Die sowjetische Geschichtsschreibung kam im nachstehenden Bericht zu folgenden einseitigen Schlußfolgerungen:

„Die Angriffsoperationen der Sowjetarmee im Nordkaukasus dauerten von Anfang Januar bis Oktober 1943. Vom 3. Januar bis zum 4. Februar führten die Truppen der Transkaukasischen und Nordkaukasusfront Angriffsoperationen in Richtung Kransnodar–Tichorezk und verfolgten den zurückweichenden Gegner auf Stawropol und Rostow. Vom 5. Februar bis zum 9. September führten die Truppen der Nordkaukasusfront eine Reihe von Angriffsoperationen durch, um die Gruppierung des Feindes in den Kuban-Niederungen zu liquidieren, und vom 10. September bis zum 9. Oktober säuberten sie die Taman-Halbinsel von den deutschen Truppen.

Vom 3. Januar bis zum 9. Oktober 1943 waren die sowjetischen Truppen fast 800 km kämpfend vorgedrungen, hatten ein rund 200.000 qkm großes Territorium von den deutschen Okkupanten befreit und den Truppen der Heeresgruppe A große Verluste zugefügt. In diesem Zeitraum vernichteten die Truppen der Transkaukasischen und der Nordkaukasusfront rund 275.000 feindliche Soldaten und Offiziere und nahmen mehr als 6000 gefangen; sie vernichteten oder setzten außer Gefecht: 890 Panzer, mehr als 2000 Flugzeuge, 2122 Geschütze, 1394 Granatwerfer, 4963 Maschinengewehre, 7186 Kraftfahrzeuge und versenkten 609 Schiffe verschiedener Größe. In der gleichen Zeit erbeuteten sie 458 Panzer, 1392 Geschütze, 1533 Granatwerfer, 35.414 Maschinenpistolen und Gewehre, 15.195 Kraftfahrzeuge und über 800.000 Geschoße.

Während der Angriffsoperationen im Nordkaukasus säuberten die sowjetischen Truppen dieses Gebiet von den deutschen Okkupanten und schufen günstige Voraussetzungen, um die Straße von Kertsch zu überwinden und die feindlichen Truppen von der Krim zu vertreiben.

Nach Abschluß der Schlacht um den Kaukasus wurden große Kräfte der Sowjetarmee frei, die vom Hauptquartier des Oberkommandos an anderen Frontabschnitten eingesetzt werden konnten.

Die Erfolge der Sowjetarmee im Jahre 1943 beruhten auf ihrer gewachsenen Kraft. Die schnelle Entwicklung der Kriegsindustrie gewährleistete eine quantitative und qualitative Verbesserung ihrer Bewaffnung. Ihre Kommandeurskader hatten gelernt, die Truppen unter schwierigen Bedingungen zu führen. Zur gleichen Zeit verschlechterte die Niederlage des Feindes an der sowjetisch-deutschen Front die wirtschaftliche und militärisch-politische Lage Deutschlands wesentlich.

Die im Januar 1943 begonnenen Angriffsoperationen der sowjetischen Truppen im Nordkaukasus standen im Zeichen des beginnenden grundlegenden Umschwungs im Verlauf des Großen Vaterländischen Krieges."[51]

Es ist durchaus legitim, wenn die sowjetische Geschichtsschreibung die Kampfhandlungen der Roten Armee und deren Heldentaten in den Vordergrund stellt, um die unbestritten großen – allerdings von den westlichen Alliierten massiv unterstützten – Leistungen der sowjetischen Völker besonders hervorzustreichen. Dennoch sollte eine wesentliche Tatsache nicht außer acht gelassen werden: Nach Stalingrad war es das erklärte operative Ziel der Roten Armee, die Heeresgruppe A im Kaukasus einzuschließen und ihr ein ähnliches Schicksal zu bereiten wie der deutschen 6. Armee. Das ist der sowjetischen Führung jedoch trotz größter Anstrengungen ihrer Truppen nicht gelungen!

Aus Anlaß der erfolgreichen Räumung des Kuban-Brückenkopfes richtete der Oberbefehlshaber der Heeresgruppe A am 10. Oktober 1943 über den Wehrmachtssender Krim folgenden Tagesbefehl an seine Männer:

„Soldaten der Kuban-Armee!
Weit nach Osten vorgeschoben, habt Ihr Eure Front am Kuban lange Monate verteidigt. Ihr habt in Schlachten zahlenmäßig stark überlegene Feindkräfte abgeschlagen. Immer wieder mußte der Gegner Eure Überlegenheit fühlen. In treuer Waffenbrüderschaft kämpften hier deutsche und rumänische Verbände.

Nicht weil der Feind Euch zwang, sondern auf höheren Befehl habt Ihr jetzt das Kuban-Gebiet planmäßig geräumt. Der letzte deutsche und rumänische Soldat hat die Meerenge von Kertsch überschritten und die Feste Krim erreicht. Euer Kriegsgerät und Eure Waffen sind übergesetzt. Alle Versuche des Feindes, mit seinen Divisionen, mit seiner

Luftwaffe und seinen Seestreitkräften Eure Absetzbewegungen zu verhindern, sind gescheitert.

Ihr waret immer stolz darauf, Kuban-Kämpfer zu heißen. Auf diese Absetz- und Übergangsbewegung könnt Ihr ganz besonders stolz sein. Besser konnte sie gar nicht klappen. Eurer Führung und Euch allen spreche ich meinen Dank und höchste Anerkennung aus für Eure Disziplin und Tapferkeit.

Ich danke der Marine, der Luftwaffe, den Pionieren und allen Sonderverbänden, die Euch geholfen haben. Der Kuban-Kämpfer ist ein Begriff für die ganze Front und für die Heimat geworden. Bewahrt Euch diesen Kuban-Geist auch weiterhin, dann werdet Ihr immer der Schrecken der Feinde sein!

Ich bin stolz auf Euch!

gez. v. Kleist
Generalfeldmarschall"

Mit Genugtuung vernahmen die Kuban-Kämpfer die Worte ihres Heerführers aus den Rundfunkgeräten. Selbst der britische Premierminister Winston Churchill bekannte: „Der deutschen Kaukasusarmee gelang ein geschickter Rückzug [...]"[52)]

Die Soldaten sollten für ihre vorbildlichen Kampfhandlungen noch in anderer Hinsicht sichtbar ausgezeichnet werden. Am 20. September 1943 hatte der Führer und Oberste Befehlshaber der Wehrmacht den Kuban-Schild, der am linken Oberarm der Uniform als Ehrenzeichen getragen wurde, gestiftet.[53)]

Epilog

(Bürger-)Krieg im Kaukasus

„*Das menschliche Gedächtnis besitzt zahlreiche Feinde, die langsam, aber sicher an ihm nagen. Zu ihnen gehört auch die unerbittlich fortschreitende Zeit, die körnchenweise viele interessante und lehrreiche Fakten des Lebens aus dem Speicher des Gedächtnisses fegt. Neue Ereignisse und Eindrücke veranlassen uns manchmal unwillkürlich, über etwas Erlebtes anders zu denken, und dann stellen sich auf einmal Dinge längst vergangener Zeiten in einem anderen Licht dar.*"

Marschall I. Ch. Bagramjan
(In: So begann der Krieg)

„*Wer zu spät kommt, den bestraft das Leben.*"

Michail Gorbatschow
Ehemaliger Präsident der UdSSR
und Generalsekretär der KPdSU

Ende August 1941, knapp fünf Wochen nach Kriegsausbruch, waren die Wolgadeutschen per Dekret Stalins buchstäblich über Nacht in die Regionen Nowosibirsk, Omsk, Altai und Kasachstan deportiert worden. Mit einem weiteren Dekret war die autonome Wolgadeutsche Republik zwischen den Regionen Saratow und Stalingrad aufgeteilt worden. Nach der Rückeroberung des Kaukasusgebietes und der Krim durch die Rote Armee stand dieses Schicksal 1943/44 weiteren Völkern bevor. Neben den Krimtataren sollte es dabei durchwegs Volksstämme treffen, welche in der Wolgasteppe und im Nordkaukasus siedelten: Kalmücken, Tschetschenen, Inguschen, Karatschaier und Balkaren. Sie alle wurden wegen angeblicher Kollaboration mit den Deutschen aus ihren Heimatorten verschleppt und Tausende Kilometer weit nach Osten, in die öden Steppen Zentralasiens, deportiert.[1] Mitte November 1944 wurde – offenbar in Erwartung eines möglichen zukünftigen Konfliktes mit der Türkei und den Westmächten – noch das mehr als ein Jahrhundert umkämpft gewesene Grenzgebiet zur Türkei von den turkstämmigen Meschketen „gesäubert". Mehr als 500.000 Menschen dürften an den Folgen der Deportation zugrunde gegangen sein. Vor allem die Schwächsten – Kinder und alte Menschen – kamen schon während der wochenlangen Reise in ungeheizten Viehwaggons ums Leben. Die betroffenen autonomen Republiken und Regionen, insgesamt ein Gebiet von mehr als 160.000 qkm, verschwanden von der Landkarte.

Mehr als zehn Jahre vergingen, ehe 1955 erstmals einige vage und beiläufige Anspielungen auf die Existenz dieser Völker und ihrer neuen Siedlungsgebiete veröffentlicht wurden. Im Februar 1956 – drei Jahre nach Stalins Tod – rehabilitierte Chruschtschow in einer Geheimrede während des XX. Parteitages die Tschetschenen, Inguschen, Balkaren, Karatschaier und Kalmücken. Wolgadeutsche, Krimtataren und Meschketen blieben jedoch unerwähnt. Ende 1958 wurde die Rückführung dieser fünf Völker offiziell als abgeschlossen erklärt.[2] In zahlreichen Fällen aber fanden die zurückkehrenden Volksgruppen ihre alten Siedlungsräume besetzt vor. Bis heute ist daher die Wiedergutmachung der Folgen, die aus den Repressionen unter Stalin herrühren, eine vordringliche Forderung in Kaukasien.

Die erste Krise, die sich bis zum Bürgerkrieg entwickeln sollte, war der Streit zwischen der armenischen und der aserbeidschanischen Sowjetrepublik um die Enklave Berg-Karabach. Die entscheidende Weichenstellung dafür war bereits 1921 erfolgt, als dieses zu 94% von Armeniern bewohnte Gebiet Aserbeidschan zugeschlagen worden war. Den Ausgangspunkt der Eskalation bildete im Juni 1988 die Annahme des Ersuchens der Volksdeputierten Berg-Karabachs um Anschluß an Armenien durch die Armenische SSR.[3] Pogromartige Ausschreitungen gegen Armenier in den aserbeidschanischen Städten Baku, Sumgait und Gjandscha folgten. Selbst die Verhängung des Ausnahmezustandes und der Einsatz von Sondertruppen des Innenministeriums beendeten nicht die Auseinandersetzungen.

Mit dem Zerfall der Sowjetunion – fünfzig Jahre nach Beginn des Unternehmens „Barbarossa" – wurden beide Sowjetrepubliken unabhängig. Heute schwelt in Transkaukasien der Konflikt um Berg-Karabach ohne allzu heftige militärische Auseinandersetzungen weiter. Die gegenseitigen Zugeständnisse sind für einen dauerhaften Friedensschluß allerdings unzureichend. Ein Fünftel des aserbeidschanischen Staatsterritoriums ist dank russischer Hilfe durch armenische Truppen besetzt. Jeweils 200.000 bis 250.000 armenische und aserbeidschanische Flüchtlinge mußten verzeichnet werden.[4]

Das neuentstandene Rußland konnte in Armenien jedenfalls seine Position behaupten. Die militärische Unterstützung der Armenier gegen Aserbeidschan hatte eben ihren politischen Preis. Russische Truppen und Militärbasen bleiben weiter dort stationiert. Die politische Führung Aserbeidschans war dagegen trotz großen Drucks, der bis zu offenen Mordanschlägen reichte, nur zu geringen Zugeständnissen (z. B. Beitritt zur GUS) bereit.[5]

Ein ähnliches Militärabkommen wie mit Armenien konnte Rußland in der Folge auch mit Georgien abschließen. Hier deklarierte Süd-Ossetien 1990 einseitig seine Loslösung, worauf Georgien die Autonomie des Territoriums aufhob und in blutigen Kämpfen etwa 70.000 Menschen in die Flucht trieb. Nun hielten die im westlichen Kaukasus ansässigen Abchasen den Zeitpunkt für gekommen, ihre Unabhängigkeit durchzusetzen.

1991/92 eskalierten die Konflikte in Georgien schließlich in einem Maße, das über die Grenzen dieses Landes hinausging: Alle nur denkbaren Konflikttypen, die den Zerfall der Sowjetunion begleiteten, überlagerten sich dabei: Politische, regionale und interethnische Machtkämpfe, Rivalitäten innerhalb der nachkommunistischen georgischen Eliten und die Auseinandersetzungen zwischen Georgien und seinen nationalen Gebietskörperschaften Süd-Ossetien, Abchasien und Adscharien. Erstmals wurde ein in nachsowjetischer Zeit gewählter Präsident gestürzt. Hier kam es auch zum Bürgerkrieg innerhalb ein und derselben nationalen Gemeinschaft. Georgien lieferte auch den Modellfall für die Privatisierung militärischer Streitkraft. Im Sommer 1992 waren mindestens fünf militärische Formationen in Kämpfe verwickelt.[6]

Moskau, das zunächst den Konflikt mit Abchasien geschürt hatte, konnte Georgien schließlich dazu zwingen, die Sezession der Provinz hinzunehmen. Der ossetisch-georgische Konflikt bot Rußland ebenfalls die Gelegenheit, die Bestrebungen ethnischer Minderheiten dafür zu nutzen, seine Kontrolle über den Kaukasus zu festigen. Ganz im Sinne der neuen russischen Militärdoktrin nehmen russische Streitkräfte nunmehr auch Aufgaben im Rahmen der georgischen Grenzsicherung und der strategischen Luftverteidigung wahr.[7]

Ein weiterer – nordkaukasischer – Konfliktherd sollte auch für große Schlagzeilen sorgen: Tschetschenien. Bereits im November 1990 erklärte das Parlament in Grosny die Souveränität der Republik und damit den Austritt aus dem sowjetischen Staatsverband. Der Moskauer Putschversuch vom August 1991 beschleunigte die Ereignisse weiter. Wenige Wochen später gewann Dschochor Dudajew, der erste Sowjetgeneral tschetschenischer Herkunft, die Präsidentenwahlen. Von Anfang an setzte Dudajew auf volle Souveränität, wodurch für Verhandlungen kein Spielraum blieb. Zwar distanzierten sich die Inguschen von den politischen Zielen der Tschetschenen, Rußlands bewährte Methode des „divide et impera" versagte hier jedoch.[8] Es gelang nicht, Dudajew zu stürzen. Ab Mai 1994 verschärften sich die Auseinandersetzungen zwischen der Russischen Föderation und der tschetschenischen Republik weiter, bis sie schließlich in offene Kämpfe mit einmarschierenden russischen Truppen mündeten.

Die Ursachen dieser Militärintervention liegen keinesfalls nur im drohenden Machtverlust Rußlands. „Hier geht es nicht allein darum, die Einheit und territoriale Integrität der Rußländischen Föderation zu bewahren. Die besondere politische und strategische Bedeutung Tschetscheniens liegt darin, daß die Transportwege für Öl und Erdgas aus Aserbeidschan, aber auch aus anderen Regionen des Kaspischen Meeres – nach russischer Auffassung auch in der Zukunft – über dieses Gebiet verlaufen sollen. Dabei denkt die Regierung in Moskau nicht nur an die finanziellen Gewinne aus den Transitkosten. Sie sieht die Pipelines vielmehr auch als ‚Einflußinstrumente' an."[9]

Die Einnahme Grosnys durch russische Truppen und der Tod Dudajews erbrachten allerdings auch keine Lösung im russischen Sinne. Als Separatistenverbände am 6. August 1996 sogar Grosny zurückeroberten, stand Moskau endgültig vor den Trümmern seiner Tschetschenienpolitik. Am 31. August 1996 konnte schließlich der russische Tschetschenien-Beauftragte General Alexander Lebed die vereinbarte Waffenruhe unterzeichnen. Der erklärte Gegner der Militärintervention verhinderte damit eine Wiederholung der Offensive gegen Grosny. Das von Lebed und dem tschetschenischen Kommandanten Maschadow ausgehandelte Dokument verschob die Entscheidung über den definitiven politischen Status Tschetscheniens in das Jahr 2001.[10] Inwieweit sich Lebeds Entmachtung im Oktober 1996 auf die Umsetzung des Waffenstillstandes in dieser Krisenregion auswirken wird, bleibt abzuwarten.

Trotz der Friedensbeteuerungen des russischen Präsidenten Jelzin sind auf Grund der unüberbrückbaren Gegensätze weitere Kampfhandlungen in diesem mörderischen Bürgerkrieg an der äußerst labilen Südflanke Rußlands für die nächsten Jahre, wenn nicht gar Jahrzehnte, vorprogrammiert. Daher wird der Krisenherd Kaukasus auch künftig auf der Tagesordnung der Weltpolitik stehen und in den negativen Schlagzeilen der Massenmedien bleiben. Schlimmer noch: Er wird in Zukunft aller Wahrscheinlichkeit nach mehr denn je in das Bewußtsein der Deutschen – insbesondere in das der Gebirgssoldaten der Bundeswehr – rücken.

Denn nach den Bundeswehreinsätzen in Kambodscha und Somalia, bei den Kurden und in Bosnien-Herzegowina haben sich, so heißt es in Bonn, einerseits bei der UNO in New York und andererseits bei der NATO in Brüssel die Erwartungen an die Deutschen beträchtlich erhöht. Das bedeutet im Klartext: Sowohl die Vereinten Nationen als auch die nordatlantische Verteidigungsgemeinschaft erwarten von den Politikern am Rhein und an der Spree ein ständiges Blauhelm-Kontingent. Als Teil der „Krisenreaktions-Streitkräfte" müssen die Soldaten der 1. Gebirgs-Division daher im Rahmen ihrer Out-of-Area-Einsätze auch mit einer „bewaffneten Friedensmission" im Kaukasus rechnen, ein gutes halbes Jahrhundert, nachdem ihre Väter die deutsche Reichskriegsflagge auf dem sturmumbrausten Elbrus gehißt hatten!

Nicht umsonst hat die Bundesrepublik Deutschland bereits am 1. Juli 1994 erstmals vier Offiziere als UN-Militärbeobachter zur Mission UNOMIG (United Nations Observer Mission in Georgia) in das gebirgige westgeorgische Bürgerkriegsgebiet von Abchasien entsandt. Wenig später haben hochrangige NATO- und Bundeswehr-Offiziere angeregt, in das Buchprojekt über den Krieg im Kaukasus neben dem operativen Ablauf auch ein Kapitel über die Truppenführung im Gebirge aufzunehmen.

Danksagung

In der Münchner Innenstadt, in Sichtweite der Frauenkirche und des Alten Peter, traf ich zu Beginn der siebziger Jahre im „Georg-von-Vollmar-Haus" bei monatlichen Kameradschaftsabenden mit zahlreichen Generalen der deutschen Gebirgstruppe zusammen. Mit Friedrich Breith, Hellmuth Grashey, Karl Herzog, Wilhelm Heß, Hubert Lanz, Max-Joseph Pemsel, Otto Schaefer, Friedrich-Jobst Volckamer von Kirchensittenbach und August Wittmann sowie mit den Obersten Josef Brandl, Ludwig Hörl, MdL Sepp Prentl, Präsident i. R. Josef Remold, Emil Schuler und Hermann Weyrauther konnte ich bei dieser Gelegenheit lange Unterredungen führen.

Ganz besonders fruchtbringend entwickelten sich die Gespräche mit General der Gebirgstruppe Hubert Lanz, mit dem ich auch schriftlich in langjähriger Korrespondenz stand.

Gerade dieser Briefwechsel war mir Ansporn und Verpflichtung, auf dem einmal eingeschlagenen Wege fortzufahren. Daher suchte ich im Laufe der Jahre alle noch erreichbaren Zeit- und Augenzeugen auf, um auch die Spuren des Gebirgskrieges im Kaukasus und um den Kuban-Brückenkopf in den Jahren 1942/43 an Hand zeitgenössischer Aussagen und Dokumente in Wort und Bild möglichst nah und objektiv – gestützt auf eine breite Quellenbasis – nachvollziehen und aufzeichnen zu können.

Zu den bedeutendsten Augenzeugen zählten für mich unter anderem folgende Herren: Hauptfeldwebel a. D. Georg Audenrieth, Major i. G. a. D. Friedrich Bader, Oberstintendant a. D., Ministerialrat a. D. Dr. jur. Wolfgang Bernklau, Major a. D. Heinrich Binner, Willy Bischoff, Forstdirektor Anton Böhm, Oberstleutnant i. G. a. D. General-Direktor i. R. Hans Brandner, Generalmajor a. D. Hans Buchner, Professor Dr. Charles B. Burdick, Fahnenjunker und Oberjäger a. D. Ernst Clemente, Major a. D. Direktor Fritz Dittmann, Hotelier Richard Erlebach, Hauptmann a. D. Hans Essig, General der Infanterie i. R. Dr. Rudolf Forenbacher, Brigadegeneral a. D. Dr. Herbert Fritz, Sparkassendirektor i. R. Karl Füger, Hauptmann a. D. Max Gämmerler, Kompanie-Melder Hermann Gerster, Baumeister Ingenieur Herbert Gregor, Oberwachtmeister a. D. Heinrich Haag, Bildberichterstatter Eugen Hof, Kommerzialrat Ernst Juen, Hauptmann a. D. Ludwig Kainz, Professor Dr. med. Ernst Kern, Oberstleutnant a. D. Dr. vet. Reinhold Klebe, Hauptmann a. D. Karl Kübler, Oberstleutnant a. D. Dr. phil. Wolfgang Menzel, Oberjäger a. D. Max Merk, Hochgebirgsjäger Willy Merkle, Archivamtsrat Brün-Meyer, General-Lanz-Fahrer Franz Moll, Seniorchef Heinz Monnheimer, Landrat a. D. Bernhard Müller-Hahl, Oberst a. D. Franz Pfeiffer, Oberstleutnant a. D. Michael Pössinger, Hochgebirgsjäger Professor Alfred Richter, Oberst i. G. a. D. Hans Roschmann, Major a. D. Hermann Schlotterbeck, Oberst a. D. Dr. Ingenieur Kurt Schroeder, Professor Dr. Roman Schur, Dr. rer. nat. Dietrich Schuster, Bergführersohn Walter Schwarz, Generalmajor a. D. Hans Steets, Brigadegeneral a. D. Alois Steffel, Hans Taudtmann, Leutnant a. D. Helmut Wagner sowie Frau Luise Jodl, die Gattin des Generalobersten Alfred Jodl, und Diplom-Finanzwirt Hauptmann a. D. Walter Gödde, der mir nicht nur wichtige Dokumente von Oberstleutnant d. R. Dr. Carl Schulze, sondern auch seine umfangreiche Militärbibliothek übereignet hat.

An dieser Stelle möchte ich den ehemaligen „Bergmännern" Rudolf Heinz Beher und Richard Pössinger danken. Andere „Bergmänner", die ich um ihre Mitarbeit gebeten habe oder die mir wichtige Quellen zur Verfügung gestellt haben, wollen auf Grund der besonderen Schweigepflicht selbst heute noch nicht namentlich genannt werden. Die Veröffentlichung brisanter Angaben wurde oft von meiner journalistischen Verschwiegenheitspflicht abhängig gemacht. Das schien mir lange Zeit unverständlich. Erst im Laufe jahrelanger zäher Forschungsarbeiten begriff ich allmählich die Nachkriegshaltung der „Bergmänner", die – vielfach zwar unbegründet – nach wie vor fürchten, von Ostagenten enttarnt zu werden. Diese wichtigen Zeitzeugen stellten nicht selten überaus wichtige Wort- und Bilddokumente selbstlos zur Verfügung. Sie verhinderten damit, daß wertvolle Erinnerungsstücke und Nachlässe verlorengingen oder in ungeeignete Hände gelangten.

Nicht weniger bedeutungsvoll waren die Buchbestände und Archivalien folgender Bibliotheken, Archive und Institutionen für meine Forschungsarbeit: Bayerische Staatsbibliothek München, Bayerisches Hauptstaatsarchiv/Kriegsarchiv München, Bundesarchiv Koblenz, Bundes-archiv/ Militärarchiv Freiburg i. Br., Dokument Center Berlin, Institut für Zeitgeschichte München, Kameradenkreis Hochgebirgs-Jäger-Bataillon 2, Kameradschaft „Bergmann", Kameradschaft der Hochgebirgsjäger, Kameradschaft ehemaliger Dreizehner der 4. Gebirgs-Division, Kameradschaft ehem. Heeres-Gebirgs-Pionier-Bataillon 74, Kameradschaft Gebirgs-Artillerie-Regiment 79, Kameradschaft vom Edelweiß/Landesverband Steiermark sowie Österreichischer Kameradschaftsbund.

Mein abschließender Dank gebührt dem Leopold Stocker Verlag, ohne dessen besonderes Engagement dieses Buch nicht erschienen wäre, sowie Dr. Gerhard Artl vom Staatsarchiv/Kriegsarchiv in Wien für die aufmerksame Lektorierung dieses Buches.

Im Frühjahr 1997
ROLAND KALTENEGGER

Oben: Gebirgsjäger am Asowschen Meer

Mitte: Angeschwemmte Seeminen

Unten: Lagunen-Seilbahn im Kuban-Brückenkopf

Anmerkungen

Prolog

1) Schaefer: Karl Eglseer. In: Die Gebirgstruppe. 1957, Nr. 2–4, S. 41.
2) Hofmann: Kaukasus 1942/43, S. 66.

Erster Akt

4) Philippi und Heim: Der Feldzug gegen Sowjetrußland, S. 107.
5) Alvensleben: Lauter Abschiede, S. 209.
6) Das Deutsche Reich und der Zweite Weltkrieg, Bd. 6, S. 768.
7) Ebenda, S. 769.
8) Gehlen: Der Dienst, S. 19.
9) Domarus: Hitler. Bd. II/2, S. 1853.
10) Hitlers Weisungen für die Kriegsführung 1939–1945, S. 183 ff.
11) Vgl. hierzu auch Carell: Unternehmen Barbarossa, S. 444.
12) Konrad: Kampf um den Kaukasus, S. 4.
13) Kaltenegger: Schicksalsweg und Kampf der „Bergschuh"-Division, S. 104 f.
14) Burdick: Hubert Lanz, S. 139.
15) Kaltenegger: General Rudolf Konrad. In: Die Gebirgstruppe. 1985, H. 5, S. 3 ff.
16) Burdick: Hubert Lanz, S. 139.
17) Konrad: Kampf um den Kaukasus, S. 8 ff.
18) Braun: Enzian und Edelweiß, S. 27 ff.
19) Müller-Hahl: Das F.E.B. 94 und sein Einsatz an der Miusfront, S. 1 f.
20) Konrad: Kampf um den Kaukasus, S. 11 f.
21) Der ehemalige Gauleiter leitete von 1958 bis 1968 die Bibliothek des Rüstungskonzerns MBB in München-Ottobrunn.
22) Wahl: „... es ist das deutsche Herz", S. 290.
23) 1978 erschien unter dem Titel „Da lachte der Jäger" eine viel umstrittene Auswahl aus der Soldatenzeitung „Front und Heimat" mit einem Vorwort des Kommandeurs der 1. Gebirgsdivision der Bundeswehr.
24) Klietmann: Auszeichnungen des Deutschen Reiches 1936–1945, S. 63.
25) Neidhart: Mit Tanne und Eichenlaub, S. 160.
26) Domarus: Hitler, Bd. II/2, S. 1842.
27) Kaltenegger: Gebirgssoldaten unter dem Zeichen des „Enzian", S. 174 ff.
28) Liddel Hart: Deutsche Generale des Zweiten Weltkrieges, S. 169.
29) Hitlers Weisungen für die Kriegsführung 1939–1945, S. 183 ff.
30) Ebenda, S. 192.
31) Ebenda, S. 196 ff.
32) Picker: Hitlers Tischgespräche im Führerhauptquartier 1941–1942, S. 322.
33) Kriegstagebuch des Oberkommandos der Wehrmacht 1940–1945, Bd. II/2, S. 1285.
34) Kurzer Abriß der Geschichte der Streitkräfte der UdSSR von 1917 bis 1972, S. 213.
35) Gretschko: Die Streitkräfte des Sowjetstaates, S. 73.
36) Geschichte der Kriegskunst, S. 212.
37) Wagener: Heeresgruppe Süd, S. 151.

Oben: Der zerstörte Hafen von Noworossisk nach dem mißglückten Landungsversuch der Sowjets

Unten: Der deutsche Heldenfriedhof in Feodosin

38) Moskalenko: In der Südwestrichtung, S. 151.
39) Gretschko: Die Schlacht um den Kaukasus, S. 17.
40) Ebenda, S. 21 f.
41) Ebenda, S. 69 f.
42) Ebenda, S. 110.
43) Ebenda, S. 113 f.
44) Ebenda, S. 114 f.
45) Ebenda, S. 115 f.
46) Ebenda, S. 116 f.
47) Ebenda, S. 120.
48) Ebenda, S. 128 f.
49) Ebenda, S. 177 f.
50) Ebenda, S. 182 ff.
51) Vgl. auch Bagramjan: So schritten wir zum Sieg, S. 43 ff.
52) Gosztony: Die Rote Armee, S. 224.
53) Lanz: Gebirgsjäger, S. 155 f.
54) Mackensen: Vom Bug zum Kaukasus, S. 74.
55) Kaltenegger: Die deutsche Gebirgstruppe 1935–1945, S. 283.
56) Ebenda, S. 283.
57) Kaltenegger: Die Stammdivision der deutschen Gebirgstruppe, S. 259 ff.
58) Moskalenko: In der Südwestrichtung, S. 246.
59) Das Deutsche Reich und der Zweite Weltkrieg, Bd. 6, S. 927.
60) Degrelle: Die verlorene Legion, S. 120.
61) Straßner: Europäische Freiwillige, S. 126 f.
62) Schtemenko: Im Generalstab, S. 57.
63) Braun: Enzian und Edelweiß, S. 31.
64) Vorstoß an der Jeja. In: 13er-Post, Nr. 1, S. 4 f.
65) Bauer: Unternehmen „Elbrus", S. 65.
66) Tieke: Der Kaukasus und das Öl, S. 118.
67) Kondratjew: Straßen des Krieges, S. 200.
68) Braun: Enzian und Edelweiß, S. 33.
69) Kern: Kriegstagebuch 1941–1945, S. 64.

Zweiter Akt

1) Brockhaus-Enzyklopädie, 17., völlig neubearb. Auflage, Bd. 10, S. 43.
2) Kondratjew: Straßen des Krieges, S. 217.
3) Ebenda, S. 219.
4) Die Hochgebirgspässe im Kaukasus. Studie der Hochgebirgsschule Fulpmes/Tirol.
5) Ebenda, a.a.O.
6) Hirschfeld hatte wenig Freunde, aber viele Bewunderer. Als „Schlächter von Kefalonia" sollte er sich 1943 einen zweifelhaften Ruf erwerben. Vgl. Kaltenegger: Die deutsche Gebirgstruppe 1935–1945, S. 423 ff.
7) Brandner: Kaukasus, a.a.O.
8) Die Gliederung der Kampfgruppe von Stettner gewährt uns zugleich einen aufschlußreichen Einblick in die Stärke, Bewaffnung und Ausrüstung eines Gebirgs-Jäger-Verbandes im Rahmen der deutschen Kaukasus-Operation.
9) Vgl. Tieke: Der Kaukasus und das Öl, S. 159 ff.
10) Hoffmann: Kaukasus 1942/43, S. 476 ff.
11) Bamm: Die unsichtbare Flagge, S. 127.

12) Während des Rußlandfeldzuges war der 4. Gebirgs-Division zeitweilig eine eigens dafür aufgestellte Kosaken-Schwadron unterstellt.

13) Neulen: An deutscher Seite, S. 315.

14) Thorwald: Die Illusion, S. 98.

15) Dazu Fuller: Die entartete Kunst, Krieg zu führen, S. 289.

16) Herzfeld: Die Moderne Welt, T. 2, S. 380.

17) Klinger: Das II./Geb.-Jg.-Rgt. 13 greift im Bsyb-Tal an. In: Die Gebirgstruppe. 1964, Nr. 5, S. 20 ff.

18) Benannt nach dem Ritterkreuzträger und späteren Brigadegeneral der Bundeswehr Dr. Herbert Fritz.

19) Das Deutsche Reich und der Zweite Weltkrieg, Bd. 6, S. 935.

20) Braun: Enzian und Edelweiß, S. 34.

21) Vgl. Kaltenegger: Operationszone „Adriatisches Küstenland".

22) Schulze: III./Geb.-Jg.-Rgt. 91 stürmt den Achiboch-Paß. In: Die Gebirgstruppe. 1964, Nr. 5, S. 17 ff.

23) Schulze: Kriegstagebuch. Kaukasus-Einsatz 1942, a.a.O.

24) Was auf Deutsch soviel wie „die Brust" heißt.

25) Lanz-Brief vom 2. 7. 1975 an den Verfasser.

26) So gab es unter anderem um Groths Bericht über „Die Rückzugskämpfe des Gebirgs-Jäger-Regiments 99 im Verband der 1. Gebirgs-Division im Raume Raab, Pinka, Lafnitz, Hochwechsel, Feistritz" eine jahrelange, ehrabschneidende Auseinandersetzung im Münchner Kameradenkreis der Gebirgstruppe. Vgl. Kaltenegger: Kampf der Gebirgsjäger um die Westalpen und den Semmering, S. 156 ff.

27) Groth: Abenteuer unterm Elbrus. In: Bergwelt, Nr. 3, S. 68.

28) Ebenda, S. 69.

29) Gämmerler: Der Vorstoß zum Elbrus, S. 1.

30) Ebenda, S. 1.

31) Ebenda, S. 2.

32) Ebenda, S. 2 f.

33) Streit: Keine Kamerden, a.a.O.

34) Gretschko: Die Schlacht um den Kaukasus, S. 189 f.

35) Lanz-Brief vom 2. 7. 1975 an den Verfasser.

36) Gämmerler: Der Vorstoß zum Elbrus, S. 4.

37) Ebenda, S. 4 f.

38) Laböck: Bayerische Gebirgsjäger hissen auf dem Elbrus die Reichskriegsflagge. In: Der Bergsteiger. 1942, Heft 1, S. 10.

39) Gämmerler: Bericht über das Unternehmen Elbrus, S. 3.

40) Vgl. hierzu auch die glorifizierte Reportage „Aufstieg auf den Elbrus" von Hauptmann Heinz Groth mit dem Kriegsberichter Karl Ebert.

41) Bauer: Unternehmen „Elbrus", S. 175 ff.

42) Hof-Brief vom 1. 6. 1982 an den Verfasser.

43) Ebenda, a.a.O.

44) So hatte zum Beispiel der Filmregisseur und Kameramann Wolfgang Gorter jahrzehntelang gestellte Filmaufnahmen von der Elbrus-Besteigung gezeigt.

45) Gämmerler: Bericht über das Unternehmen Elbrus, S. 4.

46) Speer: Erinnerungen, S. 253.

47) Baur: Mit Mächtigen zwischen Himmel und Erde, S. 224.

48) Gämmerler: Der Vorstoß zum Elbrus, S. 5.

49) Lanz: Wie es zum Rußlandfeldzug kam – und warum wir ihn verloren haben, S. 80.

50) Der Zweite Weltkrieg: S. 315.
51) Kaltenegger: Die deutsche Gebirgstruppe 1935–1945, S. 223 ff.
52) Besymenski: Sonderakte „Barbarossa", S. 284.
53) Assmann: Deutsche Schicksalsjahre, S. 207.
54) Carell: Unternehmen Barbarossa, S. 470.
55) Bamm: Die unsichtbare Flagge, S. 169.
56) Buchner-Brief vom 10. 1. 1984 an den Verfasser.
57) Ebenda, a.a.O.
58) Hahn: Kompaniearzt im Kaukasus. In: Die Gebirgstruppe. 1986, Heft 5, S. 13.
59) Bauer: Die deutsche Himalajafahrt 1929. In: Zeitschrift des Deutschen und Öster-
    reichischen Alpenvereins, Bd. 61, S. 1 ff.
60) Ebenda, S. 16 ff.
61) Kaltenegger: Die Geschichte der deutschen Gebirgstruppe 1915 bis heute,
    S. 169 ff.
62) Richter: Kriegstagebuch, S. 119 ff.
63) Die Einnahme des Maruchskoj-Passes – ein klassisches Hochgebirgsgefecht,
    a.a.O.
64) Richter: Kriegstagebuch, S. 126 ff.
65) Ebenda, S. 137.
66) Das Georgische Infanterie-Bataillon 796 unterstand während seines Einsatzes im
    Waldkaukasus der 1. Gebirgs-Division. Vgl. Hoffmann: Kaukasien 1942/43,
    S. 291 ff.
67) Das Armenische Infanterie-Bataillon 808 unterstand während seines Einsatzes im
    Kaukasus der 1. Gebirgs-Division. Vgl. Hoffmann: Kaukasien 1942/43, S. 327 ff.
68) Das Aserbaidschanische Infanterie-Bataillon 804 unterstand während seines Ein-
    satzes im Kaukasus der 4. Gebirgs-Division. Vgl. Hoffmann: Kaukasien 1942/43,
    S. 221 ff.
69) Vgl. Hoffmann: Deutsche und Kalmyken 1942 bis 1945.
70) Mühlen: Zwischen Hakenkreuz und Sowjetstern, S. 57.
71) Irving: Hitler und seine Feldherren, S. 390.
72) Bergmann, S. 15.
73) Ziesel: Der deutsche Selbstmord, S. 88 ff.
74) Oberländer: Der Osten und die Deutsche Wehrmacht.
75) Hoffmann: Die Ostlegionen 1941–1943, S. 27.
76) Ebenda, S. 29.
77) Bergmann. S. 17 ff., sowie Oberländer: Der Osten und die Deutsche Wehrmacht,
    a.a.O.
78) Ebenda, S. 24 ff.
79) Dazu Tessin: Verbände und Truppen der deutschen Wehrmacht und Waffen-SS im
    Zweiten Weltkrieg 1939–1945, Bd. 14, S. 32.
80) Raschhofer: Der Fall Oberländer, S. 114 f.
81) Kriegstagebuch des Oberkommandos der Wehrmacht 1940–1945. Bd. II/1, S. 617.
82) Gretschko: Die Schlacht um den Kaukasus, S. 192 f.
83) Speer: Spandauer Tagebücher, S. 85 f.
84) Cartier: Der Zweite Weltkrieg, S. 480.
85) Speer: Erinnerungen, S. 252.
86) Ebenda, S. 252.
87) Churchill: Der Zweite Weltkrieg, S. 529.
88) Picker: Hitlers Tischgespräche im Führerhauptquartier 1941–1942, S. 20.
89) Kriegstagebuch des Oberkommandos der Wehrmacht 1940–1945, Bd. II/1,
    S. 690 ff.

90) Kesselring: Gedanken zum Zweiten Weltkrieg, S. 121.
91) Heeresadjutant bei Hitler, S. 124 f.
92) Ebenda, S. 125.
93) Ebenda, S. 125.
94) Toland: Adolf Hitler, S. 827. Vgl. hierzu auch Hitler: Monologe im Führerhauptquartier 1941–1944, S. 9, sowie Heeresadjutant bei Hitler, S. 123 ff.
95) Toland: Adolf Hitler, S. 897.
96) „Wegen seines angeblichen ‚Versagens‘ in der Operation ‚Kaukasus‘ 1942 verweigerte Hitler Jodl die vielfach verdiente Auszeichnung mit dem ‚Ritterkreuz des Eisernen Kreuzes‘. Er erhielt sie erst – und zwar mit Eichenlaub – nach der Kapitulation von Reichspräsident Großadmiral Dönitz, weil er durch seine Kapitulationsverhandlungen in Reims vom 7. Mai 1945 den Waffenstillstandsbeginn bis zu den Morgenstunden des 9. Mai verzögert hatte. Dönitz konnte so noch Tausende von Frauen, Kindern, Verwundeten und Soldaten vor der Rache der Roten Armee retten.“ Picker: Hitlers Tischgespräche im Führerhauptquartier 1941–1942, S. 224.
97) Jodl: Jenseits des Endes, S. 65 f.
98) Halder: Kriegstagebuch, S. 38, 170.
99) Warlimont: Im Hauptquartier der deutschen Wehrmacht 1939 bis 1945, Bd. 1, S. 270.
100) Vgl. Hermann: Deutsche Militärgeschichte, S. 499.
101) Kopp: Erfahrungen eines Bataillonskommandeurs im Kaukasus 1942. In: Die Gebirgstruppe. 1972, Heft 2, S. 19.
102) Ebenda, S. 22.
103) Thilo: Der Gebirgskrieg im neuzeitlichen Kriegsbild. In: Die Gebirgstruppe. 1967, Heft 2, S. 5. Vgl. hierzu u. a. auch die H.Dv. 300/1: Truppenführung. I. Teil, S. 247 ff. Gefecht im Gebirge, und S. 260 ff. Gefecht um Engen, sowie Clausewitz: Vom Kriege, S. 605 ff. Die Gebirgsverteidigung, und S. 791 ff. Angriff eines Gebirges.
104) Konrad: Mountain Warfare, Vol. II, S. 3.
105) Die Niederschrift entstand in gemeinsamer Arbeit durch eine Anzahl von erfahrenen höheren Offizieren über den Gebirgskrieg. Hauptbearbeiter war Konrad, der in den Friedens- und Kriegsjahren als Alpinist, Truppenführer und Generalstäbler umfangreiche theoretische und praktische Erfahrungen gesammelt hatte.
106) Halder: Stellungnahme zur Arbeit des Generals der Gebirgstruppe R. Konrad „Truppenführung im Gebirge“.
107) Erstmals in der Geschichte des Gebirgskrieges setzten die sowjetischen Verteidiger im Kaukasus 1942 massiert ihre Luftwaffe ein.
108) Abgedruckt in: Kaltenegger: Die Geschichte der deutschen Gebirgstruppe 1915 bis heute, S. 201 ff.
109) Ebenda, S. 218 f.
110) Ebenda, S. 219 ff.
111) Brandner-Brief vom 3. 1. 1992 an den Verfasser.
112) Carell: Verbrannte Erde, S. 137.
113) Tieke: Der Kaukasus und das Öl, S. 258 ff.
114) In den Kriegstagebüchern – auch im Kriegstagebuch des Oberkommandos der Wehrmacht – mal als „Gruppe Lanz“, dann wieder als „Division Lanz“ bezeichnet.
115) Dazu Kaltenegger: Die Geschichte der deutschen Gebirgstruppe 1915 bis heute, S. 112 f.
116) Degrelle: Die verlorene Legion, S. 164.

117) Festschrift aus Anlaß der Errichtung eines Tragtierdenkmals in Mittenwald, S. 40.
118) Kriegstagebuch des Oberkommandos der Wehrmacht 1940–1945, Bd. II/2, S. 1301 ff.
119) Kondratjew: Straßen des Krieges, S. 219 f.
120) Sawjalow und Kaljadin: Die Schlacht um den Kaukasus 1942–1943, a.a.O.
121) Kriegstagebuch des Oberkommandos der Wehrmacht 1940–1945, Bd. II/2, S. 833.
122) Ebenda, S. 835 f.
123) Sawjalow und Kaljadin: Die Schlacht um den Kaukasus 1942–1943, a.a.O.
124) Kriegstagebuch des Oberkommandos der Wehrmacht 1940–1945, Bd. II/2, S. 840.
125) Ebenda, S. 854 f.
126) Weber: Fünf Tage um den Berg Ssemaschcho, a.a.O.
127) Brandner-Brief vom 9. 11. 1992 an den Verfasser.
128) Burdick: Hubert Lanz, S. 84.
129) Kaltenegger: Schörner, S. 336.
130) Kriegstagebuch des Oberkommandos der Wehrmacht 1940–1945, Bd. II/2, S. 857 f.
131) Ebenda, S. 866.
132) Kaltenegger: Die deutsche Gebirgstruppe 1935–1945, S. 86 f.
133) Schroeder: An die Auskunftsstelle über ehem. Wehrmachtsangehörige in Kornelimünster, S. 2 ff. voller Bitterkeit: „Die Worte des Generals Lanz, keine Gefangenen gesehen zu haben, sind äußerst verletzend. Das Btl. wird auch auf das Tiefste enttäuscht, daß ihrem Kommandeur das [von Lanz] versprochene Eichenlaub nicht gegeben wurde."
134) Bauer: Unternehmen „Elbrus", S. 257.
135) Konrad: Kampf um den Kaukasus, S. 42.
136) Kriegstagebuch des Oberkommandos der Wehrmacht 1940–1945, Bd. II/2, S. 885.
137) Lanz: Gebirgsjäger, S. 165.
138) Kriegstagebuch des Oberkommandos der Wehrmacht 1940–1945, Bd. II/2, S. 891 ff.
139) Konrad: Kampf um den Kaukasus, S. 44.
140) Ebenda, S. 44 f.
141) Ebenda, S. 44.
142) Lanz: Gebirgsjäger, S. 165.
143) Schwarz: Dienst eines Divisionspfarrers im Hochkaukasus 1942. In: Allgemeine Schweizerische Militärzeitschrift, Jg. 1960, S. 208 ff.

Dritter Akt

1) Was nach der „bedingungslosen Kapitulation" mit den Deutschen geschehen sollte, das setzte im August 1943 der amerikanische Minister Morgenthau in dem nach ihm benannten Plan fest. Roosevelts Forderung nach einer „unbedingten Kapitulation" als auch der „Morgenthau-Plan" mobilisierten die letzten Kräfte des deutschen Volkes. Besser noch als die raffinierte Goebbels-Propaganda!
2) Scheurig: Alfred Jodl, S. 218.
3) In seinem bekannten Kriegsroman „Vorwärts Kameraden, wir müssen zurück!" hat Wolfgang W. Parth den großen Rückzug der deutschen Kaukasus-Armee vom Terek bis zum bitteren Ende in Mitteldeutschland niedergeschrieben.
4) Vgl. Clausewitz: Vom Kriege. 4. Buch, 13. Kapitel „Rückzug nach verlorener Schlacht" und 6. Buch, 25. Kapitel „Rückzug in das Innere des Landes".
5) Der Begriff des „Rückzuges" erscheint nur in der H.Dv. 300/1 vom Oktober 1933 im Kapitel IX „Abbrechen des Gefechts. Rückzug, S. 209. Die HDv 100/1 von

1962 und die HDv 100/100 von 1973 kennen nur noch die Begriffe „Abbrechen des Gefechts" oder „Lösen vom Feind".

6) Clausewitz: Vom Kriege, 4. Buch, 13. Kapitel, S. 384 ff.
7) Ebenda, 6. Buch, 25. Kapitel, S. 682 ff.
8) H.Dv. 300/1: Truppenführung, I. Teil, Ziffer 43.
9) Ebenda, Ziffer 511.
10) Ebenda, Ziffer 530.
11) Rückzug und Verfolgung. Zwei Kampfarten 1757–1944. In: Beiträge zur Militär- und Kriegsgeschichte. Bd. 1, S. 241.
12) Kissel: Vom Dnjepr zum Dnjestr, S. 10.
13) Gretschko: Die Schlacht um den Kaukasus, S. 309 f.
14) Ebenda, S. 310 f.
15) Archiv des Ministeriums für Verteidigung der UdSSR. Fonds 6598, Liste 725, 168, Akte 1172, Bl. 169.
16) Konrad: Kampf um den Kaukasus, S. 49 f.
17) Winkler: Gebirgsartillerie. In: Die Gebirgstruppe. 1954, Nr. 6, S. 29.
18) Kaltenegger: Die deutsche Gebirgstruppe 1935–1945, S. 57 f.
19) Kern: Kriegstagebuch 1941–1945, S. 14.
20) Auch Generaloberst Franz Halder hatte zu Beginn des Ostfeldzuges die militärische Lage auf dem russischen Kriegsschauplatz falsch eingeschätzt!
21) Kriegstagebuch des Oberkommandos der Wehrmacht 1940–1945, Bd. III/1, S. 86.
22) Brandner: Kaukasus, a.a.O.
23) Liddell Hart: Geschichte des Zweiten Weltkrieges, S. 708.
24) Lanz: Gebirgsjäger, S. 167.
25) Ebenda, S. 167.
26) Lanz: Kommandierender General des 49. Gebirgskorps. In: Die Gebirgstruppe. Sonderheft zum Gedenken an Rudolf Konrad, S. 39.
27) Kriegstagebuch des Oberkommandos der Wehrmacht 1940–1945, Bd. III/1, S. 215.
28) Gewaltig waren die Marschleistungen der 1. Gebirgs-Division während ihres Rußlandfeldzuges: 4955 Kilometer wurden zu Fuß zurückgelegt, 925 Kilometer mit der Bahn. Die Gesamtverluste der Division betrugen während des Ostfeldzuges bis zum 31. Dezember 1942: 13.227 Mann. Davon waren 141 Offiziere, 457 Unteroffiziere und 2651 Mannschaftsdienstgrade gefallen; 288 Offiziere, 1218 Unteroffiziere und 8205 Mannschaftsdienstgrade wurden verwundet; 1 Offizier, 14 Unteroffiziere und 252 Mannschaftsdienstgrade galten als vermißt.
29) Hillgruber/Hümmelchen: Chronik des Zweiten Weltkrieges, S. 88.
30) Sawjalow und Kaljadin: Die Schlacht um den Kaukasus 1942–1943, a.a.O.
31) Unter dem Enzian im Osten. In: 13er-Post. 1960, Nr. 3, S. 4 f.
32) Buchner-Brief vom 10. 1. 1984 an den Verfasser.
33) Bischoff-Briefe vom 28. 6. 1980 und 25. 9. 1981 an den Verfasser.
34) Essig: Der letzte Angriff auf den Myschako-Berg am 28. 7. 1943.
35) Herbrechtsmeier: Kuban-Brückenkopf. In: Die Gebirgstruppe. 1978, Nr. 6, S. 36.
36) Gretschko: Die Schlacht um den Kaukasus, S. 462.
37) Kusnezow: Auf Siegeskurs, S. 15.
38) Vgl. hierzu u. a. Gretschko: Die Schlacht um den Kaukasus, und Kusnezow: Auf Siegeskurs.
39) Sawjalow und Kaljadin: Die Schlacht um den Kaukasus 1942–1943, a.a.O.
40) Vgl. auch Kaltenegger: Die deutsche Gebirgstruppe 1935–1945, S. 319 ff., und Kaltenegger: Gebirgssoldaten unter dem Zeichen des „Enzian", S. 261 ff.
41) Bischoff-Brief vom 25. 9. 1981 an den Verfasser.
42) Kusnezow: Auf Siegeskurs, S. 41.

43) Ebenda, S. 43.
44) Geschichte des Großen Vaterländischen Krieges, Bd. 3, S. 114.
45) Breschnew: Das kleine Land, a.a.O.
Hierzu bemerkte Fritz Gebhard in der 13er-Post: „Meine Überzeugung ist folgende: Krieg ist kein Fußballspiel, er ist hart geführt worden von beiden Seiten. Im Grunde genommen ist Krieg des Menschen unwürdig! Weder russische Soldaten noch wie hier geschildert, russische Zivilisten sind jemals von Soldaten unserer Division bei lebendigem Leib mit Benzin übergossen und verbrannt worden. Ich gehe davon aus, daß dies auch bei den anderen deutschen Divisionen nicht geschehen ist. Denkbar wäre: Es wurden russische Zivilisten, die sich entgegen ausdrücklichem Verbot in der Kampfzone aufgehalten haben, erschossen. [...] Im vorliegenden Fall handelte es sich um verbrannte Leichen, die durch Flammenwerfer umgekommen sind."
46) Jaenecke: Die Räumung des Kuban-Brückenkopfes. In: Deutscher Soldatenkalender, 1958, S. 96.
47) Kriegstagebuch des Oberkommandos der Wehrmacht 1940–1945, Bd. III/2, S. 1455 f.
48) Damals am Kuban. In: 13er-Post. 1974, Nr. 2, S. 14.
49) 13er-Post. 1993, Nr. 2, S. 34 ff.
50) Sawjalow und Kaljadin: Die Schlacht um den Kaukasus 1942–1943, a.a.O.
51) Ebenda, a.a.O.
52) Churchill: Der Zweite Weltkrieg, S. 752.
53) In Artikel 3 der Stiftungsverordnung heißt es u. a.:
„1) Der Kubanschild wird verliehen als Kampfabzeichen an alle Wehrmachtsangehörigen und der Wehrmacht unterstellte Personen, die seit 1. Februar 1943 an den Kämpfen am Kubanbrückenkopf zu Lande, in der Luft und zu Wasser ehrenvoll beteiligt waren.
2) Die Verleihung vollzieht in meinem Namen der Generalfeldmarschall v. Kleist."

Epilog

1) Conquest: Stalins Völkermord, S. 10 f.
2) Ebenda, S. 155 ff.
3) Österreichische Militärische Zeitschrift, Heft 3/1990, S. 242 ff.
4) Stadelbauer: Krisengebiet Kaukasus? In: Europa Archiv. 3/95, S. 17 ff.
5) Schilling: Rückkehr des Imperialismus im Kaukasus? In: Europa Archiv. 11/95, S. 48.
6) Hat der zweite Kaukasuskrieg begonnen? In: Aktuelle Analysen. 1992, Nr. 46.
7) Schilling: Rückkehr des Imperialismus im Kaukasus? In: Europa Archiv. 11/95, S. 47.
8) Wolf: Rußlands „kaukasischer Kreidekreis". In: Europäische Sicherheit. 6/95, S. 36.
9) Schilling: Rückkehr des Imperialismus im Kaukasus? In: Europa Archiv. 11/95, S. 49.
10) Archiv der Gegenwart. Jg. 1996, Folge 16.

Bibliographie

Die Kriegstagebücher des Generalkommandos XXXXIV. Jägerkorps (RH 24-44), des Generalkommandos XXXXIX. Gebirgs-Armeekorps (RH 24-49), der 1. Gebirgs-Division (RH 28-1), der 4. Gebirgs-Division (RH 28-4), der 97. Jäger-Division (RH 28-97) und der 101. Jäger-Division (RH-28-101) befinden sich im Bundesarchiv/Militärarchiv Freiburg i. Br. Darüber hinaus befinden sich Hinweise auf Aktensplitter und Kriegtagebücher von Divisionseinheiten bei den Sammelbeständen RH 37 ff. Weitere Aufschlüsse geben die „Persönlichen Kriegstagebücher" (Bestand N 520) von Oberstleutnant d.R. a.D. Dr. Carl Schulze über seinen Einsatz im Kaukasus. Sehenswert ist auch der Bildband „Die Eroberung des Elbrus" (RH 28-1/274).

Außer den oben angeführten Archivalien, zahlreichen unveröffentlichten Manuskripten und der Auswertung diverser mündlicher und schriftlicher Auskünfte wurde unter anderem folgende Literatur verarbeitet:

1. Monographien und Sammelwerke

Alvensleben, Udo von: Lauter Abschiede. Tagebuch im Kriege. Hrsg. von Koenigswald. Frankfurt/M., Berlin 1971.

Assmann, Kurt: Deutsche Schicksalsjahre. Historische Bilder aus dem Zweiten Weltkrieg und seiner Vorgeschichte. 2. Aufl. Wiesbaden 1951.

Bagramjan, Iwan Christoforowitsch: So schritten wir zum Sieg. Berlin 1984.

Bamm, Peter [d. i. Curt Emmrich]: Die unsichtbare Flagge. 41.–50. Tsd. München 1952.

Bauer, Josef Martin: Unternehmen „Elbrus". Das kaukasische Abenteuer 1942. 3. Aufl. München, Wien 1976.

Baur, Hans: Mit Mächtigen zwischen Himmel und Erde. 8. Aufl. Preuß. Oldendorf 1987.

Beiträge zur Militär- und Kriegsgeschichte. Rückzug und Verfolgung. Stuttgart 1960.

Bergmann. Erinnerungen an den Sonderverband, drei Bataillone und an die Kameradschaft. Bearb., zusammengestellt und hrsg. unter Federführung von Heinz Beher. München 1983.

Besymenski, Lew: Sonderakte „Barbarossa". Dokumente, Darstellung, Deutung. Stuttgart 1968.

Braun, Julius: Enzian und Edelweiß. Die 4. Gebirgsdivision 1940–1945. Bad Nauheim 1955.

Breschnew, Leonid: Das kleine Land. München o.J.

Burdick, Charles B.: Hubert Lanz. General der Gebirgstruppe. 1896–1982. Osnabrück 1988 (= Soldatenschicksale des 20. Jahrhunderts als Geschichtsquelle. Bd. 9).

Carell, Paul [d. i. Paul Karl Schmidt]: Unternehmen Barbarossa. Der Marsch nach Rußland. Frankfurt/M., Berlin 1963.

Carell, Paul [d. i. Paul Karl Schmidt]: Verbrannte Erde. Schlacht zwischen Wolga und Weichsel. Frankfurt/M., Berlin 1975.

Cartier, Raymond: Der Zweite Weltkrieg. In zwei Bänden. München, Zürich 1977.

Churchill, Winston S.: Der Zweite Weltkrieg. Mit einem Epilog über die Nachkriegsjahre. Bern, Stuttgart 1954.

Clausewitz, Carl von: Vom Kriege. Hinterlassenes Werk. 18. Aufl. Vollständige Ausgabe im Urtext mit völlig überarb. und erw. historisch-kritischer Würdigung von Werner Hahlweg. Bonn 1973.

281

Conquest, Robert: Stalins Völkermord. Wien 1974.

Da lachte der Jager. Humor – trotzdem. Eine Auswahl von Zeichnungen aus der Soldatenzeitung „Front und Heimat" des Gaues Schwaben 1940/45. Hrsg. von Rudolf Kolb, Thaddäus Endres u. a. München 1987.

Dahms, Hellmuth Günther: Die Geschichte des Zweiten Weltkriegs. München 1983.

Das Deutsche Reich und der Zweite Weltkrieg. Hrsg. vom Militärgeschichtlichen Forschungsamt. Bd. 1 ff. Stuttgart 1979 ff.

Degrelly, Leon: Die verlorene Legion. Preuß. Oldendorf 1972.

Domarus, Max: Hitler. Reden und Proklamationen. 1932–1945. Kommentiert von einem deutschen Zeitgenossen. Bd. 1–2. Wiesbaden 1973.

Fuller, James-Frederik Charles: Die entartete Kunst, Krieg zu führen. 1789–1961. Köln 1964.

Furchtlos und treu. Zum fünfundsiebzigsten Geburtstag von General der Gebirgstruppe a.D. Hubert Lanz. Hrsg. von Charles B. Burdick. Köln 1971.

Gehlen, Reinhard. Der Dienst. Erinnerungen 1942–1971. Mainz, Wiesbaden 1971.

Geschichte der Kriegskunst. Berlin 1973.

Görlitz, Walter: Der Zweite Weltkrieg 1939–1945. Frankfurt a. M. 1957.

Gorbatschow, Michail: Perestroika. Die zweite russische Revolution. Eine neue Politik für Europa und die Welt. München 1989.

Gosztony, Peter: Die Rote Armee. Geschichte und Aufbau der sowjetischen Streitkräfte seit 1917. Wien, München, Zürich, New York 1980.

Gretschko, A. A.: Die Schlacht um den Kaukasus. Berlin 1971.

Gretschko, A. A.: Die Streitkräfte des Sowjetstaates. Berlin 1975.

Halder, Franz: Kriegstagebuch. Tägliche Aufzeichnungen des Chefs des Generalstabes des Heeres. 1939–1942. Hrsg. vom Arbeitskreis für Wehrforschung. Bearb. von Hans-Adolf Jacobsen in Verbindung mit Alfred Philippi. Bd. 1–3. Stuttgart 1962–1963.

Heeresadjutant bei Hitler. 1938–1943. Aufzeichnungen des Majors Engel. Hrsg. und kommentiert von Hildegard von Kotze. Stuttgart 1974 (= Schriftenreihe der Vierteljahreshefte für Zeitgeschichte. Nr. 29).

Hermann, Carl Hans: Deutsche Militärgeschichte. Eine Einführung. Hrsg. im Auftrag des Arbeitskreises für Wehrforschung, 2., durchgesehene Aufl. Frankfurt a. M. 1968.

Herzfeld, Hans: Die moderne Welt. Braunschweig 1957.

Hillgruber, Andreas und Gerhard Hümmelchen: Chronik des Zweiten Weltkrieges. Hrsg. vom Arbeitskreis für Wehrforschung. Frankfurt a. M. 1966.

Hitler, Adolf: Monologe im Führerhauptquartier 1941–1944. Die Aufzeichnungen Heinrich Heims hrsg. von Werner Jochmann. Hamburg 1980.

Hitlers Weisungen für die Kriegsführung 1939–1945. Dokumente des Oberkommandos der Wehrmacht. Hrsg. von Walther Hubatsch. Frankfurt a. M. 1962.

Hoffmann, Joachim: Deutsche und Kalmyken 1942 bis 1945. Freiburg i. Br. 1974 (= Einzelschriften zur militärischen Geschichte des Zweiten Weltkrieges. Bd. 14).

Hoffmann, Joachim: Kaukasien 1942/43. Das deutsche Heer und die Orientvölker der Sowjetunion. Freiburg i. Br. 1991 (= Einzelschriften zur Militärgeschichte. Bd. 35).

Hoffmann, Joachim: Die Ostlegionen 1941–1943. Turkotataren, Kaukasier und Wolga-finnen im deutschen Heer. Freiburg i. Br. 1976 (= Einzelschriften zur militärischen Geschichte des Zweiten Weltkrieges. Bd. 19).

Irving, David: Hitler und seine Feldherrn, Frankfurt/M., Berlin 1975.

Jodl, Luise: Jenseits des Endes. Der Weg des Generaloberst Alfred Jodl. Erw. und überarb. Neuauflage. München, Wien 1987.

Kaltenegger, Roland: Deutsche Gebirgsjäger im Zweiten Weltkrieg. Stuttgart 1977. (2. Aufl. 1996)

Kaltenegger, Roland: Die deutsche Gebirgstruppe 1935–1945. München 1989.

Kaltenegger, Roland: Gebirgssoldaten unter dem Zeichen des „Enzian". Schicksalsweg und Kampf der 4. Gebirgs-Division 1940–1945. Graz, Stuttgart 1983.

Kaltenegger, Roland: Die Geschichte der deutschen Gebirgstruppe 1915 bis heute. Vom Deutschen Alpenkorps des Ersten Weltkrieges zur 1. Gebirgsdivision der Bundeswehr. Stuttgart 1980.

Kaltenegger, Roland: Die Stammdivision der deutschen Gebirgstruppe. Weg und Kampf der 1. Gebirgs-Division 1935–1945. Graz, Stuttgart 1981.

Kaltenegger, Roland: Operationszone „Adriatisches Küstenland". Graz, Stuttgart 1993.

Kaltenegger, Roland: Schicksalsweg und Kampf der „Bergschuh"-Division. Graz, Stuttgart 1985.

Kaukasus. Hrsg. vom Chef der Sicherheitspolizei und des SD. Berlin 1942.

Kern, Ernst: Kriegstagebuch 1941–1945. Ein Bericht. Würzburg 1991.

Kesselring, Albert: Gedanken zum Zweiten Weltkrieg. Bonn 1955.

Kissel, Hans: Vom Dnjepr zum Dnjestr. Freiburg 1970 (= Einzelschriften zur militärischen Geschichte des Zweiten Weltkrieges. Bd. 6).

Klietmann, Kurt: Auszeichnungen des Deutschen Reiches 1936–1945. Stuttgart 1982.

Kondratjew, Sachar Iwanowitsch: Straßen des Krieges. Berlin 1981.

Konrad, Rudolf: Kampf um den Kaukasus. Bildteil von E. W. Rümmler. München o. J.

Kriegstagebuch des Oberkommandos der Wehrmacht (Wehrmachtführungsstab) 1940–1945. Geführt von Helmuth Greiner und Percy Ernst Schramm. Im Auftrage des Arbeitskreises für Wehrforschung hrsg. von Percy Ernst Schramm. Bd. 1–4. Frankfurt a. M. 1963–1969.

Kusnezow, N. G.: Auf Siegeskurs. Berlin 1979.

Lanz, Hubert: Gebirgsjäger. Die 1. Gebirgsdivision 1935–1945. Unter Mitarb. von Max Pemsel u. a. Bad Nauheim 1954.

Lanz, Hubert: Wie es zum Rußlandfeldzug kam – und warum wir ihn verloren haben. München 1971.

Liddell Hart, Basil Henry: Deutsche Generale des Zweiten Weltkrieges. Aussagen, Aufzeichnungen und Gespräche. München 1965.

Liddell Hart, Basil Henry: Geschichte des Zweiten Weltkrieges. Wiesbaden 1970.

Losberg, Bernhard von: Im Wehrmachtführungsstab. Bericht eines Generalstabsoffiziers. 2. Aufl. Hamburg 1950.

Mackensen, Eberhard von: Vom Bug zum Kaukasus. Das III. Panzerkorps im Feldzug gegen Sowjetrußland 1941/42. Neckargemünd 1967 (= Die Wehrmacht im Kampf. Bd. 42).

Moskalenko, K. S.: In der Südwestrichtung. Berlin 1975.

Mühlen, Patrik von zur: Zwischen Hakenkreuz und Sowjetstern. Der Nationalismus der sowjetischen Orientvölker im Zweiten Weltkrieg. Düsseldorf 1971 (= Bonner Schriften zur Politik und Zeitgeschichte. 5).

Neidhardt, Hanns: Mit Tanne und Eichenlaub. Kriegschronik der 100. Jäger-Division, vormals 100. leichte Infanterie-Division. Graz, Stuttgart 1981.

Neulen, Hans Werner: An deutscher Seite. Internationale Freiwillige von Wehrmacht und Waffen-SS. 2. Aufl. München 1992.

Oberländer, Theodor: Geschichte des Sonderverbandes Bergmann. o. O. 1966.

Oberländer, Theodor: Der Osten und die Deutsche Wehrmacht.

Ott, Ernst: Jäger am Feind. Geschichte und Opfergang der 97. Jäger-Division 1940–1945. München 1966.

Philippi, Alfred und Ferdinand Heim: Der Feldzug gegen Sowjetrußland. 1941 bis 1943. Ein operativer Überblick. Hrsg. vom Arbeitskreis für Wehrforschung. Stuttgart 1962.

Picker, Henry: Hitlers Tischgespräche im Führerhauptquartier. Vollständig überarb. und erw. Neuausgabe. [...] 3. Aufl. Stuttgart 1976.

Pickert, Wolfgang: Vom Kuban-Brückenkopf bis Sewastopol. Flakartillerie der 17. Armee. Neckargemünd 1955 (= Die Wehrmacht im Kampf. Bd. 7).

Raschhofer, Hermann: Der Fall Oberländer. Eine vergleichende Rechtsanalyse der Verfahren in Pankow und Bonn. Tübingen 1962.

Richter, Alfred: Hochgebirgsjäger im Kaukasus. Das Hochgebirgsjägerbataillon 2 (Bauer). Anif 1992.

Sawjalow, A. S. und T. J. Kaljadin: Die Schlacht um den Kaukasus 1942–1943. Berlin 1959.

Scheurig, Bodo: Alfred Jodl. Gehorsam und Verhängnis. Biographie. Berlin, Frankfurt a. M. 1991.

Schtemenko, Sergej Matwejewitsch: Im Generalstab. 3. Aufl. Berlin 1971.

Schütt, Siegfried: Theodor Oberländer. Eine dokumentarische Untersuchung. München, Wien 1995.

Schukow, Georgi K.: Erinnerungen und Gedanken. 5., überarb. und erw. Aufl. Bd. 1–2. Berlin, Stuttgart 1969–1976.

Seaton, Albert: Der russisch-deutsche Krieg 1941–1945. Hrsg. von Andreas Hillgruber. Frankfurt a. M. 1973.

Speer, Albert: Erinnerungen. 6. Aufl. Frankfurt/M., Berlin 1970.

Speer, Albert: Spandauer Tagebücher. 3. Aufl. Frankfurt/M., Berlin 1975.

Straßner, Peter: Europäische Freiwillige. Die Geschichte der 5. SS-Panzer-Division Wiking. Osnabrück 1968.

Streit, Christian: Keine Kameraden. Die Wehrmacht und die sowjetischen Kriegsgefangenen. Stuttgart 1980.

Telpuchowski, Boris Semjenowitsch: Die sowjetische Geschichte des Großen Vaterländischen Krieges. 1941–1945. Im Auftrag des Arbeitskreises für Wehrforschung hrsg. und kritisch erläutert von Andreas Hillgruber und Hans-Adolf Jacobsen. Frankfurt/M. 1961.

Tessin, Georg: Verbände und Truppen der deutschen Wehrmacht und Waffen-SS im Zweiten Weltkrieg 1939–1945. Bd. 1–13. Frankfurt/M., Osnabrück 1966–1977.

Thorwald, Jürgen [d. i. Tom Bongratz]: Die Illusion. Rotarmisten in Hitlers Heeren. München, Zürich 1974.

Tieke, Wilhelm: Der Kaukasus und das Öl. Der deutsch-sowjetische Krieg in Kaukasien 1942/43. Osnabrück 1970.

Toland, John: Adolf Hitler. Bergisch Gladbach 1977.

Wagener, Carl: Heeresgruppe Süd. Der Kampf im Süden der Ostfront 1941–1945. Bad Nauheim, Dornheim o. J.

Wahl, Karl: „... es ist das deutsche Herz". Erlebnisse und Erkenntnisse eines ehemaligen Gauleiters. Augsburg 1954.

Warlimont, Walter: Im Hauptquartier der deutschen Wehrmacht 1939 bis 1945. Grundlagen, Formen, Gestalten. Bd. 1–2. Augsburg 1990.

Weltkrieg 1939–1945. Ehrenbuch der Deutschen Wehrmacht. Stuttgart 1954.

Ziesel, Kurt: Der deutsche Selbstmord.

2. Periodika

Aktuelle Analysen. Hrsg. Bundesinstitut für ostwissenschaftliche und internationale Studien. 1992 ff.

Allgemeine Schweizerische Militärzeitschrift. Organ der Schweizerischen Offiziersgesellschaft. Jg. 125 ff. Frauenfeld 1959 ff.

Archiv der Gegenwart, Bonn, Wien 1931 ff.

Der Bergsteiger. Deutsche Monatsschrift für Bergsteigen, Wandern und Skilaufen. Hrsg. vom Deutschen Alpenverein. München, Wien 1942 ff.

Bergwelt. Zeitschrift für Wandern und Bergsteigen. Wien 1945 ff.

Die Deutsche Wehrmacht. Hrsg. vom Oberkommando der Wehrmacht. Bd. 1 ff. 1939 ff.

Deutscher Soldatenkalender. Hrsg. Helmut Damerau. Jg. 1–10. München-Lochhausen 1953–1962.

Deutsches Soldatenjahrbuch. Hrsg. Helmut Damerau. Jg. 11 ff. München-Lochhausen 1963 ff.

Europa Archiv. Zeitschrift für Internationale Politik. 1995 ff.

Europäische Sicherheit. 1995 ff.

Front und Heimat. Soldatenzeitung des Gaues Schwaben. 1940–1945.

Die Gebirgstruppe. Mitteilungsblatt des Kameradenkreises der ehem. Gebirgstruppe. Jg. 1 ff. München 1952 ff.

Militärgeschichtliche Mitteilungen. Hrsg. vom Militärgeschichtlichen Forschungsamt. Nr. 1 ff. Freiburg i. Br. 1967 ff.

Österreichische Militärische Zeitschrift. Jg. 28 ff. Wien 1963 ff.

Der Spielhahnjäger. Mitteilungsblatt der Kameradschaft der Spielhahnjäger (ehem. 97. Jäger-Division). Jg. 1 ff. München 1953 ff.

Zeitschrift des Deutschen und Österreichischen Alpenvereins. Jg. 1930 ff. Bd. 61 ff. Innsbruck 1930 ff.

13er-Post. Hrsg. Ludwig Kainz. Nr. 1 ff. Ludwigsburg 1952 ff.

3. Militär- und Gebirgstruppen-Archiv Kaltenegger

Brandner, Hans: Kaukasus. [i. Ms.]

Briefwechsel und Auskunftserteilungen mit den in der Danksagung aufgeführten Persönlichkeiten.

Damals am Myschako. [i. Ms.]

Die Einnahme des Maruchskoj-Passes – ein klassisches Hochgebirgsgefecht (= Rundfunkbericht). [i. Ms.]

Essig, Hans: Der letzte Angriff auf den Myschako-Berg am 28. 7. 1943. [i. Ms.]

Gämmerler, Max: Bericht über das Unternehmen Elbrus an 4. Gebirgs-Division. [i. Ms.]

Gämmerler, Max: Der Vorstoß zum Elbrus. [i. Ms.]

Gerster, Hermann: Der Bataillons-Pionierzug im Malaja-Labatal. [i. Ms.]

Gerster, Hermann: Im Kampf um Noworossijsk. Gebirgsjäger im Brennpunkt der Ereignisse [i. Ms.]

Gregor, Herbert: Kriegstagebuch. 1.–2. Teil. [i. Ms.]

Groth, Heinz: Aufstieg auf den Elbrus. [i. Ms.]

Groth, Heinz: Ein Sonderbericht über den Kaukasus-Einsatz für die Wehrkreiszeitschrift „Der Soldat zwischen Alpen und Donau". 1942. Folge 10, S. 113 f.

Halder, Franz: Stellungnahme zur Arbeit des Generals der Gebirgstruppe R. Konrad „Truppenführung im Gebirge". Königstein/Ts. 1950. [i. Ms.]

Die Hochgebirgspässe im Kaukasus. Studie der Hochgebirgsschule Fulpmes/Tirol.

Konrad, Rudolf: Mountain Warfare. Vol. II. [i. Ms.]

Die Kraft zur Selbstüberwindung (= Rundfunkbericht für die Sendereihe: Hier spricht die Stimme der Front). [i. Ms.]

Müller-Hahl, Bernhard: Das F[eld]E[rsatz]B[ataillon] 94 und sein Einsatz an der Miusfront. [i. Ms.]

Neuhaus, Fritz: Erinnerungen an die Kriegszeit. 1940–1945. [i. Ms.]

Richter, Alfred: Kriegstagebuch. [i. Ms.]

Schulze, Carl: Kaukasus-Einsatz 1942 (= Kriegstagebuch des ehem. Kommandeurs III./Geb.Jäg.Rgt. 91 – 4. Geb.-Div.) [i. Ms.]

Taudtmann, Waldemar: Kriegstagebuch. Aufzeichnungen vom 1. 9. 1942 bis 31. 12. 1943. [i. Ms.]

Der Autor:

Roland Kaltenegger, Jahrgang 1941, Diplom-Bibliothekar, Schriftsteller und Journalist, befaßt sich seit drei Jahrzehnten mit Zeit- und Militärgeschichte. Neben zahlreichen Vorträgen, Rundfunk- und Fernsehbeiträgen veröffentlichte er Hunderte von sachbezogenen Artikeln in Jahrbüchern, Zeitschriften und Zeitungen sowie über zwanzig Bücher, die zum Teil auch in andere Sprachen übersetzt wurden. Davon sind im Leopold Stocker Verlag derzeit lieferbar: „Schicksalsweg und Kampf der ‚Bergschuh'-Division. Die Kriegschronik der 7. Gebirgs-Division, vormals 99. leichte Infanterie-Division"; „Kampf der Gebirgsjäger um die Westalpen und den Semmering. Die Kriegschroniken der 8. und 9. Gebirgs-Division (‚Kampfgruppe Semmering')"; „Operationszone ‚Adriatisches Küstenland'. Der Kampf um Triest, Istrien und Fiume 1944/45" sowie „Das Deutsche Alpenkorps im Ersten Weltkrieg. Von den Dolomiten nach Verdun, von den Karpaten zum Isonzo".

Aus unserem Programm:

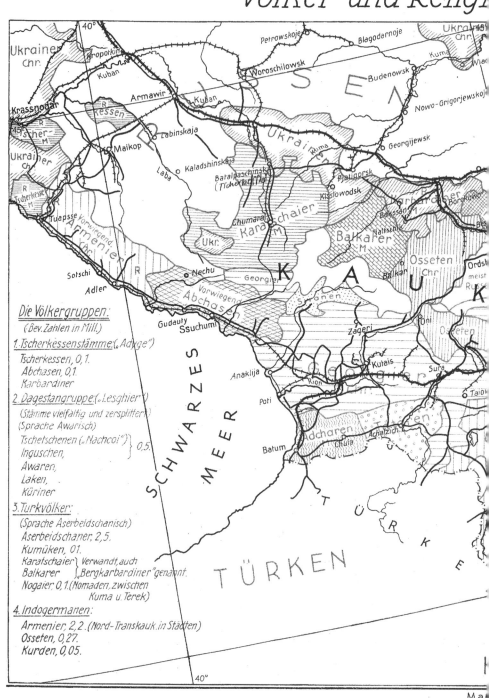

Völker und Religi

40°

Ukraine
Chr.

Propotkin
Kuban
Armawir
Krassnodar
R
Tessen
Tscher-
M
Ukrainer
Ch.
R
Tscherkesse
M
Tuapsse
Armenier
Maikop
Labinskaja
Laba
Kaladshinskaja
Ukr.
Sotschi
Nechu
Adler
Abchasen
Gudauty
Ssuchumi

Petrowskoje
Woroschilowsk
Kuban
Batalpaschinsk
(Tscherkessisk)
Chumara
Karatschaier
Georgier
Vorwiegend

Blagodarnoje
Budenowsk
Ukraine
Kuma
Nowo-Grigorjewskoj
Georgijewsk
Pjatigorsk
Kisslowodsk
Balkarer
M
Suanen

Ukra
Chr.
Kuma
Wlad
Karbardiner
M
Baksan
Nalts·nik
Balkan
Osseten
Chr
Oni
Osseten
Kutais
Sura

Borokowo
Bes
Ordst
meist
Russ

Die Völkergruppen:
(Bev. Zahlen in Mill.)
1. Tscherkessenstämme:("Adyge")

Tscherkessen, 0,1.
Abchasen, 0,1.
Karbardiner

2. Dagestangruppe("Lesghier")

(Stämme vielfältig und zersplittert)
(Sprache Awarisch)
Tschetschenen ("Nachcoi"),
Inguschen,   } 0,5.
Awaren,
Laken,
Küriner

3. Turkvölker:

(Sprache Aserbeidschanisch)
Aserbeidschaner, 2,5.
Kumüken, 0,1.
Karatschaier) Verwandt, auch
Balkarer   ],Bergkarbardiner"genannt.
Nogaier, 0,1.(Nomaden, zwischen
              Kuma u. Terek)

4. Indogermanen:

Armenier, 2,2 .(Nord-Transkauk. in Städten)
Osseten, 0,27.
Kurden, 0,05.

SCHWARZES MEER

Anaklija
Rion
Poti
Batum
Zageri
dcharen
Chula
Achalzich

Taio

TÜRKEN

TÜRKE
I

Ma

0   50